KEITH WHINNOM

Bulletin of Hispanic Studies, Special Issue

The Age of the Catholic Monarchs, 1474–1516

LITERARY STUDIES
IN MEMORY OF KEITH WHINNOM

edited by
Alan Deyermond & Ian Macpherson

Liverpool University Press
1989

Published by Liverpool University Press, PO Box 147, Liverpool,
L69 3BX

British Library Cataloguing-in-Publication Data

The Age of the Catholic Monarchs, 1474–1516:
 literary studies in memory of Keith Whinnom.
 —(Bulletin of Hispanic Studies. Special issue).
 1. Spain. Monarchy, 1474–1516.
 I. Deyermond, A. D. (Alan David), *1932–*
 II. Macpherson, Ian, *1934–*   III. Whinnom,
 Keith, *1927–1986*   IV. Series
 354.4603'12'09024

 ISBN 0–85323–016 1

The *Bulletin of Hispanic Studies* records with gratitude its
profound indebtedness to the British Academy, to the Modern
Humanities Research Association and to the Association of
Hispanists of Great Britain and Ireland which have awarded
generous subventions and guaranteed grants against loss to
enable publication of *The Age of the Catholic Monarchs.*

Filmset by Wilmaset, Birkenhead, Merseyside
Printed in Great Britain by Antony Rowe Ltd,
Chippenham, Wiltshire

CONTENTS

EDITORIAL NOTE

Contributors have patiently submitted to editorial intervention of various kinds: reworking, pruning of footnotes, regularization. In two areas, however, the editors did not feel entitled to regularize: transcription norms for Old Spanish, and the title of *Celestina*. In the first case, contributors were quoting from a wide range of literary and archival sources, and for a variety of purposes. In the second, although we asked contributors to accept Keith Whinnom's preferred form of the work's title, we respected the wishes of the two who had a strong preference for the form *La Celestina*. In matters such as the use of brackets within parentheses, current *BHS* house style has been followed.

The editors and contributors are greatly indebted to Mr Colin Rogers, Editorial Assistant at Liverpool University Press, who saw the volume through the press with meticulous care, to Mrs Joyce Batey, who prepared the charts and diagram, and to Mrs Muriel Hudson (Westfield College), who acted as editorial secretary.

Preface

When Alan Deyermond and I met in March 1986, still struggling to come to terms with our sense of loss after the shock of Keith Whinnom's death a few days earlier, there was no need to ask ourselves whether his friends and colleagues in hispanism would wish to pay tribute to his memory: the only questions were what precise form that tribute should take, where it should be published, and how to devise a criterion by which to select from the offers of contributions which we knew would flow in. The present volume, we are well aware, represents no more than one of the many possible answers which we might have found, since Keith was a polymath: a respected literary critic; a meticulous editor; an accomplished linguist whose researches during spells in the Far East and the Caribbean had led to the elaboration of a new general theory of pidgins and creoles; a lexicographer whose *Glossary of Spanish Bird-Names* (1966) became a standard work; a literary historian whose inaugural lecture at the University of Exeter—*Spanish Literary Historiography: Three Forms of Distortion* (1968)—had provided, in a dazzlingly innovative essay, a model for hispano-medievalists for the context in which they should be thinking and writing.

Of all his interests, however, a deeper understanding of the nature and the preoccupations of the age of the Catholic Monarchs was one of his earliest concerns, and one to which he constantly returned throughout his career; it therefore seemed to us the natural choice for the subject-matter of this volume. In this field, the contributions to *Celestina* studies, with articles in *Hispanic Review* (1977), *Celestinesca* (1980 and 1981) and the P. E. Russell homage volume of 1981, along with his critical bibliography of the Spanish Sentimental Romance (1983), were the products of his mature years, and valued as such. On the other hand, his researches on Diego de San Pedro, for which he is perhaps best known among medievalists, began as early as 1951. After publishing widely on him in a range of academic journals during the 1950s and 1960s, Keith saw through, between 1972 and 1979, the publication of his three-volume Clásicos Castalia edition of the works of San Pedro (vol. III with Dorothy Sherman Severin) and the Twayne *Diego de San Pedro* (1974). The former has become the standard edition of the works of this elusive, eccentric fifteenth-century figure. The latter set new levels of excellence for a series which had not been noted for the evenness of its quality: Keith's letters of the time provide a reminder of his determination that scholarship should triumph over format, and the end product characteristically demonstrates how this can be done. *Dos opúsculos isabelinos* and *The Prison of Love* both appeared in 1979, jointly providing scholars with the first edition of the *Coronación de la señora Gracisla*, the only reliable edition of Nicholás Núñez's sequel to *Cárcel de Amor*, and an English translation of both Diego and San Pedro's *Cárcel de Amor* and Núñez's continuation; a bonus almost hidden away in the introduction to the Edinburgh publication is a personal revaluation of the whole literary concept of Courtly Love.

By 1981 Keith was ready to consolidate his challenge to the received notions about courtly poetry which had prevailed since the times of Marcelino Menéndez Pelayo; the result, after a trial run as a series of lectures in Santiago de Compostela, was *La poesía amatoria de la época de los Reyes Católicos* (1981). After this, those who choose to overlook the subtlety, the veiled eroticism, the verbal legerdemain and the talent for ingenious intellectual conceit of the best of the poets of Isabel's court do so at their own peril; this short monograph has proved to be a watershed in *cancionero* criticism. When one adds to this list of major publications the 1969 edition of *La comedia thebaida* (a completion of the work of Douglas Trotter, his friend and predecessor in the Exeter Chair), the edition (at press) of Hurus' *Cancionero* of 1495, and a steady flow of journal articles on topics as various as *El Abencerraje*, some early *Vita Christi* manuscripts, the identity of the mysterious Marina Manuel, the concepts of *autor* and *tratado*, and the nature of narrative religious verse in the fifteenth century, our reasons for concentrating the present tribute on the reign of Fernando and Isabel require no further explanation.

A title and a publisher were needed, and the editor of the *Bulletin of Hispanic Studies*, Dorothy Severin, acted promptly to provide both. At the time of his death, Keith was President of the Association of Hispanists of Great Britain and Ireland, and had been a member of the Editorial Committee of the *Bulletin* for ten committed years; the *Bulletin*, in conjunction with Liverpool University Press, at once agreed to publish this volume as a Supplement to its normal four issues a year. As editors, we should like to take this opportunity of expressing our warm thanks to Professor Severin, to the editorial staff of the *Bulletin*, and to all of those whose names are included in the *Tabula in memoriam* and who made donations to the fund set up to meet the publishing costs of this substantial special issue. Once it was known what the form of this tribute was to be, the range and the quality of the offers of contributions which we received were in themselves a measure of the academic standing of Keith Whinnom. We were able to consider only articles from scholars who had had personal contact with him and who had a major research interest in the literature of the reign of the Catholic Monarchs; by imposing dictatorial restrictions on maximum length we have been able to accommodate twenty-two of these, representing a wide spread of generations and nationalities. It has of course been a source of great regret to us that we have had to disappoint so many of those whose specialisms are primarily in other fields but who would have wished to pay public tribute.

The contributors represent hispanists based in the United Kingdom, France, Spain, the United States and Argentina, and this is not a matter of chance. Keith travelled widely, as Laming Travelling Fellow of the Queen's College, Oxford, to Madrid (1950–51), as Lecturer in Romance Languages in Hong Kong (1952–55), as Lecturer in Spanish at Trinity College, Dublin (1956–61), as Professor of Modern Languages at the University of the West Indies (1961–67) and as Visiting Professor at Emory University (1965), before his appointment to the Chair of Spanish at the University of Exeter which he held from 1967. From his English base he returned to the Caribbean to lecture and take part in symposia, and was generous with his time when asked to lecture or examine; the University of Exeter, moreover, became a standard staging-post for the grand tour of visiting speakers who came from Europe and the Americas to the United Kingdom during the 1970s and 1980s. Acquaintanceships and academic contacts made during this period were frequently consolidated, as many of the contributors to this volume will readily testify, by what Keith has been heard to describe as a congenital inability to leave a letter unanswered. He was a prodigious and almost instant correspondent—a condition exacerbated, he alleged, by his experiences in Jamaica, where the cleaners unforgivingly and terminally disposed of any piece of paper left on his desk overnight. Part of my own documentary evidence of this is a two-inch-high file of close-typed correspondence compiled during the period when we worried together over fifteenth-century verse as my *Manueline Succession* was being prepared by Exeter Hispanic Texts (under his editorship) and his *Poesía amatoria* was being prepared by Durham Modern Languages Series (under mine). Keith was as generous with his encyclopedic knowledge to colleagues and friends as he was to young scholars who wrote to him for help and advice, and much of what we both published in recent years grew directly out of that correspondence. Many of his letters are virtually publishable as they stand.

In the course of his career, Keith expressed firmly-held views about a number of broad scholarly issues. He drew attention to what he considered the unwarranted neglect by many hispanists of the formative influence of medieval Latin literature, and to the consequent exaggeration of the literary value of much written in the vernacular; he argued for a revaluation of the historical and human importance of popular writing, as opposed to that approved of by later literary establishments; he strove to bring out the ways in which factors such as prudishness or patriotism, of which the critic himself might be no more than dimly aware, can affect the balance of apparently objective academic judgements. He was sharply aware of the provisional nature of all we claim to be knowledge, and not afraid to be contentious in the interests of provoking constructive thought and discussion. He became despondent only when he detected signs that his efforts might lead to the dreaded establishment of new dogma. At the same time, fine detail mattered to him and he cared passionately about getting things right. Fortunate enough to be naturally endowed with a high intelligence, he combined it with a formidable capacity for logical argument and a workrate capable of alarming most of his contemporaries. The result was a rare combination, in which quality was produced in quantity, and the innovative and provocative mind generated scholarship which was presented with meticulous accuracy. Those of us who have contributed to this volume of essays humbly dedicate it to his memory.

IAN MACPHERSON

ABBREVIATIONS

1. *Keith Whinnom's Works*

Since some books and articles are cited frequently by contributors, abbreviated titles have been used. Parenthetical letters and numbers in the following list refer to the 'Tentative Bibliography' (pp. 1–6, below), where full bibliographical details will be found.

Dos opúsculos	*Dos opúsculos isabelinos: 'La coronación de la señora Gracisla' (BN MS. 22020) y Nicolás Núñez, 'Cárcel de Amor'* (A8)
DSP	*Diego de San Pedro*, TWAS (A7)
Historiography	*Spanish Literary Historiography: Three Forms of Distortion* (A3)
'Interpretación'	'Hacia una interpretación y apreciación de las canciones del *Cancionero general* de 1511' (B19)
'Interpreting *La Celestina*'	'Interpreting *La Celestina*: The Motives and the Personality of Fernando de Rojas' (B36)
OC, I	Diego de San Pedro, *Obras completas*, I: *Tractado de amores de Arnalte y Lucenda; Sermón* (A6)
OC, II	————, ————, II: *Cárcel de Amor* (A5)
OC, III	————, ————, III: *Poesías* (A10)
Poesía	*La poesía amatoria de la época de los Reyes Católicos* (A11)
Prison	Diego de San Pedro, *'Prison of Love' (1492), together with the Continuation by Nicolás Núñez (1496)* (A9)
SSR	*The Spanish Sentimental Romance 1440–1550: A Critical Bibliography* (A12)

2. *Journals, Series and Institutions*

AFE	*El Crotalón: Anuario de Filología Española*
AS, HU	Acta Salmanticensia, Historia de la Universidad
AUS	Archivo de la Universidad de Salamanca
BAE	Biblioteca de Autores Españoles
BHS	*Bulletin of Hispanic Studies*
BRAE	*Boletín de la Real Academia Española*
C	*La Corónica*
CCE	Colección de Crónicas Españolas
Cel	*Celestinesca*
CSIC	Consejo Superior de Investigaciones Científicas
EHT	Exeter Hispanic Texts
Fi	*Filología*
His	*Hispania* (Madrid)
HR	*Hispanic Review*
HSMS	Hispanic Seminary of Medieval Studies
JHP	*Journal of Hispanic Philology*
JOS	*Journal of Oriental Studies*
LC	*Libros de claustros*
MLN	*Modern Language Notes*
MLR	*Modern Language Review*
PMLA	*Publications of the Modern Language Association of America*
PQ	*Philological Quarterly*
RABM	*Revista de Archivos, Bibliotecas y Museos*
RAE	Real Academia Española
RAH	Real Academia de la Historia
RBC	Research Bibliographies and Checklists
RF	*Romanische Forschungen*

RFE	*Revista de Filología Española*
RFH	*Revista de Filología Hispánica*
RH	*Revue Hispanique*
RJ	*Romanistisches Jahrbuch*
Sef	*Sefarad*
SR	*Studi Romanzi*
TWAS	Twayne's World Authors Series
UCPMP	University of California Publications in Modern Philology
UNCSRLL	University of North Carolina Studies in the Romance Languages and Literatures
ZRP	*Zeitschrift für Romanische Philologie*

The Scholarly Writings of Keith Whinnom: A Tentative Bibliography

ALAN DEYERMOND

Westfield College, London

The two main reservations that must be expressed about this bibliography are stated in its title. First, it is concerned only with the scholarly writings: Keith's administrative papers, written as Deputy Vice-Chancellor of the University of Exeter and as President of the Association of Hispanists of Great Britain and Ireland, display the same qualities of intellect as his scholarly publications, and some of them were printed, but even if it were possible to locate them all and to decide which had in a technical sense been published and which had not, the present volume would not be the right place to list them. Second, the bibliography is tentative because I cannot guarantee its completeness, and because some of Keith's work is still in press or being prepared for publication. I intend to publish, in due course, a revised and amplified bibliography, and I should be grateful for additions and corrections. This first version is based on a list that Keith prepared in 1982; some errors have been corrected, and the list has been classified, augmented and brought up to date. I am specially grateful to Dr W. F. Hunter for the information that he sent to me, and Dr Richard Hitchcock and Professor Joseph T. Snow also gave much-appreciated help.

It may be useful to indicate here the main publications that are in press or in preparation. A volume of selected literary articles, edited by W. F. Hunter, Joseph T. Snow and myself, is to be published by the University of Exeter and the *Journal of Hispanic Philology*; it is hoped that a volume of linguistic papers will follow. Five of the six unpublished lectures that Keith had thought of publishing as a book have been located (I have not yet found a copy of the sixth, 'Craziness and Commonsense in Medieval Literature and Literary Criticism', and should be grateful for any clues), and I am editing them for book publication. A facsimile edition of the *Cancionero de Hurus* (Zaragoza, 1495), with a substantial introduction, is in press in Spain (the original publisher, who commissioned the project and accepted the MS several years before Keith's death, defaulted, and another publisher has taken over thanks to the intervention of Pedro M. Cátedra). Having sent a revised edition of *Cárcel de Amor* (A5 in this bibliography) to the publishers in 1982, Keith decided that his other commitments and his health would not allow him to undertake a more thorough revision of this and of A6, and he invited Ivy A. Corfis to take over the project; the next editions will therefore be a joint publication. For similar reasons, Keith asked Ann L. Mackenzie to help him prepare the first supplement to *The Spanish Sentimental Romance* (A12); when he died, she asked Dorothy S. Severin to join in her share of the project, and as Keith's literary executor I have taken on his share. B45 in this bibliography is an excerpt from 'El género celestinesco: origen y desarrollo', which will appear in the *Actas* of the VI Academia Literaria Renacentista (Salamanca, 1985). Typescripts of unfinished projects are among Keith's papers. The most substantial is

1

part of a book on *Celestina* (130 pages), written in the late 1960s; it was first planned as a students' guide, to be published by Tamesis (this was before the launch of the Grant & Cutler Critical Guides to Spanish Texts), but it rapidly outgrew this format, and other commitments prevented its completion. Despite the time that has elapsed since this was written, it contains much valuable material, and ways of publishing it are being explored. Several incomplete articles will be published, either as they stand or after completion by another scholar; the first of these, on *Celestina* and Albrecht von Eyb's *Margarita poetica*, will be in the next issue of *Celestinesca*.

A. BOOKS AND PAMPHLET

1. *Spanish Contact Vernaculars in the Philippine Islands.* Hong Kong: U.P.; London: Oxford U.P., 1956, xiv+130 pp.
2. *A Glossary of Spanish Bird-Names.* Colección Támesis, A, III. London: Tamesis, 1966, ix+ 157 pp.
3. *Spanish Literary Historiography: Three Forms of Distortion.* An inaugural lecture delivered in the University of Exeter on 8 December 1967. Exeter: University, [1968], 24 pp.
4. (Edited, with G. D. Trotter) *La comedia thebaida.* Colección Támesis, B, VIII. London: Tamesis, 1969. lxi+270 pp.
5. (Edited) Diego de San Pedro, *Obras completas*, II. *Cárcel de Amor.* Clásicos Castalia, XXXIX. Madrid: Castalia, 1972, 185 pp. 2nd edition, 1982.
6. (Edited) Diego de San Pedro, *Obras completas*, I. *Tractado de amores de Arnalte y Lucenda; Sermón.* Clásicos Castalia, LIV. Madrid: Castalia, 1973, 199 pp.
7. *Diego de San Pedro.* TWAS, CCCX. New York: Twayne, 1974, 172 pp. 113–16 translated, as 'La renovación estilística de Diego de San Pedro', by Carlos Pujol, in Alan Deyermond, *Edad Media* (*Historia y crítica de la literatura española*, ed. Francisco Rico, I, Barcelona: Crítica, 1980), 386–89.
8. (Edited) *Dos opúsculos isabelinos: 'La coronación de la señora Gracisla' (BN MS. 22020) y Nicolás Núñez, 'Cárcel de Amor'.* EHT, XXII. Exeter: University, 1979, liv+113 pp.
9. (Translated) Diego de San Pedro, *'Prison of Love' (1492) together with the Continuation by Nicolás Núñez (1496).* Edinburgh: U.P., 1979, xxxix+105 pp.
10. (Edited, with Dorothy S. Severin) Diego de San Pedro, *Obras completas*, III. *Poesías.* Clásicos Castalia, XCVIII. Madrid: Castalia, 1979, 327 pp.
11. *La poesía amatoria de la época de los Reyes Católicos* [the variant title on the cover is an error]. Durham Modern Languages Series, Hispanic Monographs, II. Durham: University, 1981, 112 pp.
12. *The Spanish Sentimental Romance 1440–1550: A Critical Bibliography.* Research Bibliographies and Checklists, XLI. London: Grant & Cutler, 1983, 85 pp.

B. ARTICLES, NOTES AND REVIEW-ARTICLE

1. 'Molière, his Teachers and *L'Avare*', *Outlook*, I (1953), 20–22.
2. 'The Intercontinental Movement of Labour in the Nineteenth Century', *Ekonomi dan Keuangan Indonesia*, VII (1954), 78–88.
3. 'Spanish in the Philippines', *JOS*, I (1954), 129–94.
4. 'Was Diego de San Pedro a *Converso*? A Re-Examination of Cotarelo's Documentary Evidence', *BHS*, XXXIV (1957), 187–200.
5. (With J. S. Cummins) 'An Approximate Date for the Death of Diego de San Pedro', *BHS*, XXXVI (1959), 226–29.
6. 'The Relationship of the Three Texts of *El Abencerraje*', *MLR*, LIV (1959), 507–17.
7. 'Diego de San Pedro's Stylistic Reform', *BHS*, XXXVII (1960), 1–15.
8. 'The Religious Poems of Diego de San Pedro: Their Relationship and their Dating', *HR*, XXVIII (1960), 1–15.
9. 'Ms. Escurialense K–III–7: el llamado "Cancionero de Fray Íñigo de Mendoza" ', *Fi*, VII (1961), 161–72.

10. 'The First Printing of San Pedro's *Passión trobada*', *HR*, XXX (1962), 149–51.
11. 'The Printed Editions and the Text of the Works of Fray Íñigo de Mendoza', *BHS*, XXXIX (1962), 137–52.
12. 'The Supposed Sources of Inspiration of Spanish Fifteenth-Century Narrative Religious Verse', *Symposium*, XVII (1963), 268–91.
13. 'El origen de las comparaciones religiosas del siglo de oro: Mendoza, Montesino y Román', *RFE*, XLVI (1963 [1965]), 263–85.
14. 'The Origin of the European-Based Creoles and Pidgins', *Orbis*, XIV (1965), 509–27.
15. 'Two San Pedros', *BHS*, XLII (1965), 255–58.
16. 'The Relationship of the Early Editions of the *Celestina*' [review-article on J. Homer Herriott, *Towards a Critical Edition of the 'Celestina': A Filiation of Early Editions*], *ZRP*, LXXXII (1966), 22–40.
17. (With L. P. Harvey and R. O. Jones) 'Lingua Franca in a *Villancico* by Encina', *Revue de Littérature Comparée*, XLI (1967), 572–79.
18. '*Tafanario*: problema etimológico', *Fi*, XII (1966–67 [1969]), 211–17.
19. 'Hacia una interpretación y apreciación de las canciones del *Cancionero general* de 1511', trans. Elena Huber, *Fi*, XIII (*Homenaje a Ramón Menéndez Pidal*, 1968–69 [1970]), 361–81. Excerpts translated, as 'Constricción técnica y eufemismo en el *Cancionero general*', by Carlos Pujol, in Alan Deyermond, *Edad Media* (*Historia y crítica de la literatura española*, ed. Francisco Rico, I, Barcelona: Crítica, 1980), 346–49.
20. 'Linguistic Hybridization and the "Special Case" of Pidgins and Creoles', in *Pidginization & Creolization of Languages*, ed. Dell Hymes (Cambridge: U.P., 1971), 91–115.
21. 'Lucrezia Borgia and a Lost Edition of Diego de San Pedro's *Arnalte y Lucenda*', *Annali dell'Istituto Universitario Orientale di Napoli, Sezione Romanza*, XIII (1971), 143–51.
22. 'The Mysterious Marina Manuel (Prologue, *Cárcel de amor*)', in *Studia iberica: Festschrift für Hans Flasche*, ed. Karl-Hermann Körner and Klaus Rühl (Bern: Francke, 1973), 689–95.
23. 'Nicolás Núñez's Continuation of the *Cárcel de Amor* (Burgos, 1496)', in *Studies in Spanish Literature of the Golden Age Presented to Edward M. Wilson*, ed. R. O. Jones, Colección Támesis, A, XXX (London: Tamesis, 1973), 357–66.
24. 'The Context and Origins of Lingua Franca', in *Langues en contact—Pidgins—Creoles—Languages in Contact*, ed. Jürgen M. Meisel (Tübingen: Gunter Narr, 1977), 1–18.
25. 'Lingua Franca: Historical Problems', in *Pidgin and Creole Linguistics*, ed. Albert Valdman (Bloomington: Indiana U.P., 1977), 295–310.
26. '"El plebérico corazón" and the Authorship of Act I of *Celestina*', *HR*, XLV (1977), 195–99.
27. 'A Fifteenth-Century Reference to Don Melón and Doña Endrina', *JHP*, II (1977–78), 91–101.
28. '*Alguie*: compositores viejos y editores nuevos', in *Libro-homenaje a D. Antonio Pérez Gómez*, [ed. J. Pérez Gómez] (Cieza: . . . la fonte que mana y corre . . . , 1978), II, 269–73.
29. 'Fray Íñigo de Mendoza, Fra Jacobo Maza, and the Affiliation of Some Early MSS of the *Vita Christi*', *Annali di Ca' Foscari*, XVI (1977 [1979]), 129–39.
30. '"La Celestina", "the *Celestina*", and L2 Interference in L1', *Cel*, IV, no. 2 (Nov. 1980), 19–21.
31. 'Creolization in Linguistic Change', in *Theoretical Orientations in Creole Studies*, ed. Albert Valdman and Arnold Highfield (New York: Academic Press, 1980), 203–12.
32. 'Dr. Severin, the Partridge, and the Stalking-Horse', *Cel*, IV, no. 2 (Nov. 1980), 23–25.
33. 'La Littérature exemplaire du Moyen-Âge castillan et l'hispanisme britannique', *Mélanges de la Casa de Velázquez*, XV (1979 [1980]), 594–601.
34. 'The Problem of the "Best-Seller" in Spanish Golden-Age Literature', *BHS*, LVII (1980), 189–98. Excerpts translated, as 'Manuscritos, impresos y mercado editorial', by Carlos Pujol, in Bruce W. Wardropper *et al.*, *Siglos de oro: barroco* (*Historia y crítica de la literatura española*, ed. Francisco Rico, III, Barcelona: Crítica, 1983), 90–91.
35. 'Desde las coplas hasta el romance de la reina de Nápoles', in *Aspetti e problemi delle letterature iberiche: studi offerti a Franco Meregalli*, ed. Giuseppe Bellini (Roma: Bulzoni, 1981), 371–83.
36. 'Interpreting La Celestina: The Motives and the Personality of Fernando de Rojas', in *Mediaeval and Renaissance Studies on Spain and Portugal in Honour of P. E. Russell*, ed. F. W. Hodcroft *et al.* (Oxford: Society for the Study of Mediaeval Languages and Literature, 1981), 53–68 [the inclusion of 'La' in the title, despite B30, is editorial].
37. 'Non-Primary Types of Language', in *Logos semantikos: studia linguistica in honorem Eugenio*

Coseriu 1921–1981, V: *Geschichte und Architektur der Sprachen*, ed. Brigitte Schlieben-Lange (Berlin: Walter de Gruyter; Madrid: Gredos, 1981), 227–41.

38. '*Autor* and *Tratado* in the Fifteenth Century: Semantic Latinism or Etymological Trap?', *BHS*, LIX (1982), 211–18.

39. 'La defraudación del lector: un recurso desatendido de la poesía cancioneril', in *Actas del Séptimo Congreso de la Asociación Internacional de Hispanistas celebrado en Venecia del 25 al 30 de agosto de 1980*, ed. Giuseppe Bellini (Roma: Bulzoni [for AIH], 1982), II, 1047–52.

40. 'En los márgenes de la lengua: variedades no primarias del idioma', in *Actas del Cuarto Congreso Internacional de Hispanistas celebrado en Salamanca, agosto de 1971*, ed. Eugenio de Bustos Tovar (Salamanca: AIH, Consejo General de Castilla y León, and Universidad de Salamanca, 1982), II, 835–44.

41. 'The *Historia de duobus amantibus* of Aeneas Sylvius Piccolomini (Pope Pius II) and the Development of Spanish Golden-Age Fiction', in *Essays on Narrative Fiction in the Iberian Peninsula in Honour of Frank Pierce*, ed. R. B. Tate (Oxford: Dolphin, 1982), 243–55.

42. 'The *Mamma* of the *Kharjas*, or Some Doubts Concerning Arabists and Romanists', *C*, XI (1982–83), 11–17.

43. '*Cancionero general*', in *Dictionary of the Middle Ages*, ed. Joseph R. Strayer, III (New York: Charles Scribner's Sons, for the American Council of Learned Societies, 1983), 63. 'Diego de San Pedro', *ibid.*, X (1988), 645–46.

44. 'The Marquis of Pidal Vindicated: The Fictional Biography of Juan Rodríguez del Padrón', *C*, XIII (1984–85), 142–44.

45. 'El linaje de *La Celestina*', *Ínsula*, no. 490 (Sept. 1987), 3–4 [the title is editorial].

C. REVIEWS AND OBITUARY

1. Rev. of Watt Stewart, *Chinese Bondage in Peru*. *JOS*, I (1954), 230–32.

2. Rev. of Lily Abegg, *The Mind of East Asia*. *JOS*, I (1954), 237–38.

3. Rev. of E. R. Hope, *Karlgren's Glottal Stop Initial in Ancient Chinese, with Particular Reference to the hPhags-pa Alphabet and to Certain Points of Linguistic Psychology*. *JOS*, II (1955), 158–72.

4. Rev. of Stefan Wurm, *The Turkic Languages of Central Asia: Problems of Planned Culture Contact* and *Turkic People of the USSR: Their Historical Background, their Languages and the Development of Soviet Linguistic Policy*. *JOS*, II (1955), 182–83.

5. Rev. of T. Burrow, *The Sanskrit Language*. *JOS*, II (1955), 347–55.

6. Rev. of Joaquín de Entrambasaguas, *Miscelánea erudita: primera serie*. *BHS*, XXXV (1958), 62.

7. Rev. of *Cuentas de Gonzalo de Baeza, tesorero de Isabel la Católica*, ed. Antonio and E. A. de la Torre. *BHS*, XXXV (1958), 232–33.

8. Rev. of Juan Marichal, *La voluntad de estilo*. *BHS*, XXXVI (1959), 171–72.

9. Rev. of Manuel Alvar, *El español hablado en Tenerife*. *BHS*, XXXVII (1960), 259.

10. Rev. of William E. Bull, *Time, Tense, and the Verb: A Study in Theoretical and Applied Linguistics, with Particular Attention to Spanish*, and Henry Mendeloff, *The Evolution of the Conditional Sentence Contrary to Fact in Old Spanish*. *MLR*, LVI (1961), 313–14.

11. Rev. of Stanley L. Robe, *The Spanish of Rural Panama: Major Dialectal Features*. *BHS*, XXXVIII (1961), 174–75.

12. Rev. of Fernán Pérez de Guzmán, *Generaciones y semblanzas*, ed. R. B. Tate. *BHS*, XLIV (1967), 56–58.

13. Rev. of Lurline Coltharp, *The Tongue of the Tirilones: A Linguistic Study of a Criminal Argot*. *BHS*, XLIV (1967), 137–38.

14. Rev. of Antonio Rodríguez-Moñino and María Brey Mariño, *Catálogo de los manuscritos poéticos castellanos (siglos XV, XVI y XVII) de The Hispanic Society of America*. *BHS*, XLIV (1967), 288–91.

15. Rev. of Robert A. Hall, Jr, *Pidgin and Creole Languages*. *The American Anthropologist*, LXIX (1967), 256–57.

16. Rev. of Emilio Lorenzo, *El español de hoy, lengua en ebullición*. *ZRP*, LXXXIII (1967 [1968]), 620–22.

17. Rev. of St John of the Cross, *The Collected Works*, ed. and trans. K. Kavanaugh and O. Rodríguez. *Theology*, LXXI (1968), 326–27.

18. Rev. of Paul Cornelius, *Languages in Seventeenth- and Early Eighteenth-Century Imaginary Voyages*. ZRP, LXXXIV (1968), 119–21.

19. Rev. of *Litterae hispanae et lusitanae: Festschrift zum fünfzigjährigen Bestehen des Ibero-Amerikanischen Forschungsinstituts der Universität Hamburg*, ed. Hans Flasche. BHS, XLVI (1969), 153–55.

20. Rev. of Richard E. Chandler and Kessel Schwartz, *A New Anthology of Spanish Literature*. BHS, XLVI (1969), 176–77.

21. Rev. of F. J. Norton and Edward M. Wilson, *Two Spanish Verse Chap-Books: 'Romance de Amadís' (c. 1515–19), 'Juyzio hallado y trobado' (c. 1510): A Facsimile Edition with Bibliographical and Textual Studies*. BHS, XLVII (1970), 150–53.

22. Rev. of *Ábaco: estudios sobre literatura española*, ed. Antonio Rodríguez-Moñino, I and II. BHS, XLVII (1970), 250–52.

23. Rev. of Antonio Rodríguez-Moñino, *Poesía y cancioneros (siglo XVI)*. HR, XXXIX (1971), 91–95.

24. Rev. of *Verdores del Parnaso*, ed. Rafael Benítez Claros. BHS, XLVIII (1971), 164–66.

25. Rev. of Francisco Aguilar Piñal, *Impresos castellanos del siglo XVI en el British Museum*. BHS, XLVIII (1971), 270.

26. Rev. of Otis H. Green, *The Literary Mind of Medieval and Renaissance Spain*, ed. John Esten Keller. BHS, XLVIII (1971), 350.

27. Rev. of Regula Langbehn-Rohland, *Zur Interpretation der Romane des Diego de San Pedro*. BHS, XLIX (1972), 179–81.

28. Rev. of June Hall Martin, *Love's Fools: Aucassin, Troilus, Calisto, and the Parody of the Courtly Lover*. MLR, LXVIII (1973), 144–45.

29. Rev. of *Texas Studies in Bilingualism: Spanish, French, Czech, Polish, Serbian, and Norwegian in the Southwest*, ed. Glenn G. Gilbert. BHS, XLIX (1972), 293.

30. Rev. of Dorothy Sherman Severin, *Memory in 'La Celestina'*. BHS, XLIX (1972), 297–98.

31. Rev. of Rachel Blomberg, *Three Pastoral Novels: A Study of 'Arcadia', 'Diana', and 'Menina e moça'*. BHS, XLIX (1972), 298–99.

32. Rev. of José Simón Díaz, *La bibliografía: conceptos y aplicaciones*. BHS, L (1973), 278–79.

33. Rev. of Charles Faulhaber, *Latin Rhetorical Theory in Thirteenth and Fourteenth Century Castile*. MLR, LXIX (1974), 198–200.

34. Rev. of José Siles Artés, *El arte de la novela pastoril*. BHS, LI (1974), 382–84.

35. Rev. of Jerónimo Arbolanche, *Las Abidas*, ed. F. González Ollé. BHS, LI (1974), 384–85.

36. Rev. of James Mabbe, *Celestina or the Tragick-Comedie of Calisto and Melibea*, ed. Guadalupe Martínez Lacalle. MLR, LXX (1975), 202–03.

37. Rev. of Stephen Gilman, *The Spain of Fernando de Rojas: The Intellectual and Social Landscape of 'La Celestina'*. BHS, LII (1975), 158–61.

38. Rev. of Gerhart Hoffmeister, *Die spanische 'Diana' in Deutschland: vergleichende Untersuchungen zu Stilwandel und Weltbild des Schäferromans im 17. Jahrhundert*. BHS, LII (1975), 404–05.

39. Rev. of Armando Durán, *Estructura y técnicas de la novela sentimental y caballeresca*. BHS, LIII (1976), 61–62.

40. Rev. of Pierre Heugas, *'La Célestine' et sa descendance directe*. BHS, LIII (1976), 139–41.

41. Rev. of Gaspar Gómez de Toledo, *Tercera parte de la tragicomedia de Celestina*, ed. Mac E. Barrick. BHS, LIII (1976), 141–42.

42. Rev. of Ciriaco Morón Arroyo, *Sentido y forma de 'La Celestina'*. BHS, LIII (1976), 344.

43. Rev. of Bruno Damiani, *Francisco Delicado*. BHS, LIII (1976), 345.

44. Rev. of Francisco Delicado, *Retrato de la loçana andaluza*, ed. Bruno M. Damiani and Giovanni Allegra. JHP, I (1976–77), 243–45.

45. Rev. of R. M. Flores, *The Compositors of the First and Second Madrid Editions of 'Don Quixote' Part I*. BHS, LIV (1977), 246–48.

46. Rev. of Juan de Padilla (el Cartujano), *Los doce triunfos de los doce apóstoles*, ed. Enzo Norti Gualdani. I: *Studio introduttivo*. BHS, LIV (1977), 338–39.

47. Rev. of Roger Boase, *The Origin and Meaning of Courtly Love: A Critical Survey of European Scholarship*. JHP, III (1978–79), 223–24.

48. Rev. of Augusta Espantoso Foley, *Delicado, 'La Lozana andaluza'*. BHS, LVI (1979), 61–62.

49. Rev. of F. J. Norton, *A Descriptive Catalogue of Printing in Spain and Portugal 1501–1520*. *BHS*, LVI (1979), 246–47.
50. Rev. of D. W. Lomax, *The Reconquest of Spain*. *BHS*, LVI (1979), 332–33.
51. Rev. of Nicasio Salvador Miguel, *La poesía cancioneril: el 'Cancionero de Estúñiga'*. *MLR*, LXXIV (1979), 222–23.
52. Rev. of Orlando Martínez-Miller, *La ética judía y la 'Celestina' como alegoría*. *Cel*, III, no. 2 (Nov. 1979), 25–26.
53. 'Miguel Marciales', *Cel*, V, no. 2 (Autumn 1981), 51–53. Translated by J. G. Lobo, *Hoy Domingo* (Mérida, Venezuela?), Suplemento (30 May 1982), 14; repr. in Miguel Marciales, *El castellano, idioma milenario* (Mérida: Universidad de los Andes, 1982), 45–47.
54. Rev. of Marqués de Santillana, *Poesías completas*, ed. Manuel Durán, I and II, and *Los sonetos 'al itálico modo' del marqués de Santillana (edición crítica, analítico-cuantitativa)*, ed. Josep M. Sola-Solé. *BHS*, LVIII (1981), 140–41.
55. Rev. of *España en Extremo Oriente: Filipinas, China, Japón: presencia franciscana, 1578–1978*. *BHS*, LVIII (1981), 278.
56. Rev. of Oleh Mazur, *The Wild Man in the Spanish Renaissance and Golden Age Theater: A Comparative Study Including the 'Indio', the 'Bárbaro' and their Counterparts in European Lores*. *BHS*, LIX (1982), 338.
57. Rev. of Juan de Flores, *Triunfo de Amor*, ed. Antonio Gargano. *BHS*, LX (1983), 61–62.
58. Rev. of Kenneth R. Scholberg, *Introducción a la poesía de Gómez Manrique*. *C*, XII (1983–84), 293–94.

De sermón y teatro, con el enclave de Diego de San Pedro

PEDRO M. CÁTEDRA

Universidad de Salamanca

En algunas ocasiones, el profesor Keith Whinnom anduvo desentrañando con éxito el enmarañado mundo de las fuentes espirituales de la literatura española de tema religioso del último tercio del siglo XV.[1] Vidas de Cristo, Pasiones del Salvador se dejaban enclavar en su particular habitáculo de tal laberinto espiritual. Y, en el caso de que algunos despuntes no encontraran su perfecto acomodo, la tesis general que se derivaba de tal investigación y encasillamiento, restaba amparada por tales o cuales puertas abiertas. Alguna de éstas pretendemos ahora practicar, con la consciente intención de ilustrar más que de agotar un tema que, desde luego, merecerá más páginas que las que ahora nos ofrecen.

En concreto, refiriéndose a las fuentes de la *Pasión trobada* de Diego de San Pedro y recalando también en aspectos de su dramaticidad, Whinnom arriesgaba contactos con la predicación franciscana y prefería ver, 'en los detalles que no se pueden atribuir a la lectura de las *Meditationes vitæ Christi*, la influencia de tradiciones difundidas por toda Europa que podrían haber llegado a nuestro autor o por vía de los sermones, sobre todo los franciscanos, o por el arte religioso' (OC, III, 26–27). Y, en última instancia, examinando ya los problemas que afectan a San Pedro y sus congéneres por las trazas de las *Meditationes*, escribía Whinnom: 'it is extremely difficult to trace the direct influence of this work in the later Middle Ages, for topics from it become so widespread and popular, and innumerable themes, not only in books but in art and the medieval drama, derive from it, and there is no telling what chain of intermediate sources may have intervened' ('Supposed Sources', 273).

Al hilo de la lectura de algunos sermones castellanos de Pasión, nos gustaría dedicar unas líneas precisamente a la compleja cuestión de relaciones e influencias planteada en lo que antecede. Porque no por azar llamaba el inquieto Montoro al Comendador Román 'vellaco sermonero', apuntando acaso al tono y a la inspiración de sus obras religiosas.[2] Ni tampoco dejará de llamar la atención el que Juan de Padilla, el Cartujano, interrumpa la estirada andadura del verso con una pieza en prosa, 'a manera de sermón', cuando llega al acmé de su *Retablo de la Vida de Cristo*, la muerte del Salvador.[3] Ello, dejando de lado otros indicios menos palpables, es clara muestra de lo acertado de la hipótesis del maestro británico.

Sermón, libros meditativos, en verso o prosa, venían a confluir a la hora de facturar literariamente sus objetos. Al fin y al cabo, éstos eran los mismos: sensibilización espiritual

7

y apasionamiento del oyente, lector o espectador. A fuer de pecar de ingenuidad, podríamos decir que uno se lleva una sorpresa en ocasiones al comprobar hasta qué punto es proteica e intercambiable la sensibilidad receptiva de los destinatarios de tan variados especímenes de literatura como los que acabamos de citar. Así, cuando el autor de los *Tres pasos de la Pasión* acuerda (según dice en una epístola-prólogo con la que contesta a cierta dama que le pedía alguna obra suya, 'escripta en metro', con que se ayudase en sus devociones) enviarle 'esta breve obra y, aunque en humilde estilo, no menos dolorosa que contemplativa', insistiendo más adelante en que la devota destinataria *leerá* su trabajo[4]— trabajo que consistirá, por supuesto, en una pieza dramática en tres actos con sus correspondientes acotaciones, en la que se aprovechan variadas tradiciones litúrgicas y meditativas de la Pasión, pero que tiene una utilidad práctica para receptores de toda índole.

Según ello, podráse mantener que no sólo habremos de evidenciar una relación de parentesco entre textos que, para nosotros, tienen una clara diferenciación genérica (entiéndase: parentesco por su comunidad espiritual o por sus concretas fuentes de inspiración), sino que también las relaciones pueden caracterizarse mejor aún desde una perspectiva, por ejemplo, de imposición litúrgica, si hablamos de obras como las que hemos ido mencionando.

Así, que la *Pasión trobada* de Diego de San Pedro pueda tener evidentes rasgos dramáticos hasta el punto de que fuera aprovechada parcialmente en un extraño *Auto de la Pasión* toledano y hasta el punto de que se la pudiera encorsetar teatralmente en pleno siglo XVI, constituirá un efecto de difusión inverso al de los *Tres pasos de la Pasión*;[5] y por tanto y al mismo tiempo, atendiendo a la pragmática de su recepción, será caso de historia literaria rigurosamente paralelo al otro.

Pues será razonable pensar—fuera ya de crisis actuales que afectan, acaso con razón, al prestigio de la caracterización histórica desde el punto de vista genérico—en la inseparable e intercambiable literariedad, incluso dramaticidad de toda esta literatura piadosa relacionada con la Pasión de Cristo y generada al servicio de necesidades espirituales amparadas con consuetudinarias experiencias literarias.

Es, pues, rigurosamente apropiada la consciente indeterminación de la que hace gala el profesor Whinnom al referirse a las fuentes de la *Pasión* y sus congéneres. Y, cuando menos (ya desde nuestra humilde ladera), es apropiado equiparar esas experiencias literarias tales como la oratoria de un sermón del siglo XV y la poética de la *Pasión trobada*. A eso vamos ahora.

Entre los de una colección de la Biblioteca Universitaria de Salamanca—según pienso, de mano franciscana—hay un sermón *in Passione Ihesu Christi* interesante a varios efectos, todos los cuales no podremos agotar ahora.[6] Su índice de dramaticidad y plasticidad es altísimo y la verdadera protagonista es la Madre, con típica formulación de la *Compassio Mariæ*, propia de la predicación franciscana del tema, aunque no exclusiva, naturalmente. La poca presencia que la Virgen tiene en los evangelios canónicos en el momento capital de la Redención del hombre se ensancha en términos asombrosos en los siglos de la baja Edad Media, a costa de enriquecer con episodios no canónicos, y otros propios de una figuración literaria los pasos de la Pasión, coincidiendo también con una nueva teología cristocéntrica y mariana.[7] Como es sabido, en ello intervinieron con vigor los franciscanos con su nueva espiritualidad, por lo que no será extraño ver cómo el autor del sermón al que nos estamos refiriendo destaca en su razonamiento principalmente dedicado a los dolores de Cristo, la figura de María, verdadero portavoz (como en el *Dialogus* de san Anselmo o en *vitæ Christi* más tardías, ahora sí de inspiración franciscana, como la de sor Isabel de Villena), a la que el predicador puede llegar a instar para que tome medidas en contra de la decisión del Padre, menos que consultivas. Conviene no hacer gracia al lector de algunos de los pasajes que más nos interesan de este sermón, uno de ellos al que nos referimos:

Lo terçero digo que se dolió de la angustia de la su muerte, que de mala guisa lo atormentavan. E dize: *Anguscie mihi sunt undique, etc.* ('Mesquino, muero e non fize ninguna cosa de aquéllas que éstos maliçiosamente me aponen').

—E, señora, ¿non oyes cómo se querella el tu amado Fijo e dize que muere mesquino? ¿E pues qué fazes que non vas preguntar algunos físicos sy le podrán poner algún conseio por que non muera assy?

E respondía ella e dizía asý:

—¿Dó yré, mesquina malaventurada? ¿Dó yré, desanparada? Non daré folgança a los mis pies, nin sueño a los mis oios nin folgança al mi coraçón fasta que yo pregunte e sepa de todos los físicos. Di tú, Iob, ¿parésçete mio Fijo sy morrá?

E respondió e dixo:

—Sy quisiéremos fablar contigo, por aventura pesar te á. Pero lo que omne tiene pensado de dezir, ¿cómo podrá escusar que lo non diga? Conviene en toda guisa que muera tu fijo, *quia omnis dolor irruit in eum* (Dize: 'Todo dolor se esforçó en él').

—¿Pues qué será de mí, mesquina, llena de toda amargura? ¿E qué faré de mio Fijo? Di tú, David, , mío testimonio verdadero, ¿mío Fijo morrá?

—Çierto sý; e porque, desanparada, *quia putruerunt et corrumpte sunt çicatriçes eius* ('Podridas e corronpidas son las sus llagas').

E ella respondió:

—Asý como la nave passa por el agua, asý pasó la mi salut. Di tú, Yssaýas, ¿mío Fijo morrá?

E respondió:

—Mesquina, ¿por qué preguntas? Que oy en este día lo verás muerto de mala muerte.

E ella respondió e dixo:

—Dime en quál manera.

—*Quia non species ey neque decor et vidimus eum et non erat aspectus* ('Non tiene ninguna fermosura nin paresçençia e todos lo catamos e non vimos en Él fermosura nin señal de vida').

E respondió ella:

—¡O, mesquina, esperava bienes e viniéronme males; demandé lunbre e respondieron sobre mí las tiniebras! (E estas palabras prophetizó Iob.)

E fue a los físicos:

—Dy tú, Ieremías, ¿morirá mío Fijo?

Dize:

—Çierto sý, porque *quia Dominus conteret eum in infirmitate.*

E respondió ella:

—¡Desanparada!, ¿qué faré, que todos me dizen malas nuevas?

—Señora, ¿pues qué fazes, pues que as provado algunos físicos de la vieia ley? Ve e pregunta algunos de la nueva ley.

—Yré. Dy, amigo sant Bernaldo, ¿mío Fijo morrá, o qué te pareçe deste que tanto amas?

—Señora, de aquello que todos te fazen çierta non te lo puedo yo negar. E para mientes e verás señales de muerte quales te yo diré. Aquella su cabeça que los spíritus angelicales le an gran reverençia e tremen ant'ella para mientes cómo está abaxada por la espesura de la muchedunbre de las espinas quel' metieron en ella. Vees los sus oios, que eran más resplandeçientes quel sol, cata cómo se le encogen e se le abaxan por la muerte. Cata las sus oreias, con que suele oýr los cantos angelicales, cómo oyen agora denuestos de pecadores. Vees la su boca, con que suele dar doctrina a los ángeles, agora la abrevaron con fiel e con vinagre. Cata los pies, que las gentes adoravan por las sus pisadas, vees cómo están pegados en la cruz. Cata las sus manos, con que formó los cielos, cómo están extendidas en la cruz e inclinadas e el cuerpo açotado e su costado abierto e mal llagado. Pues ¿por qué preguntas, que non le fincó ál synon la lengua por que rogasse por los peccadores? E a ty, mesquina desconsolada, encomiénda[t]e a su discípulo sant Iohán, tu sobrino.

El índice de invención o imaginación—como Whinnom ha señalado a propósito de Diego de San Pedro—imprimido aquí es alto, al tiempo que en directa relación con otras invenciones que encontramos en otros sermones romances, como idéntica escena inicial de

Juan de Padilla, por citar un caso español, en la que los profetas anuncian a la Madre al pie de la cruz la imposibilidad de la salvación del Hijo. Acota el Cartujano en su sermón: 'los quales podemos contemplar que venían espiritualmente ante ella, e dezían . . . Tenían en sus manos unos rótulos y tanta era su tristura que hablar no le podían, pero enseñavan a la Señora los motes muy amargos.' Por descontado, se reconoce ahí la inspiración iconográfica, pero también la habilidad del predicador que necesita fortalecer, como en nuestro sermón, las posibilidades contemplativas de sus oyentes o lectores. Como las del anónimo predicador catalán que simula unas cortes con parecidos o iguales personajes, con el objeto de presentar también todo el bagaje profético de la Redención, que, en buena ley, justifica y da sentido al máximo dolor de los dolores que fue el de Cristo,[8] dolor que, por cierto, es el argumento integral del sermón salmantino al que nos venimos refiriendo, cuyo *thema* es: *Verba mea dolore sunt plena*, del sexto capítulo del *Libro de Job*.

Es indudable que la ampliación que sigue, con abundantes medios dramáticos, tiene el mismo fin contemplativo. De ahí la intercalación de un diálogo entre Madre e Hijo, con descansos sobre las exclamaciones de aquélla, fragmentos de un *planctus* mayor, reforzados con citas bíblicas en alguna ocasión.

Si nos empeñamos ahora en enfrentar parte del sermón a la *Pasión* sampedrina y a otros especímenes romances del tema, nos parecerá encontrar llamativas coincidencias. Continuamos aquí con el sermón en el lugar que lo habíamos dejado:

> Aquí cayó la Virgen en tierra amorteçida e quando pudo fablar dixo:
> —E padre sancto, ¿qué faré de mi Fijo, que bien sabes que non te lo demandé? Tú lo enbiaste a los çielos, pues ¿por qué non perdonaste a tu Fijo por mí? ¿E por qué non me cruçificas con Él?
> E tornóse la Virgen a su Fijo e dixo:
> —Tú eres mi Padre, tú eres mi Fijo, tú eres mi Esposo. Agora finco huérfana de padre e biuda de esposo e desconsolada de fijo de aquí adelantre. ¿Qué faré yo, que todos me dizen que morrás? ¿Es verdat o sientes la muerte?
> E respondió Él:
> —Siento, *quia circundederunt me dolores mortis* ('Cercáronme los dolores de la muerte e fabláronme los peligros del infierno'); e *factus sum sicut homo et non audie[n]s in ore suo redarguaçiones* ('Fecho só asý como omne que non oye nin á en su boca palabra ninguna').
> E dixo su Madre:
> —¿Por qué?
> E respondió Él:
> —*Quia derelinquit me virtus mea et lumen occulorum meorum et ipsum non est mecum* ('Desanparóme la mi virtud e la lunbre de los mis oios essa non es conmigo').
> E la mesquina de la su Madre quando tales cosas oyó cayó amorteçida en tierra. E asý como pudo dixo con su boz muy flaca e muy amarga:
> —O, *vos omnes qui transitis per viam atendite et videte si est dolor similis sicud dolor meus* ('¡O, vos omes que pasades por la carrera, parad mientes e vet sy ay en el mundo dolor que sea egual de aqueste mío!').
> E tornóse al ángel e dixo:
> —O, ángel Gabriel, ¿por qué me fallesçi[s]te en la mensaiería que me troxiste? ¿Cómo me dexiste *Ave Maria*, que quiere tanto dezir como salvamiento o saludamiento, e ya paresçe que aqueste que me avía de salvar e de saludar muerto me lo an. E llamásteme María, que quiere tanto dezir como alunbrada. E esto non só yo por mi mala ventura, mas só cobierta de tiniebras e de lobregura. Dexísteme que era llena de gracia e esto no es asý, ca llena só de dolor e de amargura. Dexísteme que era bendicha entre todas las mugieres, e non lo só, mas só maldicha entre todas, ca ninguna non parió tal fijo como yo, nin lo vido tan mala muerte morir como yo veo al mío. Dexísteme que sería alunbrada de la gracia e de la virtud del Fijo muy alto: cata cómo só çiega e cómo só desconsolada.
> Asý que el Fijo e la Madre se querellavan . . .
> E aquí dio la su Madre muy grandes bozes, e dizía:

—¡Ay, mesquina, qué mal camio es dar al Fijo de Dios por el fijo del Zebedeo, e al Maestro por el discípulo, e al Señor por el siervo!

E allegóse a la crus sy podría alcançar al su Fijo e resçibía en sý la sangre que corría de las sus llagas . . .

Así, el desmayo de la Madre, de tan esquinada ortodoxia, está incorporado en la *Pasión trobada* y otros textos, tanto dramáticos como contemplativos, como señala Dorothy Severin (464). La interjección al Padre y la petición por parte de la Virgen de compartir el sacrificio de Cristo figuran, por citar una autoridad original, en las *Meditationes vitæ Christi*,[9] de donde pasarían a otros muchos lugares, tales como algunas *laude* italianas. Lo que sigue después en boca de la Madre puede acercarse a la copla 192 de la *Pasión trobada* ('El qual mi consuelo era / el qual era mi salud / el qual syn dolor pariera / el cual amigas [bien] pudiera / dar virtud a la virtud; / enel tenía marido / fijo [y] ermano y esposo / de todos era querido / nunca onbre fue naçido / nin fallado tan fermoso'), pero, desde luego, en el mismo contexto del *planctus* mariano se podrían citar muchísimos más casos, lo que evidentemente no es necesario ahora.[10] El fragmento que después utiliza la Virgen pertenece a un responsorio del Sábado Santo (*O vos omnes, qui transitis per viam, attendite et videte si est dolor similis sicut dolor meus*) y figura también en las *Lamentaciones fechas para la Semana Santa* de Gómez Manrique, entre otros lugares.[11]

Nos interesa más la larga invectiva contra el arcángel Gabriel que entona la Virgen María, que tiene cierta extensión. Y ello no sólo porque la desproporción en extensión y tratamiento de los motivos manejados en un sermón no siempre puede achacarse al azar reportorio o estenatorio,[12] sino que, probablemente como en el caso que nos ocupa, obran determinadas presiones litúrgicas, incluso dramáticas, de forma atractiva sobre quien prolonga por sí mismo el drama de la Pasión, el predicador.[13]

De enfrentar ahora nuestra pieza a la *Pasión trobada*, no se nos ocurrirá hablar de contacto directo, pero es indudable que algunos elementos de relación pueden establecerse, en este caso los más valiosos: coincidencias léxicas y equivalencias rímicas, para apreciar lo cual incluyo aquí algún fragmento del sermón ya citado:

O arcangel grauiel	O, ángel Gabriel . . .
en tu mensaje troxiste	falleç*iste* . . . mensaiería que
palabras como la miel	me tro*xiste*. Cómo me de*xiste* . . .
hanseme tornado en fiel	
todo quanto me dexiste;	
fallome desconsolada	
llena de muy gran dolor	
veome muy blasfemada	
y destas gentes llamada	
madre del engannador.	
Dexiste quera bendita	De*xíste*me que era bendicha entre
entre todas las mugeres	todas las mugieres, e non lo
mira esta gente ynfinita	só, mas só maldicha entre todas . . .
commo me dizen maldita	
oye sy oyr lo quieres;	De*xíste*me que era llena de graçia
llamaste me de gracia llena	e esto no es aśy, ca llena só
ves me llena damargura	de dolor e de amarg*ura* . . .
viendo padeçer tal pena	
ala ymagen toda buena	e esto non só por mi mala vent*ura*
ynoçente criatura.	mas só cobierta de tiniebras
	e de lobreg*ura*.

Dexiste dios es contigo
antes es muy alongado
o angel mi buen amigo
commo dire ques comigo
pues del todo ma dexado;
vee al ffijo padeçer   cata cómo só çiega e cómo
ay de mi desconsolada   só desconsolada . . .
y podiendolo ffazer
no le quiere socorrer
quedo yo desanparada.[14]

Idéntica reflexión e invectiva sorprendemos en el *planctus* de Gómez Manrique ('A mí dixo Gabriel / qu'el Señor era comigo, / y dexóme sin abrigo, / amarga más que la hiel. / Díxome qu'era bendita / entre todas las nacidas, / y soy de las afligidas / la más triste y más aflicta. / ¡Ay, dolor!', ed. Surtz, 66), con coincidencias también con Diego de San Pedro, pero por su brevedad y la cercanía a otros testimonios latinos se echa de ver lo ceñido del trabajo de Gómez Manrique, con menos desarrollo litúrgico. Pues, sin duda, los orígenes de la invectiva contra el ángel anunciador estarán en un prestigioso *planctus* de Adán de San Víctor (*c.* 1190), publicado por Chevalier y que mencionó de pasada Karl Young,[15] en el que la Virgen plantea también esquemáticamente su queja:

Est istane gratia
quam sic mihi retulisti,
Gabriel, dicens: 'Ave, Maria,
Gratia plena'?
Sunt mihi contraria
quæ prius promisisti,
cum mihi nunc pro gratia
sint dolor et poena.
Inter omnes mulieres
me dixisti benedictam;
omnes nunc videri possunt
me gementem et aflictam.[16]

Como más abajo volvemos sobre esto, podemos acortar esta parte de colación señalando otra coincidencia más, la del comentario de la Virgen cuando con su segunda palabra Cristo le encomienda a San Juan, con motivo de lo cual María se apresura a intervenir tras de una reacción patética:

Estonces la gloriosa
virgen con graue gemir
con ansia cruel rauiosa
con voz ronca y dolorosa
assi començo a dezir;
o madre tan sin ventura
o dolor sobre dolor
o troque de grand tristura
trocar por la criatura
al que fue su criador.[17]

La misma situación puede verse también en la *Lamentación* de Manrique, pero ahora en boca del discípulo, como comentario más acorde con la más moderada tradición del *planctus* cantado a varias voces.[18] Y como comentario de autor traslada la misma situación de patética ironía el Comendador Román.[19] Pero hay que notar que sólo en San Pedro y en nuestro sermón será la Virgen la que formule el comentario, dotada como estaba en estos lugares y en sus fuentes de un alto índice de humanidad, desfalleciente e indignada por lo que parece injusticia si se ignoran los designios de Dios. En la Pasión se convierte la Virgen en más mujer con su compasión y es débil como Cristo lo fue en el huerto de los olivos. Ahora bien, este extremo fue aprovechado por los predicadores, como aquel del que guarda sus sermones un manuscrito de Worcester y que cita Owst (541), y para quien la Virgen se rebela con el amargo comentario: 'This is a Wonderful Change!', en literal coincidencia con nuestro irónico comentario sobre el *mal camio*.

No pretendemos, como más arriba se ha dicho, poner de manifiesto directas dependencias entre nuestro sermón romance y otras piezas de género distinto, a las que nos vamos refiriendo. No se podrá negar, sin embargo, un entramado común de fuentes de inspiración. Se podría decir más: algunas de éstas provienen de un patrimonio común y muy divulgado en lengua romance. Y, en cualquier caso, desde el punto de vista del tono espiritual,[20] desde el punto de vista del público receptor y usufructuario, por decirlo de otro modo, sermón y libro meditativo son la misma cosa. No se me escapa, sin embargo, que, a la hora de enfrentar *Pasión trobada* y sermón, he ido entresacando mis citas de las dos versiones que conservamos del poema sampedrino. Más concretamente, el pasaje del arcángel Gabriel sólo está en la versión manuscrita que descubriera y editara Dorothy S. Severin, mientras que el pasaje de la segunda Palabra de Cristo sólo se puede leer en las versiones impresas, comenzando por la del *Cancionero de Hurus*. Los mismos editores del poema mantuvieron siempre una cauta prudencia sobre su difusión, pero, por lo menos, la exclusión del pasaje del arcángel de la versión impresa—si es que tal exclusión fue verdaderamente obra de San Pedro—podría considerarse como una modificación debida a razones canónicas. Por otro lado, el copista de la versión manuscrita, del *Cancionero de Oñate-Castañeda*, deja una columna en blanco después de la copla primera de este pasaje (en concreto, la c. 212 de la ed. Severin), por lo que podríamos conjeturar una mayor extensión de éste en sus aspectos menos canónicos; o bien podríamos sorprender ahí el efecto de la incorporación al texto sampedrino de elementos que pudieran serle ajenos, ya enfrascado en atormentada difusión manuscrita.[21] *Bestseller* hubo de ser esta obra antes de su misma impresión, del mismo modo que lo fue después de estar de molde, como señalara Whinnom en repetidas ocasiones. Nos da, en fin, que la utilidad del texto era tanta que se constituía en obra abierta y usufructuable en diversas ocasiones, como atestigua el *Auto de la Pasión* toledano.

Pero en tal sentido, será difícil poner de manifiesto qué es original en San Pedro y qué depende de tradiciones bien asentadas en cualquiera de los ambientes posibles, litúrgicos o meditativos. Porque es el caso que indudablemente subyace tanto al sermón como a la *Pasión trobada* un texto romance en verso para el pasaje que aquí venimos discutiendo, si atendemos a los restos de consonancias en la prosa, precisamente las mismas que las de San Pedro. Como es improbable, según pensamos, una relación directa, habrá que considerar la posibilidad de relacionar estos dos testimonios independientes con un *planctus Mariæ* anterior a ambos textos y lo suficientemente difundido como para que viva en memorias distintas con gran persistencia, con la suficiente, al menos, como para espolear las memorias de oyentes o lectores.

Y tales reminiscencias, por su tema, por lo que de inmediato apuntamos, es lógico que formaran parte de manifestaciones litúrgicas de carácter dramático. Que el sermón incorpora en sí una porción de elementos propios del drama litúrgico es evidente, no sólo por el nuestro, sino también por otros testimonios procedentes de otros ámbitos de la cultura, como para Italia han puesto de manifiesto De Bartholomaeis y D'Ancona, entre otros.[22] Y no podría ser de otro modo, porque desde los primeros momentos de la predicación mendicante, franciscana en especial, el drama está estrechamente ligado a la representación litúrgica y religiosa en general que alienta las devociones del Jueves y del Viernes Santo.[23]

El diseño de la primera larga cita del sermón coincide con el de otros sermones, según hemos puesto de manifiesto ya, pero recuerda también el de alguna manifestación dramática, en la que participan también algunos profetas o padres de la Iglesia, como David, Salomón, Isaías y Jeremías de los *Tres pasos*, profetas que juzgan a muerte a Jesús, y en donde la Virgen es contrapunto lírico (ed. Gillet, vv. 57–80), tal como en nuestro sermón. También la voz profética y explicativa de la Redención la vemos utilizada en otras representaciones de Semana Santa, como la de Castellani ya citada, con su carga alegórica al principio. Indudablemente, la configuración dramática propia del Adviento que es la *Ordo prophetarum* (que, por cierto, arranca de un sermón atribuido a San Agustín: Young, II, 125 ss.) podría haber servido de modelo no sólo como apropiado elemento refrandatario de la venida del Mesías (como, de hecho, lo es en el sermón del Pseudo-Agustín o en el *Ordo* de la liturgia de Navidad), sino también como adelanto del punto culminante de la Redención. Los tiempos iban a aumentar el número de portavoces, incluyéndose hasta a algunos padres de la Iglesia, que de un modo u otro hubieran tenido qué decir en el hecho de la Pasión de Cristo. Y, así, no será extraña la pieza cordobesa de Pasión apuntada en un manuscrito de su catedral, recientemente publicada.[24] Un diálogo entre la Virgen y Cristo está ahí reforzado por la presencia de algunos profetas y santos padres, a los que se apunta un parlamento de himnos o fragmentos de responsorios que seguramente se cantarían al completo a la hora de tener representación. ¿Arroparían, efectivamente, el *planctus Mariæ*, como en nuestro sermón o en el de Padilla o en los *Tres pasos*? En otra ocasión intentaré una reconstrucción de la piececita cordobesa, insistiendo en estos aspectos.

Así pues, según vamos viendo, el sermón recoge en sí desde el principio los elementos propios de la liturgia especial de la Pasión, liturgia desde luego robusta desde siempre incluso en ámbitos castellanos, como recientemente han venido demostrando Fernando Lázaro Carreter, Víctor García de la Concha y Ana María Álvarez Pellitero.[25]

Pero podrá ser considerado testimonio dramático más evidente el trato y las características del *planctus Mariæ* por el que ya nos llevaba la pieza cordobesa, y que se desarrolla en nuestro sermón y en la *Pasión trobada*, de forma alternante y, evidentemente, con cualidades dramáticas. De todos conocido es que en las ceremonias propias de la Pascua ocupaban lugar prominente los variados *planctus*, que Young quiso nada menos que colocar en los orígenes del teatro religioso de Semana Santa, y que, en ocasiones, incluían lamentos de la Virgen en lengua vulgar.[26] Ya puso de manifiesto Donovan la importancia que, a esta luz, tenía el testimonio de la representación mallorquina que analizaba en su clásico libro, en la que participaban varias personas y en la que 'probably the entire lament was delivered in the vernacular at Palma'.[27] Y, encarado con el teatro religioso, ya señalaba Gillet, al comentar cierta acotación de los *Tres pasos* ('nuestra Señora haze allí cierta esclamación a las gentes') que 'there is in a number of sixteenth-century plays some indication that they proceed, in part, from crystallized lyric forms' (975). En concreto, la *exclamación* podría incluir, entre otras cosas, versión romance aumentada del responsorio *O vos omnes* en términos tan tradicionales como los que tiene la versión de Gómez Manrique (para la que ya señalara Lázaro Carreter su enjundia dramática,[28] y en donde se reconoce parecido grito de dolor, en forma de refrán en cada estrofa, al que cierra las que cantaba la Virgen en la representación mallorquina a la que nos hemos referido) o tan reservados como los de Lucas Fernández en su *Auto de la Pasión*.[29]

Pero a lo largo del *planctus* fragmentado de nuestro sermón hemos hallado algún pasaje que nos hacía sospechar la existencia de esas formas líricas cristalizadas desde muy antiguo, que dejan también sus ecos en la *Lamentación* de Manrique o en la *Pasión trobada*. Tal el pasaje de invectiva contra el arcángel o situaciones como la irónica de la Virgen a propósito de la Segunda Palabra. Abiertos los caminos para las hipótesis, será difícil llegar lejísimos con tan magros materiales, pero no por eso dejaremos de percibir la tradición dramática que subyace a todos estos especímenes literarios de otros tantos géneros que dan cabida a contenidos religiosos.

Que la relación entre sermón y representación litúrgica sea de complementariedad, no quita que también lo sea de competencia. Ahora bien, los medios expresivos del sermón, su propia independencia de una determinada ceremonia o reglamentación litúrgica, posibilitan una maduración, una evolución, una maleabilidad, mayores que las que pueda tener el teatro litúrgico, al que forzosamente precedía desde los santos padres. Pero, sin embargo, a la hora de conformarse en un ámbito de religiosidad popular y emotiva, el sermón—que sale al atrio de las iglesias, como también el teatro religioso—habrá de plegarse a situaciones literarias, por decirlo sin ambages, eminentemente propias del creyente, oyente y espectador, como habrían de serlo las de las representaciones litúrgicas de Semana Santa desde muy antiguo, según demuestra el libro de Young. E, inevitablemente, esas situaciones serán las mismas que las de los libros que alimentan la nueva espiritualidad, como la *Pasión trobada* de San Pedro. Y es indudable que en el remozamiento de todos estos géneros emparentados entre sí el ambiente franciscano, como sostenía Whinnom, desempeñaba un papel básico. Una 'Franciscan Connection' ha postulado un crítico moderno para el teatro religioso castellano de la segunda mitad del siglo XV;[30] conexión franciscana, en última instancia, que se cimentaba y enriquecía sobre y a otras conexiones litúrgicas que evidentemente se venían dando desde tiempos inveterados.

La 'conexión', la cercanía, según pensamos, será en nuestro caso más operante que las relaciones genéticas directas. Aunque es verdad, como dice Alan Deyermond (recordando palabras de Siegfried Wenzel), que la deuda de los sermones ha de ser demostrada más que dicha,[31] la propia biografía literaria de Diego de San Pedro es el mejor emblema de la evidencia. Es el caso que, como en otros poetas del siglo XV pasión y Pasión son casi intercambiables,[32] hasta el punto de que San Pedro pueda, enviándole una de las segundas, declarar a una monja la primera que siente por ella, según se ve en el envío que precede a la *Pasión trobada* en su versión más autorizada. Luego volverá a las andadas aprovechando algunos fragmentos de la *Pasión* para que hagan de contrapunto al dolor del casquivano Arnalte: así, las *Angustias* que intercala en el *Tractado* se entresacan de la *Pasión trobada* y tienen como función hacer a la Virgen 'de sus angustias memorias, porque de mi dolor se doliese y porque por las suyas de las mías me librase'.[33] Que es, en rigor, el mismo proceso o convención de la *Pasión trobada* enviada a una monja amada. Convencer o autoconvencerse[34] a base de un procedimiento oratorio que incluya ejemplos religiosos no es ni más ni menos que el mecanismo retórico más propio del sermón, y *exempla* son (hasta los más prestigiosos, si se quiere) la Pasión de Cristo (*Pasión trobada*) o la Compasión de María (*Angustias*). *Exempla* funcionales y útiles en el propio montaje autobiográfico, de la propia autobiografía amorosa que se deja reconocer en la vida literaria de San Pedro, contrapunteada por su vida religiosa. ¿Y qué va a hacer éste a la hora de configurar un *ars amandi* con ciertas referencias autobiográficas? Pues escribir el *Sermón de amores*, adoptando un arte que dé cabida también a la experiencia, y predicarlo a las damas de la corte, mostrándose a sí mismo (dando fe de su propia experiencia, como se recomendaba a los predicadores en las *artes prædicandi*), basándose sobre un *thema* 'pasional' ('In patientia sustinete dolores vestros'), un *thema* inventado que sirve para identificar al amor con el dolor y el sufrimiento por el que se alcanza la 'gloria' o la redención con minúsculas más humana. El dolor era también el asunto de nuestro sermón romance de la Pasión y de la Redención, como de tantos otros sermones de Cuaresma. Y aquí dejamos la palabra al llorado maestro, que sostenía que, para entender bien el *Sermón* había que acudir a *Cárcel de Amor*, la última de las obras de tomo de San Pedro, y ahí 'vemos que Leriano, amante ideal y perfecto caballero, cumple con los imperativos del *Sermón*, pero a la vez insiste en la compatibilidad del amor y la religión' (OC, I, 69). Como no podía ser menos para quien justificaba la

¿ficticia? biografía amorosa a base de las dos pasiones; para quien éstas y sus envolventes literarios, los géneros que las facturan y arropan, teatro, sermón, libros meditativos, eran los componentes del propio estilo y del propio meollo.[35]

NOTAS

1 Véase 'The Supposed Sources of Inspiration of Spanish Fifteenth-Century Narrative Religious Verse', *Symposium*, XVII (1963), 268–91; 'El origen de las comparaciones religiosas del Siglo de Oro: Mendoza, Montesino, Román', *RFE*, XLVI (1963), 263–85. Como es sabido, en el primero de estos dos artículos, sobre todo, se discuten algunas opiniones sobre estas obras, que algunos almacenan en cajón de sastre con general rotulación de fuentes, cuando es verdad que obras de una misma tradición espiritual pueden ser bien distintas entre sí, debido al tantas veces inextricable laberinto de las afinidades espirituales (véase, al respecto, Eugenio Asensio, 'El erasmismo y las corrientes espirituales afines', *RFE*, XXXVI [1952], 31–99).

2 Antón de Montoro, *Cancionero*, ed. de Francisco Cantera Burgos y Carlos Carrete Parrondo (Madrid: Editora Nacional, 1984), 332; cpse. Whinnom, 'Supposed Sources', 274.

3 Ed. de Sevilla: Cronberger, 1512, fols. hiiij^r–hiiij^v.

4 Joseph E. Gillet, '*Tres pasos de la Pasión y una égloga de la Resurrección* (Burgos, 1520)', *PMLA*, XLVII (1932), 949–80, esp. 952.

5 Para los rasgos dramáticos de la obra de San Pedro, véase el justamente alabado artículo de Dorothy S. Vivian [Severin], 'La *Pasión trobada*, de Diego de San Pedro, y sus relaciones con el drama medieval de la Pasión', *Anuario de Estudios Medievales*, I (1964), 451–70. Para el *Auto de la Pasión*, véase Carmen Torroja Menéndez y María Rivas Palá, *Teatro en Toledo en el siglo XV; 'Auto de la Pasión' de Alonso del Campo*, anejo XXXV del *BRAE* (Madrid: RAE, 1977). Es de capital importancia el trabajo de Alberto Blecua, 'Sobre la autoría del *Auto de la Pasión*', *Homenaje a Eugenio Asensio* (Madrid: Gredos, en prensa). La representación teatral es documentada por Julio de Urquijo e Ibarra, 'Del teatro litúrgico en el País Vasco: *La Pasión trobada* de Diego de San Pedro (representada en Lesaca, en 1566)', *Revista Internacional de Estudios Vascos*, XXII (1931), 150–218.

6 Manuscrito 1850 (véase Florencio Márcos Rodríguez, 'Los manuscritos pretridentinos hispanos de ciencias sagradas en la Biblioteca Universitaria de Salamanca', en *Repertorio de historia de las ciencias eclesiásticas en España*, II (Salamanca: Universidad Pontificia, 1971), 379; Pedro M. Cátedra, *Dos estudios sobre el sermón en la España medieval* (Bellaterra: Universidad Autónoma de Barcelona, 1981), 12. Está preparando un estudio Manuel A. Sánchez, de la Universidad de Salamanca.

7 Véase, a propósito de Diego de San Pedro, Severin, 'La *Pasión* . . .', 463–64; Georges Duriez, *La Théologie dans le drame religieux en Allemagne au Moyen Age* (Lille: Giard; Paris: Tallandier, 1914), 442–59; Sandro Sticca, 'The Literary Genesis of the Latin Passion Play and the *Planctus Mariae*: A New Christocentric and Marian Theology', en Sticca, ed., *The Medieval Drama* (Albany: State Univ. of New York Press, 1972), 49–63. Obviamente, el papel que tienen en la difusión del tema, como el *Dialogus Mariae et Anselmi de Passione Domini* de San Anselmo o el *Liber de Passione* de San Bernardo o, principalmente, las *Meditationes Vitae Christi* del Pseudo-Buenaventura, es imposible ponerlo de manifiesto aquí.

8 Véase la nueva edición de Mateu Rodrigo Lizondo, *Les corts generals de Jerusalem: sermó al·legòric del segle XIV sobre la mort de Jesucrist*, Biblioteca Escriny, Col·lecció de Textos Medievals Breus, VIII (Barcelona: Edicions del Mall, 1985).

9 *Meditationes de Passione Christi olim Sancto Bonaventurae attributae*, ed. de Sister M. Jordan Stallings (Washington: Catholic University of America Press, 1965), VI. 67.

10 Por ejemplo, el aprovechamiento de C. Castellani: 'Vedova dunque resterà tua madre, / priva del suo figliuolo, sposo e padre?' (*La rappresentazione della Cena e Passione*, en *Sacre rappresentazione del Quattrocento*, ed. Luigi Banfi [Torino: Einaudi, 1968], 335). Por supuesto, el planto latino que pone en boca de la Virgen Lucas Fernández en el *Auto de la Pasión* (Everett W. Hesse y Juan O. Valencia, *El teatro anterior a Lope de Vega* [Madrid: Alcalá, 1971], 111). Citaré la *Pasión trobada* por la edición de Dorothy S. Severin (Napoli: Istituto Universitario Orientale, 1973). En *OC*, III, la copla citada es la 190.

11 Véase su edición con buen criterio incluida por Ronald E. Surtz en *Teatro medieval castellano* (Madrid: Taurus, 1983), 66, y cpse también 25.

12 Hemos tratado esta cuestión con detenimiento en nuestra monografía 'La predicación castellana de san Vicente Ferrer', *Boletín de la Real Academia de Buenas Letras de Barcelona*, XXXIX (1983–84), 235–309, esp. 287–96.

13 Ya hemos citado antes algunos títulos especialmente útiles. No puede olvidarse, sin embargo, el largo capítulo octavo de G. R. Owst, *Literature and Pulpit in Medieval England: A Neglected Chapter in the History of English Letters & of the English People*, 2ª ed. (Oxford: Basil Blackwell, 1961). Aunque de carácter más bien

introductorio, es útil el trabajo del P. L. Di Stolfi, 'La Passione di Cristo nella predicazione francescana', *Quaderni di Spiritualità Francescana*, IV (1962), 107–35, y en general los trabajos incluidos en esa misma entrega de la revista italiana, dedicados todos al tema de la Pasión en los ambientes de los frailes menores.

14 Son las coplas 212–14 de la versión manuscrita, *O*, en la ed. de Severin, pp. 135–37; o bien coplas 210A–212A de la la ed. de Whinnom y Severin.

15 *The Drama of the Medieval Church* (Oxford: Clarendon Press, 1933), I, 20.

16 *Analecta Hymnica Medii Aevi*, vol. LXIV, 321.

17 Ed. Severin, 142; ed. Severin y Whinnom, 203–04. Por cierto, que es evidente el sentido de la copla (compárese la nota 225 de los editores), según estos otros testimonios que vamos recordando.

18 'Estando en el agonía / me dijo con gran afán: / "Por madre ternás tú, Juan, / a la Santa Madre mía." / ¡Ved qué troque tan amargo / para la madre preciosa! / ¡Qué palabra dolorosa / para mí de grande cargo! / ¡Ay, dolor!' (ed. Surtz, 68).

19 'Que troque tan desigual / para la virgen por cabo / la vida çelestial / por el cuerpo terrenal / el señor por el esclavo / dar por la pena el reposo / por la pobreza el provecho / y sus çimientos / trocar a dios poderoso / por el onbre que fue hecho / de elementos' (*Coplas de la Pasión con la Resurrección*, ed. en facsímile de Henry Thomas [Londres: The British Museum, 1936], fol. cijᵛ). Se entiende a la luz de lo que vamos diciendo la malevolencia de Montoro, de la que dimos cuenta en n. 2.

20 La *Pasión trobada*, efectivamente, pertenece al 'género más bajo de la *contemplatio* bernardiana', como escribía Whinnom (33). El sermón es, caso de difundirse en medios populares, esencialmente conmovedor y tiende a suscitar la emoción y aun el arrobo: un reportador de los de san Vicente Ferrer deja en blanco el lugar correspondiente a una prédica de Viernes Santo, pero anota: 'Non valui scribere propter fletum'.

21 Véanse los razonamientos de Severin en el prólogo de su edición. La noticia de la columna en blanco la tomo del mismo lugar (134).

22 Vicenzo de Bartholomaeis, *Origini della poesia drammatica italiana*, 2ª ed. (Torino: Società Editrice Internazionale, 1952); Alessandro D'Ancona, *Origini del teatro italiano*, I (Torino: Ermanno Loescher, 1891), especialmente el cap. XIV.

23 Aunque refiriéndose en especial a los sermones dramatizados de ambientes franciscanos de la Umbria y de otras regiones de la Italia central, se puede mantener también para otros lugares en donde las devociones franciscanas tenían especial fuerza, en los términos de D'Ancona: 'Qui il dramma è ancora strettamente legato colle cerimonie ecclesiastiche; esso è traduzione visibile agli occhi, e sensibile agli orecchi . . . La Predica e la Liturgia sono illustrate e rese più evidenti dalla rappresentazione drammatica, la quale però è tuttavia *devozione*, ciò atto di pietà, e non genere di letteratura. Il predicatore è il *corago* di questo dramma immaturo; ad suo cenno, infatti, gli attori si muovono e parlano, ad un suo cenno si taccione e parlono' (185). Émile Mâle sostuvo también la importancia de tales relaciones para la configuración de las devociones y sus resultados literarios en torno a la Pasión (véase *L'Art religieux de la fin du Moyen Âge en France: étude sur l'iconographie du Moyen Âge et sur ses sources d'inspiration*, 6ª ed. [Paris: Armand Colin, 1969], 35–148).

24 José López Yepes, 'Una *Representación de las sibilas* y un *Planctus Passionis* en el Ms. 80 de la Catedral de Córdoba: aportaciones al estudio de los orígenes del teatro medieval castellano', *RABM*, LXXX (1977), 545–67; se transcribe paleográficamente el *planctus* en 561, y se estudia en 565–67. Debemos señalar que, habida cuenta de que López Yepes no interpreta todas las abreviaturas del texto, la responsabilidad de la interpretación y las consecuencias que se sacan es nuestra.

25 Véase el clásico de Lázaro Carreter en su versión moderna de *Teatro medieval*, 3ª ed. (Madrid: Castalia, 1970); García de la Concha, 'Dramatizaciones litúrgicas pascuales de Aragón y Castilla en la Edad Media', en *Homenaje a Don José María Lacarra de Miguel en su jubilación del profesorado*, V (Zaragoza: Anubar, 1977 [1982]), 153–75; Álvarez Pellitero, 'Aportaciones al estudio del teatro medieval en España', *AFE*, II (1985), 13–35.

26 Young, 535; Sandro Sticca, *The Latin Passion Play: Its Origin and Development* (Albany: State Univ. of New York Press, 1970), 122–29.

27 Richard B. Donovan, *The Liturgical Drama in Medieval Spain*, Studies and Texts, IV (Toronto: Pontifical Institute of Mediaeval Studies, 1958), 136–37.

28 *Teatro medieval*, 61–62. También Ronald E. Surtz (véase la nota 11). Pero véase, por contra, Humberto López Morales, *Tradición y creación en los orígenes del teatro castellano* (Madrid: Alcalá, 1968), 76–77.

29 Desde nuestro punto de vista, la inclusión del *planctus* precisamente en latín querrá ser un modo de huir de esas formas vulgares ya cristalizadas, que en ocasiones podrían llegar a escandalizar hasta el punto de ser censuradas para la difusión impresa, como pudiera haber ocurrido con el pasaje del arcángel Gabriel en la *Pasión trobada* de San Pedro. Para otros usos dramáticos del responsorio, véase en Young, I, 511, en la madura versión dramática del *planctus* de Cividale.

30 Ronald E. Surtz, 'The "Franciscan Connection" in the Early Castilian Theater', *Bulletin of the Comediantes*, 35 (1982–83), 141–52.

31 En su artículo, que damos por supuesto en todo lo que antecede, 'The Sermon and its Uses in Medieval Castilian Literature', *La Corónica*, VIII (1979–80), 126–45 (136).

32 Véase Jane Y. Tillier, 'Passion Poetry in the *Cancioneros*', *BHS*, LXII (1985), 65–78.

33 *OC*, I, 149. En lo que sigue, tengo en cuenta las conclusiones de Whinnom sobre la ordenación cronológica de las obras de San Pedro, que, como se ve, no desdice de la pasional y espiritual en las que me entretengo.

34 Otros han recargado las tintas sobre los aspectos humorísticos del procedimiento, como Regula Langbehn-Rohland, *Zur Interpretation der Romane des Diego de San Pedro* (Heidelberg: C. Winter, 1970), 125–28. Cpse. *OC*, I, 57–70, sobre el problema de la comicidad.

35 Y una apostilla final: la justicia por la vía del género dramático la iban a hacer escritores tales como el autor del *Auto de la Pasión* toledano, al utilizar la *Pasión trobada* como material de texto dramático, volviéndolo a parte de sus orígenes; o como los otros que representan toda la obra en Lesaca el año de 1566 (véase Julio de Urquijo, citado en la nota 5).

La *Celestina comentada* y el código jurídico de Fernando de Rojas

IVY A. CORFIS

University of Pennsylvania

Es de Peter E. Russell el acertado comentario que he escogido para epígrafe de este trabajo:

> La más importante aportación que [la *Celestina comentada*] puede hacer a los estudios de la *Celestina* la constituye ... el modo en que efectivamente destruye la idea de que Rojas, el jurista profesional, tuviera que olvidar o dejar de lado necesariamente, al escribir la *Tragicomedia*, sus conocimientos y sus intereses profesionales. Nos recuerda que en el siglo XV, e incluso antes, el estudio del derecho romano tendía cada vez más a situarse dentro de una tradición intelectual común a juristas y a otros hombres de letras.[1]

En varios estudios excelentes, tales como los de Paul Oscar Kristeller, se ha documentado y demostrado amplia y fehacientemente la influencia que ejercieron los *studia humanitatis* en la cultura del siglo XV.[2] Ya, al mediar el siglo, había comenzado a aumentar el número de juristas, teólogos, filósofos y científicos que cultivaban el curso humanístico coadunado a sus propios estudios, circunstancia que se debía no sólo al interés que tenían los estudiosos por la materia humanística sino también al hecho que se le obligaba al alumno a estudiar gramática y humanidades antes de especializarse en una profesión particular a nivel universitario. Por ende, la elegancia verbal y la abundancia de fuentes clásicas y sentenciosas atañían a todos los escritores—jurídicos y científicos—y no pertenecían exclusivamente al campo literario. La estrecha relación y la convivencia que existen entre el derecho y las letras se ejemplifican en el humanista Antonio de Nebrija, con su *Lexicon juris civilis*, en el jurista Alonso Díaz de Montalvo, que hizo despliegue de sus grandes conocimientos clásicos y humanísticos en sus escritos legales, y en la persona de Fernando de Rojas, quien, siendo estudiante de derecho, compuso la obra maestra, *Celestina*.[3]

En general, los comentarios y las glosas a textos de *auctores* prestigiosos, compuestos por los gramáticos clásicos o medievales (por ejemplo, el de Donato sobre Terencio o el de Servio sobre Virgilio), surgían de la vocación docente del comentarista, y por lo tanto, incluían observaciones críticas y eruditas, formando un registro extenso de juicios filológicos, literarios, históricos y retóricos.[4] El glosador anónimo de la *Celestina comentada*, obra compuesta a mediados del siglo XVI, no se limita a la tradición de la exégesis gramatical o retórica.[5] Aunque la *Celestina comentada* acumula y expone autoridades clásicas relativas al texto (es decir, *auctores* de *sententiae*, filosofía, medicina, etc.), el comentario no se asemeja en su estilo al de Donato, quien explica y analiza la retórica y gramática del texto de Terencio, ni interpreta el texto como lo hace Servio en el caso de Virgilio, ni tampoco, por ejemplo, se parece al procedimiento renacentista adoptado por Hernán Núñez, el Comendador Griego (véase también Russell, 298–99).

Esto no quiere decir que el comentarista no se interese en el lenguaje del texto, ni que lo deje de lado. Al contrario, documenta abundantemente la historia y la autoridad de los vocablos y las costumbres celestinescas. Por ejemplo, en el primer auto comentando el nombre 'Celestina', el comentarista explica:

> El author conpuso este nombre de una palabra latina que es *scelus* que quiere dezir traición o maldad para también manifestarnos por el nombre quán mala era esta mujer, porque los nombres de las cosas o personas an de ser semejantes e correspondientes a las mismas cosas como se prueva en el [*Institutionum*]. Y para muchas cosas en derecho es provechoso tener buen nombre y no malo o feo como lo tracta el Abbad . . . Y también. lo dize Jacobo de Velloviso en su *Práctica* en el principio. Y ansí refiere Juan Andrés que le dezía su mujer que si los nombres hermosos se vendiessen, que con gran precio los avíamos de comprar, como lo dize Castillo en el prohemio que haze a las *Leyes de Toro*, onde cerca de esto habla que sería largo referirlo. Y de esta Celestina refiere Joan de Nevizanes en su *Sylva nupcial*, lib. 4, no. 63, que andava con un manto roto y un gran sartal de qüentas y que jurava siempre por su conciencia o por su ánima.[6]

En el auto XVIII, al comentar el nombre 'Centurio' (216), la glosa dice:

> Esta palabra *Centurio* es latina y quiere dezir el que tiene a su cargo cien hombres de a pie y por esto dixo aquí esta palabra. Y centuria se llamava aquella compañía de cien hombres como lo dice Espegiel en su *Vocabulario juris* en la palabra centurio. (fol. 202^{rv})

Con relación a las costumbres, en el auto XX, Melibea, antes de suicidarse, se refiere a 'este [grande] estrépito de armas' (229), y el comentarista explica que 'antiguamente quando algún señor o persona señalada moría, en cada calle o encruzijada quebravan armas y escudos en significación del gran dolor de la muerte del tal. Lo qual agora en nuestros tiempos no se usa. Y esto quiso aquí significar el author' (fol. 216^{v}; véase Russell, 305–06).

No obstante, el comentarista (al parecer también legista) no se limita a aludir a las etimologías y a las autoridades clásicas. Como se nota en los ejemplos citados arriba, no se restringe a la glosa filológica propia sino que incorpora además autoridades jurídicas al texto de Rojas; identifica asimismo el fundamento legal que acompaña y complementa la base extralegal de la obra de Rojas. Los *auctores* clásicos, como Aristóteles, Galeno, Cicerón, Ovidio y Séneca, y los humanistas como Petrarca, se hallan ampliamente citados en las glosas a la *Tragicomedia*; y junto a ellos, se encuentra una riqueza de citas legales que justifican y explican los dichos y hechos de los personajes. Aun para comentar la frase más sencilla, el comentarista evoca la ley. Por ejemplo, en el cuarto auto, para comentar 'vecina honrada' (89), dice:

> Quien se pueda dezir vezino o vezina en derecho dízelo Montalvo en el commento del *Fuero real* sobre la ley 8, tit. 8, lib. 2, onde dize que aquél se dize propiamente vezino que bive fasta onde desde su casa se puede oír una boz alta, aunque otras vezes se entiende de otra manera, como agora aquí, que no era vezina sino avía lo sido. También tracta quien se diga vezino Bartolo . . . y el Abbad . . . onde lo quiere estender que también se dize vezino aun de un pueblo al de otro quando se tratase de la vezindad respecto de los lugares con tal que no sean mui apartados los lugares. (fol. 80^{v})[7]

La sensibilidad moderna no admitiría que un concepto tan vulgar y comprensible como el de *vecino* merezca una glosa, pero el comentarista entiende éste y otros términos semejantes no sólo como vocablos del habla cotidiana y de entendimiento común, sino como fundamentos legales. Por ello, la *Celestina comentada* no depende exlusivamente de los *auctores* para prestar autoridad al texto sino que se apoya también en la ley. Los *auctores* mismos no le parecen suficientes al glosador anónimo, y la evidencia legal a que recurre le parece más convincente y de mayor autoridad que las otras fuentes.

Aún en la forma la *Celestina comentada* se asemeja al comentario legal, es decir, sus abundantes alusiones a códigos legales están basadas en un sistema conciso y denso de abreviaturas. Como en toda glosa jurídica, las alusiones de la *Celestina comentada* al *Corpus juris canonici* o al *Corpus juris civilis romani* o a las *Siete partidas* no citan más que el número de libro, capítulo y ley. También otros textos se identifican con formas abreviadas del título o del nombre del autor: por ejemplo, el Speculador representa a Guilelmus Durantis (hacia 1237–96). Como ha observado Russell (299), este sistema de condensación causa dificultades al lector moderno que desconozca los textos del código civil y canónico. Aun el estudioso que esté informado sobre el tema, al reconocer la alusión jurídica, no siempre puede localizar el códice indicado entre los existentes.

A pesar de las dificultades mencionadas, la información extraída del comentario resulta valiosa, y la clasificación y la documentación de las glosas de la *Celestina comentada* constituyen una fuente sumamente rica para entender el texto. El comentario nos brinda nuevas perspectivas sobre el ambiente intelectual en el que vivió Rojas y ayuda al lector moderno a apreciar la relación que existe entre el derecho y la literatura durante el siglo XV, y ponen de relieve la influencia que los estudios universitarios de Rojas ejercieran en su obra literaria.

En particular, las leyes de testigos y de testamentos se actualizan varias veces en *Celestina*. El comentarista señala los casos siguientes en su glosa. En el primer auto, cuando Pármeno habla a Calisto antes de que llegue Celestina a casa de éste por primera vez, el criado dice a su amo: 'Pero de aquel poco tiempo que la serví, recogía la nueva memoria lo que la vieja no ha podido quitar' (60). El comentarista explica a continuación que:

> parece que haze a esto el principio de derecho y regla que tenemos que el testigo puede testificar de lo que vio siendo menor de hedad aunque siendo menor no pueda testificar como se prueva en el [*Decretum Gratiani* y el *Digestorum*]. I se a de entender como él allí dize como no sea del tiempo que era mui pequeño. Y ansí ni más ni menos el siervo de lo que vio siendo esclavo, si después es libre, puede bien testificar como se prueva en [el *Digestorum*]. Y Tulio en el propósito, cap. 3, *Ad Herennium*, dize 'quae acciderunt in pueritia meminimus optime sepe'. Las cosas que acontecieron en la puericia muchas vezes nos acordamos mui bien. (fols 36^v–37^r)[8]

A la lista de fuentes citadas en la glosa, pudieran añadirse otras leyes referentes al criado o al menor de edad, los que, siendo después mayores y libres, pueden dar testimonio de lo que habían visto antes. En lo referente a la ley vernácula, se trata del tema en las *Siete partidas*, III. xvi. 9 y 12, donde la ley 9 estipula que el testigo debe tener veinte años de edad para acusar a alguien o para presentar testimonio en juicios criminales. En otros casos, el testigo sólo ha de tener catorce años para poder testificar de lo que había visto siendo menor de edad. La ley 12 añade que el siervo liberto puede testificar con tanta autoridad como cualquier hombre libre.

Por lo tanto, el consejo que le da Pármeno a Calisto es legítimo y legal porque Pármeno, aunque conocía a Celestina cuando era menor y criado, puede revelar su conocimiento, hablando de ella y de lo que había visto y aprendido en su casa, ya que ahora es mayor de edad y libre del servicio de Celestina. Además, según la ley y Cicerón, se puede acordar más claramente de lo que había observado en casa de Celestina porque lo que se aprende de joven se recuerda mejor. Los términos utilizados por Pármeno, 'aquel poco tiempo que la serví', reiteran el derecho legal que le permite hablar y dar testimonio sobre Celestina. Pármeno, por sus propias palabras, manifiesta claramente que lo que dice será admitido como testimonio verdadero sobre el carácter de Celestina.

En el séptimo auto, Celestina le dice a Areúsa, animándola a aceptar a Pármeno: 'un testigo solo no es entera fe; quien sola una ropa tiene, presto la envejece. ¿Qué quieres, hija, de este número de uno? Más inconvenientes te diré de él, que años tengo a cuestas' (130). El comentarista aclara que:

principio e regla de derecho es que dicho de un solo testigo como de ningún y que no haze prueba. Esto [dicen el *Codicis* y el *Digestorum*]. Y en la Sagrada Escriptura se dize lo mesmo por Sant Matheo, cap. 18, 'in ore duorum vel trium stat omne verbum.' En el dicho de dos o de tres está o se prueva toda palabra. (fol. 126ʳ)

El comentarista continúa acumulando otras autoridades, según las que el testimonio de un solo testigo no es suficiente. Hay casos excepcionales cuando basta con un solo testigo; por ejemplo, cuando el testigo fuere rey, príncipe o papa. Por otro lado, hay casos cuando ni con dos ni tres testigos será suficiente: según los doctores de derecho, contra cardenal u obispo se requiere a setenta y dos testigos. El glosador concluye que 'por tanto . . . ésta es la regla general que aquí dize nuestro author que un testigo solo de derecho no haze entera fee ni prueva, y que para que la haga se requiere que aia por lo menos dos o tres, si no es en los casos dichos y otros semejantes'.[9]

En el auto XIII, dudando si su conversación con Melibea a medianoche era realidad o no, Calisto dice: '¿Fue fantaseado o pasó en verdad? Pues no estuve solo; mis criados me acompañaron. Dos eran. Si ellos dicen que pasó en verdad, creerlo he según derecho' (185). El glosador apunta que:

> el derecho dispone que a dos testigos por lo menos se dé entera fee. Y ésta es la regla generalmente hablando . . . Y esto quiso dezir y alegar aquí nuestro author que según derecho lo creería por aver sido estos que le acompañaron dos si lo testificassen, pero aunque sea ésta la regla, muchos casos ai en que solo un testigo haze entera fee y según derecho se le da crédito y otros en que se requieren de necessidad que aia más de dos testigos. (fol. 169ʳᵛ)

Por tanto, la glosa repite el mismo fundamento legal citado anteriormente. Calisto se expone en términos legales cuando se refiere a lo que puede o no puede creer según el testimonio de otros. Esta última glosa cita la misma fuente bíblica que la glosa anterior (San Mateo xviii), agregando además la cita evangélica de San Lucas xvii como autoridad para la ley de dos testigos. Sin embargo, la frase 'in ore duorum vel trium stat omne verbum' no se encuentra en San Lucas. La cita sí se halla en San Mateo xviii: 16, ya citado arriba, y asimismo en Números xxxv: 30; Deuteronomio xvii: 6; II Corintios xiii: 1; I Timoteo v: 19; Hebreos x: 28; y Epístola de Jacobo viii: 17. De esta forma, a pesar de la equivocación del comentarista, la ley se documenta repetidamente tanto en el derecho civil como en el divino.

De todo ello se nota que el habla de los personajes revela e incorpora una terminología legal, empleando tales locuciones como 'un testigo solo no es entera fe'; 'Dos eran. Si ellos dicen que pasó en verdad, creerlo he según derecho.' A primera vista, éstas no siempre parecen denotar una intención legalista; no obstante, el comentarista, casi contemporáneo de Rojas, reconoce la importancia jurídica de estos dichos y les dedica una documentación copiosa. Estos pocos ejemplos del fundamento legal de *Celestina* son suficientes para subrayar la relación vital que existe entre el derecho y las letras y su percepción como tal por el público dieciseiseno. El derecho, penetrando en todo el ámbito de la vida seglar medieval, no pudo dejar de influir en la literatura en la que se refleja y se retrata la sociedad. Rojas, estudiante de derecho en Salamanca, no pudo separarse de sus estudios legales y dejarlos de lado al entregarse a su pasatiempo literario. Sus conocimientos de la ley afectan a la composición de su texto literario y a los motivos y a las acciones de sus personajes. Pármeno sabe y explica que legítimamente puede dar testimonio a Calisto sobre todo lo que sabe de Celestina aunque hubiera adquirido esta información siendo menor y criado, en un momento cuando legalmente no habría podido confesar los secretos de Celestina. En cambio, ahora puede confesar la información privilegiada que le vino en casa de Celestina, porque ya no se encuentra bajo la potestad de Celestina. Asimismo Celestina puede hablar con toda razón de la ineficacia del número uno, porque según la ley, un solo testigo generalmente no vale en casos legales. Calisto, también, puede creer en su buena fortuna después de haber hablado con Melibea porque hay dos testigos de su encuentro a medianoche.

El lenguaje de *Celestina* evoca la autoridad de los testigos para verificar lo que cuentan los personajes. En suma, la precisión legal refuerza y adorna el lenguaje de los personajes en todo el texto. La diversión literaria de Rojas no se divorcia de su 'principal estudio'. El derecho y las letras se relacionan estrechamente, como lo documenta la *Celestina comentada*. La influencia del derecho sobre la literatura se ilustra elocuentemente en la obra maestra de Fernando de Rojas, y el comentarista anónimo, que se ocupó de documentarla extensamente, nos ha dejado un artefacto sociológico y literario con el que se amplía la comprensión moderna del código jurídico que manejaba el autor y que estaba al alcance de su público.[10]

NOTAS

1 Peter E. Russell, 'El primer comentario crítico de *La Celestina*: cómo un legista del siglo XVI interpretaba la *Tragicomedia*', en sus *Temas de 'La Celestina' y otros estudios del 'Cid' al 'Quijote'*, Letras e Ideas, Maior, 14 (Barcelona: Ariel, 1978), 293–321; véase 316. Versión inglesa original: 'The *Celestina comentada*', en *Medieval Hispanic Studies Presented to Rita Hamilton*, ed. Alan D. Deyermond (London: Tamesis, 1976), 175–93. Todas mis citas de Russell provienen de sus *Temas*.

2 Kristeller, *Renaissance Thought and its Sources* (New York: Columbia U.P., 1979).

3 Russell, *Temas*, 317–18.

4 Véase sobre el tema de los comentarios y comentaristas clásicos Stanley F. Bonner, *Education in Ancient Rome: From the Elder Cato to the Younger Pliny* (Berkeley: Univ. of California Press, 1977).

5 Bibliografía adicional sobre la *Celestina comentada*, la que documenta el manuscrito o su contenido, incluye la siguiente: Dean W. McPheeters, 'Una traducción hebrea de *La Celestina* en el siglo XVI', en *Homenaje a Rodríguez-Moñino: estudios de erudición que le ofrecen sus amigos o discípulos hispanistas norteamericanos* (Madrid: Castalia, 1966), I, 399–411; Michael J. Ruggerio, '*La Celestina*: Didacticism Once More', *RF*, LXXXII (1970), 56–64; Peter E. Russell, '*La Celestina* y los estudios jurídicos de Fernando de Rojas', en *Temas de 'La Celestina'*, 323–40 (una ponencia leída en el IV Congreso Internacional de Hispanistas, 1971); Modesto Fernández Vázquez, 'Estudio filológico del ms. 17631 de la Biblioteca Nacional de Madrid: fuentes de *La Celestina*', tesis doctoral inédita, Universidad Complutense de Madrid (1984). Claro que el libro de F. Castro Guisasola, *Observaciones sobre las fuentes literarias de 'La Celestina'*, RFE Anejo V (Madrid: Centro de Estudios Históricos, 1924), se basa fundamentalmente en materia sacada de la *Celestina comentada*. Sobre aspectos legales de *Celestina*, véase también José Luis Bermejo Cabrero, 'Aspectos jurídicos de *La Celestina*', en *'La Celestina' y su contorno social: Actas del Primer Congreso Internacional sobre 'La Celestina'*, ed. Manuel Criado de Val (Barcelona: Borrás, 1977), 401–08; reimpresión en su *Derecho y pensamiento político en la literatura española* (Madrid: el autor, 1980), 97–109.

6 *Celestina comentada*, Biblioteca Nacional, Madrid, MS. 17631, fols. 32^rv. La referencia se encuentra en Fernando de Rojas, *La Celestina: Tragicomedia de Calisto y Melibea*, ed. Dorothy S. Severin (Madrid: Alianza, 1969; reimpr. 1976), 56. Mis citas de *Celestina* siempre se refieren a esta edición. Las fuentes citadas en la glosa de los folios 32^rv son: *Institutionum juris libri quatuor*, Lib. II, tit. VII 'De donationibus'; *Abbatis antiqui super quinque libris Decretalium*, II, 'De judiciis', De quouult Deo; Jacobus de Belviso (floreció 1300), *Practica judiciaria*, Alphabeticus index principalium sententiarum, De litera N, 'Nomen habere bonum est bonum et utile'; Diego del Castillo (floreció 1527), *Super leges Tauri*, Prooemium, 'Doña Juana'; Johannes Nevizanis, *Sylvae nuptialis libri sex*, IIII, no. 63.

7 Las fuentes de Bártolo y Abbatis citadas en la glosa son: Bartolus de Saxoferrato [murió 1357], *In primam Digesti Novi partem commentaria*, 'De aqua et aquae pluviae arcendae', Si tertius; *Abbatis antiqui super quinque libris Decretalium*, II, 'De praesumptionibus', Quosdam.

8 Las fuentes citadas en la glosa (fols. 36^v–37^v) son las siguientes: *Decretum Gratiani*, Prima pars, Distinctio XXXVII, cap. xiv 'Ad intelligentiam sacrarum Scripturarum, secularium peritia necessaria ostenditur'; *Digestorum*, Lib. XXII, tit. V 'De testibus', lex 3, no. 5; *Digestorum*, Lib. XXVIII, tit. I 'Qui testamenta facere possunt, et quemadmodum testamenta fiant', lex 22; *Digestorum*, Lib. L, tit. XVI 'De verborum significatione', lex 99; Johannes Petrus Ferrarius [floreció 1400], *Practica judicialis*, 'Forma iuramenti testium', Protestante; *Ad Herennium*, III, xxii, 35. Otras fuentes de esta ley, las que no se citan en la *Celestina comentada*, se encuentran en *Decreti secunda pars*, causa IV, quaestiones II y III, cap. i; *Institutionum juris libri quatuor*, Lib. II, tit. X 'De testamentis ordinandis', lex 6; *Novellae constitutiones Dn. Justiniani*, XC 'De testibus', cap. vi; *Imperatoris Leonis Augusti Novellae Constitutiones*, XLIX 'Ne servi ad dicendum testimonium admittantur'. En la ley castellana, las *Siete partidas*, III. xvi. 9 y 12, aluden al mismo derecho.

9 Las fuentes citadas en la glosa (fols. 126^r–27^r) son: *Codicis*, Lib. I, tit. XXII 'Si contra jus vel utilitatem publicam, vel per mendacium ferit aliquid postulatum vel impetratum', lex 6; *Codicis*, Lib. IV, tit. XX 'De

testibus', lex 9, no. 1; *Digestorum*, Lib. XXII, tit. V 'De testibus', lex 12; San Mateo xviii, 16: 'In ore duorum vel trium testium stet omne verbum'; Deuteronomio xvii, 6: 'In ore duorum aut trium testium peribit qui interficietur; nemo occidatur uno contra se dicente testimonium'; *Decretales Gregorii Papae IX*, Lib. III, tit. XXVI 'De testamentis et ultimis voluntatibus', cap. x; *Decret. Greg.*, Lib. III, tit. XVI 'De testamentis et ultimis voluntatibus', cap. xi; *Decret. Greg.*, Lib. II, tit. I 'De judiciis', cap. xiii; *Decret. Greg.*, Lib. II, tit. XX 'De testibus & attestationibus', cap. xxiii; Gulielmus Durantis [hacia 1237–96], *Speculum iuris*, Lib. I, Partic. IIII 'De personis quae nec agunt, nec defendunt', tit. 'De teste', De numero testium, no. 11; Lodovicus Pontanus [Romanus] [murió 1480], *Singularia*, 616; Jasonis Mayni Mediolanen [1433–1519], *In secundam Digesti Veteris partem commentaria*, 'De iureiurando', repetitio 1 y 'De verborum obligationibus', Eadem autem; Hippolytus de Marsilijs [1451–1529], *Singularia*, 47 y 528 y *Consilia*, consilium CXI; *Decretum Gratiani*, Tertia pars, Dist. IV 'De consecratione', cap. cxii; *Decretum Gratiani secunda pars*, Causa II, quaestio IV, cap. ii; *Siete partidas*, III. xvi 'De los testigos', 32 'Quantos testigos ha menester, para provar en cada pleyto'; *Leyes de Toro*, ley 3; Bartolus de Saxoferrato, *Tractatus de testibus*, 'De numero testium'; *Abbatis antiqui super quinque libris Decretalium*, II, 'De testibus & attestationibus'; *Abbatis*, II, 'De judicijs', At si clerici; *Abbatis*, II, 'De testibus', Super eo, 2, no. 7; *Abbatis*, III, 'De testamentis, et vltimis voluntatibus'; Azzo de Bologna [murió hacia 1230], *Summa in primum librum Codicis*, 'Si contra ius, vel vtilitatem publicam'; Johannes Bertachinus [hacia 1448–97], *Tractatus de episcopis consummatis*, Lib. 4, Tertia pars 'De causa formali degradationis qualiter fiat', no. 5; Bartolomaeus Chassanaeus [1480–1541], *Consuetudines ducatus Burgundiae, fereque totius Galliae*, Rub. 1 'Des iustices & droictz d'icelles', VI 'Messiers & sergens sont creuz', Textv Ibi, Sont creuz; Rodrigo Suárez [floreció 1555], *Declaratio in l. 4. libro 2. Foro Legum*, no. 33; Bartolus de Saxoferrato, *In primam Digesti Veteris partem commentaria*, 'De iustitia & iure', Omnes populi; II Corintios xiii, 1.

10 Una versión preliminar de este artículo fue presentada en el IX Congreso de la Asociación Internacional de Hispanistas, Berlín, el 23 de agosto de 1986. Agradezco la lectura previa de este artículo a los profesores Alan Deyermond, Charles Fraker, Ian Macpherson, José Regueiro, Peter Russell, Russell Sebold y Alan Smith.

The Poetry of Nicolás Núñez

ALAN DEYERMOND

Westfield College, London

I. THE BIOGRAPHICAL VACUUM

Nicolás Núñez, author of a brief sentimental romance and of a substantial group of *cancionero* poems, is biographically little more than a name: 'an even more shadowy figure than Diego de San Pedro', according to Keith Whinnom.[1] He may have been a Valencian, or have lived in Valencia for some time; his sequel to San Pedro's *Cárcel de Amor* was published in 1496, just four years after the original, and the first appearance of his poems—apart from those in his romance—is in the *Cancionero general* of 1511 (11CG).[2]

In a discussion of Diego Núñez de Quirós, D. W. McPheeters conjectures that 'Quizás haya escrito algunas de las composiciones del *Cancionero general* bajo los nombres Núñez, Quirós, Diego Núñez y Nicolás Núñez'.[3] Whinnom comments that 'this daring hypothesis, though it has certain attraction, is impossible to prove' (*Prison*, xxx). It is, moreover, vulnerable to Patrick Gallagher's argument about 'the careful way in which the *Cancionero general* distinguishes different poets who have the same surname'.[4] If one *cancionero* had poems only by Nicolás Núñez, another only by Núñez, and so on, McPheeters' view would be easier to accept (though even then, the Diego/Nicolás variation would present a difficulty), but when several of these names appear in the same *cancionero* there is a very strong case for believing that different poets are represented. That does not, of course, rule out the possibility of confusion, and the possibility is recognized by Hernando del Castillo, compiler of 11CG, in his Prologue: 'E el que hallare agena marca en sus obras que la raya, y ponga la propia, y haga lo mismo el que la suya sin ninguna hallare'.[5] It does, however, make it hard to believe in a single poet with four names. Moreover, A. J. Foreman's study of the poet Quirós distinguishes convincingly between him and Diego Núñez de Quirós.[6] It is likely, then, that Nicolás Núñez is not the same poet as the one mentioned in the rubrics only as Núñez, though it may well be that some poems attributed to Núñez are the work of Nicolás Núñez (or, indeed, vice versa). And even if we reject the hypothesis of a Núñez who was neither Nicolás nor Diego, there is no way of knowing to which of these last two we should attribute any poem which has a surname only. The canon of Nicolás Núñez's poems is hard to establish, but the attempt must be made.

II. THE POETIC CANON

A. Firm attribution to Nicolás Núñez
The first known appearance of Nicolás Núñez's poetry is in *Cárcel de Amor* (Burgos: Fadrique Alemán de Basilea, 1496), a volume which combines the second edition of Diego de San Pedro's sentimental romance with the first edition of the *Tratado que hizo Niculás*

Núñez sobre el que Sant Pedro compuso de Leriano y Laureola llamado 'Cárcel de Amor'.[7] Like most sentimental romances, this *Tratado* contains a number of poems, and there is no reason to doubt that they are by the author of the prose in which they are set (Juan de Flores, who turned to a collaborator, Alonso de Córdova, for the poems in *Grimalte y Gradissa*, is an exception among writers of sentimental romance). The number of poems, twenty-five, is unusually large; the explanation is that twenty-three of them are *letras*. Whinnom defines the genre thus: 'La letra, invención o letra de invención—los términos son equivalentes—consta de dos o de tres versos, ya octosílabos simplemente, o bien octosílabos con un verso de pie quebrado. Tienen la particularidad de que la gran mayoría eran divisas que se llevaban bordadas o grabadas en la ropa o en las armas, por ejemplo en el casco o en la vaina de la espada, y muchas veces aludían al objeto o a su color.'[8] Twelve of the *letras* in Nicolás Núñez's romance are worn by Leriano's ghost and nine by Laureola; one of the remaining two is uttered by the ghost as he disappears, and the other by Laureola as her farewell to El Auctor. All of the *letras* thus form part of El Auctor's dream-vision, which is the core of the romance. They are, in alphabetical order:

1. 'Acabados son mis males.' 3 lines. Leriano (the words are an obvious quotation from the end of San Pedro's *Cárcel*).[9]
2. 'Assí comiença y finece.' 2 lines. Leriano. (*Dos opúsculos*, 59)
3. 'Castidad quedó celosa.' 3 lines. Leriano. (58)
4. 'Cerró tu muerte a mi vida.' 3 lines. Laureola. (61)
5. 'Con lo que acaba y comiença.' 3 lines. Laureola. (62)
6. 'Con tu muerte mi memoria.' 3 lines. Laureola. (62)
7. 'Dio a mi vida mi tristura.' 3 lines. Leriano. (58)
8. 'En la firmesa se muestra.' 2 lines. Leriano. (58)
9. 'Fue cresciendo mi firmeza.' 3 lines. Leriano. (57)
10. 'Más fuerte fue la passión.' 3 lines. Leriano. (58)
11. 'Más rica sería mi gloria.' 3 lines. Laureola. (62)
12. 'Mi passión a mi alegría.' 3 lines. Leriano. (58)
13. 'Muy más rica fue mi muerte.' 3 lines. Leriano. (58)
14. 'No da muerte por servicio.' 3 lines. Laureola. (61)
15. 'No pudo tanto trabajo.' 3 lines. Leriano. (59)
16. 'No puede ya el alegría.' 3 lines. Laureola. (62)
17. '¡O si la morte matasse!' 3 lines. Leriano (farewell). (67)
18. '¡Qué pena, más en tu pena!' 3 lines. Laureola. (63)
19. 'Si no tuviera la vida.' 3 lines. Laureola. (62) Discussed by Whinnom, *Poesía*, 48–49.
20. 'Tu firmeza y mi congoxa.' 3 lines. Laureola. (62)
21. 'Vedes aquí mi congoxa.' 2 lines. Leriano. (59)
22. 'Ya está muerta la esperança.' 3 lines. Leriano. (57)
23. 'Ya no puede más doler.' 3 lines. Laureola (farewell). (69)

The other two poems are put into the mouth of El Auctor when the dream-vision has ended: 'tomé una viyuela, y más como desatinado que con saber cierto lo que hazía, comencé a dezir esta canción & villancico' (69). The introductory sentence is confusing: one would expect a poem to be sung, not spoken, to the accompaniment of a vihuela. It has long been accepted that *canción* did not, at the end of the fifteenth century, necessarily mean a song (scholars have long been accustomed to distinguishing between the terms *cancionero* and *cancionero musical*), and Jane Whetnall has recently made a strong case for her view that only a few of the *canciones* in the *Cancionero general* were intended to be sung.[10] Nicolás Núñez's depiction of a character accompanying on the vihuela his own speaking of a *canción* and a *villancico* lends (provided that the verb *dezir* bears its normal meaning) further weight to her case: the music would have been background rather than setting. The choice of words is confirmed after the texts of the poems: 'Acabado de dezir la canción y deshecha lo menos mal que yo pude, dexé la viyuela' (71).

24. 'No te dé pena penar.' *Canción*, 4+12 lines. (70)
25. '¿Para qué es buena la vida?' *Villancico*, 3+5+7 lines. (70). This is a *desfecha* of the
canción.

Of the thirty-five poems that are attributed only to Nicolás Núñez, twenty-five are in
his *Cárcel de Amor* and only ten in the *Cancionero general* or its 1535 successor. This
statement is, of course, misleading: since almost all of the twenty-five are *letras*, the
number of lines is small. The 97 lines of the poems included in the sentimental romance
are only twelve per cent of the 800 firmly attributed to the poet. Yet even twelve per cent is
a significant proportion, and twenty-five poems—however short—would be an important
part of the work of poets more prolific than Nicolás Núñez. It follows that sentimental
romances should be treated as sources, alongside verse anthologies and the manuscripts
and printed texts of individual poets, for a complete inventory of late-medieval Spanish
lyric. Dutton and his collaborators have already taken the first step in this direction: *Triste
deleytación* is included (as BC2) in the *Catálogo-índice*, though with an erroneous listing.

The *Cancionero general* of 1511 attributes eleven poems to Nicolás Núñez, but two of
these are attributed in the *Cancionero del British Museum* (LB1) to Núñez (surname only).
These two are discussed in section B, below; the remaining nine are firm attributions. The
firmness may, of course, be illusory: the nine poems are found only in 11CG and in
cancioneros and *pliegos sueltos* which descend from it, so we cannot have as much
confidence as we should have in an attribution made by unrelated sources. Yet this is a
problem which besets studies of most poets of Nicolás Núñez's generation, and, provided
we bear in mind the need to revise our classifications if new evidence appears, we are
justified in treating these nine poems on almost the same basis as the twenty-five included
in *Cárcel de Amor*. Three of them are *decires* (one of these is a *respuesta*), two are
canciones, three are *glosas* to *villancicos*, and one a *glosa* to a *romance*. One of the *decires*
is a long poem (289 lines, representing over one-third of the verse firmly attributed to
Nicolás Núñez):

26. Aquí comiençan las obras de Nicolás Núñez. Y esta primera es una que hizo a una señora
en que le da forma cómo en estas coplas como en oras pueda rezar, porque una muger de
su casa lo avía rebuelto con ella, y dize. 'Estas oras rezaréys.' 28 stanzas of 10, and one of
9, octosyllabic lines. Dutton ID 6621. 11CG, no. 858, fols 179ᵛ–180ᵛ. Included in
Raymond Foulché-Delbosc's anthology.[11]

Menéndez y Pelayo described this as 'una irreverente parodia', and nearly half a century
later María Rosa Lida took a similar line, including the poem in a list of examples to
illustrate her statement that 'A la misma esfera sacroprofana pertenece la poesía que total
o parcialmente cita o parodia textos sagrados o trozos de la liturgia'.[12] Looking at the
Mass section of the poem, Blanca Periñán concluded that 'Resulta en conjunto más
sacrílega que las dos examinadas [the *Misas de amor* of Juan de Dueñas and Suero de
Ribera], por lo ingenioso de algunas expresiones'.[13] This consensus is successfully
challenged by Jane Yvonne Tillier, who finds that Nicolás Núñez's work 'seems to have no
interest in desecrating its source'.[14] She describes it as 'one of the most subtle extended
examples of the secular use of the externals of Christian devotion' (29), and concludes her
detailed analysis thus: 'Núñez is not parodying the use of the Book of Hours. He is
exploiting the practice allegorically, seeing in it a suitable form for representing what he is
demanding of his lady, that is her concentration of thought and feeling on him, through
expressions of penitence and charitable concern. As with other poems considered here the
text represents something of an indictment of Love and of the relationship of lovers . . .'
(40).

Only one other poem is included in the 'Obras de Nicolás Núñez' section of 11CG:

27. Otra obra suya respondiendo a Mosén Fenollar que le preguntó que quál era mejor
servir, a la donzella, o a la casada, o a la beata, o a la monja, y dize assí. 'Señor, señor
Fenollar.' *Decir/respuesta*: 8 stanzas of 10 octosyllabic lines. 6622. 11CG, no. 859, fols
180^v–181^r. Reprinted by Menéndez y Pelayo, *Antología*, V, 100–02, and Foulché-
Delbosc, no. 872, p. 482.[15]

Bernat Fenollar, a Valencian mathematician, was a prominent Catalan poet of the last
three decades of the fifteenth century, and notable for his interest in poetic debates and for
his taste for satire. It is not surprising that he should have posed the question that Nicolás
Núñez answers, but it is unusual for a *pregunta* and *respuesta* to cross a linguistic
boundary. His poem seems to be lost.[16] After A27, 'Comiençan las obras de Soria' (fol.
181^r); the other poems of Nicolás Núñez are distributed among different sections of the
volume.

The third *decir* is Nicolás Núñez's only poem in *arte mayor*:

28. Otra obra de Nicolás Núñez en loor de Sant Eloy. 'Querer dar loança do tanto bien
sobra.' 5 stanzas of 10 lines. 6063. 11CG 28, fols 16^v–17^r. Foulché-Delbosc, no. 873, p.
483.

Menéndez y Pelayo comments: 'Núñez debe de ser uno de los ingenios más modernos del
Cancionero, a juzgar por el empleo que hace de una nueva forma de estancias de arte
mayor, que sólo hallamos en poetas de la última época trovadoresca, por lo general
valencianos y aragoneses' (III, 173n).

There are two *canciones*, one religious and one secular:

29. Canción del mismo [the rubric to the preceding poem names Nicolás Núñez] a Nuestra
Señora. 'O Virgen c'a Dios pariste.' 6+12 lines of octosyllables with *pie quebrado*. 6075.
11CG 44, fol. 21^{rv}. The 11CG text is copied by Juan Fernández de Costantina,
Cancionero llamado guirnalda esmaltada (13*FC; Rodríguez-Moñino, *Manual*, 15), 23
(Rodríguez-Moñino's numeration). Menéndez y Pelayo, V, 98; Foulché-Delbosc, no.
875, p. 485.
30. Otra de Nicolás Núñez porque su amiga le dio una rosa. 'Rosa si rosa me distes.' 4+8
octosyllabic lines. 6228. 11CG 325, fol. 124^v. Copied by Costantina (13*FC;
Rodríguez-Moñino, *Manual*, 15), 122. Also in *Secunda parte del cancionero general,
agora nuevamente copilado de lo más gracioso y discreto de muchos afamados
trobadores* (Çaragoça: Stevan G. de Nájera, 1552), 27.[17] Foulché-Delbosc, no. 877, p.
486.

Whinnom comments on the second *canción*, analysing the imagery and pointing out that
even in a poem whose use of a concrete image is so unusual in 11CG the abstract
vocabulary characteristic of the period is prominent.[18]

Three of the poems are *glosas* to *villancicos*, two secular and one religious:

31. Las coplas son del mismo Núñez [the preceding rubric refers to Nicolás Núñez]. 'Porque
al triste que se parte.' 3 stanzas of 7 octosyllabic lines. 6447. 11CG 646–1, fol. 147^v. As
this is the only poem firmly attributed to Nicolás Núñez that is not printed by Foulché-
Delbosc, I transcribe it, together with the *estribillo* which it glosses:

> Es dolor tan sin medida
> la partida
> qu'es como perder la vida.
>
> Porque al triste que se parte
> con este dolor tan duro,
> si de amor no va seguro,
> la muerte es la mejor parte,
> porqu'es engaño sin arte
> la partida
> de la persona querida.

Que la condición de aussencia
es tener siempre temor,
porque aussencia gasta amor
quando tarda la presencia,
assí que d'esta dolencia
la guarida
es no tardar la venida.

Que si es larga ell esperança
haze callo en la tristeza
y tórnase la firmeza
muchas vezes gran mudança,
pues la fe con la tardança
es herida
que mata presto la vida.

Foulché-Delbosc's omission is surprising: the bleakness of the poet's observations on the effect that absence has on love, together with the physiological realism of the image of the callus in the last stanza—which gives fresh force to the otherwise conventional 'herida'—should ensure this poem's inclusion in any anthology of the late-medieval poetry of courtly love.

32. Villancico hecho a Nuestra Señora la noche de Navidad. Las coplas dél son de Nicolás Núñez. 'Soys vós, reyna, aquella estrella.' 20 stanzas of 7 octosyllabic lines. 6074. 11CG 43bis, fols 20ᵛ–21ʳ. Copied by Costantina (13*FC; Rodríguez-Moñino, *Manual*, 15), 22. Menéndez y Pelayo, V, 96–98; Foulché-Delbosc, no. 874, pp. 483–85.

33. Las coplas son de Nicolás Núñez. 'Y puesto que yo pudiesse.' 3 stanzas of 7 octosyllabic lines, 6445. 11CG 645–1, fol. 147ᵛ. Copied by Costantina (13*FC), 231. Also in a *pliego suelto*, *Aquí comiençan muchas maneras de coplas y villancicos de muchos auctores* (n.p., n.d., 4 fols; Rodríguez-Moñino, *Diccionario*, no. 667, p. 404), 8, with the rubric Otro villancico. Las coplas son de Nicolás Núñez. This *pliego suelto* was owned by Colón.[19] Foulché-Delbosc, no. 880, pp. 487–88.

Finally, among the poems of the firm-attribution category included in 11CG, is a *glosa* to a *romance*:

34. Glosa de Nicolás Núñez. 'Partido de mi bevir.' 6 stanzas of 10 octosyllabic lines. 6318. 11CG 444, fol. 133ᵛ. Also in *Aquí comiençan ciertos romances con glosas & sin ellas, y este primero es del Conde Claros con la glosa de Francisco de León* (n.p., n.d., 4 fols; Rodríguez-Moñino, *Diccionario*, no. 654, pp. 397–98), 9, with rubric Glosa de Nicolás Núñez.[20] Foulché-Delbosc, no. 878, pp. 486–87.

After 1511 only one new poem appears with a firm attribution to Nicolás Núñez. It is a *canción* to the Virgin Mary, first printed in the 1535 edition of the *Cancionero general*. Despite its late appearance, I see no reason to doubt the attribution:

35. Niculás Núñez. 'Norte de los mareantes.' 5+10 octosyllabic lines. No ID. Foulché-Delbosc, no. 881, p. 488.[21]

B. Conflicting attributions to Nicolás Núñez and to Núñez

Two poems are attributed to Nicolás Núñez in 11CG and to Núñez (surname only) in the *Cancionero del British Museum* (LB1), which is certainly later than 11CG and was probably compiled in the second decade of the sixteenth century.[22] One is a *canción*, the other a *glosa* to a *romance*; both are secular.

1. Otra canción de Nicolás Núñez. 'Si por caso yo biviesse.' 4+8 octosyllabic lines. 0847. 11CG 315, fol. 124ʳ. Also 11CG 921, fol. 199ʳ, where it is presented as 'una canción' (without attribution) glossed by Francisco Fenollete. The only variants, other than purely orthographic ones, occur in lines 10–11. LB1 163, fol. 44ʳ. There are non-orthographic

variants in lines 3 and 6. The rubric is simply 'Canción'. The poem is within a sequence that begins with an attribution to Núñez by surname only (poem B2, below), followed by five poems with 'suya' in their rubrics. It is preceded and followed by poems (LB1 162 and 164) that bear neither name nor 'suya', but the sequence ends with 'Canción suya' and 'otra suya' (LB1 165–66); then comes a poem by the Bachiller de la Torre. There is thus no doubt that the compiler of LB1 intended to attribute 'Si por caso yo biviesse' to Núñez. It is attributed to Nicolás Núñez by Baltasar Gracián, who, in *Agudeza y arte de ingenio* (1642), cites the first four lines as an example of the use of the conditional.[23] Foulché-Delbosc, no. 876, p. 486, where it is attributed to Nicolás Núñez, as it is in J. M. Aguirre's anthology of poems from 11CG, and in Victoria A. Burrus' perceptive analysis.[24] Burrus concentrates on the ambiguous use of 'morir' and 'muerte'.

2. Glosa de Niculás Núñez. 'En mi desdicha se cobra.' 6 stanzas of 10 octosyllabic lines. 0840. 11CG 462, fol. 136[v]. Also in *Romance de la mora Morayma glosado* ([Sevilla: Cromberger, circa 1520?], 4 fols; 20*MM; Rodríguez-Moñino, *Diccionario*, no. 1011, p. 554), 2.[25] A copy of this *pliego suelto* belonged to Colón: Rodríguez-Moñino, *Colombina*, no. 204, p. 108. Facsimile in *Praga*, I, *pliego* xxxv, pp. 291–92. There are four variants from the 11CG text (in lines 21, 28, 34 and 53). Also in *Romance que dize 'Por la matança adelante', con su glosa e otras coplas* (n.p., n.d., 4 fols; Rodríguez-Moñino, *Diccionario*, no. 1051, p. 572), 4. Colón owned a copy: Rodríguez-Moñino, *Colombina*, no. 284, p. 143. LB1 156, fols 42[v]–43[r]. Rubric: De Núñez glosa suya del romance 'Por mayo era por mayo'. As well as the difference in attribution, there are numerous variants from the 11CG text. Foulché-Delbosc, no. 879, p. 487, with attribution to Nicolás Núñez.

Since LB1 attributes no poems to Nicolás Núñez, but a substantial number to Núñez, the differing attributions of these two poems should not carry equal weight, especially in view of 11CG's priority. It would not—as we shall see in the next section—be safe to regard all LB1 Núñez attributions as meaning Nicolás Núñez, but in the case of these two poems authorship by Nicolás Núñez is a strong probability.

C. *Firm attribution to Núñez*

Eight poems are attributed to Núñez (surname only) and to no other poet, though two of them appear anonymously in late *cancioneros* which have a high proportion of anonymous poems. Five of these (two *canciones*, two *romances*, and a *glosa* to a *mote*) first appear in 11CG.

1. Canción de Núñez porque pidió a su amiga un limón. 'Si os pedí, dama, limón.' 5+10 octosyllabic lines. 6208. 11CG 286, fol. 122[v]. Copied by Costantina (13*FC), 104. Also in *Espejo de enamorados* (n.p., n.d., 16 fols; Rodríguez-Moñino, *Diccionario*, no. 870, pp. 495–97, and *Manual*, no. 46, I, 179–82), 30. Owned by Colón: Rodríguez-Moñino, *Colombina*, no. 98, pp. 60–63. Also in *Secunda parte del cancionero general* (see n. 20), 19, with rubric identical with that of 11CG. Menéndez y Pelayo, V, 99; Aguirre, 156; both with attribution to Nicolás Núñez. The index to Rodríguez-Moñino, *Manual*, makes the same attribution, as does Whinnom in his analysis of the poem ('Interpretación', 369n; *Poesía amatoria*, 51–52 and 105–06).

2. Canción de Núñez. 'Ya no es passión la que siento.' 4+8 octosyllabic lines. 0846. 11CG 376, fol. 127[v]. LB1 162, fol. 44[r]. Rubric: Canción (within the sequence clearly attributed to Núñez: see B1, above). One variant (an obvious error in line 5) from 11CG text. The first four lines are singled out by Gracián (I. 24, p. 345) with the words 'También encareció mucho, y con la misma sutileza, Núñez', and they appear as an anonymous poem, with the rubric *Letra*, in MP2 (Palacio MS 617), where it is no. 481, fol. 355[v]/ 327[v].[26] The late date of MP2—Dutton places it at c. 1560—, its high proportion of poems without attribution, and the presentation of this stanza as an independent poem mean that the firm attribution to Núñez in 11CG and LB1 remains unshaken. The ambiguous use of 'passión' and 'gloria' is discussed by Burrus, 'Poets at Play', 303–04; she attributes the poem to Nicolás Núñez.

3. Otro romance de Núñez. 'Durmiendo estava el cuydado.' 14 lines. 6321. 11CG 448, fol.

134ʳ. Copied by Costantina (13*FC), 171. This poem recurs frequently: in at least two *pliegos sueltos*, five *cancioneros* or *silvas de romances*, and the *Secunda parte del cancionero general*. *Romance de Rosa fresca con la glosa de Pinar, & otros muchos romances* (n.p., n.d., 4 fols; *Diccionario*, no. 1038, p. 566), 5; *Romances de Rosa fresca con la glosa de Pinar, & otros muchos romances* (n.p., n.d., 4 fols; *Diccionario*, no. 1039, p. 567), 5; *Cancionero de romances* (Enveres: Martín Nucio, n.d.; *Manual*, no. 51), 127; *Cancionero de romances* (Enveres: Martín Nucio, 1550; *Manual*, no. 53), 142; *Primera parte de la silva de varios romances* (Çaragoça: Stevan G. de Nágera, 1550; *Manual*, no. 83), 121—all of these have the rubric Otro romance de Núñez. *Silva de varios romances . . . segunda impresión* (n.p., 1550; *Manual*, no. 84), 123; *Silva* [same title] (n.p., 1552; *Manual*, no. 85), 123; *Secuda parte del cancionero general*, 61—all of these have the rubric Romance de Núñez. Dutton lists this poem as by Nicolás Núñez.

4. Otro de Núñez. 'Por un camino muy solo.' 22 lines. 6340. 11CG 470, fol. 138ʳ. Copied by Costantina, 187. This poem too recurs frequently: at least two *pliegos sueltos* and six *cancioneros* or *silvas de romances*. *Romance de Amadís y Oriana* ([Burgos: Fadrique de Basilea, circa 1515–19], 4 fols; 17*RA; *Diccionario*, no. 990, p. 546), 5: facsimile in Norton and Wilson, 73–80, with commentary by Wilson, *ibid.*, 52–53. The rubric here is Otro romance de Núñez, as it is in: *Romance de Durandarte con la glosa de Soria & otros diversos romances* ([Burgos: Alonso de Melgar, circa 1520?], 4 fols; 20*DS; *Diccionario*, no. 1007, p. 552; *Colombina*, no. 89, p. 56; Norton & Wilson, no. 24, p. 17), 5. Facsimile in *Praga*, I, *pliego* xvi, pp. 137–44. *Cancionero de romances* (Enveres: Martín Nucio, n.d.; *Manual*, no. 51), 115; *Romances en que están recopilados la mayor parte de los romances castellanos* (n. p.: a costa de Guillermo de Miles, 1550; *Manual*, no. 52), 115; *Cancionero de romances* (Enveres: Martín Nucio, 1550; *Manual*, no. 53), 130—all these have the rubric Otro de Núñez. *Primera parte de la silva de varios romances* (Çaragoça: Stevan G. de Nágera, 1550; *Manual*, no. 83), 109; *Silva de varios romances . . . segunda impresión* (n.p., 1550; *Manual*, no. 84), 115; *Silva* [same title] (n.p., 1552; *Manual*, no. 85), 115—all these have the rubric Romance de Núñez. Menéndez y Pelayo, V, pp. 99–100; Aguirre, pp. 93–94; both attribute the poem to Nicolás Núñez, as does Dutton, *Catálogo-índice*, II, 123. There is a *desfecha* by Juan Manuel II: ID 1106; 11CG 470–1; LB1 425.

5. Glosa de Núñez. 'No viera mi perdición.' *Glosa* to a *mote*, 5+9 octosyllabic lines. 4158. 11CG 405, fol. 144ʳᵛ. *Secuda parte del cancionero general*, 117, with the rubric Glosa de Núñez [a] otro mote. MR1 (*Cancionero de Pedro del Pozo*, compiled 1547), 70, fol. 27ᵛ.[27] Like the great majority of poems in MR1, it has no author's name; the only rubric is 'No veros es ver que muero', the first line of the *mote* that it glosses. Dutton attributes the poem to Diego Núñez.

Thus there are five poems attributed to Núñez (surname only) in 11CG. In four cases, the attribution is supported by *pliegos sueltos* and/or *cancioneros/silvas de romances*, or by a late *cancionero*. That agreement is not of great evidential value, since—on present evidence—these texts seem to depend at least partly on 11CG. In the fifth case, 11CG's attribution is supported by LB1. This does not carry as much weight as would normally be implied by LB1's relative independence of the 11CG tradition, since LB1 always attributes to Núñez by surname only. Nevertheless, this measure of agreement suggests that 11CG's attributions to Núñez are unlikely to be the result of mechanical error. Perhaps more important, there is evidence that 11CG distinguishes carefully between Núñez with and without a Christian name: it attributes poems 373 and 374 to Diego Núñez, and 376 (with only a *canción* in between) to Núñez.[28]

6. Canción suya. 'La vida sería perdella.' 4+8 lines. 0843. LB1 158, fol. 43ᵛ. The *canción* is repeated, with variants in lines 8 and 12, as LB1 165, fol. 44ʳ; the rubric is the same. Both occurrences are within the sequence clearly attributed to Núñez. 14CG 87, with the rubric Canción de Núñez. 14CG (this text of the poem is printed in *Suplemento*, ed. Rodríguez-Moñino, no. 87, p. 58) agrees with LB1 165 against LB1 158 in lines 8 and 12, and differs from both in line 2. *Secuda parte del cancionero general*, 40, with the rubric Canción de

Núñez. There is insufficient evidence to decide the priority of LB1 and 14CG, but in any case the agreement on attribution is impressive. Lines 1–4 are quoted by Gracián in *Agudeza*, I. 25 ('De los conceptos en que se pone algún dicho o hecho disonante, y se da la equivalente y sutil razón'), p. 351, with the comment: 'Jugó del retruécano con notable sutileza el ingenioso Núñez'.

The last two poems in this group are found only in LB1.

  7. Otra suya canción. 'El pensamiento me aquexa.' 4+8 lines. 0845. LB1 161, fols 43ᵛ–44ʳ. The poem is within the Núñez sequence.
  8. Glosa suya por mandado de la señora condesa. 'Gran pasión es esperar.' 6 stanzas of 10 octosyllabic lines. 0841. LB1 157. This *glosa* to a *romance* is the second poem in the Núñez sequence.

Since LB1, as we have seen, never attributes a poem to Nicolás (or to Diego) Núñez, its use of surname only for these two poems provides no substantial evidence against Nicolás Núñez's authorship. On the other hand, we have no positive evidence for such authorship.

To sum up the arguments on authorship of the eight poems in category C: C1–5 are attributed to Núñez (surname only) by 11CG, a *cancionero* which seems to distinguish between Núñez, Nicolás Núñez and Diego Núñez; that attribution is supported by other texts, though the evidential value of such support is not as strong as might at first appear. Poem C6's attribution to Núñez comes from two *cancionero* traditions, though again the value of the agreement is not as great as might be supposed. The likelihood is that poems C1–6 are not the work of Nicolás Núñez, though his authorship cannot be excluded. Only in the case of poems C7–8 do the possibilities seem evenly balanced. This conclusion differs, of course, from the scholarly consensus in the case of several poems, most notably in C1, 'Si os pedí, dama, limón', which Menéndez y Pelayo, Rodríguez-Moñino (on one occasion), Whinnom and Aguirre treat as Nicolás Núñez's work. It is easy to see why: concrete imagery is so rare in the *canciones* of this period that the author of the famous poem about a rose (and also, though this has passed unnoticed, the poet who uses the image of a callus as well as a wound) may plausibly be supposed to have written a poem about a lemon, when there is a similarity of name. And the consensus may be right: the evidence from the attribution habits of *cancionero* compilers cannot do more than establish a probability, and may be overridden if good cause is shown. However, if we are to reject what the *cancioneros* seem to tell us, we must do so deliberately and not through inadvertence.

D. Conflicting attributions to Núñez and to other poets

There is no case in which a poem attributed to Nicolás Núñez in one *cancionero* is attributed in another to a poet of a wholly different name, but six poems are attributed to Núñez (surname only) and to another poet (Duque de Medina Sidonia, Comendador Estúñiga, Garci Sánchez de Badajoz, Soria, or Tapia) or attributed to Núñez in one text and presented as anonymous in another. Because the likelihood of authorship by Nicolás Núñez is less in this category than in any of the others so far considered, I shall present the bibliographical information in a more compressed form. Three of the poems are *canciones*:

  1. Canción de Tapia. 'Di, ventura, qué te he hecho.' 4+8 lines. 0844. 11CG 922, fol. 199ᵛ. LB1 159, fol. 43ᵛ, includes the poem, with the rubric Otra suya, in the Núñez sequence. MN14, a copy made in 1843 of a sixteenth-century manuscript, presents this anonymously and without rubric as its 48th poem.
  2. Canción del Duque de Medina Sidonia. 'Son mis pasiones de amor.' 4+8 lines. 0685. 11CG 317, fol. 124ʳ. The poem occurs twice in LB1, as 136 attributed to the Duque de Medina Sidonia, and as 160, with the rubric Otra suya, in the Núñez sequence. Lines 9–12 quoted by Gracián, I.25, p. 353, with the comment: 'Si alguna puede excedella [a stanza by Diego de San Pedro which he has just quoted], será ésta del duque de Medina

Sidonia; fue gran decir . . .' Lines 1–2 are quoted in stanza 39 of Garci Sánchez de Badajoz, *Infierno de amor* (Gallagher, 108), where they are ascribed to Fernando de Llanos, a poet otherwise unknown (Gallagher reports, 197, that he has been unable to identify him) unless he is the Llanos who has five poems in 11CG. This attribution, despite its early date—the stanza is added in 14CG—does not carry much weight, since a number of attributions in Sánchez de Badajoz's quoting-poem seem to be fanciful, perhaps even mischievous.

3. Otra canción suya. 'Ved si puede ser mayor.' 4+8 lines. 0849. 11CG 402, fol. 129ʳ. This poem is preceded by one with the rubric Canción de Soria, and is followed by nine poems identified as Soria's by rubrics such as 'suya', 'otra de Soria', or 'del mismo'. LB1 166, fol. 44ʳ, has the rubric Otra suya within the Núñez sequence.

There is one *villancico*:

4. Otro villancico del Comendador Estúñiga. 'Como se puede partir.' 3 lines and 6 stanzas of 7 lines, octosyllables with *pie quebrado*. 0848. 11CG 657, fol. 148ʳᵛ. A *pliego suelto* (*Diccionario*, no. 667, p. 404) has this poem with the rubric Villancico del Comendador Estúñiga. LB1 164, fol. 44ʳ, has the *estribillo* and lines 1–4 of stanza 2 of the *glosa*, with the rubric Villancico, within the Núñez sequence. (See note 31, below.)

The remaining two poems are *romances*:

5. Otro romance que dize. 'Dezime vós pensamiento.' 28 lines. 6323. 11CG 450, fol. 134ʳ. The two preceding *romances* (poems C3, above, and D6, below) are attributed to Núñez (Otro romance de Núñez), but 'Otro romance' does not in this case imply the same author: 11CG presents the poem as anonymous. Two *pliegos sueltos* agree (17*OM, *Diccionario*, no. 668, p. 405, Norton & Wilson, no. 78, pp. 28–29; and *Espejo de enamorados*, *Diccionario*, no. 870, pp. 495–97, *Manual*, no. 46, pp. 179–82, *Colombina*, no. 98, pp. 60–63), but another *pliego* (17*RJ, *Diccionario*, no. 464, p. 315) has the rubric Romance que hizo Núñez que dize 'Dezime vós penssamlento'.

6. Otro romance de Núñez sobre el que dizen 'estávase el rey Remiro'. 'Estávase mi cuydado.' 24 lines. 0728. 11CG 449, fol. 134ʳ. Copied by Costantina (13*FC), 172. LB1 38, fol. 17ʳᵛ, attributes the poem to Garci Sánchez de Badajoz. See Gallagher, 66–67 (he reports 11CG as attributing the poem to Nicolás Núñez, and prints lines 1–16 without explaining the truncation). Dutton also lists the 11CG text as Nicolás Núñez's. MR1 96, fol. 35ᵛ (see Rodríguez-Moñino, 'El cancionero manuscrito', 491–92).

E. Hypothetical or erroneous modern attributions

An anonymous *canción* in 11CG ('Llevo un mal qu'está sin medio', 327, fols 124ᵛ–125ʳ), which has the rubric Otra, appears in Rodríguez-Moñino's list of 11CG poems that are dropped in 14CG and later editions (*Manual*, I, 68) as 'Otra [¿de Nicolás Núñez?]'. It is accepted as Nicolás Núñez's by Whinnom ('Interpretación', 370), and is one of his list of eleven *canciones* which conform exactly to the metrical ideal of the genre as represented in 11CG. 11CG 325 is Nicolás Núñez's 'Rosa' *canción*, and 326 has the rubric Otra canción; the only reason for attributing 11CG 327 to Nicolás Núñez seems to be the unjustified assumption that 'suya' is implied after 'Otra'. A similar reason seems to have led Burrus ('Poets at Play', 270–71) to attribute to Nicolás Núñez 11CG 377 (ID 6265), 'Yo como alcanço lo digo'. It is headed 'Otra canción', and follows poem C2, above, which has the rubric Canción de Núñez. The remaining attribution is a bibliographical ghost: Rodríguez-Moñino's index of first lines in the facsimile edition of 11CG includes (p. 168) 'Yo soy la que mereció', but this is the first line of stanza 2 of poem A32, above.

III. CONCLUSION

The twenty-five poems in *Cárcel de Amor* (A1–25) are, on the available evidence, certainly Nicolás Núñez's (I have found no trace of them elsewhere). The attribution to him of poems A26–35 cannot, for the reason given on 27, above, be regarded as wholly conclusive, but I see no cause to doubt it, and I believe that for practical purposes we are safe in treating these ten poems as his. The attribution of poems B1–2 to Nicolás Núñez and to Núñez introduces a perceptible element of doubt, but the probability of Nicolás Núñez's authorship is strong. Next in order of probability come poems C7–8, where the balance is even, and then C1 (unlikely, but, in view of the stylistic evidence, only marginally so). Poems C2–6 are probably not Nicolás Núñez's and D1–6 almost certainly not. Thus we have thirty-seven poems that are certainly or very probably by Nicolás Núñez, and another three that are on the verge of acceptability as his work.

Twenty-three of the thirty-seven poems (A1–23) are *letras*. Five are *canciones* (A24, 29, 30, 35; B1), and if the marginally acceptable three poems were added the number of *canciones* would rise to seven (C1, 7). Four are *villancicos* (A25, 31–33); all but the first of these gloss another poet's *estribillo*. There are three *decires* (A26–28), one of which (A27) is a *respuesta*. Finally, there are two *romances* (A34; B2), or, if we allow the marginal case of C8, there are three. Most of the poems are secular (all of those in *Cárcel de Amor*, together with A27, 30, 31, 33, 34; B1, 2; and all three marginal cases), but there is a substantial representation of religious poetry (A28, 29, 32, 35), amounting to a quarter of Nicolás Núñez's clearly attributable lines, and A26 (the Book of Hours poem), which accounts for another quarter, is both religious and secular.

This is not the article that I had intended to write. I had envisaged, after a brief summary of existing bibliographical knowledge and biographical lack of knowledge, a discussion of the distinctive features of Nicolás Núñez's verse and prose, with an extended analysis of some poems. It soon became apparent, however, that this preliminary clearing of the ground must—because of the conflicting attributions in primary sources and among modern scholars—take up an entire article. I have discussed elsewhere some of the problems presented by Nicolás Núñez's *Cárcel de Amor*,[29] and further commentary on the poems must await another occasion. There is just one point to be made in conclusion. Of the twelve securely attributable poems in *cancioneros*, five are *glosas* (A31–33 to *villancicos*, A34 and B2 to *romances*). One is a *respuesta* (A27) and one (A26) adapts a Book of Hours. Seven of the twelve, then, gloss or respond to another author's text. If we consider the number of lines involved, an even more striking picture emerges: the seven poems that have their starting-point in another author's work contain 672 lines, the other five poems only 107 lines. Even in an age of verse and prose glosses, of question and answer, of *contrafacta*, Nicolás Núñez appears as preeminently a glosser and adapter. To say this is not to belittle him. We all know that much of medieval and Renaissance literature—much of the best literature of the time—consists of reworkings. The point is memorably made by John Livingston Lowes: 'Originality, then, is independent of invention. It is rather the gift of seeing and seizing the latent possibilities of familiar things. We accept that formulation without demur when the familiar things are the appearances of earth, and air, and sea, and sky . . . What we fail, perhaps, to realize is this: that the old and well-worn forms of art, the familiar treatments of traditional themes, stand to the poet in precisely the same relation as the world of eye and ear. . . . old forms and old themes have always remained . . . malleable under creative energy.'[30] And this applies to Nicolás Núñez's prose as much as to his verse, for his *Cárcel de Amor* glosses Diego de San Pedro's just as his poems gloss those of other poets.[31]

NOTES

1 *Prison*, xxx. See also his 'Nicolás Núñez's Continuation of the *Cárcel de Amor* (Burgos, 1496)', in *Studies in Spanish Literature of the Golden Age Presented to Edward M. Wilson*, ed. R. O. Jones (London: Tamesis, 1973), 357–66, at 359.

2 I follow recent practice in citing *cancioneros* by the abbreviations, and poems by the numbers, assigned to them in Brian Dutton *et al.*, *Catálogo-índice de la poesía cancioneril del siglo XV* (Madison: HSMS, 1982).

For material printed after Dutton's *terminus ad quem* of 1520 I refer to Antonio Rodríguez-Moñino, *Diccionario bibliográfico de pliegos sueltos poéticos (siglo XVI)* (Madrid: Castalia, 1970), and to his *Manual bibliográfico de cancioneros y romanceros impresos durante el siglo XVI*, 2 vols, ed. Arthur L.-F. Askins (Madrid: Castalia, 1973–74).

3 *El humanista español Alonso de Proaza* (Valencia: Castalia, 1961), 177–78.

4 *The Life and Works of Garci Sánchez de Badajoz* (London: Tamesis, 1968), 207.

5 All quotations from 11CG are from the facsimile, *Cancionero general recopilado por Hernando del Castillo (Valencia, 1511)*, ed. Antonio Rodríguez-Moñino (Madrid: RAE, 1958). The quotation from the Prologue is on fol. +^{v}.

6 'The *Cancionero* Poet, Quirós', unpublished MA dissertation, Westfield College, University of London (1969), 11.

7 The unique copy is in the British Library (IA 53247). Nicolás Núñez's romance is edited by Whinnom in *Dos opúsculos*, and is translated in *Prison*. The spelling Niculás may be a legitimate variant rather than a mere printing error: it is found in the rubrics to poems A35 and B2, below, and in the list of 'Los autores cuyas obras van en este cancionero' (11CG, fol. +^{8v}, col. 3).

8 *Poesía*, 46. The equivalence of *letra* (Nicolás Núñez's term) and *invención* is not, it now seems, exact: see the introduction to Joaquín González Cuenca's forthcoming book, *Ceremonial de galanes: primera rebusca de invenciones y letras de justadores*, which he generously allowed me to consult in typescript. He classifies Nicolás Núñez's as *invenciones*, not *letras*, and edits them with notes. The classic published study of a group of *invenciones* is Francisco Rico, 'Un penacho de penas: sobre tres invenciones del *Cancionero general*', *RJ*, XVII (1966), 274–84.

9 *Dos opúsculos*, 59. Whinnom annotates a number of the *letras*, 87–92; their frequently enigmatic nature is characteristic of the genre.

10 'Manuscript Love Poetry of the Spanish Fifteenth Century: Developing Standards and Continuing Traditions', unpublished PhD thesis, University of Cambridge (1986), 175–81.

11 Here and in succeeding entries I give the rubric, first line, number of stanzas and/or lines, Dutton ID, textual source (the poem-number following is Dutton's if the source is inventoried in the *Catálogo-índice*), and details of modern reprintings. I supply accents, punctuation and capitals, and regularize the use of i/j and u/v, where necessary. Foulché-Delbosc published this poem in his *Cancionero castellano del siglo XV*, II, Nueva Biblioteca de Autores Españoles, XXII (Madrid: Bailly-Bailliere, 1915), no. 871, pp. 478–81.

12 Menéndez y Pelayo, *Antología de poetas líricos castellanos*, III, Edición Nacional de las Obras Completas de Menéndez Pelayo, XIX (Santander: CSIC, 1944), 173n. Lida, 'La hipérbole sagrada en la poesía castellana del siglo XV', *RFH*, VIII (1946), 121–30; repr. in María Rosa Lida de Malkiel, *Estudios sobre la literatura española del siglo XV* (Madrid: Porrúa Turanzas, 1977), 291–309, at 308.

13 'Las poesías de Suero de Ribera: estudio y edición crítica anotada de los textos', *Miscellanea di Studi Ispanici 1968*, Istituto di Letteratura Spagnola e Ispano-Americana, Collana di Studi, 16 (Pisa: Università, 1968), 5–138, at 29.

14 'Religious Elements in Fifteenth-Century Spanish *Cancioneros*', unpublished PhD thesis, University of Cambridge (1985), 29.

15 Attributed to Tapia by Rodríguez-Moñino in the facsimile of 11CG, 163. This is clearly an error of transcription, not reflecting Rodríguez-Moñino's opinion. It is corrected by Roberto de Souza, in an article whose title conceals its very useful compilation of non-linguistic data: 'Desinencias verbales correspondientes a la persona *vos/vosotros* en el *Cancionero general* (Valencia, 1511)', *Fi*, X (1964 [1966]), 1–95, at 35. The error does not recur in the *Manual*.

16 Martí de Riquer, *Història de la literatura catalana*, III (Esplugues de Llobregat: Ariel, 1964), 364.

17 Despite the claim of novelty made by the title, this mid-sixteenth-century *cancionero* still represents the court poetry of circa 1500. It is edited by Rodríguez-Moñino, Floresta: Joyas Poéticas Españolas, VII (Valencia: Castalia, 1956), and he discusses it (11CG facsimile, 33–38) and lists its contents (*Manual*, no. 94, I, 377–84).

18 'Interpretación', 367. His comments are amplified in *Poesía*, 42–43 and 52–53.

19 Antonio Rodríguez-Moñino, *Los pliegos poéticos de la Biblioteca Colombina (siglo XVI): estudio bibliográfico*, UCPMP, CX (Berkeley: Univ. of California Press, 1976), no. 308, pp. 154–55.

20 A facsimile is published in *Pliegos poéticos españoles en la Universidad de Praga*, Colección Joyas Bibliográficas, Serie Conmemorativa, VII (Madrid: Dirección General de Archivos y Bibliotecas, 1960), I, *pliego* vii, pp. 54–55.

21 *Suplemento al 'Cancionero general' de Hernando del Castillo (Valencia, 1511) que contiene todas las poesías que no figuran en la primera edición y fueron añadidas desde 1514 hasta 1557*, ed. Antonio Rodríguez-Moñino (Valencia: Castalia, 1959), no. 208 (the numeration is continuous throughout the volume), p. 172.

22 British Library MS Add. 10431. Dutton's date of circa 1500 (*Catálogo-índice*, II, 233) is too early; it reflects the opinion of earlier scholars, including R. O. Jones, 'Encina y el *Cancionero del British Museum*', *Hispanófila*, no. 11 (January 1961), 1–21: 'un manuscrito de finales del siglo XV o principios del XVI' (1). Patrick Gallagher argues persuasively (*The Life and Works of Garci Sánchez de Badajoz*, 3–5) for compilation after 11CG, and his view is confirmed by Barry Ife, who transcribed the entire manuscript; it is to be hoped that

his edition will soon be published. I am grateful to Professor Ife for information about the date, and to Professor Dutton for a preprint of a section of LB1 from his forthcoming edition and catalogue of *cancionero* poetry. My references to, and quotations from, LB1 are based on Dutton's edition of the poems that it attributes to Núñez.

23 Tratado I, Discurso 24 ('De los conceptos por una propuesta extravagante, y la razón que se da de la paradoja'), *Obras completas*, ed. Arturo del Hoyo, 2nd ed. (Madrid: Aguilar, 1960), 346. Gracián's comment is: 'La condicional tiene también aquí lugar con ventaja, y cuando parece que había de templar el exceso de la exageración, lo aumenta. Nicolás Núñez cantó . . .' His attributions always derive—Dr Jane Whetnall points out to me—from 11CG's, so add no weight to those in the 11CG rubrics.

24 Hernando del Castillo, *Cancionero general: antología temática del amor cortés*, ed. Aguirre, Biblioteca Anaya, 92 (Salamanca: Anaya, 1971), 113–14. Burrus, 'Poets at Play: Love Poetry in the Spanish *Cancioneros*', unpublished PhD thesis, University of Wisconsin-Madison (1985), 319–21.

25 This *pliego* is also described by F. J. Norton in *Two Spanish Verse Chap-Books: 'Romançe de Amadís (c. 1515–19)*, *'Juyzio hallado y trobado' (c. 1510)*, ed. F. J. Norton and Edward M. Wilson (Cambridge: Cambridge U.P., 1969), no. 60, p. 24.

26 *Cancionero de poesías varias: manuscrito No. 617 de la Biblioteca Real de Madrid*, ed. José J. Labrador, C. Ángel Zorita and Ralph A. DiFranco, Anejos del *AFE*, Textos, II (Madrid: El Crotalón, 1986 [1987]), 549. The MS has double foliation, the original being given first. This poem is omitted from Dutton's inventory of MP2 because it is in a series of XVIc compositions and was overlooked.

27 Antonio Rodríguez-Moñino, 'El cancionero manuscrito de Pedro del Pozo (1547)', *BRAE*, XXIX (1949), 453–509; XXX (1950), 123–46, 263–312, at XXIX, 484. Dutton does not inventory MR1 because of its late date; the number of the poem is Rodríguez-Moñino's.

28 This is not necessarily because Castillo knew of a third Núñez who was neither Nicolás nor Diego: the appearance in the list of 'Los autores cuyas obras van en este cancionero' of Niculás Núñez and Diego Núñez, but not of Núñez (surname only), may indicate that he was unable to decide which of the two (or three) poets of that surname had composed the 'Núñez' poems. See his admission of uncertainty quoted at 25, above.

29 'El punto de vista narrativo en la ficción sentimental del siglo XV', in *Actas del Primer Congreso de la Asociación Hispánica de Literatura Medieval* (in press).

30 *Convention and Revolt in Poetry*, 2nd ed. (London: Constable, 1930, repr. 1938), 76–77.

31 I am very grateful to Dr Jane Tillier and Dr Jane Whetnall for their comments on a first draft, which have enabled me to fill gaps and correct errors. Neither of them, of course, has any responsibility for the opinions I express. While this article was at proof stage, Dr Whetnall drew my attention to a version of D4 (33, above) in Paris, École Nationale Supérieure des Beaux-Arts, MS Jean Masson 56 (PS1), the text of which was kindly supplied by Professor Brian Dutton from his forthcoming edition. This *cancionero* was copied in Portugal, with substantial orthographic effects. The *estribillo* and the first and last stanzas of the *glosa*, with some significant variants, form PS1 37 (fols 36^v–37^r); this version is anonymous.

Proverbs in Fifteenth-Century *Cancioneros*

BRIAN DUTTON

University of Wisconsin—Madison

The abundance of proverbs in *cancionero* poetry has long been noted, especially since the basic study by Sister Eleanor S. O'Kane.[1] A more recent article by Harriet Goldberg has demonstrated that we have to be careful not to lump under the generic label of 'proverb' anything vaguely pithy or folksy.[2] In the case of fifteenth-century verse, however, such caution is hardly required when we have verse games that specifically use proverbs, such as the anonymous alphabetic game in the *Cancionero de Herberay des Essarts* (LB2-200, ID2304), 'En Ávila por la A / posará el Rey en persona . . .'[3] In it, for each letter of the alphabet the poet gives the king a city, host and hostess, meat, fowl, fruit, firewood, song and proverb. It seems to date from the early 1460s. There are many such poems, such as the game by Pinar in the *Cancionero general* of 1511 (11CG-875, ID6637), 'Tome vuestra magestad / primero como primera . . .', which offers a tree, a bird, a song and a proverb for each participant. This dates from the 1490s.[4] Both of these poems are fairly well known, but there are others that have been overlooked until now. One such poem is contained in the *Cancionero de Juan Fernández de Íxar* no. xcv, 'Ya señor vos conozeis / y sabeis por espiriençia . . .'[5] In its 108 lines it uses some 48 proverbs (MN6-95, ID0223). However, its late date (c. 1520) makes it less important.

This widespread use of proverbs in the fifteenth century has been attributed to many causes. It seems to follow the trend towards the popular that can be seen in the rise of the *romance* as a verse form, and in the frequent use of popular tunes by Franciscan writers inspired by *Devotio moderna*.[6] The use of proverbs is of course quite evident in Berceo and the Arcipreste de Hita, but as Goldberg pointed out, one has to have very specific criteria in order to identify true examples. For this reason, a listing in O'Kane's book does not give a guarantee that the expression is proverbial. In the case of these fifteenth-century writers, the proverbs are used literally as *refranes*, and their occurrence so specified makes it easy to identify them when they are used more casually. Also, it seems legitimate to use these specifically identified proverbs in fifteenth-century poems as an additional criterion for identifying them in earlier literature. I am planning to construct a data-base of specifically indicated proverbs and to generate therefrom a key-word concordance to create a precise tool for proverb identification. Having worked on the complexities of this project, I am filled with admiration for O'Kane's extraordinary achievement.

This frequent use of proverbs is obviously reflected in *Celestina* (just as strikingly later in Juan de Valdés' *Diálogo de la lengua*), and this awareness of the *refranero* is demonstrated clearly in such works as the *Refranes que dizen las viejas tras el fuego*, attributed to Santillana, and the *Seniloquium*, which, as Fiona Maguire pointed out to me, does not seem to gloss Spanish proverbs in Latin, but in fact gives Latin equivalents for Spanish proverbs, and vice versa.[7] The idea that this was meant to serve as a pedagogical tool for beginners' Latin classes is quite attractive. Such an interpretation would fit in very well with the popularizing movement within the Franciscan Order.

The best-known example of a proverb poem is the short piece by Antón de Montoro, *el Ropero*, since it was quoted and commented upon in detail by O'Kane. The text, from the *Cancionero general* of 1511, is as follows:

[ID1784] 11CG-967 (221ᵛ–222ʳ) (1x8)

Otra sola del ropero en casa de vn cauallero porque le mando vn cafiz de trigo y su muger no gelo quiso dar aunque sabia que su marido lo mandaua.

> ¶ 'Tras vn virote perdido' *[ID1784. OK.232]*
> y 'a dueña que mucho bebe' *[ID8247. C.206, OK.116]*[8]
> y 'a quien paga do no deue' *[ID8248. OK.177]*
> y 'a canto mucho mouido' *[ID8107. C.469, OK.192]*
> y 'a varon apercebido' *[ID8249. C.169, OK.52]*
> y otros dizen que 'buey suelto' *[ID8018. C.169, OK.52, STF.116]*
> y tambien 'a rrio buelto' *[ID8168. OK.204, STF.82]*
> y 'en la casa del hodido' *[ID8358. OK.77]*

Proverbs can lurk in a most unobtrusive way that makes one despair of detecting their presence with any completeness. ID8249, used by Montoro, also occurs in the *Cancionero de Palacio* (SA7-257, ID2623), hidden in the context of a poem by Santafé, datable to the 1430s:

> Si me so a vos rendido
> non pienso que es error;
> siempre quedo vencedor
> ser de tal lugar vencido.
> quien de vos es 'combatido'
> non puede ser defeso,
> pues antes se halla preso,
> senyora, que 'percebido'.

The reference to the full proverb: *Hombre apercebido, medio combatido* is obvious, but I noted the use of it here by sheer chance. It is clear that very many examples of such embedded proverbs must have escaped notice. This will not be surprising. Not only are such cryptic references common, but very often a paraphrase is used that is obvious only when it occurs in a series of specifically proverbial elements, as witness below the two versions of ID8330, *Uno en papo y otro en saco*, in the *Refranero*, and *Lo que non rescibe el saco eso guardan en el seno* as paraphrased by Mena. All five poems referred to here make perfectly conscious use of proverbs, and even use the word *refrán* directly to introduce them. The number of proverbs that are clearly labelled as such but which have yet to be found in proverb collections is quite high. (Naturally one cannot count a citation in O'Kane as a confirmation that we have a true proverb, given the generalized nature of her criteria.) One can only observe that proverbs were much better known in the fifteenth and sixteenth centuries than today. This is amply proven by the way in which the early editions of *Celestina* often give only the first half of a proverb, assuming that the reader would know the rest. Modern editors always have to complete the proverb. The frequent use of proverb referends as in the case of the poem by Santafé, or half-proverbs as in Montoro's poem, also demonstrates that in the fifteenth century proverbs were part and parcel of everyone's linguistic apparatus, and known intimately in a way that we probably cannot appreciate today.

A poem to which I should like to draw attention is one by Mena that can be dated precisely to the year 1445. In it Mena uses proverbs very freely. (I use # to indicate deletions and ↑ to indicate insertions. The transcription is fairly narrow.)

MH1: MADRID, Real Academia de la Historia [2 Ms 2, olim Ms 2-7-2] 393fols

The *Cancionero de Román o de Gallardo, L,* is as yet unpublished, but see the description by José María Azáceta, 'El Cancionero de Gallardo', *Revista de Literatura,* VI (1954), 239–70, VII (1955), 134–80, and VIII (1955), 271–94. This collection dates from about 1454, and was never completed.[9] Blank folios were left at the end of the collected works of several of the poets included. It is my strong suspicion that this *Cancionero* was a second effort by Juan Alfonso de Baena to produce an anthology more to the courtly taste than his first effort, PN1, *Cancionero de Baena.* It was probably never finished because of the death of Juan II in 1454, or possibly that of Baena himself. It begins with a long poem by Baena addressed to King Juan II, which seems to date from about 1440.[10] The following poem occurs in PN1 also, but it is truncated and lacks the reply.

[ID0331] MH1-70 (. . . 259^{rv} = cccxxii)[11] (7x8) Año 1445.

(259^r) ¶Coplas de juan de mena fechas al tie*n*po del conçierto del señor Rey & el prinçipe

	¶pues la paz se çertifica
	a los malos que los pene*n*
	que presumen ya que 'tiene*n* [ID8730. OK.67]
	bien atada su borrica'
5	si todo se justefica
	tal gallo se espantara
	que bien se piensa 'q*u*e esta [ID8275. C128, OK.202, STF.284]
	en saluo pues que Repica'
	¶çierto es que 'q*ui*en atiza [ID8361. OK.56]
10	non q*ui*ere matar el fuego'
	'las asquas que quema*n* luego [ID8785. OK.82]
	despues (que# ↑ se) fazen çeniza'
	'avnque ladra tenporiza [ID8615. C.468. OK.139–40]
	el ca*n* por brauo que viene'
15	porque mayor miedo tiene
	que pone quando se eriza
	¶ 'lo que non Resçibe el saco [ID8330. C.179, OK.208]
	eso guardan en el seno'
	'mas faze tirar al trueno [ID8732]
20	q*ui*en ataca bien el taco'
	'los juegos de sol sobaco [ID8368. OK.138, 213]
	nu*n*ca van por vn estilo'
	'tirando mucho del filo [ID8587. C.186, 420; OK.138, 213]
	q*ue*brara por lo mas flaco'
25	¶ya llegaron non se como
	a morir encanijados
	muchos que entre los pasados
	Retoçauan con el lomo
	'los que nadan por en somo [ID8629. C.552, OK.168, STF.449]
30	no parejo ni*n* Redondo
	asi se van a lo fondo
	como si fuesen de plomo'
(259^v)	¶fijo de padre deviso
	que puede ser luengamente
35	ygualdad non lo consiente
	nin Razo*n* nunca lo q*ui*so
	pues de tanto vos aviso
	'q*ui*en non pone melezina [ID8786. OK.146]

en sus fechos muy ayna
40   busca de yr a parayso'

¶ 'qu*i*en se mueue a la Redonda *[ID8787. OK.168]*
luego cae si estropieça'
'lo que faze la cabeça *[ID8788. OK.85]*
la cola non lo cofonda'
45   non se fie desta Ronda
el que culpado se viere
por dezir que 'nu*n*ca fiere *[ID8827]*
quantos espanta la fonda'

                     ¶ffenida

50   ¶la concordia non abonda
si firmeza non Resçibe
fasta tanto que conçibe
non se queda la cahonda
si se enarte que se esconda
55   vos juntos amos ydes
temera*n* todos a uos
& sed seguros que dios
con su graçia vos Responda

           [ID0332 R 0331] MH1–71 (259ᵛ–260ᵛ = cccxxiii) (7x9)

¶**Respuesta de fernand manuel a las mismas coplas por sus consonantes**

(260ʳ)   ¶Sy el grant sol se fortifica
por que los canpos se estrene*n*
los cueruos ternan que çene*n*
çena amarga triste ynica
5   mas si la luz se vnifica
solo vn sol alunbrara
con su Rayo & Reynara
segunt la Razon lo aplica

¶en quanto el pinzel matiza
10   de los tres panes que cuego
lo peor sera del juego
si qu*i*ebra la grant tomiza
el buen fijo que avtoriza
al padre segunt conviene
15   & de lo enojar se abstiene
por santo se canoniza

¶El soberuio ladron caco
gigante bestial sin freno
por qu*e*rer tomar lo ajeno
20   se fallo su lugar baco
los grandes çirios de vaco
arden con poco pauilo
porque esta confuso el filo
desde el çentro (sedro#) al zodiaco

25   ¶los yntentos del grand pomo
son ynotos & yntricados
fingidos & trasformados
bien como ojectos de momo
el tienpo que es mayordomo
30   maluado suzio botiondo

precongela este torondo
segund la Razon q*ue* yo tomo

(260*ᵛ*) ¶Engañado fue narçiso
confusa toda su mente
35 por ser grueso & negligente
en el su ver ynterçiso
pues q*ui*en tiene claro el viso
suspenda la desçiplina
que discreçion & dotrina
40 lo aspro torna liso

¶quanto el peso mas se afonda
tanto mas temor se enpieça
cada qual pieça por pieça
en el mar alto çafonda
45 por la discordia fedionda
vniuerso mal se ynq*ui*ere
pues q*ui*en mas fuego açendiere
mas agros caminos monda

¶ffin
50 ¶comota de onda en onda
la agua del fondo algibe
todo el golfo se aperçibe
desde chipre a trapisonda
tanto que q*ui*en ploma & sonda
55 non tome la bansa en gros
& la onor sea por nos
lo mejor avra del ellos
q*ui*en de paz su fusta enfronda

MN19: Madrid, Nacional [4114] 731fols

This *Cancionero*, also unpublished, is an at times capricious eighteenth-century copy of a lost *Cancionero de Pero Guillén de Segovia de la Librería de Cámara del Rey*, of which we know nothing. For a partial study of this huge collection, see John G. Cummins, 'Pero Guillén de Segovia y el MS. 4114', *HR*, LXI (1963), 307–23. The poem, which can be dated to the later years of the reign of Enrique IV, is remarkable for the wealth of proverbs that it contains. It is addressed to Alfonso de Palencia (b. 1423), who became the official chronicler of Castile in 1456, by Diego Enríquez del Castillo, who served the king as chaplain, counsellor and chronicler.[12] Diego Enríquez was more favourable to Enrique IV than Alfonso de Palencia, whose chronicle painted the king in a very poor light. The civil war between chroniclers was as bitter as the military one between Enrique's and Isabel's supporters.

[ID2934] MN19–9 (195*ʳ*–198*ʳ*) (13x8)

(195ʳ) **Coplas que fizo Diego del Castillo al coronista del Rey Dⁿ Enrrique**

Bueno fuera mi consejo
entre quantos escuchabas
companero mi gallejo
quando dellon [sic] se me daba
5 ca te dige yo carillo
si quisieras bien mirar
quera muy mal ganadillo
este tal para domar

Quierote decir compadre
10   aquel reflan de mi Aldea
'quien no cree a buena madre [ID8767. OK.168, STF.586]
a mala madrastra crea'
'dime con quien estuviste [ID8768. OK.199, STF.200]
o con quien te razonaste
15   yo dire lo que feciste
(195ᵛ) y el provecho que ganaste'

'Nunca fallecio trabajo [ID8107. C.469, OK.192]
a la piedra movediza'
'ni tiene bien sano el cuajo [ID8361. OK.56]
20   quien los males mucho atiza'
'quien se muebe de ligero [ID8771]
siempre anda peligroso'
'el hombre muy baratero [ID8772]
dondequiera es enojoso'

25   'Jamas recela caer [ID8773. OK.168]
el bien cimentado muro'
'nunca se debe mover [ID8028. C.401, OK.113]
quien se falla estar seguro'
'los que yacen en lo llano [ID8518. C.69, OK.146]
30   fuera van de tal recelo'
'mas vale pajaro en mano [ID8256. C.541, OK.177, 182]
(196ʳ) que buytre puesto en el cielo'

'Muchos amigos mudar [ID8742]
es andar en devaneo'
35   'no pueden bien atajar [ID8480. C.417]
los que van por el rodeo'
'mas quiere ciego que tuerto [ID8743. OK.224]
antes pena que reposo
quien deja lo mucho cierto
40   por aquello ques dudoso'.

'El caballo desvocado [ID8744]
con duro freno se doma'
'el que mas es atentado [ID8745]
mas huye de la carcoma'
45   el discreto pensador
que presumiere de diestro
'al rocin que es comedor [ID8746. OK.67, STF.5]
(196ᵛ) atalle corto el cabestro'

'Los que no han comedimiento [ID8774]
50   siempre hacen mill erradas'
'a las bestias de mal tiento [ID8775]
castigan con sofrenadas'
'quien quiere cortar su paño [ID8747]
antes lo debe medir'
55   'mas vale pensar el daño [ID8748]
que tajar y arrepentir'

'Quien de lengua mucho fiere [ID8749. OK.141]
sus lanzadas menos tajan'
'el uno quando no quiere [ID8347. C.442, OK.48]
60   los dos nunca se varajan'
'quando el lobo y la golpeja [ID8750. OK.144, STF.113]
quieren ser buenos guerreros

hacense de una conceja
para dar en los carneros'

65   (197') 'En el enhornar el pan *[ID8751. OK.109]*
va toda la maestria'
'quien mas toma que le dan *[ID8752. OK.97]*
pasa de la cortesia'
'en el ageno pajar *[ID8753]*
70   el mendigo es eredero'
'por demas sera llamar *[ID8754. Cf. OK.84, STF.534]*
donde es sordo el Portero'
'De la torta del vecino *[ID8288. C.320, OK.56, STF.209]*
buen cantico a mi aijado'
75   'nunca fue mal adevino *[ID8755]*
quien juzga por lo pasado'
'el huesped que se convida *[ID8756. OK.90, STF.355]*
bien ligero es de fartar'
'quien corrige agena vida *[ID8757]*
80   la suya debe mirar'

(197ᵛ) 'El que mas dulce se trata *[ID8758]*
enemigos tiene menos'
'mas vale salto de mata *[ID8759. OK.209, STF. 415]*
que no ruego dombres buenos'
85   'nunca vi coger el trigo *[ID8015. C.390, 398, OK.41]*
donde siembran los abrojos'
'quien tubiere ley contigo *[ID8760]*
no le pierdas por antojos'

'Peligrosa es la barquilla *[ID8761]*
90   quando mas cia que boga'
'si te dieren la vaquilla *[ID8027. C.287, 447, OK.69]*
corre presto con la soga'
'siempre toman los certeros *[ID8784. OK.80]*
castigo en cabeza loca'
95   'los hombres mucho parleros *[ID8763]*
siempre llevan en la . . .'

(198') Fin

'Presto hacen dar corcobo *[ID8764]*
las espoladas sin maña'
100   'quien quisiere siga el lobo *[ID8374. OK.144]*
mas no hasta la cabaña'
'el Vron a los conejos *[ID8765]*
a los puertos ell armada'
'el consejar de los viejos *[ID8766]*
105   a los moros ell espada'.

The authors of the poems cited give evidence of just how widespread was this taste for the use of proverbs. They range from the tailor Antón de Montoro to the Latinist scholar Mena, and the courtly Diego Enríquez del Castillo. Santafé graduated from Lérida in 1418. The clergy also shared this taste for *refranes*. They abound in the lengthy works of Fray Íñigo de Mendoza, notably his *Vita Christi*. A more detailed assessment must await the outcome of my project, but from the few specimens given here I think it safe to assume that the courtliness that gives its flavour to so much fifteenth-century literature from Spain by no means precluded a taste for the popular, even the rustic. The *Cancionero de Palacio* (SA7),[13] now in Salamanca, can be dated as c. 1440, thus making it the oldest extant important *cancionero*. It cannot be said that the taste for proverbs developed in the later fifteenth century, since the older poets, such as Macías and Alfonso Álvarez, use them. The list of poets in SA7 who used proverbs illustrates this point clearly:

[ID2403] SA7–9 Francisco Bocanegra.
Vuestro mal es mas que suena [ID8134 En la aldehuela hay más mal que suena C.121, 544].

[ID2408] SA7–16 Diego Hurtado de Mendoza.
Buelve la foxa [ID8127 Se vuelve como la hoja al viento].

[ID2411] SA7–20 García de Pedraza.
Fará aun otro cesto [ID8671 Quien ha hecho un cesto hara ciento C.419, OK.83].

[ID2433] SA7–41 Fernando de Guevara.
Ovillar mis madexas en deuano [ID8617. OK.148].

[ID2465] SA7–74 Suero de Ribera.
Más quiero bevir en quexa que loado de la gente [ID8911].

[ID0524] SA7–77 Acéfalo (by Gómez Pérez Patiño).
Sobre negro no ay tintura [ID0524 . . . mas hay pintura C.293, OK. 169].
Tras un tiempo otro viene [ID8044 C.178, 296, 499, OK.148].
Al que buen seso tiene sabe los tiempos seguir [ID8426].
Despues de gran nublado façer dia serenado [ID8205. OK.148].

[ID2483 D 0021] SA7–90 Alfonso Enríquez.
Porfia mata venado que non montero cansado [ID8000. C.480, OK.195].

[ID2487] SA7-96 Suero de Ribera.
Quien mas non puede fazer senyora morir se dexa [ID8175. C.417].

[ID2492] SA7–104 Juan de Dueñas.
Siembra buen trigo en laguna [ID8360. OK.212].
Mientre mas fino es e bueno el panyo tanto mas caro senyor costaria [ID8685].

[ID0577 Y 2496 R 0577] SA7–107 Padilla.
Fareys como el pavon quando se mira a los piedes [ID8686. C.555].

[ID0001] SA7–154 Alfonso Enríquez.
Descoxe del mal lo menos [ID8147. C.49, 320, OK.149].
Tras el canton se fazen las cantonadas [ID8008. C.509, OK.74].
Los que mas leal servieron mas mal galardon ouieron [ID8148. C.16, 476, OK.141].

[ID2422 C 2544] SA7–157 Anónimo.
A quien dan no escoxe [ID8009. C.20, OK.97, 186].

[ID2568] SA7–182 El Duque don Fradrique.
Se buelva como la foxa [ID8127 Se vuelve como la hoja al viento].

[ID2238] SA7–190 Suero de Ribera.
Periglo es la tardança do no ay cosa sabida [ID8543. C.126].
Tras una piedra perdida mas pierde quien otra lança [ID8011. C.509].

[ID2583] SA7–201 Luna Condestable.
Mas sabe 'n su casa el loco que no 'n la ajena [ID8012. C.533, OK.78].
A fuego s'abrasa . . . [ID8689. OK.117].

[ID2584 R 2583] SA7–202 Juan de Torres.
Tiene mal estrena qualquier que viexo se casa [ID8690].

Leuantare mi tienda antes qu'el fuego s'ençienda [ID8691].
Tenga el asa . . . [ID8692 Tener la sarten por el asa].

[2590] SA7–209 Juan de Torres.
Dolor de quien te fillo mi camisson con orillas [ID8693].

[ID2603] SA7–226 Íñigo López de Mendoza.
Uno piensa el vaxo [sic] l'otro el que lo 'nsilla [ID8013. C.180, OK.60].
El que arma manganilla a las vezes cae en ella [ID8014. OK.153].
Quedarse a santiguando con la mano en la mexilla [ID8383. OK.154].
Se piensa santiguar que se quebranta los oxos [ID8334. C.465, OK.210].
Son peores los abroxos de coxer que de sembrar [ID8015. C.390, 398, OK.41].
Ni aun por mucho madrugar no amaneçe mas ayna [ID8016. C.258, 480, OK.149].
Aun que plaça canta Payo de qu'esta en su cabo reza [ID8017. C.555, OK.203].
El escasso con franqueza da lo axeno a montones [ID8694. OK.111].

[ID0370 R 2603] SA7–227 Juan de Dueñas.
La guerra es en la villa [ID8695. OK.124].
La proueua dona marina no puede mucho tardar [ID8696. OK.156].

[ID2568] SA7–231 Conde don Fadrique.
Se buelve como la foxa [ID8127 Se vuelve como la hoja al viento].

[ID0530] SA7–232 Suero de Ribera.
Amor del rey marinanyes [ID8698].

[ID2608] SA7–235 Contreras.
Mas quiero solo beuir que no mal aconpanyado [ID8232 Mejor solo que mal acompañado C.539].

[ID2613] SA7–240 Rodrigo de Torres.
Qu'el buey suelto bien se lame [ID8018. C.97, 360, OK.96, STF.116].

[ID2620] SA7–251 Santafé.
Ser del lobo pastor [ID8699].

[ID2622] SA7–256 Santafé.
Despues que so viexo falco me diçe tornat al saco [ID8700].

[ID2623] SA7–257 Santafé.
conbatido [ID8249 See above, the poem by Santafé].

[ID2641] SA7–279 Juan de Dueñas.
Quien matar quiere su perro . . . busc' achaque por do muera [ID8022. C.416, OK.157].
El que siembra en mal baruecho . . . es derecho que . . . muera de fambre [ID8024. OK.53, 59].
Sembre mi trigo en laguna [ID8360. OK.212].
El que antes de su muerte da . . . mereçe . . . un gran maço en la frente [ID8025. C.399, OK.69].
Si te di[e]re la cabrilla acorre con tu soguilla [ID8027. C.287, OK.69].

[ID2642 R 0589] SA7–281 García de Guiar.
Tener la barba queda amigo en vuestr' almoneda [ID8132. C.121, 122].

[ID2649 R 0589] SA7–288 Alfonso de Córdoba.
Andar al estricote mas catiuo que Maçote [ID8912. OK.114].
Quien vende el jubon no tiene para 'l escote [ID8367. OK.138].

[ID2650] SA7–288bis *Acéfalo.*
Apurar el metal qu'es ya çendrado [ID8702].

[ID0131] SA7–289 **Macías.**
Qui bien see nunca devria mal pensar que faç follia [ID8028. C.401, OK.113].
Quando el loco quiere mas alto sobir prende mayor salto [ID8029. STF.100].

[ID2654] SA7–295 **Mosén Moncayo.**
Sino ver e desear [ID8234. C.517].

[ID0110] SA7–303 **Alfonso Álvarez.**
Se traspasa o seca como rocio en prado [ID8703].

[ID0477] SA7–306 **Juan de Dueñas.**
Yo nunca dire . . . d'est' agua non veuere [ID8133. C.229, 477].

[ID2680] SA7–319 **Gonzalo de Torquemada.**
Mas quiero morir fablando que pasar grant mal callando [ID8033].

[ID2686] SA7–325 **Alfonso Álvarez.**
Qui s'encomienda a Dios viue sin contienda [ID8041. C.392, OK.109].
Por ende quien peso alcança tenga justa la balança [ID8042].
Assi quien de sseso quiere seer guarde buen peso [ID8043].

[ID2687] SA7–326 **Alfonso Álvarez.**
Tras un tiempo que mal anda tiempo viene que bien demanda [ID8044. C.178, 296, 499].
Qui a verde arbol se aplega de su dulçor se le allega [ID8045. C.380, OK.53].
A tormenta muy escura poca calma le segura [ID8046].
Esta fuerte chica torre con buen seso me le acorre [ID8047].

[ID2691] SA7–332 **Juan II de Castilla.**
Amor entre guerra e paç a quien matas ali se iaç [ID8311. C.149, OK.123, STF.287].

[ID2718] SA7–365 *Anónimo.*
Veo ser perdido el que tras perdido anda [ID8283. C.465, OK.188].

The use of proverbs in religious verse has been attributed to *Devotio moderna* and the populist elements among the Franciscans. However, the evidence from SA7 indicates that the use of proverbs in verse in general was already well established in the fourteenth century, since the older poets such as Macías, Alfonso Enríquez and Villasandino were all culturally formed then. The use of proverbs in such a generalized manner may well derive from medieval sermon techniques, which also explains their frequent use in religious texts. The suggestion that Latin and Castilian proverbs were used in the teaching of Latin (as indicated by the *Seniloquium*) is also highly probable, and would also explain the wide-ranging use of such material in so many different genres.

The field is open. The suggestions that I present here are simply that. However, the mix of Classical quotations, fragments of *romances* and popular songs in Maestro Correas' collection of proverbs should be a clue to what happens when intellectuals take over popular wisdom. Eleanor O'Kane's catalogue suffers from (or enjoys) exactly the same inclusiveness, but one must recognize that some proverbs are universal because the Greeks passed them on to the Romans, who then spread them widely. 'One swallow does not make a summer' (Aristotle, *Ethica*, iv, OK.122) is a perfect example. For this reason I prefer to catalogue all possible references to proverbs and proverbial phrases, and leave their analysis to the folklorists. Exactly the same problem arose years ago when Keith Whinnom and I talked of our common interests in Spanish vernacular bird and plant names. The same story repeats itself. Sixteenth- and seventeenth-century *boticarios* used peasants to gather their simples, and actually taught them the names of the plants, often translations of the Greek or Latin names in the Pharmacopoeia which thus entered popular language. Similar things happen to the *refranero*. Once popular as a source for quotations in sermons, Seneca ends up being quoted by the people.

NOTES

1 *Refranes y frases proverbiales españolas de la Edad Media*, Anejo II of the *BRAE* (Madrid: RAE, 1959).

2 'The Proverb in *Cuaderna vía* Poetry: A Procedure for Identification', in *Hispanic Studies in Honor of Alan D. Deyermond: A North American Tribute*, ed. John S. Miletich (Madison: HSMS, 1986), 119–33.

3 See the edition by Charles V. Aubrun, *Le Chansonnier espagnol d'Herberay des Essarts (XVᵉ siècle)*, Bibliothèque de l'École des Hautes Études Hispaniques, XXV (Bordeaux: Féret, 1951). All references are to my *Catálogo-índice de la poesía cancioneril del siglo XV* (Madison: HSMS, 1982), and all ID numbers for the poems may be found there; only the IDs assigned to *refranes* are new. I am currently working under an NEH grant on the second, much enlarged, edition which will incorporate an index of proverbs. Here I present some general considerations that could not be included in the second edition.

4 In May 1987 Ana Menéndez Collera completed her Ph.D. thesis at the University of Illinois-Urbana, under my direction, on the topic of these courtly games.

5 Ed. José María Azáceta (Madrid: CSIC, Clásicos Hispánicos, 1956), II, 779–81.

6 See, for example, Fray Ambrosio Montesino's use of such tunes in the pieces numbered ID0278, 6019, 6025, 6036, 6042 in the *Catálogo*. He also has several *romances*: ID6012, 6014, 6016, 6022, 6023, 6024, 6030, 6035 etc.

7 See Louis Combet, *Recherches sur le 'Refranero' castillan*, Bibliothèque de la Faculté des Lettres de Lyon, XXIX (Paris: Les Belles Lettres, 1971), 463–71.

8 These *refrán* IDs are new, and to give them some significance I append the references, where I have them, to O'Kane's *Refranes y frases proverbiales* as OK.120, i.e. page 120. Similarly, I give the reference to Gonzalo Correas's *Vocabulario de refranes y frases proverbiales*, ed. Louis Combet, Bibliothèque de l'École des Hautes Études Hispaniques, XXXIV (Bordeaux: Féret, 1967), as C.330 etc. Occasionally I give the reference to Santillana's *Refranes que dizen las viejas tras el fuego*, ed. Urban Cronan (i.e. Raymond Foulché-Delbosc), *RH*, XXV (1911), 114–29, as STF.116 etc. In this case the number refers to the numbered proverb in the edition.

9 See my 'Spanish Fifteenth-Century *Cancioneros*: A General Survey to 1465', *Kentucky Romance Quarterly*, XVII (1980), 445–60.

10 See Jules Piccus, 'El Dezir que fizo Juan Alfonso de Baena', *Nueva Revista de Filología Hispánica*, XII (1958), 335–56. The text was also published by José María Azáceta, as an appendix to volume III of his *Cancionero de Juan Alfonso de Baena* (Madrid: CSIC, Clásicos Hispánicos, 1966).

11 There is a vast discrepancy between the original roman folio numbers and the modern arabic ones, since many folios are missing. Originally there were more than 474, but now only 393 remain.

12 See Julio Puyol Alonso, 'Los cronistas de Enrique IV', *Boletín de la Real Academia de la Historia*, LXXVIII (1921), 399–415 and 448–96; LXXIX (1921), 11–28 and 118–41; and Antonio Paz y Melia, *El cronista Alonso de Palencia: su vida y sus obras, sus 'Décadas' y las crónicas contemporáneas* (New York: Hispanic Society of America, 1914).

13 Ed. Francisca Vendrell de Millás, *El cancionero de Palacio (Manuscrito no. 594)* (Barcelona: CSIC, 1945).

El cancionero de Pero Marcuello

MICHEL GARCIA

Université Sorbonne Nouvelle (Paris III)

Cuando Félix Latassa redactaba a finales del siglo XVIII y principios del XIX su *Bibliotecas antigua y nueva de escritores aragoneses,*[1] en la cartuja de Aula Dei se conservaba un volumen de poesías compuesto a finales del siglo XV sobre la empresa granadina y magníficamente ilustrado. Además de la noticia incluida en esa obra, el erudito zaragozano escribió una *Suma y notas al Cancionero [de Pero Marcuello]*, que fue publicada por Toribio del Campillo en 1899.[2] A la vuelta de la *Suma* manuscrita de Latassa, el pintor aragonés Vicente Carderera señaló con una nota de su mano que había consultado el manuscrito en 1832 para reproducir algunas de sus miniaturas pero que éste ya se había perdido, en época no precisada pero poco posterior al año 1832.[3]

En los últimos años de la misma centuria, Henri d'Orléans, Duque de Aumale (muerto en 1897) establece el catálogo de los manuscritos conservados en su castillo de Chantilly.[4] Bajo el núm. 1339, inventoria un volumen que es el mismo que describió Latassa. Aparece bajo el título de *Devocionario de la Reyna Dª Juana a quien llamaron la loca,* cuyo texto prosigue en la primera plana del MS. de esta manera: *hija / del celebre dⁿ Fernando el Catolico, ultimo Rey de Aragon, / y de dª Ysabel 1ª de Castilla; / Esposa / de Felipe el hermoso, Archiduque de Austria; / madre / del heroico Emperador Carlos 5º de Alemania / y Abuela / del Gran Felipe 2º, llamado el Prudente. / Esta interesante princesa fue el último vástago de la / dinastia de los principes franceses de las casas de / Bigorre y de Borgoña.* Como bien señala el Duque de Aumale, el título fue añadido por un dueño reciente del volumen. Al final de la nota, refiere las circunstancias en las que el volumen fue adquirido:

> Vendu par Careras, marchand de cigares à Londres, commissionné, disait-il, par un Grand d'Espagne (??). Intermédiaire, H. Bohn, ancien libraire et mon voisin à Twickenham (août 1857).

Ya en prensa el catálogo y muerto el Duque de Aumale, sus albaceas completan la información con una nota de Alfred Morel-Fatio (356), inspirada en el trabajo de T. del Campillo.

Acerca de las tribulaciones sufridas por el volumen de Pero Marcuello, la hipótesis más verosímil sigue siendo la que adelanta T. del Campillo. Después de la muerte de los Reyes Católicos, el manuscrito pasó a ser propiedad del Arzobispo de Zaragoza y Teniente General del Reino, D. Fernando de Aragón, y fue depositado, a la muerte del prelado en 1575, con toda su biblioteca, en la cartuja de Aula Dei. Allí fue donde la consultaron Félix Latassa en 1775 y V. Carderera en 1832.

La supresión de las órdenes religiosas consecutiva a la Ley de Desamortización provocó la dispersión o destrucción de muchos archivos conventuales. T. del Campillo estaba íntimamente convencido de que el manuscrito había sufrido una suerte trágica en aquéllas circunstancias.[5] Felizmente, no fue así. Hubo quien, conociendo el valor del volumen, supo ponerlo a salvo, no sin dejar de sacar su provecho personal en la operación.

La noticia contenida en el Catálogo del Museo Condé de Chantilly no surtió efecto inmediato ya que la primera persona en descubrir el paradero del manuscrito fue al parecer Carmen Bernis, que estudió las miniaturas, medio siglo después de la publicación del Catálogo.[6] De manera sorprendente, los especialistas en la poesía del siglo XV han seguido ignorando que el Cancionero de Pero Marcuello había vuelto a aparecer, a pesar de que sus ilustraciones figuran desde hace años en el fondo de la Casa Giraudon de París, y algunas de ellas han sido reproducidas en publicaciones de gran difusión.[7]

El modesto objetivo del presente trabajo es colmar esa laguna, dando a conocer el contenido del volumen en su conjunto, sin separar sus dos componentes, la literaria y la iconográfica. Texto e ilustraciones constituyen un todo indisociable, que pierde mucho de su valor si se le considera desde un solo punto de vista.

INVENTARIO DE LAS COMPOSICIONES DEL CANCIONERO

El primer número corresponde a su orden de aparición. Lo sigue entre paréntesis la foliación. El título, cuando existe, viene luego en bastardilla. A continuación reproduzco el primer verso y el último separados por dos puntos. Después indico, en bastardilla, el género de la composición (*dicho, mote,* etc.) o su relación con la anterior (*glosa*). Por fin, señalo el número de coplas: 4×10 significa cuatro coplas de 10 versos.

Reproduzco lo más fielmente posible la grafía del original. Respeto las mayúsculas y la i larga (j). Las palabras unidas en el MS. están señaladas con un guión ante la segunda: *de -las* es transcripción de *delas*. Las abreviaturas desarrolladas van en bastardilla; cuando se trata de una abreviatura dentro de un título en bastardilla, va entre corchetes.

1. (1ᵛ) Grandes Reyes invocando: y la gran Restitucion. 4×10.
2. (2ʳ) Pues que se fue el cardenal: Encomiendos la obra mia. *Dedicatoria.* 4.
3. (2ʳᵛ) Condestable muy famoso: Almas encamina [sic] es visto. 8×10.
4. (3ʳ) *Aqui se glosa el dicho de -la çerradura del tratado.*
   Principes blanco color: sobre todos es la fflor. *Dicho.* 2.
5. (3ʳ) No se vistio colorado: por la paz cristiana entera. *Glosa.* 4×10.
6. (4ʳ) Desta deuissa acertada: A -creher credo y la cruz. *Glosa.* 4×10.
7. (5ʳ–6ᵛ) LEnperador de alemaña: se cate y no su gordeza. 16×10.
8. (7ʳ) Con el arco de la ffe / *vue*stras flechas del guion / batizaron el Rincon. *Mote.* 3.
9. (7ʳ) Alta Reyna y soberana: ganaran la casa santa. *Glosa.* 4×10.
10. (8ʳ–13ʳ) En otra ta† de madera: Lo suplico a -su grandeza. *Glosa.* 43×10, 11.
11. (14ʳ–16ᵛ) Muy altos sy en -el tratado: Los Reyes de cristiandat. 12×10.
12. (17ʳ) *Esta copla se ofrecio a -su alteza con otras en su ciudat de teruel vn dia de -los Reyes*
    Año mil quatrocientos ochenta y dos años:
    Fallase por profecia: Siruiendo a dios que os adiestra. 10.
13. (17ʳ–19ᵛ) De vos Rey de dios amado: donde nacio ihesu *christo. Glosa.* 11×10.
14. (20ʳ) Por seruicio de -los Reyes / trobe [sic] y Ruega la donzella / por la su santa querella. 3.
15. (20ʳ–21ᵛ) Continamente ha Rogado: a -dios cierto no agradable. 8×10.
16. (23ʳ–28ᵛ) *Suplica el autor al cardenal por su medio se ofrezca el tratado:*
    Muy grande y linpio perlado: las vidas les acreciente. 24×10.
17. (29ʳ) *Ruega s[an]c[t]iago co[n] los siete conu[er]tidos a n[uest]ra señora:*
    Pues libran Rey don fernando: sey les guia y fuerte manta. 2×10.
18. (30ʳ) *Repuesta por ih[e]s[u] en no[n]bre de n[uest]ra señora:*
    Santiago y conuertidos: yglesia santa sufia. 2×10.
19. (31ʳᵛ) *Besando sus manos pide el actor lice[n]cia a -los muy altos Reyes n[uest]ros señores:*
    Muy altos y mas cristianissimos Reyes principes y señores: Alla lo daca la escoria. *Prosa.*
20. (32ʳ–34ʳ) Altos Reyes poderosos: de -la ffe las calçaderas. 10×10.
21. (35ʳ) *Adrezan el actor y su hija las nueuas a -la señal de -la cruz ablando de -la profecia de -la Reyna seuilla:*

Pues tu señal por adarga: el lenyo de -la salud. 2×10.

22. (36ʳ) *De vuestras altezas las manos besando*:
     Solo por representar: presto ganen de granada. 2×10.

23. (37ʳ–39ʳ) *Prosigue el actor la obra abla[n]do de -la mata del ffenojo*:
     Como quien sale a -justar: la gran Reyna de castilla. 10×10.

24. (40ʳ) *Dize el auctor de las diuisas*:
     Hallo por derecho y Razon: que ganes mas que granada. 2×10.

25. (41ʳ–42ʳ) *Ruega el actor a n[uest]ra señora*:
     Virgen estando ençerrada: con mi yja presentar. 6×10.

26. (43ʳ–45ʳ) *Ruega el actor a n[uest]ra señora*:
     Siendo de mis Reyes guia: por te seruir ciertamente. 10×10.

27. (46ʳ) *Ruegan el actor y su hija al sp[irit]u santo*:
     Tu gracia lespiritu santo: a ihesus puesto en la mente. 2×10.

28. (47ʳ–48ʳ) *Ruega la donzella a s[an]c[t]o ysidoro*:
     Isidoro illuminado: les acreciente la vida. 6×10.

29. (49ʳ–51ʳ) *Repuesta por s[an]c[t]o ysidoro a -la do[n]zella*:
     Donzella pues que lo veyes: por principiar en castilla. 10×10.

30. (52ʳ) Pues cata como librados: mas ganaran que granada. 2×10.

31. (53ʳ) *Ruega la donzella a -la ffe y a -los q[ua]tro euangelistas*:
     A tu ffe gran fundamiento: dellos bien sabeis qual es. 2×10.

32. (54ʳ) Pues traes por ihesus bando: y vuestra principiare. 5.

33. (54ʳ) Ffallares a la muy pura: gran Reyna os sera pagado. *Glosa*. 2×10.

34. (55ʳ–59ᵛ) *Pide licencia el actor*:
     Deme licencia ecelente: aze les ganar linfierno. 20×20.

35. (60ʳ) *Ruega la donzella a santa ysabel*:
     Señora santa ysabel: en -la alda lindas rosas. 2×10.

36. (61ʳ) *Repuesta por santa ysabel a -la donzella*:
     La tu Rogaria donzella: tu sigue continamente. 2×10.

37. (62ʳ) *Ruega la donzella a santa ffe*:
     Estas y las principales: presto el Rincon de granada. 2×10.

38. (63ʳᵛ) *Repuesta por san pedro martir a -la donzella*:
     Donzella di que a ihesus: saluo si restituyere. 4×10.

39. (64ʳ) *Repuesta por santa ffe a -la donzella*:
     Isabel del diuinal: con cristianos paz queriendo. 2×10.

40. (65ʳ) *Dize ell -angel a -los Reyes*:
     Rey y Reyna mi enbaxada: vos las tiene a -marauilla. 2×10.

41. (66ʳ) *Repuesta por los Reyes al angel*:
     Angel bien auenturado: tal te jurando en verdat. 2×10.

42. (67ʳ) *Dize ell -angel a -los Reyes*:
     Grandes Reyes si se ofrece: su negrura y manzilla. 2×10.

43. (68ʳᵛ) *Repuesta por los Reyes al angel*:
     Angel de dios singular: santiago dell -espada. 4×10.

44. (69ʳ) *Dize ell -angel a -los Reyes Replicando*:
     Por que soys Reyes cristianos: de -lo echo y por ganar. 2×10.

45. (70ʳ) *Al fenix y al pelicano por la donzella*:
     Tu fenix eres nonbrada: y la sangre de sus pechos. 2×10.

46. (71ʳ) *Dize de -las muy Reales armas la donzella*:
     Estas armas ha juntado: de -la ffe ques su vandera. 2×10.

47. (72ʳ–73ʳ) *Pide el actor licencia a -la Reyna nuestra señora*:
     Deme licencia ecelente: sea la fauorecida. 6×10.

48. (74ʳᵛ) *Suplica el actor a -la muy Real jnfa[n]ta le plega ser seruida con el tratado*:
     Alta mas esclarecida: quitaran y sus porfias. 4×10.

49. (75ʳ–76ʳ) *Aq[ui] se ofrece el tratado a -la muy Real infanta doña Juan[a] e[n]come[n]dandole la donzella*:
     Infante merecedora: el fin del sea catado. 6×10.

50. (77ʳ–94ᵛ) *Reza la donzella ell aue maria Roga[n]do por los Reyes nuestros señores*:

Ave virgen gloriosa: hizieron por te seruir. 72×10.

51. (95ʳ) *Ruega la donzella a san bernat Represente ell aue maria a n[uest]ra señora:*
Bernardo sey mediador: les de consigo y coronas. 2×10.

52. (96ʳ) *Repuesta por san bernat a -la donzella:*
Isabel yo soy contento: deste Reyno de paganos. 2×10.

53. (97ʳ) *Repuesta por n[uest]ra señora a -los angeles:*
Soy contenta de Rogar: que fue el inuentor mahoma. 2×10.

54. (98ʳ) *Aze gracias la donzella a n[uest]ra señora:*
Con el tu fauor señora: de tu mucha piadat. 2×10.

55. (99ʳ–101ʳ) *El pater noster Rogando por los Reyes nuestros señores:*
Padre nuestro quen el cielo: con -el Rey y -enperadores. 10×10.

56. (102ʳ) *Acerca el credo in deu[m] p[at]rem o[mn]ipote[n]tem creatore[m] celi et t[er]re. dize la donzella:*
Creo en dios omnipotente: libralos de todo mal. 2×10.

57. (103ʳ) *Acerca i[n] ih[esu]m [christ]um filiu[m] eiu[s] vnicu[m] d[omin]um n[ost]ru[m]. dize la donzella:*
I en ihesu cristo su yjo: todo de cristiana gente. 2×10.

58. (104ʳ) *Acerca q[ui] conceptu[s] e[st] de sp[irit]u s[an]c[t]o natu[s] ex m[ari]a v[ir]gine. dize la donzella:*
Io creo ques concebido: deueys ser por su biuir. 2×10.

59. (105ʳ) *Acerca passu[s] sub po[n]tio pilato cruçifixu[s] mortuos [sic] et speltu[s]. dize la donzella:*
Sufrio so poncio pilato: destraguen y su simiente. 2×10.

60. (106ʳ) *Acerca descendit ad infernos t[er]cia die Ressurexit a -mortuis. dize la donzella:*
Que descendio a -los infiernos: otras vezes muchas tantos [sic]. 2×10.

61. (107ʳ) *Acerca ascendit ad celos sedet ad dextera[m] dei p[at]ris o[mn]ipotentis. dize la donzella:*
Creo que subio a -los cielos: jayme les procura ayuda. 2×10.

62. (108ʳ) *Acerca. jnde venturus e[st] iudicare viuos et mortuos. dize la donzella:*
Daqui vendra poderoso: tu felipe ten su vando. 2×10.

63. (109ʳ) *Acerca. credo in sp[iritu]m sanctum dize la donzella:*
Creo en ell -espiritu santo: la vitoria de granada. 2×10.

64. (110ʳ) *Acerca s[an]c[t]am eccl[es]ia[m] s[an]c[t]or[um] comunione[m]. dize la donzella:*
En la santa yglesia catolica: de ihesus vitoria presto. 2×10.

65 (111ʳ) *Acerca Remissionem peccatoru[m], dize la donzella:*
En Remision de -los pecados: ihesus y conporto tanto. 2×10.

66. (112ʳ) *Acerca. carnis Ressurrectione[m] dize la donzella:*
En la Ressurrecion de -la carne: no tengas ni a -mi señor. 2×10.

67. (113ʳ–114ʳ) *Acerca. vita[m] eternam. Ame[n] dize la donzella:*
En la vida eterna sin fin: esto ares en mi memoria. 6×10.

68. (115ʳ–120ʳ) *La salue Regina Rogando por los Reyes nuestros senyores:*
Salue Regina sagrada: muestra te ser madre nuestra. 22×10.

69. (120ᵛ–125ʳ) *Reza la donzella monstra te esse matre[m]. Rogando por los Reyes n[uest]ros s[eñor]es:*
Muestra te ser madre: caten trinidat. 18×10.

70. (126ʳ) *Ruega la donzella a santiago por los Reyes nuestros señores:*
Santiago glorioso: la qual viste en el pilar. 2×10.

71. (127ʳ) *Ruega la donzella a san jorge por los Reyes n[uest]ros señores:*
San Jorge como libraste: al que padecio en -la cruz. 2×10.

72. (128ʳ) *Repuesta por los santos diago y jorge a -la donzella:*
O que nos pides donzella: nuestros nonbres memorando. 2×10.

73. (129ʳ–131ʳ) *Reza la donzella Rogando por los Reyes n[uest]ros señores:*
Buen ihesus como sufriste: en cruz sin culpa ninguna. 10×10.

74. (132ʳ) *Reza la donzella a -las santas catalina y gracia:*
Santas catalina y gracia: vuestras beldades y vidas. 2×10.

75. (133ʳᵛ) *Reza la donzella Rogando por los Reyes nuestros señores:*

Io señor niño jnnocente: ante tu faz de contino. 4×10.
76. (134ʳ–136ʳ) *Exclamacion q[ue] se aze a la santissima trinidat por la do[n]zella*:
    O jnmensa trinidat: a cada qual con tus manos. 10×10.
77. (136ᵛ) Asy señor comunica / a -mis Reyes la vitoria /
    y -el vejez y -enpues la gloria. 3
78. (136ᵛ–137ʳ) Sus coronas enxalçando: y -el vegez y -enpues la gloria. *Glosa.* 3×10.
79. (138ʳ–141ᵛ) *Dan gracias a -dios por la vitoria de granada*:
    Gracias te dan poderoso: con la tu gracia gran dios. 16×10.
80. (142ʳ–148ʳ) *[D]a las gr[aci]as santiago con los conuertidos a -nuestra s[eñor]a*:
    Con los siete conuertidos: y muy grandes aderencias. 26×10.

INVENTARIO DE LAS ILUSTRACIONES DEL CANCIONERO

Las ilustraciones del volumen han sido descritas en dos ocasiones: la primera minuciosamente, aunque con algunas lagunas, por T. del Campillo; la segunda, de manera más sintética, por los autores del Catálogo del Museo de Chantilly. No se pretende aquí añadir una descripción más a las ya existentes, sino establecer una lista completa de las pinturas, relacionándolas con las composiciones que están cargadas de ilustrar, a la par que se reproducen todos los textos que las acompañan—títulos, dichos, comentarios.

El primer número corresponde al orden de aparición de la ilustración. Entre paréntesis, se señala el folio. Luego se indica el número de la composición poética correspondiente que repite, precedido de la letra C, el número que figura en el inventario de las poesías. Se reproduce en bastardillas el texto que acompaña cada ilustración. Por fin, se hace una descripción somera de cada una de ellas y se señala la localización de la inscripción dentro de la pintura.

1. (1ᵛ) C1 Cruz rematada por *Viuays ancoras de ffe / que a -los Reyes cu[n]plese.*
   A la izquierda de la cruz: *Viuays Reyes esforçados*
                              pues q[ue] lidiays por ihesus
                              y -enxalçays la vera cruz
   A la derecha de la cruz: *Viuays q[ue] cunple lo vemos*
                           pues destragays heregias
                           y batizays morerias
2. (3ᵛ) C6 *Deuisa del muy alto principe de castilla y de aragon archiduque de austria y duq[ue]*
   de burguña.
   Aspa formada de dos troncos nudosos. En una cinta, la divisa *Qui vouldra.*
3. (4ᵛ) C7 *Los principes muy eccellentes de castilla y de aragon.*
   Retrato de doña Juana y Felipe. El autor arrodillado presenta su libro: (5ʳ)
   Deste tratado ystoriado
   principes muy bie[n] venidos
   suplicos seays seruidos
4. (7ᵛ) C10   *A -la gran batizadera*
              de moros yos digo a vos
              Ante el Rey en talauera
              serui de aquesta manera
              en -ell -año ochenta y dos
   Yugo dorado rodeado por dos haces de ballestas.
   En la parte superior: *Con dios cierto domaran*
                         y presto sojuzgaran
                         estas diuisas granada
   En la parte inferior: *por que quando le fallece*
                         Ell -agua luego desmagua
                         que arebienta y se destraga
5. (13ᵛ) C11 *Don felipe y doña Juana   con ih[esu]s principes son*

de castilla y de aragon   Reyes por la sucesio[n]
Retrato de los príncipes parecido a 3.[8]

6. (22^r)   *Deste yelmo: la cimera*
                     trahe dos sinifficados
                     destos Reyes prosperados
Morrión coronado con un ramo de hinojo verde encima, a cuyos lados están una F y
una Y coronadas y doradas.
En la parte superior: *Llama la castilla ynojo*
                      ques su letra de ysabel
                      y de ihesus hemanuel
En la parte inferior: *Llamala aragon ffenojo*
                      ques su letra de fernando
                      y de ffe las dos de vn vando

7. (22^v) C16 *don diego hurtado de mendoça p[at]riarcha de alejandria y arçobispo de seujlla*
Retrato del cardenal. En el margen, se lee:
          Y -en pues lo ha en cardenal
          Alexandre sesto escogido
          despaña le dio apellido

8. (29^v) C18 *Como la señora aparecio en -el pilar de çaragoza.*[9]
La Virgen del Pilar, ante ella arrodillados Santiago y los siete convertidos.

9. (30^v) C19 *Los altos Reyes don ferna[n]do y doña ysabel y la Real i[n]fa[n]ta doña juana.*
Retrato de los reyes y la infanta, con el autor arrodillado.

10. (34^v) C21 *La senyal de -la vera cruz.*
A los dos lados de la cruz, arrodillados, el autor y su hija con una tira que sale de sus
bocas: *pues tu señal por adarga.*

11. (35^v) C22 *Los Reyes don fernando y donya ysabel y la Real infa[n]ta su hija doña juana.*
Pintura análoga a la 9.

12. (36^v) C23 El autor y su hija, un ramo de hinojo verde y florido en una mano y, en la otra,
una lista: *como quien sale a -justar.*
Arriba de la pintura: *Este tal en aragon*
                     ffenojo llaman señores
                     Su primera letra es flores
Debajo de la pintura: *Y eso mesmo aca en castilla*
                     ynojo llaman nonbralda
                     Su letra fina esmeralda

13. (39^v) C24 *estas diuisas mis Reyes*
                fueron bien consideradas
                y con ffe y ihesus armadas
Dos ballestas unidas por un yugo, con una granada abierta debajo.
Al pie de la pintura: *Pues quel yubo [sic] entra con y*
                     fflechas con effe doblada
                     Mas ganaran que granada
En el margen, el autor con una tira: *ffallo por derecho y Razon*

14. (40^v) C25 La Anunciación. En el margen, el autor: *birgen esta[n]do encerrada*

15. (42^v) C26 Virgen del Pilar. Pintura análoga a 8.
Arriba de la pintura: *Madre de dios que la mar*
                     Riges cielo tierra y dia
                     yo pecador mas Rogar
Debajo de la pintura: *Quiero y Rogando Rezar*
                     Siendo de mis Reyes guia
En el margen, el autor: *Sie[n]do de mis Reyes guia*

16. (45^v) C27 *Ell espiritu santo.*
En el margen, el autor y su hija: *Tu gracia ell espiritu s[an]c[t]o*

17. (46^v) C28 *San Ysidoro.*

18. (48^v) C29 Repite la 17.

19. (51^v) C30 *San Pedro martir.*

20. (52ᵛ) C31 *La ffe*. Matrona con cáliz en la mano izquierda y cruz en la derecha. En los cuatro ángulos, los símbolos de los Evangelistas con su nombre.
21. (53ᵛ) C32 Pintura análoga a la anterior.
      En la parte superior: *La Repuesta de Juha[n] y matheo*
                        Los Recuerdos de -la ffe
                        A -tus Reyes dan lugar
      En la parte inferior: *La Repuesta de luchas y marco*
                        A granada conquistar
                        y daran dallendel mar
      En los cuatro ángulos, los símbolos de los cuatro evangelistas, con uno de los cuatro versos en una lista.
22. (54ᵛ) C34 *Ell alta Reyna doña Ysabel Reyna de castilla y de aragon.*[10]
23. (60ᵛ) C35–36 *Santa Ysabel*
24. (61ᵛ) C37 *Santa ffe.*
25. (62ᵛ) C39? *Santa ffe.*
26. (64ᵛ) C40 *Don fernando y doña ysabel Reyes de castilla y de aragon.*
27. (65ᵛ) C41 Pintura análoga a 26. Sin título.
28. (66ᵛ) C42 *Los Reyes.* Pintura análoga a 27.
29. (67ᵛ) C43 *Los Reyes.* Pintura análoga a 28.
30. (69ᵛ) C45 *Ffenix y Pellicano.*
      La moza lleva una tira: *Tu fenix eres no[n]brada*
31. (70ᵛ) C46 *Las armas de -los Reyes de castilla y de aragon.*
      Parte inferior izquierda, la moza: *Estas armas ha juntado.*
32. (71ᵛ) C47 *Ell alta Reyna doña ysabel Reyna de castilla y de arago[n].*
33. (73ᵛ) C48 *La muy Real infanta doña juana.*
34. (76ᵛ) C50 *Nuestra señora.*
35. (95ᵛ) C51–52 *San bernat.*
36. (96ᵛ)   *Santo thomas.*[11]
37. (97ᵛ) C53–54 *Nuestra señora.*
38. (98ᵛ) C55 *dios omnipotente.*
      En la mano de la moza, una tira: *padre n[uest]ro q[ue]n el cielo.*
39. (101ᵛ) C56 *san pedro*
      Tira que sale de la mano de san Pedro: *credo i[n] Deu[m] p[at]rem o[mn]ipote[n]-te[m] c[re]atore[m] celi et t[er]re.*
      Tira que sale de la mano de la doncella: *creo en dios o[mn]ipoten[te].*
40. (102ᵛ) *san andres.*
      San Andrés: *Et in ih[esu]m [christ]um filiu[m] eiu[s] vnicu[m] d[omin]um n[os]-tru[m].*
      La doncella: *y en ih[es]u x[po] su hijo.*
41. (103ᵛ) C58 *santiago.*
      Santiago: *q[ui] conceptu[s] e[st] de sp[irit]u s[an]c[t]o natu[s] ex m[ari]a v[ir]gine.*
42. (104ᵛ) C59 *san Juhan*   *La doncella: lo creo ques concebido.*
      San Juan: *passu[s] sub po[n]tio pilato cruçifixus mortuos et speltu[s].*
      La doncella: *Sufrio so poncio pilato.*
43. (105ᵛ) C60 *san thomas.*
      Santo Tomás: *descendit ad infernos t[er]cia die Ressurexit a mortuis.*
      La doncella: *que descendio a -los infiernos.*
44. (106ᵛ) C61 *san jayme menor.*
      Santiago el menor: *ascendit ad celos sedet ad dextera[m] dei p[at]ris o[mn]ipotentis.*
      La doncella: *creo que subio a -los cielos.*
45. (107ᵛ) C62 *san felipe.*
      San Felipe: *inde venturus e[st] iudicare viuos et mortuos.*
      La doncella: *Daqui vendra poderoso.*
46. (108ᵛ) C63 *san bartholome.*
      San Bartolomé: *credo in sp[iritu]m sanctum.*
      La doncella: *creo en ell -espiritu santo.*

47. (109ᵛ) C64 *san matheo.*
    San Mateo: *s[an]c[t]am eccl[es]ia[m] s[an]c[t]or[um] comunione[m].*
    La doncella: *en la santa yglesia catolica.*
48. (110ᵛ) C65 *san symon.*
    San Simeón: *Remissionem peccator[um].*
    La doncella: *en Remision de -los pecados.*
49. (111ᵛ) C66 *san judas thade[us].*
    San Judas: *carnis Ressurrectione[m].*
    La doncella: *en la Ressurrecion de -la carne.*
50. (112ᵛ) C67 *san mathias.*
    San Matías: *vita[m] eternam. Ame[n].*
    La doncella: *en la vida eterna sin fin.*
51. (114ᵛ) C68? *san pedro y san andres.*
    Cada santo dice en una tira: *Repuesta damos donzella.*
    La doncella: *bue[n] ih[esu]s sea co[n] ella.*
52. (120ᵛ) C69 La doncella está arrodillada ante la Virgen y el Niño.
    Arriba de la pintura: *Reza la donzella monstra te esse matre[m]. Rogando por los*
    Reyes n[uest]ros s[eñor]es.
53. (125ᵛ) C70 *Santiago.*
54. (126ᵛ) C71 *san jorge.*
55. (127ᵛ) C72 *santiago y san jorge.*
56. (128ᵛ) C73 *Jh[esu]s.*
57. (131ᵛ)   *La señal de -la uera cruz.*
    Debajo de los brazos de la cruz:
        Pues tu señal   por adarga
        Traen mis Re   yes y en mente
        Quien en ty gus   to la amarga
        fiel les dara sin   enbarga
        victoria muy   presta i -neta
58. (132ᵛ) C74 *santas catalina y gracia.*
59. (137ᵛ) *dios omnipotente.*[12]

Dentro de la producción cancioneril de finales del siglo XV, *El devocionario de la Reyna Dᵃ Juana* (*Cancionero de Pero Marcuello*) aparece como atípico. No es una simple colección de poemas sino más bien un libro edificado en torno a una idea central: acompañar el esfuerzo reconquistador de los Reyes Católicos desde el inicio de la campaña, en 1482, hasta su culminación en 1492. A medida que pasan los años y la meta se hace más asequible, el autor se preocupa cada vez más de la organización del conjunto, intentando favorecer un interlocutor privilegiado: primero los Reyes, luego el Príncipe, por fin la infanta doña Juana y su marido Felipe el Hermoso. Poco a poco, Pero Marcuello se hace más discreto para establecer un diálogo ficticio entre su propia hija y la infanta.

Las circunstancias de la composición nos obligan a una doble lectura de la obra, una temática y otra cronológica, ya que las poesías, si bien coinciden en la exaltación de la guerra santa, lo hacen desde perspectivas distintas, que dependen de la situación militar del momento. A ello se añade una segunda dimensión cronológica, que corresponde a las ilustraciones. No hay que descartar la posibilidad de que Marcuello tuviera desde el principio el proyecto de incorporar figuras, simbólicas o religiosas, en su volumen, como lo sugiere el que algunas poesías sean glosas de ciertas miniaturas. Pero es evidente también que la mayor parte de las pinturas fue compuesta después de los poemas y teniendo los mismos a la vista. Ahora bien, Carmen Bernis ha demostrado cómo las ilustraciones traducen los cambios ocurridos en el vestido de los cortesanos en aquella época, principalmente bajo la influencia de la moda flamenca introducida por el séquito de Felipe el Hermoso. Todas esas características incrementan el valor testimonial de la obra, al que contribuyen conjuntamente textos e imágenes.

Por fin, *El devocionario* se presta a un estudio de la mentalidad de los actores de aquel período de cambio profundo en las estructuras políticas, sociales y religiosas de los reinos hispanos. Pasadas las guerras civiles provocadas por la sucesión al trono de Castilla, los Reyes Católicos se granjean la adhesión de sus súbditos de condición media. Buen ejemplo de éstos es Pero Marcuello. Ese aragonés, cuyo máximo título fue al parecer el de alcaide de Calatarao,[13] se identifica totalmente con la empresa, en principio castellana, de la conquista de Granada. Preconiza una mayor contribución de su propio reino. Ferozmente antiislámico, protesta enérgicamente contra el estatuto, para él excesivamente liberal, de que disfrutan los musulmanes en Granada después de la conquista. Toda la obra se caracteriza por la violencia de un tono apasionado en el que resulta difícil distinguir lo que corresponde al misticismo religioso del autor y lo que se debe a su apego entusiasta a la familia real.

NOTAS

1 *Bibliotecas antigua y nueva de escritores aragoneses aumentadas y reunidas en forma de diccionario bibliográfico-biográfico por don Miguel Gómez Uriel* (Zaragoza: Imprenta de C. Ariño, 1885), II.

2 Toribio del Campillo, 'El Cancionero de Pero Marcuello', en *Homenaje a Menéndez y Pelayo en el año vigésimo de su profesorado: estudios de erudición española* (Madrid: Victoriano Suárez, 1899), I, 745–800.

3 'La pérdida de este libro es verdaderamente deplorable por más de un concepto -V. Carderera' (Campillo, 761). El pintor había sido autorizado, en diciembre de 1832, a llevar el manuscrito a su casa, donde copió tres o cuatro miniaturas.

4 *Chantilly: Le cabinet des livres; Manuscrits*, II (Paris: Librairie Plon, 1900), 352.

5 '. . . y en aquellas jornadas de pavorosa desolación debió perecer el *Cancionero* de Pedro Marcuello, hermosa página perdida del arte y de la poesía en la España de la gloriosa décimaquinta centuria' (761).

6 Carmen Bernis, 'Las miniaturas de *El cancionero de Pero Marcuello*', *Archivo Español de Arte*, XXV (1952), 1–24. El estudio se centra sobre todo en el vestido de los personajes, pero contiene observaciones muy acertadas sobre la fecha de las distintas partes del volumen y las alusiones históricas que encierra. Agradezco a Florence Khammari el haberme conseguido fotocopia de ese artículo de difícil acceso.

7 Véase, v. gr., *Historia 16*, XI, núm. 121 (1986), 95. Notable excepción es el Profesor José Manuel Blecua, que tiene preparada una edición del Cancionero (información comunicada cuando ya este trabajo estaba en prensa).

8 Entre las ilustraciones 5 y 6, F. Latassa introduce erróneamente 'una bella Pintura de la Alta Reyna Dª Ysabel Reyna de Castilla y de Aragon (como lo dice un Rotulo que está sobre ella escrito con letras rojas)'. A lo largo de su descripción, comete otras equivocaciones que iré apuntando. Se conoce que escribió su trabajo basándose en notas que no pudo cotejar con el original en el momento de redactar. C. Bernis sugiere, sin justificarlo, que la ordenación de los folios fue modificada después de la salida del MS. de la cartuja de Aula Dei.

9 Ricardo del Arco y Garay dedica una corta nota a esta miniatura y a la 15 en 'Primitiva iconografía de la Virgen del Pilar', en sus *Temas aragoneses* (Zaragoza: Editorial Noticiero, 1953), 79–80.

10 F. Latassa omite esta ilustración. Se trata seguramente de la que colocó erróneamente entre la 5 y la 6. La confusión se debe quizás a la contigüidad de los retratos de Isabel, reina de Castilla (22), y de santa Isabel, infanta de Aragón y reina de Portugal (23); y también a la ausencia de ilustraciones correspondientes a las composiciones 12 a 15.

11 F. Latassa subraya la anomalía que supone la presencia de un retrato de santo Tomás que no corresponde a ninguna composición y emite la hipótesis de la pérdida de 4 hojas. Pero ha omitido de señalar la pintura de Nuestra Señora que ilustra C53 y C54.

12 F. Latassa echa de menos una pintura para ilustrar la exclamación a la Trinidad de C76.

13 M. Serrano y Sanz, 'Noticias biográficas de Pedro Marcuello', *BRAE*, IV (1917), 23–31.

Metafiction in Spanish Sentimental Romances

E. MICHAEL GERLI

Georgetown University

In memoriam amici et magistri

Reading the little-known and less-understood Spanish sentimental romances of the fifteenth and sixteenth centuries is a challenge which, if properly met, elicits two basic literary questions—first, what is fiction?; and second, how is text transformed through illusion to impart a sense of experience? Beginning with Juan Rodríguez del Padrón's *Siervo libre de amor*, in which the narrator portrays himself as the author writing an admonitory epistle to his friend, Gonzalo de Medina, throughout the history of the sentimental romance we as readers are repeatedly subjected to an evaluation of many of the conventional received ideas about the nature of fiction, the reality of what we read, and the role of the reader and his imagination in creating a mimetic illusion. When we begin to peruse works like *Siervo libre*, we immediately encounter the representation of a writer writing within a text; we see a self-reference, a reflected image—the portrayal of the narrator as the author at work transforming lived experiences into literature. More than a frame-story structure, this ingenious redoubling interplay of a text within a text typical of many of the Spanish sentimental romances asks us to alter our perception of written fiction and assent imaginatively to the idea that we are witnessing actual events, that what we perceive is outside illusion and nothing short of reality. Beginning with *Siervo libre de amor*, texts in the sentimental tradition are systematically embedded into other texts, stories are contained within stories, and we see a series of portraits of writers writing. As a result, from its outset the Spanish sentimental romance reveals a preoccupation with articulating in a concerted fashion one of the most essential qualities of all narrative—the question of the nature of the narrative itself.

In *Siervo libre*, the 'Estoria de dos amadores', told by the narrator turned protagonist, remains far more than a tale within a tale. It is, rather, a story about the story we are reading, a narrative gloss which, if we return to the opening pages of the work, is nothing less than a tale about the narrator's own true story (true within his fictional world) of his love affair with an unnamed lady. Yet, while the affair purports to be a real, autobiographical event, according to the narrator who writes to his friend about it, it incorporates what are clearly literary devices from the Ovidian tradition: the treacherous go-between, the exchange of amorous epistles, the sighs, and the passionate furtive glances of Ovidian seductions. The narrator's story is, in sum, little more than fiction transparently disguised as autobiography—an illusion seeking the condition of the real, yet one which does not seek to efface its obvious literary nature. In this way *Siervo libre* and, as we shall see, many of the remaining romances comprising the sentimental tradition, become nothing less than books about books created from books. To realize this

57

is unsettling and alters completely our perception of this and many of the other Spanish sentimental romances.

Rodríguez del Padrón's work introduces an acute literary self-awareness into fifteenth-century Spanish sentimental prose and provides a first subtle step in the direction of turning fiction into a means of inquiry for itself. Many of the Spanish sentimental romances are in this way self-reflecting narratives—examples of what William Gass calls metafiction, or works of fiction in which 'the forms of fiction serve as the material upon which further forms can be transposed', and whose ultimate goal is to provide an evaluation of themselves.[1] Metafictions manipulate and expose the very devices through which they purport to represent reality while turning their narratives into a type of ontological critique. They seek to draw attention to themselves as artifices as they explore and unmask the various ways in which they create real-seeming illusions: they are works of art which reflect themselves as they purport to mirror reality and thus pose problematical questions regarding the nature of reality and fiction. A metafiction, as Robert Alter remarks, is fully self-conscious and 'from beginning to end, through the style, the handling of the narrative viewpoint, the names and words imposed on the characters, the patterning of the narration, the nature of the characters and what befalls them, there is a consistent effort to convey to us a sense of the fictional world as an authorial construct set up against a background of literary tradition and convention'.[2]

The incipient awareness of the metafictional, metalinguistic conceit evidenced in *Siervo libre* is vastly expanded in subsequent works of the sentimental tradition and becomes particularly acute in those written during the years coinciding with the reign of the Catholic Monarchs. While the Condestable de Portugal's *Sátira de infelice e felice vida* (1446?) and the later *Triste deleytación* (written between 1458 and 1478) both display a preoccupation with the portrayal of writers and writing within the text, the most significant development of the idea is manifested in Diego de San Pedro's *Cárcel de Amor* (1492).[3] In *Cárcel*, the reflexive impulse serves not only to make readers assent imaginatively to the reality of the action the author represents, but to inquire into the nature of the narrative being narrated and its creator. The artist embeds himself in his work through the figure of El Auctor and simultaneously portrays himself as narrator, character, spectator, and creator. He is at once inside and outside his text, writing it, and writing about himself (and others) writing it. Illusion quite consciously seeks to represent itself, and the result is a trompe-l'œil tableau that becomes a scene of a scene. El Auctor, while he is writing his story, presents himself shaping it and becoming creator and protagonist of the work. While representing himself as the extrinsic author of the tale, he also plays an active, in fact crucial, determining role in shaping the results of the intrinsic action he relates. He is at once the main character of the romance as he moves the action and dwells upon his own reactions to it, and the writer who contemplates himself doing this. El Auctor is, thus, a character of fiction and an author who, by virtue of this fact, is linked closely to the reader's empirical reality. The normative concept of a book as fiction is shattered in *Cárcel de Amor* as the action of the romance is made to coincide with the triple reality of El Auctor, his patron, Diego de San Pedro, and us, his readers. From the vantage point of our reality we look into an equally real scene whose actuality is defined by the Auctor/character, the entity who participates in both worlds. When we look from the outside, the narrator of *Cárcel* represents himself as author; when portraying the personal frustrations, disappointments, and entanglements to which his involvement with Leriano and Laureola has led, he is no longer the architect of fiction but a pawn and participant in the very action he has wrought. The Auctor/narrator of *Cárcel de Amor* is, as Peter Dunn remarks, no mere character of the work, but an 'authorial voice embodied in a figure who not only reflects the either/or tension which generates the whole, but also one whose strategies of mediation operate on two levels: on the level of plot, between the

other characters of the fictional world; and between the writer and his writing at the level
of discourse' (198). Through this ingenious metafictional structure, San Pedro not only
dramatized and involved his narrator, as he had done in his earlier *Arnalte y Lucenda*
(probably written in the early 1480s), but constructed a metaphor through which he
clearly poses fundamental questions about the limits of fiction and the role authors play in
creating illusions. The at once real and fictive Auctor of *Cárcel*, beyond just another
character, is a simulacrum of all authors—a reflection of a writer recreating for us how he
forges an illusion meant to be understood as real. *Cárcel* is, then, a book that deals as
much with the theme of imaginative literature itself as with the themes of love, honour,
and sentimentality. In this way, the romance marks an important step toward the fiction
of Cervantes, where the very act of creating literary illusion becomes as much the central
preoccupation of *Don Quijote* as the tales which that work relates. Indeed, in Cervantes
the act of telling becomes the tale and the crux of all the action which transpires in the
work. In the sentimental romances written during and immediately after the reign of the
Catholic Monarchs, almost a full century before Cervantes, there is a definite turn in this
direction and literature begins to contemplate and examine itself. With increasing
frequency we encounter more and more complex examples of embedded narratives whose
purpose it is to blur the distinctions between reality and fiction while endowing language
with the sense of experience. Yet while this is so, these very works remain acutely aware
that they are literature, words on the written page.

In the later *Qüestión de amor* (1512), attributed to Juan Vázquez de Ávila, there is a
similar attempt to merge text with experience and make indistinct the borders separating
reality from fiction while remaining aware of the artifice required to do so. This is
accomplished through the manipulation of an intricate layered narrative structure. As in
all the sentimental romances thus far mentioned, the narrator of the work begins by
implying that he and the author are one. He then declares that he has concealed his own
name and those of his characters for the sake of discretion; yet he assures us that beneath
this thin tissue of disguise lie real people and real events. What follows is a tragic tale of
love and death punctuated by highly stylized descriptions of masques, balls, and
tournaments. Like those of *Siervo libre* and *Cárcel*, the narrator thus seeks to participate
in the fiction while simultaneously making a claim of belonging to our world. However,
there is a greater degree of intricacy in the narrative planes constituting *Qüestión de amor*,
since not only is the work presented as a literary portrayal of real events, but the
characters spend a great deal of their time transforming their experiences into text and
story through the medium of writing. The two main characters, Flamiano and Vasquirán,
are not only courtiers in love, but authors who metamorphose their actual experiences
into texts which are subsequently quoted, read, or represented within the larger text of the
Qüestión. Each of the protagonists mirrors, then, the narrator who claims to tell us real,
historical events which he has transformed into narrative art. In addition to being the
author of numerous epistles cited in the work, Vasquirán is the writer of an allegorical
'Visión de amor', given entirely within the text of the work and written in both verse and
prose. This highly stylized work within the work relates its author's personal grief at the
death of his wife. Similarly, during one of the masques, Flamiano stages a long pastoral
colloquy which he has written, and in which he presents his fictive rendering of an earlier
real encounter with his lady. At this point, the first narrator reaffirms the reality of all he
has portrayed, and he declares that, henceforth, he will incorporate the real names of the
people and places behind his original literary disguises. In fact, however, he continues to
call the protagonists Vasquirán and Flamiano, while striving for actuality by chronicling
in minute detail the departure of the historical viceroy of Naples for the campaign ending
at the battle of Ravenna in 1512. The romance ends with reassurances of the story's
veracity and the news of Flamiano's heroic death at Ravenna.

Through the ingenious shifting between narrative planes and the portrayal of texts within texts, *Qüestión de amor* seeks to enjoin a sense of actuality while revealing the very mechanics of its composition. It is an ambitious, technically complex work displaying a self-referential preoccupation with the transformation of experience into art. Flamiano's pastoral colloquy creates a doubling effect which wittingly imitates the basic structure of the entire *Qüestión*—it is a literary interpretation of events, people, and places within a larger work that makes similar claims. Both Flamiano's and Vasquirán's art mirror their lives just as the *Qüestión* itself purports to mirror artistically the life and experiences of its author.

The identities of the characters in *Qüestión de amor* as they have been established by Benedetto Croce are, then, really of secondary importance in this technically fascinating, yet almost wholly ignored, work.[4] What matters most in it is its implicit concern with the nature of fictive art and its relationship to life. Despite all its historical contextualization, reality is here not represented as much as it is consciously counterfeited. It was doubtless this facet of the work which led Juan de Valdés to admire its *invención*, or its ability to fabricate a medium capable of portraying truths through artifice, its clever effort to create a sense of actuality through the artful manipulation of words—the fabrication of a sense of being from language.[5]

Juan de Flores' *Grimalte y Gradissa* (published c. 1495 but probably written much earlier) is similarly preoccupied with the actuality of text and history. In its explicit the work identifies Juan de Flores, the historical author of the romance, with the protagonist, Grimalte. Barbara Matulka believes that Flores quite consciously changed his name to Grimalte in order to evoke another writer who subsequently took on the aura of a legendary literary character, Lucca di Grimalti, the tragic thirteenth-century Provençal poet.[6] From the outset of *Grimalte y Gradissa*, then, there is a redoubling effect, an ambivalence between literature and life, illusion and experience. As we read, however, the reduplication of representation takes even stranger turns as the character Grimalte, the declared alter ego of Flores who is himself modelled upon an author who had by the fifteenth century achieved the status of a literary character, is commissioned by his lady, Gradissa, to reconcile Panfilo and Fiometa, the fictive protagonists of Boccaccio's *Elegia di Madonna Fiametta* (1343–44). As a result, Boccaccio's characters suddenly acquire an existence beyond the control of their creator, and the normative concept of fiction is subverted: the diegetic or illusory quality of literature merges with the extradiegetic, or the world from which the illusion of the text is seemingly created. All of this leads to a confusion of the two and to the ultimate awareness that, in fact, the representation of the extradiegetic in the work we are reading is really diegetic—nothing more than a clever deception. In *Grimalte y Gradissa* fiction and reality are vertiginously compounded through a self-conscious recognition that the characters it portrays are not only characters, but authors and readers as well. The result is the revelation of the self-conscious act of fabulation, or, as Barbara F. Weissberger puts it, the 'process of fictionalization whereby the "yo" of the real author becomes the "yo" of a character'.[7] While at first this stratagem may seem one designed to enjoin a sense of reality, the end result is a deliberate disruption of the illusion of the story which calls attention to the very literary, artificious quality of the text we are reading—it forces us to recognize while reading that we are assenting to a lie. While the text initially seeks to be mimetic, upon its perusal we are led to perceive the artifice, arousing in us a higher level of attention to the lie of fiction than we are normally willing to pay: in the Flores/Grimalte, Grimalte/Gradissa, Panfilo/Fiometa construct, fiction once again teasingly calls attention to itself while ostensibly trying to deceive us. While we think we see the extradiegetic Flores moving the strings of the romance, we arrive at the ultimate disillusionment when we ask the question: Who is writing? With this we realize that it is not the author, but the character Flores, and that he is nothing more than a literary mirage. We are subtly reminded that, as William Gass notes, 'literature is language, that stories and the places and people in them', even if they claim actual existence, 'are merely made of words' (*Fiction and the Forms of Life*, 27).

Grimalte y Gradissa, when properly considered, is a work written by one author that seeks to subvert the ending of another work written by a different author: it is fiction about fiction, a book about books, those who create them and, more importantly, the nature and limits of authorial constructs. Guided by his desire to please Gradissa and fulfil his quest of reconciling the ill-fated lovers of the *Elegia di Madonna Fiammetta*, Grimalte, Flores' alter ego, perforce becomes an author, an agent seeking to forge a conclusion to a work of fiction. From Gradissa's startling request until his spectacular failure to accomplish a reconciliation between Boccaccio's characters, Grimalte and, indeed, all the characters of *Grimalte y Gradissa*, are moved and affected by the existence of Boccaccio's work—by what they have read—and pattern their lives according to literary schemes. Through Gradissa's reading of it and Grimalte's unsuccessful attempt to finish (live) it, the *Elegia* becomes more than a literary source or point of reference: it is transformed through its motivating role into the real protagonist of Flores' work.[8] Its referential presence leads the reader to meditate upon the effect of books on other books and upon those who write and read them.

The audacious literary experiments which took place in the sentimental romance appear to wane after the period encompassing the reign of the Catholic Monarchs, with one major exception—Juan de Segura's *Proceso de cartas de amores*. Published for the first time in Toledo in 1548, it is perhaps the most ambitious yet least appreciated of the pre-Cervantine peninsular romances.[9] At the outset, the narrative structure of the work seeks to impart a sense of absolute reality to the events it relates by developing the plot entirely through the exchange of forty-five epistles, all presented without the benefit of extrinsic narrative passages or bridges. As it unfolds through the letters, the plot follows the familiar events of ill-fated love affairs in the sentimental romances, though here the nobility of love's suffering is often consciously parodied. What matters for our purpose, however, is not the events, but the self-awareness of the fiction, its formal concern with itself. After all is said and finished, after we have read all forty-five texts comprising this text, we learn from the last epistle written by the gentleman to his lady's friend that the lover has lost all hope. At the depths of despair, he then writes to a loyal male friend complaining of his situation and seeking counsel, signing this letter as Juan de Segura. The friend replies admonishing him to glory in the good memories of his ill-fated love rather than suffer the pain of the present, and to endure his hardship with a generous spirit. To that end, the friend writes that he is sending him a copy of the tale of the faithful Luzíndaro and the beautiful Medusina, an opuscule he has recently translated from Greek into Castilian, and one which should serve as a 'quexa y aviso contra amor'.

When the reader turns the page in the 1548 Toledo *editio princeps*, he is confronted with a new title page—one which is deliberately introduced into the printing and which represents the book of the 'quexa y aviso contra amor' mentioned in the friend's letter to the disconsolate lover. At that moment, the reader is entirely absorbed by the fiction and he becomes one of the characters of the *Proceso*. Through this clever manipulation of typography and the idea of the book as artifact, Segura exploits to the fullest the sentimental romance's metafictional tendencies and its propensity to build upon layers of narrative. In this way he constructs an elaborate conceit in which a printed literary artifice stands out against the life portrayed in the letters exchanged by the lovers. As we read, it is clear that Luzíndaro and Medusina belong to the fabulous world of romance populated by sorcerers and tragic lovers, ruled by mighty passions, fate, and chance encounters, all of which leads to Medusina's terrible death and Luzíndaro's pathetic final devouring of her ashes. In contrast to these melodramatic events, the letter-writing lovers of the *Proceso* become believable—the only real obstacle to their union is the lover's lack of money and the lady's bothersome brothers who seek a more advantageous match for their sister. As in Cervantes' later exemplary novel, *El casamiento engañoso y coloquio de los perros*, the fact that we read the 'quexa y aviso' from within the fiction of the *Proceso* is meant to contrast one level of illusion with the other and make it seem that the first is more actual than the next. We are led to understand that stories like the one of the characters in the *Proceso* belong to experience, while those like Luzíndaro's and Medusina's are text—they are literature and romance. By viewing fiction from within fiction, Segura's little-read work arrives at the ultimate pre-Cervantine attempt to make what is imagined seek the condition of the real.

In this brief exposition of the presence of metafictional structures and conceits in the Spanish sentimental romance, I have tried to underscore not only their authors' cleverness, but something more fundamental—the fact that the authors of these romances were beginning consciously to recognize the problematical relationship between reality and its representation in fictional discourse. While the phenomenon is present in early works like Rodríguez del Padrón's *Siervo libre de amor*, it is best defined and most clearly articulated by writers like Diego de San Pedro and Juan de Flores, who flourished during the reign of the Catholic Monarchs. In the works discussed here, authors seem acutely aware of their authorial roles and seek to turn their writing into something more than story-telling—into an instrument through which to examine the very act of writing itself. Writers like San Pedro, Flores, the anonymous author of *Qüestión de amor* and, later, Juan de Segura, begin to turn away from the task of representing an imaginary world and turn inward to examine the very mechanisms through which they create fiction. Through the systematic introduction of certain disruptive devices (portraying themselves as authors, presenting their characters as writers, or turning them and us quite consciously into readers) they intentionally violate our willingness to suspend disbelief and we see that for them, as for Cervantes a century and more later, the story told counts for less than the telling. The Spanish sentimental romance as it developed during and immediately after the reign of the Catholic Monarchs marks an important turn in the evolution of European imaginative prose. In romances like *Cárcel de Amor*, *Grimalte y Gradissa*, *Qüestión de amor*, and *Proceso de cartas de amores*, fiction initiates a sustained interrogation of itself while their writers begin to perform a critical as well as a creative task. In the hands of authors like San Pedro, Flores, and Segura, the romance is transformed into a serious instrument of critical inquiry. Their works show a determination not merely to tell another story, but to begin to scrutinize and unravel the process through which the story gets told. By no longer effacing the writers and readers of literature, they begin to display a theoretical awareness and an uneasiness about fictions which take themselves for granted. When they thematicize the process of creation itself, and by extension the acts of the imagination, they tend to create characters that are transparently fictional or allegories of the author and his readers, and hence draw attention to themselves. The presence of these devices serves to undermine our roles as readers insofar as they force us to perceive all experience in terms of the written word, in terms of authorial constructs. As they do so they pose an ontological paradox in which to be is seemingly to write, or to be a character on the page. If Gradissa, Vasquirán, Flamiano, El Auctor of *Cárcel de Amor*, and the lover of the *Proceso de cartas de amores* are all readers and writers, we as readers and writers are led to question our abilities to separate fiction from ordinary experience. In sum, several generations before the advent of Cervantes, the sentimental romances I have examined seek to articulate the problematical relationship between real and fictional worlds. Through the manipulation of narrative technique, they begin to expose and explore the great polemical centrepiece of Renaissance aesthetics—the fallacy of mimesis—while crossing the threshold of modern fiction.

NOTES

1 *Fiction and the Figures of Life* (Boston: Nonpareil Books, 1968), 24–25.

2 *Partial Magic: The Novel as a Self-Conscious Genre* (Berkeley: Univ. of California Press, 1975), xi. Since the mid-1970s the critical literature on metafiction has burgeoned. In addition to the works just cited, the theoretical statements most relevant to this essay are Inger Christensen, *The Meaning of Metafiction* (Bergen: Universitetsforlaget, 1981); Linda Hutcheon, *Narcissistic Narrative: The Metafictional Paradox* (Waterloo, Ontario: Wilfrid Laurier U.P., 1980); Steven G. Kellman, *The Self-Begetting Novel* (New York: Columbia U.P., 1980); and Robert Scholes, *Fabulation and Metafiction* (Urbana: Univ. of Illinois Press, 1979). Though the critical literature on metafiction deals primarily with the modern novel, Gustavo Pérez Firmat's 'Apuntes para un modelo de la intertextualidad en literatura', *Romanic Review*, LXIX (1978), 1–14, and his 'Metafiction Again', *Taller Literario*, I (1980), 30–38, make specific reference to metafictional possibilities in the medieval exemplum.

3 See the introduction to my edition of *Triste deleytación* (Washington: Georgetown U.P., 1982), xiv, xvii–xix; and my 'Toward a Revaluation of the Constable of Portugal's *Sátira de infelice e felice vida*', in *Hispanic Studies in Honor of Alan D. Deyermond: A North American Tribute*, ed. John S. Miletich (Madison: Hispanic Seminary of Medieval Studies, 1986), 107–18. Several studies have dealt with the narrative structure of *Cárcel de Amor*, seeking to define the problems posed by the work's point of view. However, they do not explore it from the perspective of metafiction. See Bruce W. Wardropper, 'Allegory and the role of "El Autor" in the *Cárcel de Amor*', *PQ*, XXXI (1952), 39–44; Keith Whinnom, *DSP*, 106–08; Alfonso Rey, 'La primera persona narrativa en Diego de San Pedro', *BHS*, LVIII (1981), 95–102; and James Mandrell, 'Author and Authority in *Cárcel de Amor*: The Role of El Auctor', *JHP*, VIII (1983–84), 99–122. The study which comes closest to recognizing metafictional structures in San Pedro's work is Peter N. Dunn's 'Narrator as Character in the *Cárcel de Amor*', *MLN*, XCIV (1979), 187–99.

4 Croce, *La Spagna nella vita italiana durante la Rinascenza* (Bari: Laterza, 1949), 133.

5 Valdés goes on to refer to both *Qüestión* and *Cárcel* as 'essos librillos, cómo están escritos sin el cuidado y miramiento necessario' in *Diálogo de la lengua*, Clásicos Castellanos, 86, ed. José F. Montesinos (Madrid: La Lectura, 1928; repr. Espasa-Calpe, 1964), 183.

6 *The Novels of Juan de Flores and their European Diffusion: A Study in Comparative Literature* (New York: Institute of French Studies, 1931), 253–54.

7 'Authors, Characters, and Readers in *Grimalte y Gradissa*', in *Creation and Re-Creation: Experiments in Literary Form in Early Modern Spain: Studies in Honor of Stephen Gilman*, ed. Ronald E. Surtz and Nora Weinerth (Newark, Del.: Juan de la Cuesta, 1983), 61–76, at p. 68.

8 This observation is Alan Deyermond's, made in his comments on an earlier draft of this paper read at the Convention of the Modern Language Association, Chicago, 1985. After I had completed the manuscript of this article, Professor Deyermond sent me a copy of his 'El punto de vista narrativo en la ficción sentimental del siglo XV', which is to be published in the *Actas* of the Primer Congreso de la Asociación Hispánica de Literatura Medieval (1985). His observations form, in many instances, a complement to my conclusions in the present piece.

9 Edited by Edwin B. Place, *Proceso de cartas de amores: A Critical and Annotated Edition of this First Epistolary Novel (1548) together with an English Translation*, Northwestern University Studies, Humanities Series, XXIII (Evanston, Ill.: Northwestern U.P., 1950); by Eugenio Alonso Martín *et al.*, *Proceso de cartas de amores* (Madrid: El Archipiélago, 1980); and, with Segura's *Quexa y aviso contra Amor*, by Joaquín del Val, *Proceso de cartas de amores*, Sociedad de Bibliófilos Españoles, n.s., XXXI (Madrid: SBE, 1956).

Comedy and Chivalry in *Tirant lo Blanc*

THOMAS R. HART

University of Oregon

Keith Whinnom referred in an important article to 'the discrepancy between what the readers, *and writers*, of former generations preferred to read, and what we, as professional critics and historians, choose to study and make our students study . . . It is hard to suppress some feeling of unease about the quantity of critical attention lavished on works which patently held little appeal for contemporary readers—two glaring examples are *Tirant lo Blanc* and *La Lozana andaluza*.'[1]

That *Tirant* held little appeal for contemporary readers seems beyond question. Cervantes' enthusiasm for it was not shared by many of his countrymen. The Castilian translation published in Valencia in 1511, which he presumably read, survives only in a single copy, now in the Biblioteca de Catalunya in Barcelona; it seems reasonable to suppose that the edition was small. Few readers of *Don Quixote* would have been in a position to follow the priest's advice to the barber 'Llevadle a casa y leedle' (I. 6). The translation was not reprinted until the 1940s; by contrast, several of the Castilian romances of chivalry were reprinted ten or more times in the sixteenth century.[2] The Catalan original was hardly more fortunate than the Castilian translation. The first edition (Barcelona, 1490) was reprinted in Valencia seven years later and then was not reprinted again until the nineteenth century.

Why did *Tirant* hold so little appeal for contemporary readers? The first thing to note is that *Tirant* is very different from other romances of chivalry, so different that it is often considered not to belong to the genre at all.[3] Arthur Terry suggests that 'roughly speaking, [*Tirant*]'s contribution to the art of fiction consists in taking certain features of medieval romance and combining them in the form of an imaginary chronicle so as to create the illusion of a humanly verifiable world'.[4] There is good reason to believe that the realism of *Tirant*, so much praised by modern readers, helps to explain why the book was not more attractive to sixteenth-century ones. Maxime Chevalier has suggested that readers of the romances were drawn primarily from members of the aristocracy, who found in them a portrait of the kind of society in which they would have preferred to live: 'Un público aristocrático debía gustar del mundo puro e irreal de los *Amadises*, mundo que no admitía al mercader, en el cual el dinero no tenía ninguna importancia, en el cual la ciudad, sitio de las actividades económicas de la burguesía, no aparecía nunca'.[5] Aristocratic readers found in the romances of chivalry a seductive picture of a world they had lost. The romances offered them 'la nostalgia de la . . . libre aventura que cada día venía siendo más inconcebible en la realidad vivida por una nobleza que iba en forma inexorable hacia una existencia cortesana, pero negándose todavía a aceptar nuevo orden social' (100).

The world of *Tirant* is very different. After the opening chapters which depict Tirant's apprenticeship in England, he no longer appears as a knight errant engaged in a search for adventures which will test his skill in arms and his devotion to the cause of chivalry but as a general in command of an imperial army (Riquer, *Història*, II, 683, 710). Martorell leaves no doubt that successful military operations depend upon supplies and in the last analysis on money. When the Emperor asks Tirant to tell him what things are necessary to wage war, he replies with a rhymed formula which may be traditional: 'Senyor . . . , jo les vos diré: gent, argent e forment. E si qualsevulla d'aquestes coses hi fall, la guerra hauria de cessar.'[6]

Martorell's treatment of economic issues bears out the truth of Whinnom's observation that 'the history of the evolutionary process in literature . . . has been very largely the history of fresh insights, of a breaking out from old conventions and exploiting added possibilities . . . But since the early revolutionaries rarely succeed in emancipating themselves completely from the discarded traditions, their work tends to be marked by confusion and inconsistency' (*Historiography*, 13). Though Martorell is fully aware that wars run on money, he says nothing about the sources of the wealth that permits Tirant to buy and outfit a ship to relieve the siege of Rhodes (99; p. 303) and that enables him later to supply the people of the island with food that he himself has purchased (105; p. 325). We can say of *Tirant*, as Erich Auerbach says of Chrétien's *Yvain*, that 'Though it offers a great many culturally significant details concerning the customs of social intercourse and external social forms and conventions in general, we can get no penetrating picture of knightly reality from it, even in respect to the knightly class. Where it depicts reality it depicts merely the colourful surface, and where it is not superficial, it has other subjects and other ends than contemporary reality.'[7]

Dámaso Alonso has noted that 'Martorell hace un variado despliegue de sus conocimientos de estrategia militar y de todas las aplicaciones de técnicas especiales que en un determinado momento pueden usarse con fines de guerra'.[8] Some of the tricks are attributed not to Tirant himself but to his subordinates. The smoke that causes a herd of cattle to stampede through the enemy camp (339–40) is the creation of Almedíxer, 'home molt discret e sabut en totes coses' (339; p. 928), while an ordinary sailor devises the scheme for setting fire to the Genoese fleet (105–06); it is significant that this 'avisat mariner' (106; p. 328) is not even given a name. Martorell's attention remains firmly fixed on his noble characters. His narrative is as class-conscious as that of his distant precursor Chrétien de Troyes, for whom, as Erich Auerbach notes, 'Only members of the chivalric-courtly society are worthy of adventure, hence they alone can undergo serious and significant experiences. Those outside this class can appear only as accessories' (139). Neither Almedíxer nor the 'avisat mariner' is given anything else to do; Martorell says nothing about what their achievements mean to them in personal terms. They are simply making use of a particular kind of technical expertise, not engaging in an *avanture*. For this reason, I find it hard to accept Mario Vargas Llosa's claim that 'Martorell es el primero de esa estirpe de suplantadores de Dios—Fielding, Balzac, Dickens, Tolstoi, Joyce, Faulkner— que pretenden crear en sus novelas una "realidad total"'.[9]

But if Martorell does not attempt to depict a whole society, 'una "realidad total"', he does nevertheless place Tirant in a world that mirrors the real world in some important respects. For Martorell, chivalry did not belong to an irretrievable past. Riquer has shown that 'el caballero andante existió, y todavía erraba por los caminos de Europa y de corte en corte en demanda de aventuras un siglo antes de que Cervantes se pusiera a escribir el *Quijote*'.[10] That chivalry was a matter of immediate personal concern for Martorell is clear from his *lletres de batalla*.[11] Alan Yates rightly stresses that Martorell 'had every temperamental and ideological reason to wish to explore imaginatively the feasibility and relevance of an ideal of chivalry restored and applied in the conditions of the real world'.[12] Martorell's presentation of Tirant reveals both his commitment to chivalric ideals and his deeply-felt conviction that chivalry still had an important role to play in the contemporary world.

For Ariosto, a half century later and in an Italy ravaged by foreign invasion and disputes between rival Italian states, the viability of chivalry was much more dubious, however great its attractions. As C. P. Brand observes, 'Ariosto's paladins with their bravery and skill are not mere comic anachronisms; we admire their strength and their courage; but more significantly we are made to respect their courtesy and generosity'.[13] Nevertheless, 'the chivalrous code . . . does not provide a convincing set of answers to the problems of living—indeed it seems to raise as many problems as it solves, and we are left in no doubt that these simple old-fashioned ideals could never work in a world of flesh-and-blood human beings' (99). The distance between Ariosto and Martorell becomes apparent when we compare two incidents in which a knight refuses to make use of a weapon that he feels gives him an unfair advantage over his adversary.

In chapter 68 Tirant is attacked by a vicious mastiff. He draws his sword and the dog retreats in fright. The dog attacks again and Tirant again draws his sword, with the same result as before. This time, however, Tirant casts the sword aside when he sees that the animal is afraid of it:

> —Ara—dix Tirant—, puix conec tu has temor de les mies armes, no vull que diguen de mi que ab armes sobergues me só combatut ab tu.
> Llançà l'espasa detràs. E l'alà donà dos o tres salts e cuità tant com pogué, e ab les dents pres l'espasa e apartà-la un tros lluny, e tornà corrent envers Tirant.
> —Ara som a la cominal—dix Tirant—: ab aquelles armes que em vols damnificar, ab aquelles te damnificaré.

Tirant fights with the dog and is badly bitten but finally succeeds in killing it:

> Lo pobre de Tirant tenia moltes nafres en les cames i en los braços. A la fi Tirant ab les mans lo pres per lo coll e estrengué'l tan fort com pogué e ab les dents mordé'l en la galta tan ferament que mort lo féu caure en terra.

Tirant's insistence on throwing aside his sword in order to fight the dog on equal terms prompts the King and the judges to declare that he is to be honoured just as if he had defeated another knight:

> En açò ixqué lo Rei ab los jutges e digueren a Tirant, per ço com ells havien vist lo combat d'ell e de l'alà, e per quant havia llançada l'espasa e los dos eren iguals d'armes, los jutges li daven honor e premi de la batalla com si hagués vençut un cavaller en camp. E manaren als reis d'armes, herauts e porsavants fos publicat per tots los estats e per la ciutat de la honor que a Tirant fon donada en aquell dia. E com lo portaren al seu alleujament li feren aquella honor que en les altres batalles li havien acostumades de fer. (68; pp. 235–36)

In the absence of any authorial commentary, it seems reasonable to suppose that the reader is expected to see Tirant's feat in the same light as do the King and the judges.

In *Orlando furioso* Ruggiero feels similar qualms about the propriety of using his magic shield, which renders temporarily unconscious anyone who looks at it, and refuses to use it except as a last resort, 'per l'ultimo soccorso / nei più gravi perigli' (XXII. 81. 7–8).[14] In a fight with Grifone and the latter's two brothers the silk cloth which usually covers the shield is ripped away by Grifone's lance. Ruggiero does not notice what has happened and when he turns his horse around for a second charge is surprised and dismayed to discover all three of his opponents lying senseless on the ground as a result of the shield's magic power:

> Chi di qua, chi di là cade per terra:
> lo scudo non pur lor gli occhi abbarbaglia,
> ma fa che ogn'altro senso attonito erra.
> Ruggiero, che non sa il fin de la battaglia,

> volta il cavallo; e nel voltare afferra
> la spada sua che sì ben punge e taglia:
> e nessun vede che gli sia all'incontro;
> che tutti eran caduti a quello scontro . . .
> Prima si maraviglia, e poi s'avvede
> che'l velo ne pendea dal lato manco:
> dico il velo di seta, in che solea
> chiuder la luce di quel caso rea. (XXII. 86, 87. 5–8)

Like Tirant in his fight with the mastiff, Ruggiero is worried about what people will say:

> Via se ne va Ruggier con faccia rossa
> che, per vergogna, di levar non osa:
> gli par ch'ognuno improverar gli possa
> quella vittoria poco gloriosa.
> —Ch'emenda poss'io fare, onde rimossa
> mi sia una colpa tanto obbrobriosa?
> che ciò ch'io vinsi mai, fu per favore,
> diran, d'incanti, e non per mio valore.— (XXII. 90)

He is relieved to discover a deep well, into which he tosses the offending shield (XXII. 91–92). Ariosto, however, unlike Martorell, adds an ironic postscript which both praises Ruggiero for his 'nobil atto e di splendor' (XXII. 93. 5) and suggests that there are plenty of others who would not disdain the shield's help:

> Poi che di voce in voce si fe' questa
> strana aventura in tutto il mondo nota,
> molti guerrier si missero all'inchiesta
> e di parte vicina e di remota:
> ma non sapean qual fosse la foresta
> dove nel pozzo il sacro scudo nuota. (XXII. 94. 1–6)

Though Ariosto's irony often makes it difficult or impossible for us to define precisely how he feels about characters or episodes, we never doubt that he is in triumphant command throughout the immense sweep of his narrative.

Vargas Llosa praises the scarcity of authorial commentary in *Tirant*, asserting that Martorell is 'un novelista desinteresado: no pretende demostrar nada, sólo quiere mostrar. Lo que significa que, aunque está en todas partes de esa realidad total que describe, su presencia es (casi) invisible . . . Ávido de contar, no tiene tiempo para opinar' (23–24). Vargas Llosa, of course, assumes that the impartiality and objectivity of Martorell's narrative are deliberate, comparable to the neutrality that Flaubert and many later novelists have striven to achieve. There may, however, be another explanation, less flattering to the author of *Tirant*: Martorell may have failed to see the parts of his narrative in relation to the whole. Part of our difficulty in coming to terms with *Tirant* is that Martorell's work, though a masterpiece of comic writing, contains a great many things that fit very awkwardly into his overall scheme. It is almost as if he could not bear to leave out anything that lay ready to hand, whether his own earlier work, like the version of *Guillem de Varoich* which forms the basis of Tirant's adventures in England, or Ramon Llull's *Llibre de l'orde de cavalleria*, from which he derived much of the hermit's advice to Tirant.

The ironic overview of Ariosto may, then, simply have been beyond Martorell's grasp.[15] It is at least equally possible, however, that he made no attempt to see his work as a whole. Martorell died in 1468, when the age of the printed book was just beginning. He must have conceived his work primarily in terms of a listening audience rather than of an individual reader and, as William Nelson has noted, that is tantamount to saying that he conceived it as a loosely-knit structure of more or less autonomous episodes.[16]

The lack of authorial commentary Vargas Llosa finds so admirable in *Tirant* may have prompted the priest's comment in *Don Quixote* (I. 6) that the author deserved to be sent to the galleys for life 'pues no hizo tantas necedades de industria'.[17] The priest's remark suggests that Cervantes saw *Tirant* as a parody of the romances of chivalry but felt that it was an incompetent one because Martorell, unlike Ariosto, failed to make his own point of view clear to his readers.

Cervantes, of course, was writing three-quarters of a century after Ariosto and amid overwhelming evidence of the political and economic decline of Spain.[18] Like Ariosto, Cervantes genuinely admired chivalric virtues while at the same time he realized that they no longer provided a viable code of conduct. Vicente Llorens has perceptively remarked that 'si [Cervantes] se muestra adverso a la restauración del pasado, no es ciertamente porque el ideal heroico—que fue el de su juventud—le parezca deleznable . . . Pero pertenece a una edad pasada, e intentar restaurarlo en la presente no puede conducir más que al fracaso.'[19] He could hardly be expected to understand, let alone share, Martorell's passionate conviction that chivalry could still be an effective force in the modern world.

The priest's comment on *Tirant* may express Cervantes' dissatisfaction with the fact that the chivalric and comic elements in the book remain largely separate from one another. Cervantes must have recognized Martorell's talent as a comic writer and been puzzled by his failure to see the comedy inherent in chivalry itself, at least in the context of what we now call early modern Europe. Martorell had written a work which juxtaposes comedy and chivalry, but he had not managed to create a chivalric comedy as Ariosto had done in *Orlando furioso* and as Cervantes himself does in *Don Quixote*.

The juxtaposition of comic and serious elements in *Tirant* is the greatest stumbling-block to its understanding by most modern readers, as it was for Cervantes. As E. C. Riley observes, *Tirant* 'must be one of the most disconcertingly ambiguous novels of chivalry ever written. The hero . . . an outstanding general and a gallant lover, is involved . . . in a protracted bedroom farce that is very funny, but also egregiously indecent. In terms of classical literary theory, this is a violent and—what really matters to Cervantes—an uncalculated breach of decorum.'[20] What is most striking about *Tirant* is that in it Martorell combines materials that another writer might have preferred to treat in separate works. The effect is somewhat as if Chaucer had chosen the same trio of principal characters for his *Knight's Tale* and *Miller's Tale*.

Unlike many medieval and Renaissance writers, Martorell does not assume that comic actions are appropriate only to members of the lower classes. The comic element in *Tirant* differentiates it from the romances of chivalry, as Riquer (*Història*, II, 712) and others have noted. It is often inseparable from what many readers consider obscenity. Dámaso Alonso, for example, declares that *Tirant* is 'una obra de increíble inmoralidad' (241). Martorell's predilection for this sort of comedy has often been taken as a sign of bourgeois tastes, but this is surely a mistake. He himself was not a bourgeois but a nobleman (Riquer, *Història*, II, 646). In his recent book on the fabliaux, Charles Muscatine argues that these bawdy tales were not produced by and for the people or the bourgeoisie alone but belong instead to the entire culture.[21] He suggests also that certain qualities of our own culture make it hard for us to appreciate the fabliaux: 'The Judaeo-Christian tradition . . . makes the fabliau seem much more contrastive, much more impudent, much more conceivable only as temporary truancy, or in terms of short-term temporary license, than it was in its own time' (166). We find the fabliaux hard to accept because of 'our inveterate sense of cultural coherence, our sensitivity to and uneasiness with contradictory ideas, contradictory feelings, contradictory codes. The notion of the fabliau ethos . . . as existing at the same time and in the same persons with Christianity and with courtly gentility—a coexistence, furthermore, that is surrounded with neither anxiety nor guilt—is almost more than we can comprehend' (167).

Tirant, of course, is not a fabliau, but it does present some of the same problems for modern readers, as do other fourteenth- and fifteenth-century texts. Johan Huizinga notes how hard it is for us 'to reconcile the general austerity of the Chevalier de la Tour Landry with the fact that this father does not scruple to instruct his daughters by means of stories which would not have been out of place in the *Cent Nouvelles Nouvelles.*'[22] Again, Huizinga remarks that in Guillaume de Machaut's *Livre du Voir-Dit* 'the young lady may permit herself extraordinary liberties, provided everything takes place in the presence of third parties, her sister-in-law, her maid, or her secretary' (chapter 9, p. 110). Similarly, Plaerdemavida knows she need not fear that Carmesina will be angry with her for encouraging Tirant to take 'extraordinary liberties' with her mistress:

> ¿Com podeu vós pensar que dona ni donzella li puga desplaure, vulla's sia de gran o de poca condició, que no sia tostemps desijosa que sia amada? E aquell qui més vies honestes, ço és secretes, de nit o de dia, per finestra, porta o terrat, hi porà entrar, aquell elles lo tenen per millor . . . Si adquerir voleu dona o donzella no vullau vergonya ni temor haver; e si ho feu, no ho tendran per millor. (233; pp. 702–03)

Tirant himself does his best to persuade the Sicilian princess Ricomana to allow the loutish Philip, the youngest son of the King of France, to make love to her:

> '¿Com pot Philip ésser enemic de l'excel·lència vostra, qui us ama més que a la sua vida e us desija tenir en aquell llit de parament on ha dormit esta nit, si es vol tota nua o en camisa? E creeu que seria lo major bé que ell poria aver en aquest món. E puix, senyora'—dix Tirant— . . . 'al desaventurat de Felip, qui mor per la vostra amor, deixau-li sentir part d'aquella glòria que tant ha desijada.' (111; p. 356)

Nor does Tirant rely on words alone in his efforts to coax Ricomana into surrendering to Philip: 'E Tirant li pres les mans e Felip volgué usar de sos remeis. La Infanta cridà, e vengueren les donzelles e pacificaren-los e donaren-los per bons e per lleals' (111; p. 357). It is clear that Ricomana's ladies in waiting approve Tirant's action; presumably Martorell expected his readers to feel the same way.

Martorell's frequent abrupt shifts from comic to serious and even tragic actions, or the other way round, are matched by equally abrupt shifts in the behaviour of his characters. But while his characters may say and do very different things in different episodes, they do not really develop. Like Ariosto, but unlike Cervantes and most later novelists, Martorell is hardly concerned with the gradual transformation of his characters over time and as a result of their experiences. We see Tirant listening to the hermit's advice and participating in a variety of single combats during his apprenticeship in England, but we do not see him change as a result either of the advice he receives or of his own experiences. His successive adventures simply confirm that he is indeed what he appears to be from the first: a perfect knight. Similarly, we are not told anything that would suggest that Philip, 'qui era un poc ignorant e tengut en possessió de molt grosser, e lo Rei per causa d'açò ne feia poca estima' (99; pp. 303–04), changes as a result of Tirant's careful tutelage while the two are guests at the Sicilian court. In chapter 405 Philip, now King of Sicily, receives Tirant's ambassador Espèrcius hospitably; three chapters later he receives Tirant himself in the same way but we are told that 'al cap de la sala havia un bell tinell tot ple de veixella d'or e d'argent, car aquest rei Felip de Sicília era home un poc avar e havia ajustat molt tresor ab la molta diligència que tenia en fer-se molt ric' (408; p. 1037).

Keith Whinnom argued persuasively on several occasions that Hispanists should not limit their research to works that modern readers find aesthetically satisfying but should pay attention instead to all works that have found readers in the past. Surely we ought to do all we can to find out which books were actually read at a given moment in the past and by whom. A promising beginning has been made by several scholars, notably Maxime

Chevalier. But knowing which books circulated most widely and what kinds of reader were attracted to them—neither of them an easy thing to find out—will not necessarily tell us how those books were read when they were new. The sixteenth-century commentaries on Ariosto's *Orlando furioso* offer plenty of support for L. P. Hartley's assertion at the beginning of his novel *The Go-Between* that 'The past is a foreign country. They do things differently there.'[23]

NOTES

1 'The Problem of the Best-Seller in Spanish Golden-Age Literature', *BHS*, LVII (1980), 189–98 (189).

2 Daniel Eisenberg, *Castilian Romances of Chivalry in the Sixteenth Century: A Bibliography*, RBC, 23 (London: Grant and Cutler, 1979).

3 Martí de Riquer, *Història de la literatura catalana*, II (Barcelona: Ariel, 1964), 578, asserts that *Tirant* is not a 'llibre de cavalleries' but a 'novel·la cavalleresca'. Cf. Luis Nicolau d'Olwer, '*Tirant lo Blanc*: examen de algunas cuestiones', *Nueva Revista de Filología Hispánica*, XV (1961), 131–54 (150–51).

4 'Character and Role in *Tirant lo Blanc*', in *Essays on Narrative Fiction in the Iberian Peninsula in Honour of Frank Pierce* (Oxford: Dolphin, 1982), 177–95 (181).

5 *Lectura y lectores en la España de los siglos XVI y XVII* (Madrid: Turner, 1976), 98.

6 Joanot Martorell and Martí Joan de Galba, *Tirant lo Blanc*, ed. Martí de Riquer (Barcelona: Ariel, 1979), chap. 123, p. 190. Numbers in parentheses after future quotations refer to chapters and pages in this edition.

7 *Mimesis: The Representation of Reality in Western Literature*, trans. Willard R. Trask (Princeton: Princeton U.P., 1953), 136.

8 '*Tirant lo Blanch*, novela moderna', in his *Primavera temprana de la literatura europea: lírica, épica, novela* (Madrid: Guadarrama, 1961), 201–53 (211). See also Riquer, *Història*, II, 710–11.

9 'Carta de batalla por *Tirant lo Blanc*', in *Tirant lo Blanc*, trans. J. F. Vidal Jové (Madrid: Alianza, 1969), I, 9–41 (10).

10 'Cervantes y la caballeresca', in *Suma cervantina*, ed. J. B. Avalle-Arce and E. C. Riley (London: Tamesis, 1973), 273–92 (277). See also his *Cavalleria fra realtà e letteratura nel Quattrocento* (Bari: Adriatica, 1970) and *Caballeros andantes españoles* (Madrid: Espasa-Calpe, 1967). On chivalry as a European phenomenon in the sixteenth century, see Frances A. Yates, *Astraea: The Imperial Theme in the Sixteenth Century* (London: Routledge and Kegan Paul, 1975).

11 An annotated edition of all Martorell's *lletres de batalla* is included in Martín de Riquer and Mario Vargas Llosa, *El combate imaginario* (Barcelona: Barral, 1972). The *lletres* are reproduced without notes in Riquer's edition of *Tirant lo Blanc*, already cited.

12 '*Tirant lo Blanc*: The Ambiguous Hero', in *Hispanic Studies in Honour of Frank Pierce*, ed. John England (Sheffield: Department of Hispanic Studies, University of Sheffield, 1980), 181–98 (182).

13 *Ludovico Ariosto: A Preface to the 'Orlando Furioso'* (Edinburgh: Edinburgh U.P., 1974), 95.

14 Quotations are from Emilio Bigi's edition (Milan: Rusconi, 1982) and are identified by canto, stanza, and, where appropriate, line numbers within the stanza.

15 Like most scholars, I assume that Martorell was primarily responsible for *Tirant*. Galba's share is still a matter of controversy. See Riquer, *Història*, II, 706.

16 'From "listen, lordings" to "dear reader"', *University of Toronto Quarterly*, XLVI (1976), 110–24, especially 119–20.

17 Both the difficulty of understanding the priest's remark, which Clemencín called 'el pasaje más oscuro del *Quijote*', and its importance for an understanding of Cervantes' novel have been exaggerated. The most satisfactory discussion is B. Sanvisenti, 'Il passo più oscuro del *Chisciotte*', *RFE*, IX (1922), 58–62, which has been accepted, sometimes with modifications, by several later writers.

18 See J. H. Elliott, 'Self-Perception and Decline in Early Seventeenth-Century Spain', *Past and Present*, no. 74 (1977), 41–61.

19 'La intención del *Quijote*', in his *Literatura, historia, política* (Madrid: Revista de Occidente, 1967), 205–22 (222).

20 *Cervantes's Theory of the Novel* (Oxford: Clarendon Press, 1962), 24.

21 *The Old French Fabliaux* (New Haven: Yale U.P., 1986), 29.

22 *The Waning of the Middle Ages: A Study of the Forms of Life, Thought and Art in France and the Netherlands in the XIVth and XVth Centuries*, trans. F. Hopman (London: Edward Arnold, 1924), chapter 9, p. 113. Since the pagination differs in other editions, I give both chapter and page references.

23 See Maxime Chevalier, *L'Arioste en Espagne (1530–1650): recherches sur l'influence du 'Roland furieux'* (Bordeaux: Institut d'Études Ibériques et Ibéro-Américaines de l'Université de Bordeaux, 1966), 57–59.

In Granada under the Catholic Monarchs: A Call from a Doctor and Another from a *Curandera*

L. P. HARVEY

King's College, London

From Asín's *Huellas del Islam* up to López-Baralt's similarly titled volume,[1] much progress has been made in tracing the process of infiltration of Islamic elements into Western Christian and more specifically Spanish culture, but it is when we ask questions containing such embarrassingly direct words as 'who', 'what' and 'when' that we expose the depth of our ignorance about how cultural transmission actually took place. One of our problems is that Christians in contact with Muslims may have had good reason for keeping silent at the time (and, as we shall see, a Muslim may also have had reasons for concealing contacts with a Christian). Subsequently there may have been even stronger reasons for suppressing written accounts of such contacts. Faced with a paucity of source material, modern investigators are obliged to proceed indirectly, arguing on the basis of comparative studies that where similar detailed cultural configurations occur on both sides of the religious divide, some cultural contact has probably taken place. Such indirect methods are necessary, but they do not mean that we should neglect to ask simple and straightforward questions. With regard to the period of the Catholic Monarchs, for example, what direct personal contacts took place between Christians and Muslims?

The aristocracy will, of course, always be well represented in the historical record, and Granada is no exception. We are particularly well-informed about those noble Granadan families who negotiated advantageous terms of surrender to the Catholic Monarchs. Some few families successfully effected the transition and were integrated into the Castilian aristocracy. We know of others who lived on as Muslims for some years, enjoying the advantages which the settlement of 1492 had promised them. In one of the *aljamiado* manuscripts of the *mancebo de Arévalo* we hear of one Yuce Banegas living in some state near to Granada, able not only to provide charitable support for his less well-off fellow Muslims but also acting as a cultural Mecenas within his community.[2] What though of other classes of society?

This note concerns itself with two accounts of medical attention provided by Granadan Muslims to highly-placed Christians. In one case the medical practitioner is a distinguished scholar, in the other a *curandera*. Both cases document one channel of communication open between the two communities. The male doctor was beyond doubt well-known for his theological writings of a markedly mystical *sufi* nature; the *curandera* is very probably to be identified as a religious teacher of great influence within her own community. In the first case the patient was almost certainly either the Count of Tendilla or Hernando de Talavera, in the second it was Cardinal Cisneros.

71

For information on the first case we have to go to Timbuktu. Ahmad Baba was a scholar (b. 1556, d. 1627) from that city on the bend of the Niger. Many of the numerous books which he wrote survive only precariously in manuscript in the libraries there. It is fortunate that among his works which have been published is the *Nayl al-ibtihaj bi-tatriz al-dibaj*, a title which might be rendered as *The Acquisition of Delight, being an Embellishment of the Dibaj*. The *Dibaj* in question is a work of reference familiar to specialists in the history of Magribi scholarship: *Al-dibaj al-mudhahhab* (*The Gilt Brocade*) by Ibn Farhun (d. 1397), a biographical dictionary of scholars to which the *Nayl* provides a supplement. There is a Cairo edition of 1351/1932, which I have not seen, which prints the *Dibaj* with the *Nayl* on its margins (an exasperating form of two-for-the-price-of-one book production by no means uncommon in the Arab world). I rely on the not very legible Fez lithograph edition of 1317/1899.[3]

Among the scholars listed by Ahmad Baba is one Abu ʿAbdallah Muhammad al-ʿAbdari ibn al-Mawwaq, described as 'scholar, saint, revered elder, jurisconsult, outstanding for his learning . . . last of the imams of Granada. He studied under many scholars' (*Nayl*, 345). Ahmad Baba, as the genre in which he is writing demands, goes fully into Ibn al-Mawwaq's academic pedigree, and it is clear that this Granadan was fully linked into the interlocking chain of the transmission of world-wide Islamic scholarship. Carl Brockelmann's *Geschichte der arabischen Litteratur* lists copies of two of his works in various libraries.[4] The first, *Fi sharh mukhtasar al-Khalil*, is a commentary on a standard textbook of Maliki law by al-Khalil b. Ishaq (d. 1365), and the second, according to Brockelmann, is a commentary on Quran XXXV.29 ('Lo, those who read the scripture of Allah, and establish worship, and spend of that which we have bestowed on them secretly and openly, they look forward to imperishable gain'). This work, undertaken at the instance of Boabdil, brings confirmation that writing on mystical topics was still going on in Granada on the eve of the conquest. Ahmad Baba tells us that it 'contains information on the basic religious sciences in their branches, and *sufi* interpretations'. He goes on to say that 'The author sent a copy of this work to the mufti of Tunis, who praised it in the following terms: "On reading it I found fine expressions and witty allusions, examination of points of fundamental doctrine and legal *consulta*. I knew that the author must be a man of learning and discrimination, a worthy successor of our pious forebears, and so I wrote to him to express my admiration"' (346).

We can see from this entry that it was possible to attain to a high standard of Islamic scholarship in Granada, even at a very late period. What, for our present purposes, is of the greatest importance is the following anecdote:

> When the Christians (may Allah confound them) conquered Granada, they found him [i.e. Ibn al-Mawwaq] still living there. They made enquiries after the most outstanding man in the city for his learning, and Ibn al-Mawwaq was pointed out. They ordered him to present himself, but he would not go. However, they insisted, and so he went to the house of the chief minister of the Tyrant King [*tagiya*, a term regularly applied to non-Muslim rulers, and here clearly referring to Fernando]. When this minister stretched out his hand, Ibn al-Mawwaq (may Allah rest his soul) kissed it, and when he left the house, the people blamed him for this. Yet it was not long before the hand of the unbelieving minister began to swell up. He ordered Ibn al-Mawwaq to be brought back before him, and asked him to cure him. (346)

It is difficult to know what to make of this puzzling incident. Although occurring in a biographical dictionary, it would seem to relate most closely to the hagiographical tradition of the time: one might cite by way of comparison al-Qashtali's *Tahfut al-magtarib bi-bilad al-magrib*, published by Fernando de la Granja with the alternative title of *Milagros de Abu Marwan al-Yuhanisi*.[5] Pious compilers took pleasure in listing the *karamat* (signs of grace) and the *muʿjizat* (miracles) whereby Allah's approval of the life and works of a particular holy man (*wali*) was made manifest. Who was the chief minister of the Tyrant King in question? It can hardly have been the Cidi Hiahia of some Castilian documents, known after his conversion as Don Pedro de Granada, so safely identified with the cause of Fernando and Isabel that he was appointed *alguacil mayor* of Granada in January 1492. He can have had no need to ask who the important scholars of Granada were (and was unlikely to have invited a confrontation with one of them). Could the 'minister' have been Íñigo Hurtado de Mendoza, Count of Tendilla, appointed *alcaide* of the Alhambra and first of what was to become almost a viceregal dynasty in Granada? He cannot be excluded, but I incline to think that the dignitary in question may have been Hernando de Talavera, Bishop of Ávila and first Archbishop of Granada. He was closely involved in the occupation of the city from the outset: he it was who hoisted the Christian standards over the Torre de la Vela on 2 January.[6] His concern to create a climate of good relations and to seek out Muslim religious leaders is well known; it was this policy which brought him into conflict with Cisneros. We know that Talavera began by encountering distrust, and that eventually he gained the Muslims' good will.

Our second encounter between Granadan medicine and a Castilian statesman is known to us from Christian and not Arabic sources. The anecdote is to be found in a work well known to scholars of its day, and a basic source for all subsequent biographies of Cisneros: *De rebus gestis a Francisco Xemenio Cisneri libri octo* by Álvaro Gómez de Castro, of which a beautifully-printed edition appeared at Alcalá in 1569.[7] This was something of an official biography, and among the source materials made available in manuscript to Gómez de Castro was the *Memorial de la vida de Francisco Jiménez de Cisneros* by Juan de Vallejo, one of the household of Cisneros, and an eye-witness narrator of many of the events.[8] The two accounts are extremely close, and at this point Gómez de Castro is doing little more than rendering Vallejo's Castilian into Latin, so that it seems preferable to use the earlier text. The relevant passage comes after Cisneros is welcomed back to Granada by the Catholic Monarchs after the suppression of the *rebelión de Sierra Bermeja*, that is to say in 1501. He is given apartments in the Alhambra, which turns out to be a draughty place, and he falls ill.

'Passados algunos días, estando el sobredicho señor arçobispo de Toledo aposentado en la dicha Alhanbra, como la casa fuese grande y en fuerte sitio, y estando el aposento en alto lugar, y las ventanas grandes, y los ayres muy sotiles y delgados, plugo a Nuestro Señor que su señoría enfermase.' Cisneros is treated by the court doctors, but to no avail. The Queen herself intervenes, and has him moved up to the Generalife. 'Nuestra doña Ysabel le enbió affectuosamente a rrogar que dexase aquel aposento y se passase al Generalife, fuera de la dicha Alhanbra, ques una muy solazosa y muy fresca casa de plazer, adonde sus altezas se yvan a holgar los veranos; y de aquella casa se vee quasy la mayor parte de la çibdad.' Even in the Generalife Cisneros still does not recover. Fortunately the wife of one of his household came to visit him there:

Le vino a visitar una doña Francisca, que su señoría avía convertido la primera vez que su señoría avía estado en la sobredicha çibdad de Granada, y casada con un hidalgo, criado y vehedor de su casa, que se dezía Çavallos. Y como ella fuese persona muy discreta y servidora de su señoría, y supiese hablar nuestra lengua, que ellos llaman aljamía, como cualquier christiano de nosotros, estando su señoría rretraýdo y solamente los rreligiosos con él, sin físico ninguno, a las X horas de la noche, ella pescudó largamente de donde a su señoría le avía procedido aquella enfermedad. E ynormada [ynopinada?] dixo como en aquella çibdad avía grandes personas, ansí honbres como mugeres, muy sabios en la medeçina; en especial que ella conoscía una honrrada muger morisca, la qual hera de más LXXX años, muy sabia, y que con yngüentes, sin dar purgas ni sangrías ni otras melezinas, avía hecho y hazía muy grandes curas; y que ella la traheria para que lo viese, sy su señoría fuese dello servido.

Y ansí oýda por los dichos padres rreligiosos, dixeron a su señoría que su señoría mandase que la traxase secretamente para que le viese, que por ventura Nuestro Señor le daría salud. Y ansí luego la dicha doña Francisca fue por ella. Y venida visitóle, y mirado los pulsos, hablando a la dicha doña Francisca en su lengua aráviga, le dixo que, aunque aquella enfermedad en que los físicos le avían curado hera grande y peligrosa, pero que, con el ayuda de Dios, dentro de VIII días ella daría a su señoría sano, y que desto si su señoría fuese servido, no quería que los doctores médicos lo supiesen, ni les diese parte, que ella vernía cada noche y le curaría con sus yngüentes y yerbas. Y ansí se mandó, syn dar parte a los médicos, y venía sienpre después de todos ydos a sus posadas, y curava a su señoría con sus yngüentes. De que dentro de los VIII días le dio sano. (49–50)

The cure succeeds, and the old lady soon had the archbishop taking exercise, riding up the Darro valley. Once he is restored to health and able to make his departure for Castile, she, not surprisingly, disappears from the narrative.

Nowhere is this Morisco *curandera* named. I have already had reason to cite the Morisco author known as *el mancebo de Arévalo*. There are two extant works by him, and one by him in collaboration with an Aragonese Morisco scholar called Baray de Reminjo. All three manuscripts are fundamentally religious treatises, but they contain frequent references to a visit which he made to Granada. It is unfortunately not possible to date this visit exactly, but we may safely place it early in the sixteenth century. A leading personality in the Muslim community at this time was an old lady, then ninety years of age, called *la mora de Úbeda*. She was not only a *partera* but also a *maga* and a spiritual leader who spoke with authority. She had lived under Nasrid rule, and clearly enjoyed prestige and power already then. The restrained self-confidence with which she delivers her opinions is very reminiscent of the singularly cool *discreción* with which the *curandera* mentioned by Juan de Vallejo and Álvaro Gómez de Castro firmly handled no less a figure than Cisneros. The evidence is quite insufficient for us positively to identify the old lady who treated the archbishop as *la mora de Úbeda*, but in my judgement it is at least possible that we are dealing with one and the same person.[9]

The reluctance of the *curandera* to come into direct confrontation with the orthodox medical men who had been so unsuccessful in their handling of the case is quite understandable. It must have been tempting for her to lay claim to the fame which would come from such a rapid cure, but she must have realized that Cisneros would not stay long in Granada, whereas she had to live there permanently, and the jealous enmity of the medical faculty could represent a real peril to a Morisca on the fringes of society. In order fully to savour the irony of the situation it is necessary to bear in mind the complex history of medicine in Granada in the sixteenth century. Luis García Ballester's excellent study is focused on the period after the War of the Alpujarras, and only touches briefly in the first chapter on the situation under the Catholic Monarchs, but what he says is of direct relevance.[10] After mentioning the attempt made by the Christian medical men to place limits on 'el arte médico según el modelo islámico' he remarks: 'En efecto, en 1.498 se constituye la morería y el 22 de marzo del mismo año se dictan las primeras disposiciones prohibitivas sobre la mezcla de mudéjares y cristianos. A éstos, por orden del arzobispo, se les prohibe—bajo pena de excomunión—el servirse de parteras moras.' Cisneros had been trying to prevent Christians making use of the services of Muslim midwives, and yet in 1501 he had recourse to the medical expertise of a Muslim midwife himself. Both patient and doctor had good reason to keep the treatment secret.

The best-remembered action of Cisneros in the year 1501 was his organization in Granada of a bonfire of Arabic manuscripts (a conflagration from which medical works were exempt, be it noted). Whatever the number of manuscripts destroyed, and there is much dispute on this point,[11] Cisneros certainly did not succeed in eliminating all works on Islamic theology from the Iberian Peninsula, but he did achieve his objective in that from this time onwards the literature of Islam was driven down into clandestinity. By the 1530s when the Belgian humanist Clenardus came to Spain seeking Arabic scholarship he had the greatest difficulty in finding anybody to teach him.[12] The native tradition of erudition appeared to have vanished completely. We now know from the study of the writings which the Moriscos so carefully kept to themselves that something did survive until the expulsion of 1609, but it was all hidden, and nothing was apparent on the surface.[13] The one image which inevitably sears itself into our memory from this period is that of Cisneros' bonfire of books, and this image tends to obliterate others. We think too easily in terms of a sudden cultural discontinuity, of the destruction of all that went before. We should not forget firstly that there was a period of a few years when cultivated and even learned Muslims lived on in Granada in full exercise of their rights under the Capitulations of 1492, secondly that there was a longer period of some ten years or so during which, even though the high culture of Islam might be in peril, at the level of popular culture Islam was an enduring reality. The two medical consultations described here, the one in 1492 and the other in 1501, may perhaps serve to remind us that Granada was a place where the culture of the conqueror was for a time challenged by the continuing reality of the culture of the conquered.

NOTES

1 Miguel Asín Palacios, *Huellas del Islam: Sto Tomás de Aquino, Turmeda, Pascal, S. Juan de la Cruz* (Madrid: Espasa-Calpe, 1941); Luce López-Baralt, *Huellas del Islam en la literatura española: de Juan Ruiz a Juan Goytisolo* (Madrid: Hiperión, 1985).

2 L. P. Harvey, 'Yuse Banegas: un moro noble en Granada bajo los Reyes Católicos', *Al-Andalus*, XXI (1956), 297–302.

3 (Fez: Al-Matba‘ al-Jadid, 1317/1899), 345–46. I consulted the copy in the Bodleian Library (Arab e. 137). It should be noted that here and in all transliterations from Arabic in this article I have decided to omit diacritics. On Ahmad Baba see M. A. Zouber, *Ahmad Baba de Tombouctou 1556–1627: sa vie et son œuvre* (Paris: Maisonneuve et Larose, 1977), and Abdeljelil Temimi, 'L'Ouvrage *Nayl al-ibtihadj* d'Ahmad Baba de Tombouctou', *Revue Maghrebine de Documentation*, III (1985), 143–46.

4 *Supplement*, II (Leiden: E. J. Brill, 1938), 375. Brockelmann gives the name as b. al-Mauwaq whereas in Ahmad Baba we find al-Mawwaq. I have followed Brockelmann and treated the name as a patronymic.

5 (Madrid: Instituto Egipcio de Estudios Islámicos, 1974).

6 Rachel Arié, *L'Espagne musulmane au temps des Nasrides (1232–1492)* (Paris: E. De Boccard, 1973), 178.

7 Apud Andream de Angulo. See fol. 35. A modern Spanish translation by José Oroz Reta is now available under the title *De las hazañas de Francisco de Jiménez de Cisneros* (Madrid: Fundación Universitaria Española, 1984): see 109–13.

8 Edited by Antonio de la Torre y del Cerro (Madrid: Junta para Ampliación de Estudios e Investigaciones, 1913).

9 On the *mancebo de Arévalo* and his writings see L. P. Harvey, 'The Literary Culture of the Moriscos (1492–1609): A Study Based on the Extant MSS in Arabic and Aljamía' (Oxford, unpublished D. Phil. thesis, 1958), 358–448, and 'El mancebo de Arévalo y la literatura aljamiada', in *Actas del Coloquio Internacional sobre Literatura Aljamiada y Morisca*, Colección de Literatura Española Aljamiado-Morisca, III (Madrid: Gredos, 1978), 21–47 (on *la mora de Úbeda* see 40).

10 *Medicina, ciencia y minorías marginadas: los moriscos*, Colección Monográfica, LIV (Granada: Universidad, 1977): see especially 34–35. For the ban on *parteras moras* García Ballester refers to the Archivo Municipal de Granada: libro primero de Cabildos 1497–1502, fol. 107ᵛ.

11 Francisco Javier Simonet, *El cardenal Ximénez de Cisneros y los manuscritos arábigo-granadinos* (Granada: Imprenta de la Lealtad a cargo de J. G. Garrido, 1885), is a wonderfully detailed piece of obfuscation which indignantly rejects exaggerated estimates of the number of books destroyed, but does not seek to place in doubt the fundamental report of the bonfire.

12 Nicolas Clenardus, *Epistolarum libri duo* (Antwerp, 1556).

13 See my thesis, 128–211 ('The Arabic Literature of the Moriscos').

Poesía teatral en la corte: historia de las *Églogas* de Diego Guillén de Ávila y Fernando del Prado

VÍCTOR INFANTES

Universidad Complutense

Esta es una historia de libros y de géneros literarios y de teatro; en el fondo de literatura y de filología y de bibliografía; con algunos enigmas y varios misterios y dos o tres falsificaciones. Hablé muchas veces de ella con Keith Whinnom y nunca pensé que la contaría en su *Homenaje*; rememorarla ahora (con su memoria todavía presente) es repasar varios años de dudas, de sorpresas y de sugerencias. Siempre nos pareció que la intriga superaba la realidad y hoy la escribo en recuerdo de tantos momentos como la comentamos juntos; detrás de ella permanece el conocimiento de que la investigación puede ser (en ocasiones) apasionante.

El interés que profesamos por el teatro de finales de la Edad Media y comienzos del Renacimiento nos llevó a fijarnos hace algunos años en dos de las muchas piezas que todavía esperan una merecida atención crítica.[1] Se trata de la *Égloga interlocutoria* de Diego Guillén de Ávila y la *Égloga real* de Fernando del Prado; el silencioso colofón alcalaíno de la primera de ellas está fechado por F. J. Norton *c.* 1502–1504, mientras que el inexistente de la segunda está atribuido por él al taller logroñés de Arnao Guillén de Brocar en 1518.[2] La tempranísima fecha de los impresos, la llamativa personalidad de sus autores (cófrades de una pléyade algo desatendida por los estudiosos), su discutible condición retórica y la forzada temática de sus argumentos fueron los motivos que hicieron que fijáramos en ellas (como en otras) nuestra atención. Las incógnitas comenzaron en seguida. Sólo tres entradas de las más de 1400 que ofrece el importante repertorio de Norton aparecen bajo el discreto anonimato de la localización: Ávila: 'Private library in Spain *(Uhagón copy)'; Prado: 'Private library in Spain *(Laurencín copy)'; y Enrique de Villena, *Los dotze treballs de Hercules*: 'Private library'. La última (Norton, no. 1163) es pieza de desvelos para muchos interesados, que se resiste a reaparecer. Aclaramos que Uhagón y Laurencín son la misma persona (Francisco Rafael de Uhagón = Marqués de Laurencín)[3] y que el asterisco de la cita (unido a la rigurosísima descripción bibliográfica) evidenciaba la consulta 'in detail' de los ejemplares; parecía inútil preguntar a Norton lo que él mismo no consideró oportuno declarar en letra de molde; el camino se cerraba antes de comenzar. A falta de las piezas, buscamos ediciones de los textos; no había problemas, Eugen Kohler las había editado a comienzos de siglo pero sobre copias de los originales.[4] La de Ávila sobre la edición incluida en los graciosos folletillos de *El Criticón: Papel Volante de Literatura y Bellas Artes*, de una copia manuscrita de Bartolomé José Gallardo, fundador de la coleccioncita, y la de Prado sobre otra copia manuscrita del mismo Gallardo, que pertenecía a Manuel Cañete y se encontraba en la Biblioteca de Marcelino Menéndez y

Pelayo.[5] ¿Y los originales impresos? Del de Ávila, Kohler no llega ni a mencionar su posible existencia; del segundo, fiado de una cita de Cayetano Alberto de la Barrera y Leirado, que lo localiza en la Biblioteca Nacional de Madrid, no puede disfrutar de su consulta: 'befunden haben soll', a pesar de la 'persönlichen Mitteilung des Hern Paz y Mélia', en aquellos momentos Jefe de la Sección de Manuscritos, de donde faltaba 'mindestens 1880'.[6] El camino volvía a cerrarse de nuevo antes de comenzar. Poseíamos descripción exhaustiva, sin localización, y edición sobre copias: ¿qué designio pesaba sobre estas obras? Desde la cita de Norton (Uhagón/Laurencín) supusimos que ambos textos tenían una historia similar, que tal vez se inició compartiendo un espacio retórico común y que los azares del destino los llevaron hacia la confraternidad de las baldas de varias bibliotecas, exhibiendo conjuntamente su contenido literario y su conocimiento bibliográfico. Con esta intuición nos empeñamos y decidimos no escribir una línea hasta no dar con unos originales que se vislumbraban remotamente imprecisos; tuvimos que retroceder algunos siglos.

La *Égloga* del canónigo abulense aparece con el no. 3852 en el *Regestrum* colombino y 'costó en Alcalá de Henares ocho marvedises, año 1511', y de esta desafortunada colección pasamos a la cita de Pascual de Gayangos y Enrique de Vedia en las 'Adiciones y notas' de la traducción española de la *History* of *Spanish Literature* de George Ticknor, donde aparece también la primera mención de la *Égloga* de Fernando del Prado: 'Este rarísimo libro, que consta de 18 hojas en 4° sin foliación alguna, se imprimió en Alcalá de Henares antes del año 1516. Pertenece á la librería de D. Aureliano Fernandez-Guerra y Orbe.'[7] Cuando esto ocurría (1854) había muerto ya Gallardo, de ahí que los editores de *El Criticón* (desconociendo tal vez la existencia del ejemplar de Fernández-Guerra) editaran la pieza sobre una copia del ejemplar de la Colombina, sacada por Gallardo, interesado como estaba desde antes de 1819 en escribir un 'Teatro antiguo español y su historia crítica';[8] de esta edición sale la cita de C. A. de la Barrera, un año después, en su conocido *Catálogo*. Años más tarde y con la misma fecha de edición aparecen el *Ensayo de una tipografía complutense* de Juan Catalina García y el tomo IV del *Ensayo* de Gallardo.[9] En el primero se consigna la cita de la copia de Gallardo del 'ejemplar que vio perteneciente a la Biblioteca Colombina' y, asimismo, la noticia de que 'posee un ejemplar el Sr. D. Aureliano Fernández-Guerra' (no. 11); en el segundo, los recopiladores (Zarco del Valle y Sancho Rayón) señalan inequívocamente 'Colección de D. Francisco Uhagón' (cols. 1478–79), apareciendo así la cita de un segundo ejemplar (que creemos nunca existió). Por razones que luego expondremos, esta cita de los compiladores del *Ensayo* de Gallardo tiene que ser equivocada; el ejemplar de Fernández-Guerra será el que luego posea Uhagón, sin duda alguna, pero en 1895, de ahí que no acertemos a explicar esta localización. Norton, al comentar (5) la entrada del repertorio de Catalina, afirma: 'copy owned by D. Aureliano Fernández-Guerra; subsequently by Uhagón' y a continuación 'presumably acquired from A. Murillo catalogue of 1895, but in view of Gallardo *4540 this appears to be erroneous'; por nuestra parte hemos comprobado la papeleta original del Gallardo y figura tal y como pasó al *Ensayo*; al igual que Norton, afirmamos que se trata de un error, por más que no comprendamos su razón y nos hiciera perder muchas horas de biblioteca.[10] Cuando Antonio Palau la incluye en su *Manual*, lo hace a través de la mención de una venta del librero Murillo en 1895, fecha en que debió comprarla Uhagón en la nada despreciable cantidad de 600 pesetas;[11] así opina también Norton. Palau menciona un 'ejemplar encuadernado en tafilete por Menard', tal y como aparece citado en la venta de 1895, en la cual, además, se dice: 'único ejemplar conocido';[12] si Norton identifica ambos (Fernández-Guerra=Uhagón) y él ha visto el original, no cabe duda de la procedencia. Añadiremos dos datos para corroborar esta afirmación. En primer lugar, las palabras de Gayangos y Vedia que mencionan expresamente un ejemplar 'encuadernado'; en segundo lugar, Fernández-Guerra muere en Madrid en 1894, lo que nos deja pocas dudas sobre la procedencia de los buenos libros que Murillo incluyó en su *Boletín*. Poco antes de la muerte de Uhagón en 1927, el librero Pedro Vindel editará un bellísimo *Catálogo de una colección de cien obras raras procedentes de la Biblioteca del Excmo. Sr. Marqués de Laurencín*, donde incluye nuestra *Égloga* reproduciendo su portada, la misma que años después repetirá su padre Francisco Vindel, en el *Manual gráfico-descriptivo del bibliófilo hispano-americano (1475–1850)*.[13] Julián Barbazán cuenta pormenores de esta venta y por él sabemos que todo el catálogo fue a parar a manos de 'un señor Rodríguez', esposo de Dª María Bauzá, 'bien conocida en los centros culturales'; Antonio Rodríguez-Moñino amplía datos de esta pertenencia, donde, amén del valiosísimo fondo de *Catálogo*, estaba el *Cancionero de Oñate-Castañeda*; 'La colección la compró en bloque don Ramón Rodríguez y ha sido vendida por su viuda doña María Bauzá y por sus herederos'; esto debió ocurrir hacia 1958.[14] Con su ignoto comprador (o posibles compradores y poseedores sucesivos) se abre un silencio impreso de veinte años hasta la cita de Norton en su repertorio.

La otra *Égloga*, del Bachiller Fernando del Prado, tiene una historia paralela, pero, en este caso, llena de silencios esquivos, datos incompletos y autorías mixtificadas. Aquí la historia comienza directamente con Gallardo. Poseía éste 'Varias piezas dramáticas, tambien antiguas, copiadas de impresos i Ms. del siglo XVI y XVII, qe escusamos espezificar, por ser bastante seña el estar copiadas todas de este mismo puño. (Tal cuál del siglo XV.) = Desideratos de cómica española, o nota de algunas farsas, eglogas, autos, &z, de cuya ecsistenzia no qeda apenas otra notizia qe la qe arrojan los catalogos antiguos de las bibliotecas o los indizes ecspurgatorios.'[15] Entre estas piezas se encuentra una copia autógrafa de nuestra *Égloga*; en 1869 la poseía Manuel Cañete[16] y de su biblioteca pasó a la de Menéndez Pelayo, donde se conserva en la actualidad. Ahora bien, ¿de qué ejemplar sacó Gallardo su copia?, como sabemos que ésta existía ya antes de 1823, fecha de la triste pérdida de sus libros y papeles en la revuelta gaditana de la noche de San Antonio, y, además, Gallardo andaba por las brumas londinenses en esa época, ¿dónde cotejó su *copia*? Ante la inexistencia de algún dato que confirme la cita de este peregrino impreso con anterioridad a esta fecha, sólo se nos ocurre pensar en dos obviedades: o la copió de un ejemplar de la Biblioteca Colombina (nunca citado hasta la fecha)[17] o, quizás, él poseía el ejemplar (y, tal vez, también el de la *Égloga* de Diego Guillén de Ávila). La entrada del tomo III del *Ensayo*, publicado en 1888, muchos años después de su muerte, esto parece indicar,[18] pero el testimonio del mejor conocedor de las aventuras de Gallardo, Rodríguez-Moñino, escribe: 'Por lo menos se imprimieron en el *Ensayo*, por copias de Gallardo, ocho piezas dramáticas del siglo XVI . . . En la Biblioteca de Menéndez y Pelayo hay, al menos, copias autógrafas de Gallardo de . . . la *Égloga Real* del Bachiller de la Pradilla . . .', si bien también indica: 'De lo que jamás se consolaría Gallardo fue la pérdida de preciosísimas piezas teatrales, muchas de ellas por nadie vistas hasta entonces y desaparecidas para siempre . . . Entre lo impreso que iba en el equipaje gallardino, anotemos un tomo de églogas, farsas, autos, etcétera, en letra gótica . . .' (*Historia de una infamia*, 49–50). ¿Con qué aserto nos quedamos? Vuelve a surgir (en silencio) la figura de Aureliano Fernández-Guerra: ¿dónde consiguió el granadino los ejemplares que poseía de ambas obras antes de 1854, según el testimonio de Gayangos y Vedia? No se portó limpiamente Fernández-Guerra en el asunto de la pérdida de los libros de Gallardo, nadó entre dos aguas ('amigo aparente de unos y otros', según testimonio de Rodríguez-Moñino de su intervención en el pleito del *Cancionero* de Horozco [*Historia*, 91–99, la cita en 96]) y más parece que algo tenía que ocultar en el trasiego de la tropelía bibliográfica. Gallardo era amigo de Fernández-Guerra (tanto del padre, D. José, como del hijo, D. Aureliano) y consta que manejó libros para su uso y papeletas en la biblioteca de éste, según cuenta Rodríguez-Moñino (*Historia*, 97), pero después de 1823 (al menos), cuando ya tenía copias sacadas de ambas obras—recordamos de Aureliano Fernández-Guerra que había nacido en Granada en 1816.

Poco quiso saber ya Gallardo de tantos desasosiegos a partir de 1845, en que se retira a su finca toledana de la Alberquilla, donde pasará los últimos años de su ajetreada vida; en 1854 (muerto Gallardo), Gayangos y Vedia ven en 'la librería de D. Aureliano Fernández Guerra y Orbe' la *Égloga* de Ávila: 'este rarísimo libro . . . está encuadernado con otros no menos raros, entre los cuales está una *Egloga real compuesta por el Bachiller de la Pradilla . . .*'; interpretando entre líneas ('otros no menos raros'), pensamos que el 'acopio' de ejemplares pudo ser muy productivo; cuando Ménard viste con tafilete rojo nuestras dos piezas, los ejemplares vuelven al silencio bibliográfico.[19] Pero el asunto se complica cuando C. A. de la Barrera, en 1860, cita un ejemplar en la Biblioteca Nacional de Madrid, cita que creemos equivocada y que llevó a Kohler en una dirección errónea, y José Amador de los Ríos identifica al Bachiller de la Pradilla con el prolífico Hernán López de Yanguas, no aclarando tampoco la procedencia del ejemplar de su cita, pues se limita a indicar vagamente 'en la edición que ha llegado a nuestros días'.[20] (Esta gratuita atribución fue refutada por Cañete [*Teatro*, 62–64], que poseía la copia de Gallardo; la defendió—sin datos—Emilio Cotarelo y Mori, de quien sentimos escribiera su juicio final, aunque él maneja ejemplar del que calla la procedencia [ya en Uhagón / Laurencín, buen amigo]; la volvió a refutar Adolfo Bonilla y San Martín, quien vuelve a utilizar directamente el ejemplar [de Uhagón] declarándolo en nota y dejando caer la cita de otro en la Biblioteca Nacional, repetición, sin más, pensamos, de la entrada de la Barrera y, por fin, con rigor y nuevos datos, ha dejado zanjada la cuestión González Ollé, primero en su edición de las *Obras dramáticas* de Fernán López de Yanguas y, más tarde, en un artículo monográfico dedicado al asunto; opinión compartida por A. Pérez-Rioja.)[21] Con la *Égloga* en poder de Fernández-Guerra, el camino se junta a la de Ávila, pasan ambas al librero Murillo, de su venta a Francisco de Uhagón, de éste—por medio de P. Vindel—a María Bauzá y de ella (y sus posibles poseedores intermedios) a la entrada de Norton, quien desdobla las referencias no sabemos por qué y la historia se cierra de nuevo en el silencio de este repertorio.[22]

Desconocemos el propietario (y no propietarios, como han supuesto algunos) que facilitó la consulta de tan ajetreadas piezas al bibliógrafo inglés y, perdida la esperanza, una tarde de la primavera de 1982 un buen amigo bibliófilo nos enseñaba orgulloso una reciente adquisición: ante nosotros se encontraban dos bellos libros encuadernados en tafilete rojo por Ménard: la *Églogas* de Diego Guillén de Ávila y Fernando del Prado. Disfrutamos de su presencia en varias ocasiones, tomamos cumplida cuenta de sus características para desvelar algún malentendido ocasionado por referencias no directas, prometimos un facsímile[23] y escribimos a Keith.

Con los ejemplares a la vista, pudimos (¡por fin!) atender algunas de las preguntas que nos suscitó su primitivo conocimiento. De los avatares biográficos de nuestro canónigo, nos basta la correcta identificación que aporta la Barrera y es obvia la relación mutua con Torres Naharro—probablemente personal y en Roma—como ha puesto de relieve J. E. Gillet.[24] El anónimo (y parco) prologuista del facsímile del *Panegírico de la Reina Doña Isabel* (Valladolid: Diego Gumiel, 1509) deshace una vieja equivocación de Nicolás Antonio y nos recuerda su traducción de las *Estratagemas* de Sexto Julio Frontino en edición salmantina de Lorenzo de Lion de Dei en 1516.[25] El tema de su *Égloga* es epitalámico (el autor parece gustar de lo elogioso) y no escapó del juicio de Kohler la posible influencia de un modelo italiano (luego seguido por Cristóbal de Castillejo en la *Farsa de la Constanza* o, más tarde, por Diego Sánchez de Badajoz en la *Farsa del matrimonio*). J. P. W. Crawford apunta que 'After a contest in *pullas* in which all but the bride take part, the play concludes with a wedding song', y que 'The *pullas*—a versified contest in abuse—were popular in many wedding plays', asunto que ha tratado con detalle Charlotte Stern.[26] El Bachiller de la Pradilla ha sido identificado con todo rigor, como discípulo de Nebrija, por F. González Ollé y en los trabajos citados se detalla con puntualidad biografía y producción; sus pliegos poéticos están en el *Diccionario* de

Rodríguez-Moñino.[27] Aquí el asunto es áulico y celebra la visita del emperador a Valladolid en 1517 (luego seguido por Andrés Ortiz, *Coplas sobre la prisión del rey de Francia* y Hernán López de Yanguas, *Farsa sobre la felice nueva de la concordia y paz y concierto de nuestro felicísimo emperador y del cristianíssimo rey de Francia*); Gillet recordaba la obra 'mixing mythology and the pastoral and prophesying the future greatness of Charles V', y el argumento ha sido desmenuzado, con deudas y valías propias, por González Ollé.[28]

Después de estas breves aclaraciones, creemos que la pregunta que se hacía Gallardo al copiar la *Égloga* de Fernando del Prado (y, de paso, la de Ávila) está suficientemente contestada: '¿esta obra sería dramática?' y, al menos en este caso, la teatralidad nos parece evidente; pero las dudas respecto a otras muchas obras acogidas bajo la denominación de *égloga* persisten a la hora de su posible consideración dramática. Después de repasar con detalle el 'Katalog' de D. Lessing y leer con provecho el reciente trabajo de Aurora Egido,[29] preferimos adoptar el rótulo que proponemos en el título, porque creemos que relaciona mejor un sentir retórico, que puede ser interpretado desde muy diversas posturas y conocimientos, con un producto literario que antepone los resultados a la inspiración; sobre todo cuando andan por medio emperadores y grandes capitanes—basta repasar los destinatarios de las obras conocidas de ambos autores para darse cuenta de por dónde andan sus intereses; rinden pleitesía a una época.

Preocupados por otros asuntos nos olvidamos (momentáneamente) de los ejemplares con la seguridad de la localización y, al prometer este trabajo para el *Homenaje* a quien tantas veces comunicamos los vericuetos de esta historia, nos enteramos que las *Églogas* han vuelto a cambiar de manos; del anonimato (que guardamos) al nuevo anonimato (que respetamos): la historia se repite y el camino comienza de nuevo.

NOTAS

1 Es época mal tratada. Excepto los cuatro grandes dramaturgos y ahora la *Égloga* de Francisco de Madrid gracias a la finura crítica y el buen hacer textual de Alberto Blecua, 'La *Égloga* de Francisco de Madrid en un nuevo manuscrito del siglo XVI', en *Serta philologica F. Lázaro Carreter*, II (Madrid: Cátedra, 1983), 39–66, queda una buena porción de textos, autores y obras carentes de estudios de rigor. Seguimos debiendo mucho, aunque no se reconozca, a Manuel Cañete, *Teatro español del siglo XVI* (Madrid: Escritores Castellanos, 1885), y más aún a J. P. W. Crawford, *Spanish Drama before Lope de Vega*, 3ª ed. (Philadelphia: Univ. of Pennsylvania Press, 1968), con 'Bibliographical Supplement' de Warren T. MacCready, 207–18. ¡Cuánto también a Joseph E. Gillet! No hay mal panorama (siguiendo a Crawford) en J. M. Díez Borque, 'El teatro en el siglo XVI', en *Historia de la literatura española*, I (Madrid: Guadiana, 1974), 679–723 y, ahora, *Historia del teatro en España*, I (Madrid: Taurus, 1984).

2 Para la primera, véase Norton, *A Descriptive Catalogue of Printing in Spain and Portugal* (Cambridge: Cambridge U.P., 1978), no. 8; la obra tiene 18 fols. con remate, tras el texto teatral, de 'coplas pastoriles', de Rodrigo de Reinosa (véase John M. Hill, 'Notes for the Bibliography of Rodrigo de Reinosa', *HR*, XIV [1964], 1–21, no. IV(a), con aclaraciones, y Antonio Rodríguez-Moñino, *Diccionario bibliográfico de pliegos sueltos poéticos (siglo XVI)* [Madrid: Castalia, 1970], no. 471], lo que ha ocasionado algún despiste bibliográfico (véase Norton, no. 1348). Para la segunda, Norton, no. 1322; desde ahora lo denominamos por su nombre (Fernando) una vez aclarado éste por Fernando González Ollé (véase la nota 17, abajo). La obra tiene 46 fols., aclaración necesaria ante nuevos despistes bibliográficos por no contar el prohemio en prosa.

3 Véase Agustín G. de Amezúa, *Epístola a D. Francisco R. de Uhagón, Marqués de Laurencín* (Madrid: Imp. Clásica Española, 1920), 7.

4 En *Sieben spanischen dramatische Eklogen* (Dresden: Gesellchaft für Romanische Literatur, 1911), 236–66; prólogo en 168–72.

5 El de Ávila es el no. 7 (Madrid: Martín Alegría, 1859), 1–42 y no el 8, como suponen muchos críticos (y lo decimos sobre nuestro ejemplar). Gallardo murió en 1854 y los editores aclaran: 'Al final del manuscrito del señor Gallardo que nos ha servido para la publicación de la *Egloga de Diego Guillen de Avila . . .*', 42. (Esta curiosa coleccioncita la continuó A. Rodríguez-Moñino, 2 números (Badajoz: Imp. La Alianza, 1934–35; reimpr. Cáceres: Universidad de Extremadura, 1983) y la han renovado nuestros colegas de Toulouse.) La copia de la de

Prado está en el Ms 374, con mención en los *Catálogos de la Biblioteca de Menéndez Pelayo*, I, *Manuscritos* (Santander: Cuerpo Facultativo de Archiveros, Bibliotecarios y Arqueólogos y Sociedad de Menéndez Pelayo, 1957), 319, y es una 'Colección de copias modernas de piezas de teatro que perteneció a Cañete', p. 314; hace el no. 64 de las 92.

6 La Barrera, *Catálogo bibliográfico y biográfico del teatro antiguo español, desde sus orígenes hasta mediados del siglo XVIII* (Madrid: Imp. de M. Rivadeneyra, 1860; reimpr. Madrid: Gredos, 1969, y Londres: Tamesis, 1969), 306–07. Kohler, 155. Datos del aserto de la jefatura ofrece A. Ruiz Cabriada, *Bio-bibliografía del Cuerpo Facultativo de Archiveros, Bibliotecarios y Arqueólogos 1858–1958* (Madrid: Junta Técnica de Archivos, Bibliotecas y Museos, 1958), 747.

7 La cita proviene de Ticknor, *Historia de la literatura española*, III (Madrid: Imp. M. Rivadeneyra, 1854), 467. Para el pliego de la Colombina, véase Norton, no. 8 y 1348; además, Rodríguez-Moñino, *Los pliegos poéticos de la Biblioteca Colombina (siglo XVI): estudio bibliográfico*, UCPMP, 110 (Berkeley: Univ. of California Press, 1976), no. 167.

8 Véase Rodríguez-Moñino, *Historia de una infamia bibliográfica, la de San Antonio de 1823: realidad y leyenda de lo sucedido con los libros y papeles de don Bartolomé José Gallardo* (Madrid: Castalia, 1965), 48–49.

9 *Ensayo de una tipografía complutense* (Madrid: Imp. M. Tello, 1889); Gallardo, *Ensayo de una biblioteca española de libros raros o curiosos*, IV (Madrid: Biblioteca Nacional, 1889; reimpr. Madrid: Gredos, 1968).

10 Quizá se deba, como era habitual en la época, a una consulta personal sin más comprobación. La papeleta está en la Biblioteca Nacional de Madrid, Ms 21161–70; agradecemos a D. Manuel Sánchez Mariana su atentísima generosidad para nuestras consultas.

11 *Manual del librero hispanoamericano*, I (Barcelona: A. Palau, 1948), no. 20352.

12 La pieza es el *Boletín de la Librería*, XXII (Madrid: Librería M. Murillo, 1895), no. 14865; hay ejemplar en la Biblioteca Nacional de Madrid. (Véanse las semblanzas que ofrecen Gabriel Molina Navarro, *Libreros y editores de Madrid durante cincuenta años, 1874–1924* [Madrid: Imp. E. Maestre, 1924], 37, y Paul Cid Noé [= Pedro Vindel], *Pedro Vindel, historia de una librería (1865–1921)* [Madrid: Imp. Góngora, 1945], 203–04.)

13 *Catálogo de Laurencín* (Madrid: Imp. Ciudad Lineal, 1927), no. 8; véase también lo dicho en la introducción por Félix Boix, iv. *Manual*, I (Madrid: Imp. Gongora, 1930), 211.

14 Barbazán, *Recuerdos de un librero anticuario madrileño (1897–1969)* (Madrid: Imp. Sucs. de J. Sánchez, 1970), 55. Rodríguez-Moñino, *Diccionario*, 70; la fecha de 1958 la consigna en estos términos: 'el maravilloso *Cancionero* manuscrito del siglo XV llamado de Oñate-Castañeda, que apareció en el mercado internacional (1959) pese a todas las trabas legales, y que se acaba de subastar en Londres por Sotheby el 7 de diciembre de 1964. Debió sacarse de España en 1958, pues hasta entonces lo vimos en casa de María Bauzá.'

15 En Rodríguez-Moñino, *Historia de una infamia*, 199.

16 Ibid., 199, y el propio Cañete, *Teatro español*, 62–65.

17 Donde existen (existían) otras obras de nuestro autor, coplas y poemas de elogio y circunstancias: véase Rodríguez-Moñino, *Los pliegos . . . Colombina*, nos. 253–56, y buen análisis de contenidos y problemas bibliográficos en Fernando González Ollé, 'El Bachiller de la Pradilla, humanista y dramaturgo', *RJ*, XVII (1966 [1967]), 285–300, en particular, 287–91.

18 *Ensayo*, III, cols. 1264–68; al carecer de sigla identificativa de localización del ejemplar manejado (cpse lista en p. [xi], el lector puede suponer (leyendo la 'Advertencia', vii–x, de [M. Menéndez y Pelayo]), tanto ejemplar del propio Gallardo como copia del original. Agradezco la confirmación de mis suposiciones al Prof. Arthur L.-F. Askins, que ha cotejado el dato con sus buenos conocimientos de la Colombina.)

19 En el *Boletín* de Murillo aparece con el no. 14885. (Bajo su mismo nombre [no. 14886] se indica, por cierto, una *Premática en que se mandan guardar las leyes que ponen penas a los que en las catedras que se proueyeren en las Vniuersidades de Salamanca, Valladolid, y Alcala, hizieron sobornos, o otros malos tratos, y se añaden penas mas graues* [Madrid: Juan de la Cuesta, 1610, 4 fols.], que no es suya; comprobado sobre el ejemplar de la misma en la Academia de la Historia [4/640, no. 54] ésta está redactada por Jorge de Tovar y Valderrama.) Es curioso (simplemente y sin otra intención) que Ménard encuadernaba muchos ejemplares del bibliófilo Juan Colón y Colón, quien, en palabras de Rodríguez-Moñino (*Historia de una infamia*, 85–90, esp. 88–89), 'adquirió libros y papeles robados a Gallardo', asunto que de todos modos nada indica, pues Ménard sirvió a la flor y nata de la bibliografía decimonónica.

20 La Barrera, *Catálogo*, 306–07; Kohler, *Sieben Eklogen*, 155. (Agradecemos a nuestro amigo Julián Martín Abad las gestiones realizadas para corroborar nuestra sospecha: él conoce *in situ* la ingente cantidad de erratas que supone citar, sin más, 'Biblioteca Nacional'.) Amador, *Historia crítica de la literatura española*, VII (Madrid: el autor, Imp. J. Muñoz, 1865; reimpr. Madrid: Gredos, 1969), 497.

21 Cotarelo, 'El primer auto sacramental del teatro español y noticia de su autor el Bachiller Hernán López de Yanguas', *RABM*, VII (1902), 251–72; estas palabras cierran su artículo: 'Si resultase que el Bachiller de la Pradilla tuvo existencia real y verdadera, cosa que no esperamos, esta biografía tendría que sufrir grandes modificaciones: otras más radicales se han hecho, en las que parecían asentadas en terreno bien firme' (272). Bonilla, 'Fernán López de Yanguas y el Bachiller de la Pradilla', *Revista Crítica Hispano-Americana*, I (1915), 44–51. González Ollé, en un apartado del 'Estudio preliminar' bajo el título de 'Fernán López de Yanguas y el

Bachiller de la Pradilla', *Obras dramáticas*, Clásicos Castellanos, 162 (Madrid: Espasa-Calpe, 1967), xxvi–xxxi, y en el artículo citado en la nota 17. Pérez-Rioja, 'Hernán López de Yanguas, humanista y autor dramático', *Celtiberia*, XVIII (1968), 163–82.

22 *Boletín* de Murillo, no. 14885: *Catálogo . . . Laurencín*, no. 74; Palau, *Manual*, VII, 223, etc.; Norton, 5 y 480; suponemos que la duplicidad (Uhagón/Laurencín) se debe, sin más, a un descuido sin importancia.

23 Así aparece en el último *Catálogo* de El Crotalón, II ([Barcelona: Delfos, 1986]), [1].

24 En *Propalladia and Other Works of Bartolomé de Torres Naharro*, IV (Philadelphia: Univ. of Pennsylvania Press, 1961), 410; Kohler, *Sieben Eklogen*, 168–72. (A Enzina se atribuye una *Égloga*, también titulada *Interlocutoria* [ejemplar en la Bibliothèque Nationale de París, Norton, no. 945], editada por Urban Cronan en *Revue Hispanique*, XXXVI [1916], 475–88; véase R. E. House, 'A Study of Encina and the *Égloga interlocutoria*', *Romanic Review*, VII [1916], 458–69.)

25 *Panegírico* (Madrid: Real Academia Española, 1951), [3–4]. Antonio, *Bibliotheca hispana nova*, I (Matriti: Joachinum de Ibarra, 1783), 139. Para la traducción de Frontino, véanse Norton, no. 576; y Theodore S. Beardsley, *Hispano-Classical Translations Printed between 1482 and 1699* (Pittsburgh: Duquesne U.P., 1970), no. 22.

26 Kohler, *Sieben Eklogen*, 171–72. La *Farsa* de Castillejo puede verse en edición de Jesús Domínguez Bordona, *Obras*, IV, Clásicos Castellanos, 91 (Madrid: Espasa-Calpe, 1928), 189–99; la de Sánchez de Badajoz por Frida Weber de Kurlat (Buenos Aires: Facultad de Filosofía y Letras, Universidad de Buenos Aires, 1968), 329–53. Crawford, *Spanish Drama*, 76–77; véase además su 'Echarse Pullas, a Popular Form of Tenzone', *Romanic Review*, VI (1915), 150–64. Stern, 'The Comic Spirit in Diego de Ávila's *Égloga interlocutoria*', *Bulletin of the Comediantes*, XXIX (1977–78), 62–75.

27 Bajo los números 446–49; véase González Ollé, 'El Bachiller de la Pradilla', 287–91; la *Obra en gramática poesía y rethórica*, Lugdunij: Brocar, c. 1502 (cpse Norton, no. 366 y con extensión Bonilla, 50–51 y González Ollé, 288–91) en sus dos variantes (¿estados?), que ha sido básica para identificar al autor, no ha escapado a los autores de la 'Bibliography' (del Rhetorical Seminar), *Dispositio*, VIII (1983), 40.

28 La primera de estas obras fue editada por Gillet, 'A Spanish Play on the Battle of Pavía', *PMLA*, XLV (1930), 516–31 y la segunda por F. González Ollé, *Obras*, 76–126. Para la opinión citada de Gillet, véase *Propalladia*, IV, 499; añádase lo que expone Ronald E. Surtz, *The Birth of a Theater: Dramatic Convention in the Spanish Theater from Juan del Encina to Lope de Vega* (Princeton: Princeton University; Madrid: Castalia, 1979), 110–11. Para la de González Ollé, véase 'El Bachiller', 291–300, con acertadísimos juicios y valoraciones que nos evitan su repetición; súmese la brevísima cita a propósito de la métrica en Edwin J. Webber, '*Arte mayor* in the Early Spanish Drama', *Romance Philology*, V (1951–52), 49–60 (55).

29 Lessing, en *Ursprung und entwicklung der Spanischen Ekloge bis 1650* (Ginebra: Droz; París: Minard, 1962), 177–221; Diego Guillén de Ávila, no. 22 y Fernando del Prado, no. 39. Egido, ' "Sin poética hay poetas": sobre la teoría de la égloga en el Siglo de Oro', *Criticón*, XXX (1985), 43–77; irreprochables sus planteamientos, que exceden a nuestro interés en lo estrictamente teatral.

Courtly Love and Lust in Loja

ANGUS MACKAY

University of Edinburgh

According to the traditional view of courtly love that prevailed some decades ago, noble women were put on a pedestal and idealized, while the noble lovers who served them knew that their love would be elevating yet painful, rewarding yet without physical reward, and ennobling precisely because of these paradoxical tensions. Such courtly love conventions, it was thought, were also reflected in the equally conventional literature of courtly love, including *cancionero* poetry. Yet these views have been subjected to criticism by a growing number of scholars, of whom Keith Whinnom was, among Hispanists, the pioneer.[1]

The problems posed to the historian by this issue arise from the difficulties of relating literature to reality, and they can be expeditiously illustrated by asking tediously familiar questions. Even if it is accepted that some, but not all, *cancionero* poems are replete with obscene double meanings, how can we be certain that they are not themselves simply part of a literary convention that has little to do with reality? Is Calisto merely a literary creation or were there real men of flesh and blood who, like him, used the language of courtly love, as well as a blasphemous parody of religious language, while searching to fulfil their lustful desires? Given Celestina's reputation, is it at all plausible to suspend disbelief when Alisa allows her such easy access to her house and to Melibea? Do the voyeuristic episodes in *Celestina* not strain credulity to the limit?

Of course, in a general sense it can hardly be doubted that the society of the period witnessed much irregular sexual activity. In his last will and testament, for example, don Gutierre de Sotomayor, master of Alcántara, recognized the existence of no fewer than fifteen illegitimate children, and it has even been suggested that all the women mentioned in his will, some forty of them, had been his mistresses.[2] Similarly, literary works such as the *Coplas del Provincial* and *La Lozana andaluza* provide suggestive evidence of an abundant sexual traffic at all levels of society. But such examples do not demonstrate that these sexual activities were enacted within a courtly love context: don Gutierre de Sotomayor's fifteen children are merely a statistic; the *Coplas del Provincial* emphasize the obscenities of the court but do not even hint that these obscenities were in any way 'courtly'; Lozana is an uncourtly *conversa* whore.[3]

In the present paper a legal *información* relating to alleged sexual scandals in the town of Loja is used to examine the relationship between courtly love conventions and real behaviour.[4] The *información*, indeed, makes for stranger reading than fiction: people here fall ill with love, the use of religious language and imagery is grotesque, wife-swapping and homosexuality are supposedly widespread, access to the houses of the sexual protagonists apparently presents little problem, the Devil is invoked to explain people's behaviour, and yet another item of 'lost literature', written in blood, surfaces to be recorded.

The *pesquisa* or *información*, which began on Monday 16 April 1509 and lasted for almost two weeks, recorded the testimony of twelve witnesses.[5] The immediate reason for holding the investigation was that on Friday 13 April a married couple, Bernaldino de

Figueroa and Juana de Briones, the latter being in the ultimate stages of pregnancy, had been subjected to insults and considerable physical violence by a variety of persons assembled in the house of Pedro Ruiz de Valdelomar, *regidor* of Loja. However, the violence itself was the result of events which had a considerable history. In particular another *regidor* of Loja, the *licenciado* Pedro de Morales, had allegedly been attempting to seduce Juana de Briones for a considerable period of time, probably since about early 1508. Then, too, a large number of rumours were circulating about sexual liaisons of all kinds, and some of these rumours had a long history. Witnesses, for example, recalled curious events which stretched back some thirteen to fifteen years. The period under consideration, therefore, is *c*. 1494–1509, although the *información* was primarily concerned with those events of 1508–09 which culminated in the attack in Valdelomar's house.

Those involved in the complex allegations and counter-allegations were, to say the least, socially respectable. The *información*, for example, refers to them as *dueñas* and *nobles* (8ᵛ), and the town's officials were concerned at the infamies levelled 'contra las dueñas et onbres nobles de esta çibdad', or 'contra las dueñas et onbres prinçipales', which were seen as being 'en vituperio de sus honrras' (10ʳᵛ, 11ʳᵛ, 12ᵛ–13ᵛ). Many of them were oligarchs or the wives of oligarchs, and among those named as being involved in sexual liaisons were the second Count of Tendilla and Captain General of Granada, Iñigo López de Mendoza,[6] a *corregidor*, an *alcalde*, the nephew and *maestresala* of an unnamed bishop, two *alcaides*, a *vicario*, and an abbot. Witnesses referred to laymen of this sort as *caballeros* (3ᵛ), and much emphasis was laid on their *honra* (2ᵛ, 3ʳ, 5ᵛ, 9ʳ). In particular the *licenciado* Pedro de Morales was described by Juana de Briones as an 'onbre que valia en esta çibdad' (1ʳ), and she reported him as 'representandole lo que el valia en esta çibdad y como todos los otros regidores e jurados de esta çibdad no avian de fazer mas de lo que el quisiese' (2ʳ). Similarly, with respect to Juana's husband, another witness described how 'le daba su fee como caballero' (9ʳ). The *licenciado*, in fact, pursued his bizarre fantasies within a context in which he constantly referred to such sexual activities as being the norm at the highest social levels: 'porque en la corte entre los grandes no se usava otra cosa' (2ʳ); 'e aunque mirase que entre los grandes e fidalgos e cavalleros no se usava otra cosa' (10ʳ); 'que esto se acostumbraba entre los grandes' (13ᵛ). Indeed, did not his own brother, Francisco de Morales, *jurado* of Granada, willingly push his wife into the bed of the Count of Tendilla, a *grande* if ever there was one (2ʳ, 9ʳ, 10ʳ)? And when Bernaldino de Figueroa refused to cooperate in the *licenciado*'s proposed wife-swapping arrangements, the *licenciado* pressed him with a fine social distinction: 'le dixo que se maravillava de el por que aquello [i.e. his refusal] no era sino de onbres de poco esfuerço, que entre los onbres nobles pasavan mas estas cosas que no entre los onbres brutos . . .' (5ʳ). In drawing this distinction the *licenciado* revealed himself to be anything but a fool for, of all those involved, Figueroa was perhaps the least socially respectable, being merely an *alcalde del agua* (6ʳ). Moreover, while one witness referred to him as a man of 'baxa suerte' (7ᵛ), Figueroa himself referred to the others as 'personas de tanto mere]çimiento e bondad' (4ʳ, 6ʳ) and, when fearing for his life, he said: 'temo que estos son muchos e los que mas valen en la çibdad' (10ᵛ).

What then happened? Figure 1 attempts to summarize the sexual liaisons which rumour or fact asserted had taken place or were taking place in Loja. Need it be stressed that many of these were merely alleged relationships? The liaisons of the *regidor* Juan de Morales and his wife constitute a good example. Both were supposedly engaged in a wife-swapping arrangement with another *regidor*, Pedro Ruiz de Valdelomar, and his wife. But, in addition, the two husbands were also allegedly involved in a homosexual relationship with each other, and Juan de Morales had not only bedded Catalina de Sanabria but had also had a sexual relationship with one or two of his nieces. Meanwhile, in addition to the wife-swapping arrangement which had netted her Pedro Ruiz de Valdelomar, Juan de Morales' wife had also notched up a *corregidor* and both the *maestresala* and the *sobrino* of a

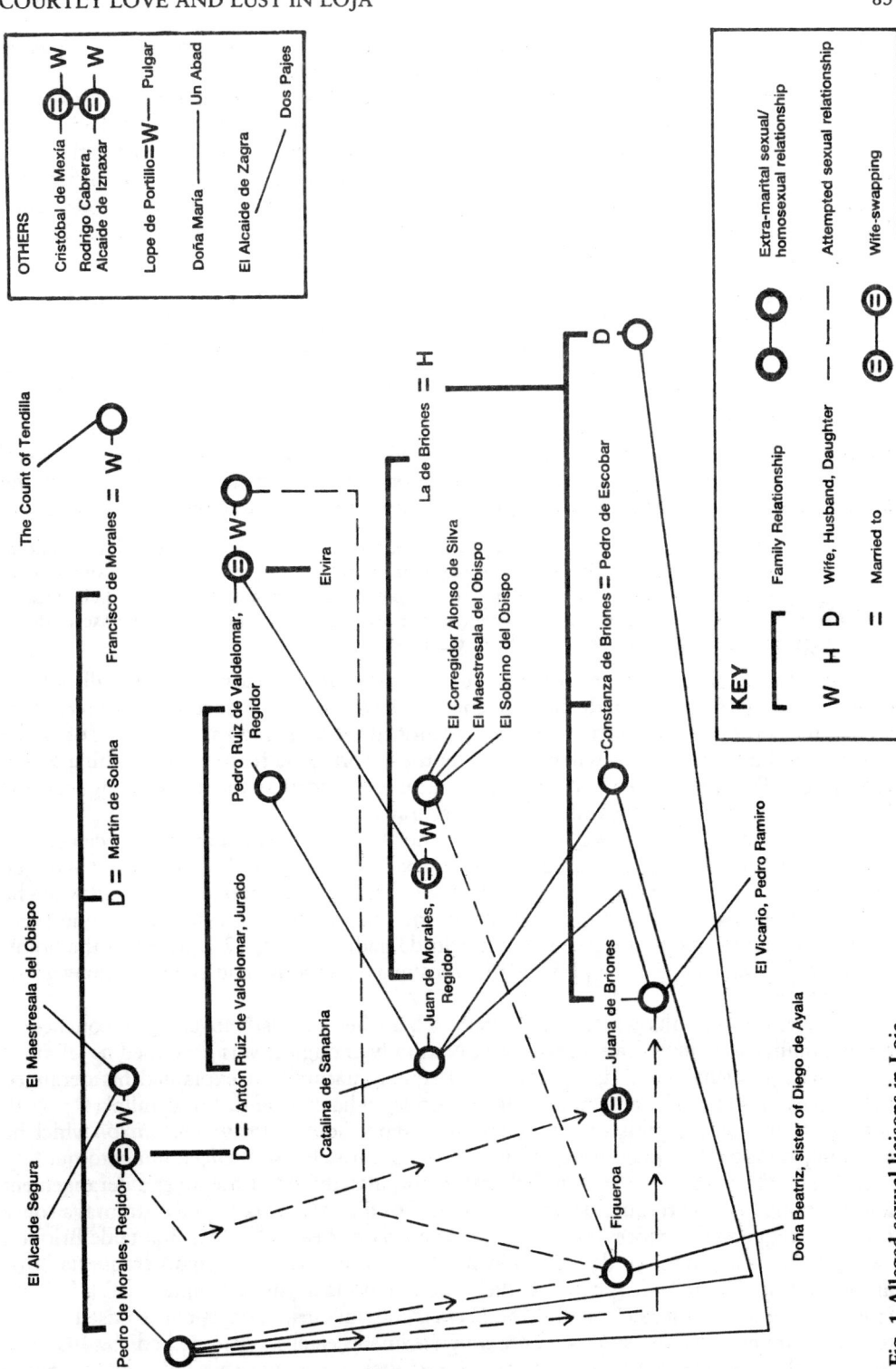

Fig. 1 Alleged sexual liaisons in Loja

bishop. Her relationship with Bernaldino de Figueroa, however, had apparently not passed the stage of 'heavy petting'—Andreas Capellanus' *amor purus*.

It is important to note the scale and complexity of these alleged liaisons because they were ultimately responsible for the violent scenes that took place in the house of Pedro Ruiz de Valdelomar on Friday 13 April. Otherwise, however, such liaisons can, for the most part, be ignored for two reasons. Firstly, whether true or false, these relationships are usually described in a straightforward manner without implying courtly love elements. Here, for example, is the way in which Bernaldino de Figueroa allegedly described his liaison with doña Beatriz to the *licenciado*:

> et que el dicho Figueroa le dixo: '¿Conosçe vuestra merçed a doña Beatriz, hermana de Diego de Ayala?' Et que este dicho liçençiado le dixo que sy, et que una vez o dos le avia visto. Et que el dicho Figueroa le dixo: 'Pues anoche conçerto conmigo que fuese a dormyr con ella, e fuy e estuve escondido en una bodega fasta la media noche, et desçendio amy con unas almohadas e ally dormi con ella, e aun juro a Dios que en mi vida no me halle con poca abilidad como estonçe e vine corrido.' (6ᵛ)

Similarly, although not devoid of interest because it echoes the relationship between Lazarillo's wife and the *arcipreste* of San Salvador, here is the practical way in which the *licenciado* described Juana de Briones' feelings about her past attachment to the *vicario*:

> le dixo la dicha muger de Figueroa al dicho liçençiado que en ora mala avia ella perdido al vicario Pedro Ramiro, que hera el mas espeçial onbre del mundo, et le entrava por su puerta lo que avia menester; et que tanbien le dixo que el dicho Figueroa consentia que el dicho vicario se echase con ella por el mucho benefiçio que les fazia, e que no se maravillase el dicho liçençiado por que quisiese ella al dicho vicario . . . (6ᵛ)

Secondly, as these two examples illustrate, the authenticity of these allegations depended to a large extent on the inventiveness of the *licenciado*. In fact the *información*, as well as the witnesses who participated in it, identified the *licenciado* as the author of all the mischief and troubles, and as will be seen later there were good reasons for reaching such a conclusion. For the moment, therefore, let it be assumed that the evidence against the *licenciado* was substantially authentic and accurate.

The *licenciado* certainly liked to act in the chivalrous manner befitting his social status. When, for example, Figueroa feared for his life, the *licenciado* grandiosely assured him 'que quien le quisiese enojar avia de fallar su espada del dicho liçençiado delante', and when he summoned Figueroa he sent him 'un guante del dicho liçençiado diciendole que fuese seguro con aquel guante que no oviese miedo de nadie' (3ʳ, 5ʳ, 12ᵛ). More to the point, however, he was adept at employing the vocabulary, actions, and religious imagery of courtly love.

The frenzied assaults which the *licenciado* launched on his beloved were couched in terms familiar to courtly love vocabulary. Naturally enough it was described as 'el amor que tenia a la dicha Juana de Briones', and equally naturally it explained his deranged behaviour: 'por que el la tenia mucho amor e no se podia escusar de no seguilla' (4ᵛ). With some restraint, perhaps, this *amor* was described at one point as the *mucha afición* which he had long suffered, but Juana referred to it more accurately as 'el ençendimiento que . . . traya' (1ᵛ). The verb *requerir*, coupled with *amor*, also hinted at the lover's derangement and suffering: 'la avia rrequerido de amores muchos dias avia et la seguia e afrentava sobre ello'; 'la rrequeria de amores e le dezia que se moria por ella' (4ᵛ, 12ʳ). Juana de Briones, swearing that 'asy hera verdad que muchos dias ha que ella avia sydo rrequestada de amores', described in detail 'como el dicho liçençiado la seguia e rrequestava' (1ʳᵛ), and from her description it is clear that the *licenciado*'s favourite concept was based on the terms *servir* and *servicio*: 'su deseo hera muy ynclinado en el serviçio de la dicha Juana de Briones'; 'le avia rogado diziendo que quisiese servirse de el e ser su amiga'; 'el deseo que el tenia de servirla' (1ʳᵛ). Indeed because of her, 'y por su serviçio', he promised 'de poner su vida y honrra y hazienda en aventura' (1ᵛ). Faced with what he may accurately or inaccurately have imagined as the possibility of attaining his ends, the *licenciado* offered his own wife to Figueroa and, using the verbs *festejar* and *requebrar*, he urged Figueroa to court her (1ᵛ, 5ʳ).

As has been seen, the *licenciado* claimed that he was dying for his beloved ('se moria por ella'). He was not the only one reputedly suffering from similar symptoms. For if, on the one hand, the bishop's nephew 'estava mal de amores', his object of affection being the wife of the *regidor* Juan de Morales (6ᵛ), the *licenciado*'s own wife had provoked a similar sickness in another: 'el maestresala del obispo estava muerto de amores por la muger del dicho liçençiado . . . y . . . estuvo malo de ello' (5ʳ). It would appear that the nephew and *maestresala* suffered from the *mal de amores* shortly after the *chancillería* (of Granada?) had visited Loja, but there are no indications of the consequences to the unnamed bishop's household. In the case of the *licenciado*, however, we know that he literally became ill and took to his bed. Indeed all the *dueñas* of Loja visited his sickbed, and even Juana de Briones, moved by compassion, went to see him:

> e que despues poco antes de navidad que hagora paso que el dicho liçençiado estava mal, et que le enbio a dezir a la dicha Juana de Briones . . . que el estava muy mal de amores de la dicha Juana de Briones, et que estava quexoso de ella por que todas las dueñas de esta çibdad le avian ydo a ver, e la dicha Juana de Briones no, e que le pedia por merçed oviese por bien de le yr a ber. Et que esta dicha Juana de Briones, conmovida a conpasyon, se atavio e tomo consygo una muger, e fue a ver el dicho liçençiado, et que entrando en una sala de la casa del dicho liçençiado que lo fallo ally malo, e con el que estava su muger e otras personas . . . (2ʳ)

The *pesquisa* is also replete with religious imagery. When the *alcalde mayor*, accompanied by *escribanos*, went to Juana de Briones' house to interrogate her after the assault, he took her *juramento* 'en forma devida de derecho':

> teniendo delante la dicha Juana de Briones un cruçifixo de bulto e otras çiertas ymagenes de Nuestra Señora, e diziendo a la confesion del dicho juramento dixo 'sy juro' e 'amen'. (1ʳ)

And in effect the severely battered and pregnant Juana gave her evidence 'myrando las ymagenes et juntando las manos en oraçion y llorando' (1ʳ). Impressive as this may have been, however, the protagonists had earlier employed religious imagery in their courtly and sexual endeavours. When, for example, the *licenciado*'s wife had doubted the serious intent of his wife-swapping plan, she had tested him with oaths and images:

> e . . . que un dia, ynportunandole el liçençiado a la dicha su muger para que hiziese lo suso dicho, que la dicha su muger le avia dicho delante de unas ymagenes que no podia creer que aquello dezia de verdad. Et que tomo la dicha su muger al liçençiado, y en sus manos una ymagen de Nuestra Señora, e le avia dicho que jurase sobre aquella ymagen sy lo que le dezia sobre la dicha cabsa sy se lo dezia de verdad. Et que el dicho liçençiado le avia jurado que sy, e que sy merçed o plazer le avia en este mundo de hazer la dicha su muger que fuese en fazer aquello . . . (1ᵛ)

Subsequently, the *licenciado* explained his intentions to both Juana de Briones and her husband in an equally awesome manner:

> un dia el dicho liçençiado vino a su casa de la dicha Juana de Briones, e tomo al dicho su marido e a ella e los subio a un camara, e que en mucho secreto delante de un cruçifixo el dicho liçençiado tomo juramento al dicho Figueroa que no lo descubriria, y el dicho liçençiado asy mismo lo hizo de no descubrir al dicho Figueroa. Et que ally el dicho liçençiado hizo un prologo al dicho Figueroa e a la dicha su muger sobre el caso, e dixo al dicho Figueroa el proposyto que traya, e diziendole como el tenia e avia tenido mucho tiempo avia mucha

afiçion a la dicha Juana de Briones, y que por ella y por su serviçio lo que le tocase avia de poner su vida y honrra y hazienda en aventura todas las vezes que fuese menester . . . (1ᵛ)

These were grave and premeditated moments in what may be termed the lover's 'theology of intentions'. But at other times the christological suffering of the lover revealed itself in sudden and dramatic ways. When Juana, 'movida de compasión', visited him at his sickbed, did not the *licenciado* manage to arise and literally implore his own wife to help him attain his beloved?:

> et que en esto, asentandose la dicha muger del liçençiado e la dicha Juana de Briones, antes que oviesen lugar de fablar que el dicho liçençiado se levanto de la cama e se fue donde ellas estavan, et que entrando se finco de rrodyllas delante de su muger, y alçando las manos juntas a manera que queria fazer oraçion, dixo a la dicha su muger estas palabras: 'Señora, por la pasyon de Dios que rrogueys a esta señora Juana de Briones que me bese e me quiera bien.' (2ᵛ)

'Por la pasión de Dios': the imagery occurs several times in the *pesquisa*, and each time it denotes a point of crisis and suffering. Juana used it when, sexually harassed by the *licenciado*, she appealed to the latter's wife: '¡Señora, valedme por la pasyon de Dios!' (2ᵛ). During the violent scenes in Valdelomar's house Figueroa desperately appealed for help to his uncle-in-law, Juan de Morales: 'e le tomo las manos e se las beso, y le dixo que pues el y sus hijos syempre le avyan tenido por padre, que le suplicava por la pasyon de Dios que en tanta nesçesydad le socorriese' (6ʳ). Within seconds, however, he was even more desperately concerned with the fate of his pregnant wife:

> e . . . viendo . . . Figueroa que tan mal tratavan a la dicha su muger que estava ya amorteçida, que el rogo al dicho Valdelomar . . . que por la pasyon de Dios que mirasse aquella muger que estava prenada en dias de parir . . . que no consyntiese que la matasen . . . (6ʳ)

Finally, as her helpless husband was being beaten in Valdelomar's house, Juana drew a direct parallel:

> el dicho Valdelomar regidor se levanto e arremetio al dicho Figueroa donde estava asentado . . . e le dio muchas bofetadas en la cara del un cabo e del otro, et . . . como el dicho Figueroa se adaragava con las manos . . . el dicho Valdelomar echava mano al puñal para le dar, et que como abaxava las manos que bolvia el dicho Valdelomar et le dava dos bofetadas. E que desque la dicha Juana de Briones vido asy al dicho su marido syn podelle remediar, que le dixo: 'Señor, sofrid, que vos soys oy Dios.' (4ʳ)

In proclaiming his *amor*, the *licenciado* affirmed his desire to *servir* Juana, his willingness to stake his life, honour, and wealth in her *servicio*, and the fact that he was dying for her. He raved about his beloved to his own wife, and he swore the most awesome religious oaths about his love before crucifixes and images of Our Lady. He fell ill with love and was visited by all the *dueñas* of Loja, including Juana who took pity on his suffering. Even so, the suffering lover managed to struggle out of bed, fell to his knees, and literally prayed to his wife, 'por la pasión de Dios', to help him attain his beloved. Should we not recognize this painful yet ennobling love and feel moved to compassion, like Juana, for the christological sufferer? In fact the *licenciado*'s *servicio de amor* was simply a desire to fornicate, and to achieve his aim he was prepared to go to extraordinary lengths.[7]

Juana de Briones testified that the *licenciado* 'le dixo . . . quanto era el deseo que tenia de servirla e de echarse con ella' (1ᵛ). Yet, although the *licenciado* equated *servicio* with copulation, Juana herself was not entirely blameless. Quite apart from the fact that he was a constant visitor in her house, Juana on her own admission knew that the *licenciado* had already slept with her sister. Indeed her first reaction to his request for a sexual relationship was to express amazement: 'le dio por respuesta diziendo y afeandole su proposyto que ya sabia el dicho licenciado como se avia echado con Constança de Briones su hermana, muger de Pedro de Escobar' (1ʳ). She may even have suspected him of sleeping with yet another of her sisters (9ʳ). In these circumstances it was foolish of her even to hint, albeit in a joking and innocent manner, that the *licenciado* might succeed with her in certain circumstances . . . Was she at this stage flirting?:

> se defendia con buenas palabras todavia del dicho licenciado y procurava de tener en su casa algunas de sus vezinas por que el dicho liçençiado no le hiziese alguna afrenta fallandola sola. Et que un dia estando el dicho liçençiado fablando con la dicha Juana de Briones en su casa sobre lo suso dicho que la dicha Juana de Briones le dixo que quando Figueroa su marido fiziese cornudo al dicho liçençiado que el dicho liçençiado lo faria cornudo al dicho Figueroa. Et que el dicho liçençiado le dixo a la dicha Juana de Briones que viese quanto era el deseo que el tenia de servilla e de echarse con ella que no seria mucho lo que dezia, y aun que el lo avria por bien que su muger se echase con el dicho Figueroa su marido por que la dicha Juana de Briones se echase con el, e que le dixo el dicho liçençiado que la dicha Juana de Briones se lo dixese al dicho Figueroa su marido e que lo conçertasen et que se folgarian e pasarian tiempo. (1ᵛ; cf. 10ʳ)

The next step was not long in coming, as the evidence of Juana's husband demonstrates: 'este dicho Figueroa muchas vezes viniendo a su casa fallava en ella al dicho liçençiado Morales, et que como le fallava tantas vezes que preguntava a su muger . . . que que queria el liçençiado tantas vezes en su casa'. It was now that Juana told her husband that the *licenciado* 'la rrequeria de amores' and that he had proposed a wife-swapping arrangement (4ᵛ). The way was open for the *licenciado* to broach the matter directly to Figueroa.

The *licenciado*, however, still had problems. On the basis of Juana's joke about *cornudos* he believed that he could enjoy her provided that his own wife and Figueroa could be coupled together. He certainly claimed that his wife was willing because 'lo tenia casy conçertado con ella' (1ᵛ). Indeed he even swore to Figueroa 'que el le dava su fee como cavallero de llevar a su casa al dicho Figueroa et lo echar en una cama con su muger del dicho liçençiado et le echar el çerrojo a la cama' (9ʳ). Yet it was the *licenciado* who alleged that his wife was willing, and it was the *licenciado* who imagined them both in bed together. If imagination were to become reality, Figueroa himself would have to take the initiative.

The *licenciado*'s plans were anything but subtle. The unwilling Figueroa was bombarded with edifying examples of adultery and wife-swapping in the most respectable of circles in order to convince him that 'entre los grandes e fidalgos e cavalleros no se usava otra cosa' (10ʳ). Indeed, were not the most elevated families of Loja engaged in such activities? Figueroa, therefore, was urged to visit the *licenciado*'s house frequently in order to court the lady in question. In the best traditions of courtly love, the *licenciado* had already outlined the method to Juana de Briones:

> le dixo a . . . Juana de Briones que dixese al dicho su marido Figueroa que festejase a su muger del dicho liçençiado et que se fuese a su casa et dixese que yva a folgar con ella e que rrequebrase con su muger e que la metiese de la mano en misa e que tuviese otras maneras semejantes con ella para la atraer e prouocar a lo suso dicho . . . (1ᵛ)

What effects did the *licenciado*'s plans have? Although Figueroa 'se escusava de ello', the *licenciado* 'muchas vezes syn proposito e syn tener nesçesydad' took Figueroa round to his house 'no mas de para que lo viese su muger e se festejase con ella' (2ʳ). This was shortly before the *licenciado* fell ill with love, and by this time his wife was apparently more than willing to support her husband's attempts to seduce Juana. On her visit, Juana:

> entrando en una sala de la casa del dicho liçençiado . . . lo fallo ally malo e . . . que el dicho liçençiado dixo a la dicha su muger estas palabras: 'Señora, toma a la señora Juana de Briones y entraos a este rretraymiento y dezilde aquello que le aveys de dezir.' E que la dicha muger se levanto e llamo a la dicha Juana de Briones e la tomo de la mano e se apartaron amas a un rretraymiento de una ventana . . . et que se asentaron alli et . . . que antes que oviesen lugar de

fablar que el dicho liçençiado se levanto de la cama e se fue donde ellas estavan et que entrando
se finco de rrodyllas delante de su muger, y alçando las manos juntas a manera que queria fazer
oraçion, dixo a la dicha su muger estas palabras: 'Señora, por la pasyon de Dios que rrogueys a
esta señora Juana de Briones que me bese e me quiera bien.' Et que la dicha su muger bolvio el
rrostro a la dicha Juana de Briones y le dixo que antes se lo pedia por merçed que lo fiziese por
que sy a ella se lo ovieran rrogado tanto ya lo oviera fecho. Et que en esto el dicho liçençiado se
arrojo a la dicha Juana de Briones para la besar e la destoco, et ella defendiendose de el para
que no llegase a ella. Et que el dicho liçençiado le echo mano por la cabeça e se la tuvo et llego a
besarla estando delante la dicha su muger. E que llego a la besar, e que rremeçiendo la cabeza y
el juntando su rostro con el suyo la ovo de besar por fuerça. E que con el trabajar que ella traya
con la cabeça defendiendose de el que le quebro al dicho liçençiado unas bexigas que tenia en
la boca et le hizo correr sangre de ellas. Et que la dicha Juana de Briones viendose en el cruel
aprieto con el dicho liçençiado llamo socorro a la dicha su muger, diziendole: 'Señora,
valedme por la pasyon de Dios, sy no en buena fee de vos me quexe.' E que la dicha muger del
dicho liçençiado la puso la mano ençima a la dicha Juana de Briones e dixo al dicho liçençiado:
'Dexadla, señor, por mi vida, que ella de su gana lo hara.' E que el dicho liçençiado la dexo . . .
(2^{rv})

Thus, although she was willing to protect Juana from physical assault, claiming that 'ella de
su gana lo hara', the *licenciado*'s wife had attempted to persuade her by arguing in front of
her husband that 'sy a ella lo ovieran rogado tanto ya lo oviera fecho'.

   In addition to copulation and wife-swapping, the *licenciado* was prepared to offer two
other forms of *servicio* to Juana and her husband. The first involved a homosexual liaison.
The *licenciado* informed Figueroa that Pedro Ruiz de Valdelomar and Juan de Morales,
'por que como heran onbres viçiosos y avian ydo camino largo a la corte', were
homosexuals as well as wife-swappers. Furthermore, 'esto no lo avia de tener por mucho el
dicho Figueroa por que en la corte entre los grandes no se usava otra cosa' (2^r; cf. 5^r). This
example of courtly behaviour was accompanied by a corresponding offer of *servicio* to
Figueroa. In effect the *licenciado* told Juana that one day, when attempting to induce his
wife to agree to wife-swapping, she had replied:

que pues tanta afiçion mostrava que tenia con la dicha Juana de Briones que luego que si el
dicho Figueroa le pidiese al dicho liçençiado su cuerpo, que tambien se lo daria. Et que el dicho
liçençiado le rrespondio estas palabras finales: 'Por Dios, que tengo tanta afiçion a Figueroa
que sy el quisiese servirse de mi cuerpo que yo lo oviese por bien.' (2^r)

The *licenciado* urged Juana to pass on this offer of *servicio* to her husband, and she
accordingly did so. By the time of the assault in Valdelomar's house, however, this *servicio*
was being defined in more precise terms. The *licenciado*, it was said, 'de mas de dalle su
muger al dicho Figueroa le dava el culo' (5^v). Even the *licenciado* himself, angrily
attempting to deny the disclosures, was no more elegant when dealing with this particular
aspect: 'que no tan solamente daria a mi muger mas que le daria el culo para que me
hodiesse' (4^r); and, addressing Figueroa directly, 'que yo os dava mi muger por que me
diesedes la vuestra e asy mismo . . . que yo os dava mi persona para que me hodiesedes'
(5^v).

   The remaining form of *servicio* was simply one relating to promises of gifts, wealth, and
honour should Juana and her husband accede to the *licenciado*'s desires. The latter in effect
stressed his important status in Loja, emphasized the honour and wealth which his brother
had acquired by consenting to his wife's liaison with the Count of Tendilla, and promised
Juana and her husband 'dadivas et serviçios', 'mucho serviçio y onor', and 'bienes e
honores' (1^v, 2^r, 5^r, 9^r, 10^r, 12^r, 13^v).

   It is now time to turn to the treatment of the beloved, as revealed by the events of Friday
13 April. As the details of the attempted seduction and its attendant sexual offers were
recounted by Juana and her husband to others, so the *licenciado* tried to cast doubt on their

veracity by the simple expedient of circulating sexual slanders about everyone else, and by attributing the slanders to Juana and her husband. Indeed he had even attempted to persuade Figueroa, in a rather clumsy manner, to agree that he was the source of the rumours. Thus, since almost everyone gathered in Valdelomar's house was allegedly involved in promiscuous extra-marital relationships, and since everybody thought they knew where the slanders emanated from, the *licenciado* could clear his name by depicting Juana and her husband as the spreaders of malicious rumours, all of which were false. Indeed only days prior to the assault in Valdelomar's house Juana 'enbio a llamar al dicho liçençiado e de venido le dixo por que le avria fecho tanto mal que por sus fablas y malinidades tratavan la muerte a su marido' (3ʳ). She was not exaggerating because, as a result of the *licenciado*'s activities, Figueroa already had good cause to fear for his life, and more than once he had left his house to go into hiding. On the Friday, however, both he and Juana were promised safe-conducts in order to enable them to attend the meeting in Valdelomar's house—a meeting which was ostensibly aimed at putting an end to all the trouble in a friendly manner.

Once in Valdelomar's house, however, Juana de Briones and Bernaldino de Figueroa were at the mercy of the *licenciado*. Swearing on 'la cruz del espada que traya en la çinta e . . . delante de unas ymagenes', the *licenciado* formally made a 'juramento a Dios' in front of the assembled company, and then 'començo a desir al dicho Figueroa estas palabras formales: "Figueroa, fago juramento a Dios e a esta cruz que sy discrepays ni hablays palabra a lo que dixere que alli vos lleven muerto a enterrar a la yglesia"' (4ʳ; cf. 5ᵛ). The *licenciado* now proceeded to recount the slanders in detail and blamed Figueroa for inventing and circulating them. Figueroa was caught in a trap. If he contradicted the evidence, the *licenciado* had sworn a solemn oath to kill him; but if he did not deny the allegations, the full wrath of the assembled company would be turned on him. Desperately, according to the witnesses who were present, he took recourse in an argument of demonic possession, claiming that if he had ever uttered such slanders, this could only be 'estando el diablo rrevestido en su cuerpo' or 'por boca del diablo': 'Senores, yo no se que responder a cosa tan grave como me aveys dicho . . . y sy mi boca tal dixo, digo que el diablo estaria en ella que lo dixo, e no yo' (4ʳ, 9ᵛ, 10ᵛ). His protestations were in vain. Pedro Ruiz de Valdelomar, shouting that Figueroa was 'un puto judio', showered blows and kicks on him. The *licenciado* meanwhile addressed his beloved: '¡No, doña puta provada, que no yreys de aqui syn vuestro pago!' Then, flourishing a *puñal* 'para cortalle las narizes', he beat Juana and dragged her round the room, while his son-in-law, brandishing a small knife, shouted: '¡Anda, doña puta, que las narizes os tengo de cortar!' Severely battered, Juana and her husband were eventually thrown violently down the stairs and out of the front door.

The events in Valdelomar's house raise an important problem relating to the evidence contained in the *pesquisa*. If Juana and her husband had indeed been subjected to the *licenciado*'s sexual harassment, why did those assembled believe the *licenciado*'s version of events? Moreover, although witnesses corroborated Juana's allegations against the *licenciado*, this was to a large extent due to the fact that they were repeating what Juana and her husband had already told them. How trustworthy was their evidence? Had the *licenciado* really combined courtly love and lust in such a grotesque way, or had Juana and her husband simply invented the whole story? In fact the evidence was almost entirely against the *licenciado*.

The *licenciado* was certainly an expert in spreading rumours. For years, according to many witnesses, he had tried to vilify and defame the *regidor* Juan de Morales and his wife, and there can be little doubt that the allegedly complex liaisons of this latter couple were invented by the fertile imagination of the *licenciado*. Similarly, Juana's rumoured liaison with the *vicario*, Pedro Ramiro, and her husband's alleged night in a cellar with Doña Beatriz depended on the evidence of only one man, the *licenciado*. In fact almost all the rumours, apart from those relating to the attempted seduction of Juana de Briones, can be traced back, directly or indirectly, to the *licenciado*. Nor, as we shall see, was this the first time that the *licenciado* had been caught up in such scandals.

Juana's evidence, on the other hand, has the ring of truth. Quite apart from the fact that a fabricated story of this nature would have required an extraordinary degree of inventiveness, the circumstantial evidence supports its authenticity. In the first place Juana did not depict herself as an entirely innocent person, although she could have done so. The *licenciado* had been a constant visitor in her house and she had visited him when he was ill. She herself described how her joke about *cornudos* had prompted the *licenciado* to think about wife-swapping. She testified that she tried to have *vecinas* present when the *licenciado* visited her house. If they were present, then her evidence could easily be checked. If no one was present when, for example, she made the joke about *cornudos*, then she did not have to make such an admission. In either case her evidence was weighty. The same was true about her statements of the *licenciado*'s affair with her sister, Constanza de Briones. No one, including the *licenciado*, denied that such a liaison had existed, and it seems inconceivable that Juana would have made this up or that, if true, she would not have attempted to hide the matter unless it was already a matter of public knowledge. Secondly, Juana's story involved a considerable number of people, some or all of whom could have contradicted her evidence—servants, neighbours, the *licenciado* and his wife, and others whom she mentioned incidentally. No one, not even the *licenciado*, challenged her story. Indeed, too many witnesses were aware of at least some of the details and, despite the *licenciado*'s power and social standing, people believed Juana and her husband.

But, equally important, people believed Juana because the *licenciado* already had an established reputation. Not unnaturally, perhaps, Figueroa had warned his wife that the *licenciado* 'era el diablo' (1ᵛ). And certainly, if Juana is to be believed, this courtly lover who swore solemn oaths and invoked Christ's passion was capable of extreme cynicism. When he first asked her to sleep with him, Juana:

> avia rrespondido que como sy era cristiano el dicho liçençiado que aviendose echado con una hermana o dos suyas que no avia temor de Dios de le dezir tal cosa. Et que el avia dicho que con el agua bendita et con darse en los pechos se perdonava aquello. (9ʳ; cf. 1ᵛ, 10ʳ)

The great merit of the *pesquisa* was that it exonerated Juana and produced further examples to authenticate these traits of the *licenciado*'s character. All the witnesses, including those who were temporarily deceived by the *licenciado* during the meeting in Valdelomar's house, were convinced that he was the culprit. The *infamia* against the *dueñas* and nobles of Loja was the work of the *licenciado* who, as one witness put it, 'es onbre de mas mala lengua del mundo' (11ʳ). Moreover, witnesses were not slow to recall his record. Some fifteen years previously the *licenciado* and his wife had been responsible for rumours that Juan de Morales was sleeping with his nieces, the Briones—allegations which they had been forced to withdraw in an official *proceso* or *auto* (11ʳ). In fact no one denied that it was the *licenciado* himself who had had a liaison with Constanza de Briones, and he may well have been indulging in his favourite trick of covering up his own activities by spreading slanders about others. Previous years had also witnessed the appearance of written libels. On St John's morning, some thirteen or fourteen years earlier, a letter had been found on the door of the *iglesia mayor* 'escripta con sangre et que en el titulo della paresçia que la enbiava nuestro señor Jesu Cristo con el angel San Graviel para que la notificase a esta çibdad' (11ᵛ). This letter from heaven contained an attack against the *regidor* Juan de Morales and urged the people of Loja to expel him from the town. Witnesses in the *pesquisa* provided positive evidence that the *licenciado* was responsible for the letter, and even identified the blood as being that of a chicken or dove (8ʳᵛ, 9ᵛ–10ʳ, 11ʳ, 13ʳ). Then there was the matter of the 'libelo infamatorio en desonor e ynfamia de muchas dueñas e personas honrradas' which had been found one morning 'puesto en la plaça de esta çibdad en el nogal de ella' (11ᵛ). This too had been the work of the *licenciado* 'et lo dezia el de cabeça a todos sus amigos' (11ʳ). Small wonder, then, that the *pesquisa* concluded by deciding to start a *proceso* against him.

There remains the problem of how the *licenciado* was able to proposition Juana de Briones so frequently. How did a man of his reputation manage to see a married woman alone? In fact it would seem that temporary access to a woman was a relatively easy matter. In her testimony Juana stressed the *licenciado*'s obsessive pursuit of her, remarking several times on his frequent visits to her house: 'el dicho liçençiado yva et venia muchas vezes a su casa' (1ᵛ). Indeed it was the very frequency of his visits that aroused Figueroa's suspicions.

Of course, visits to other people's houses were common. All the *dueñas* of Loja had visited the *licenciado* when he was ill with love—but no one *dueña* had been left alone with him. Moreover, if a woman alone did visit another house, she would arrange to take a companion with her. When, for example, Juana visited the house of the *regidor* Juan de Morales 'tomo un manto e una muger con ella' (3ʳ). Similarly, although moved to compassion by the *licenciado*'s illness, she was careful not to visit him alone and 'tomo consygo a una muger' (2ʳ). Likewise, when the *licenciado* visited her, Juana 'procurava de tener en su casa algunas de sus vezinas' (1ᵛ). Despite these precautions, however, there were certain conventions which did facilitate opportunities for sexual propositioning. If something important had to be discussed, it was obviously not proper to do this in the presence of servants or neighbours. Thus, on a matter entirely unrelated to sex, Juana took Antón Ruiz de Valdelomar aside into a *palacio* in her own house in order to seek his personal and private reassurances (4ʳ). Then, too, household space was subject to the hierarchy of status, and not necessarily to the hierarchy within the household. One night, for example, just as Juana and her husband were about to go to bed, the *licenciado* arrived, ordered the servants to leave, and launched into one of his persuasive *prólogos* (2ᵛ). Similarly, despite the fact that Juana took a woman with her when she visited the *licenciado*, the latter had no difficulty in getting rid of everybody: 'e que como la dicha Juana de Briones entro . . . el dicho liçençiado despidio a todos los que ally estavan e aun que a la muger que llevava la dicha Juana de Briones la hizo salir a una escalera' (2ʳ). Then, after he, his wife, and Juana had moved into yet another room, the *licenciado* 'mando a un criado suyo que nadie no entrase en la dicha sala donde el estava ni de alli adentro' (2ᵛ). Safe from disturbance, the lover was now free to attack his beloved. Yet, finally, it should be remembered that Juana's companion did not in fact leave her alone with the *licenciado* for, after all, the latter's wife was present. Indeed the very conventions that frowned upon one-to-one conversations, but approved occasions when the married partner of one of the participants was present, may have provoked the *licenciado* to pursue his wife-swapping plan more eagerly. For if it was difficult to obtain prolonged access to Juana on her own, this problem would be solved by the presence and connivance of either Figueroa or his own wife. Safe in the knowledge that Juana was with the *licenciado* and his wife, therefore, the chaperon was concerned only with the time: 'e que la muger que yva con la dicha Juana de Briones estava llamandola diziendo que se fuesen por que hera ya noche e que sus hijos andarian llorando buscandola' (2ᵛ).

Given these circumstances, the only people who were likely to know what was going on were the servants—for example, the *criado* who had to bar access to the inner room in the *licenciado*'s house. Thus it was not enough for the *licenciado* to convince people that the rumours he was spreading had emanated from Figueroa. The latter, after all, would have had to obtain his information from inside sources. And so the *licenciado* alleged that Figueroa had obtained his information about the sexual liaisons of Juan de Morales and his wife from the *ama* of the Morales household (2ᵛ–3ʳ, 5ʳ, 6ᵛ, 9ʳ). Similarly, as far as the bishop's household was concerned, the *cocinero* was a mine of information (6ᵛ, 9ʳ).

If the *licenciado* Pedro de Morales, courtly lover extraordinary, failed to get his beloved off her pedestal and into bed, it was certainly not for want of ingenuity and endeavour.

NOTES

1 The views which he briefly outlined in *Historiography*, pp. 19–23, were later developed in magisterial fashion in his *Poesía*. See also Alan Deyermond, 'The Worm and the Partridge: Reflections on the Poetry of Florencia Pinar', *Mester*, VII (1978), 3–8; Ian Macpherson, 'Conceptos e indirectos en la poesía cancioneril: el Almirante de Castilla y Antonio de Velasco', in *Estudios dedicados a James Leslie Brooks* (Barcelona: Puvill, 1984), 91–105, and 'Secret Language in the *Cancioneros*: Some Courtly Codes', *BHS*, LXII (1985), 51–63.

2 See Emilio Cabrera, 'Notas sobre la muerte y el paradero de los restos del Maestre de Alcántara, don Gutierre de Sotomayor', *Ifigea*, II (1983), 185–94, at 185.

3 Nevertheless, it is of interest that *La Lozana andaluza* contains terms such as *servidores, quebrar una lanza*, and *mantener la tela* which are clearly to be glossed along the lines suggested by Whinnom and Macpherson: Francisco Delicado, *La Lozana andaluza*, ed. Bruno M. Damiani (Madrid: Castalia, 1969), 75, 77, 221. For the sexual puns and double meanings in this text generally, see Angus MacKay, 'Averroistas y marginadas', in *Actas del III Coloquio de historia medieval andaluza: la sociedad medieval andaluza: grupos no privilegiados* (Jaén: Diputación Provincial, 1984), 247–61.

4 The document, which consists of fourteen densely-written folios, is to be found in Archivo General de Simancas: Sección Cámara de Castilla, Pueblos, legajo 10–246. References to the folios of this document are inserted in the text in parenthesis. I am extremely grateful to Dr Ángel Galán Sánchez for drawing my attention to this document and for providing me with a photocopy of it.

5 Some of the witnesses figure prominently in what follows. The twelve were: Juana de Briones, Bernaldino de Figueroa, the *licenciado* Pedro de Morales, Pedro Ruiz de Valdelomar, Juan de Morales, Cristobal Mexía, Rodrigo Cabrera, Diego Rodríguez de Portillo, Lope de Portillo, Alonso de la Serna, Gerónimo de Tapia, and Elvira Ruiz.

6 On the second Count of Tendilla, see Helen Nader, *The Mendoza Family in the Spanish Renaissance, 1350 to 1550* (New Brunswick: Rutgers U.P., 1979), esp. Chap. 7.

7 Commenting on the phrase 'con vuestro servicio' in one of Guevara's poems, Whinnom wrote as follows: 'Los intérpretes "idealistas" de la poesía cancioneril dirían que Guevara está hablando del servicio de amor, del *Frauendienst*; y no carecerían de razón. Pero también es posible que esté empleando la palabra "servicio" en un ambiguo sentido sexual, pues, aunque sea difícil recoger ejemplos castellanos realmente inequívocos, en otros idiomas europeos palabras afines son otras de las muchas metáforas que se usan para designar la copulación' (*Poesía*, 33). In what follows the examples are unambiguous.

Juan de Mendoza, *El bello malmaridado*

IAN MACPHERSON

University of Durham

The *cancionero* poet Juan de Mendoza, like so many of his contemporaries, has been a shadowy figure both for historians and critics; the name appears in collections from the early sixteenth century onwards but, to the best of my knowledge, no serious attempt has been made to identify him, let alone set him within the literary, social or historical context of the court of the Catholic Monarchs. My aim in this article is not to reclaim a lost genius for Spanish letters, but rather to continue the task of giving flesh and context to the lively young courtiers who surrounded Isabel in the closing decades of the fifteenth century, and of evaluating the allegiances, personal circumstances and literary concerns which led this group of courtiers and poets to write in their characteristic ways.

One *cancionero* editor, José María Azáceta, has devoted a little attention to Juan de Mendoza: on the basis of a few examples of his occasional verse, he refers to 'la musa liviana y superficial de este poeta, que jamás toca un punto transcendente', and regrets that we are 'sin dato alguno para recomponer siquiera los aspectos biográficos más interesantes de Juan de Mendoza'.[1] In view of the proliferation of Mendozas and the chaotic Spanish name-system of the fifteenth and sixteenth centuries, one can sympathize to some extent with Azáceta's inability to identify a member of the clan. The Mendozas, who used a very restricted number of name-combinations such as Juan Hurtado, Íñigo López, Pedro Hurtado, Pedro González, for succeeding generations of a huge family, are something of a genealogist's nightmare in this respect. Helen Nader observes that 'by 1550, this small number of traditional names had been borne by more than four hundred members of the family, to the despair of the historian'.[2] Nevertheless, and in spite of all the confusions, misnomers and misattribution of titles found among primary and secondary sources, I hope to show here that the *cancionero* poet Juan de Mendoza can be positively identified as the youngest of the three illegitimate children of the Great Cardinal of Spain, Pedro González de Mendoza (1428–95), and thus the grandson of the statesman-poet Íñigo López de Mendoza, the first Marquis of Santillana.[3]

Pedro González de Mendoza, commonly represented as the 'third king of Spain' during the reign of the Catholic Monarchs, the *éminence grise* who shaped national policy for much of his active life, fathered three illegitimate children, all sons.[4] Two of these were by his mistress Doña Mencía de Lemos, his relationship with whom was an open secret, and he established *mayorazgos* for both in 1489. In 1491 the eldest son Rodrigo de Mendoza became the first Marquis of Cenete and the first Count of Cid; in 1506 his younger brother Diego Hurtado de Mendoza became Count of Melito and in the early years of the reign of Carlos V was appointed Viceroy of Valencia and later Viceroy of Catalonia. Both brothers served the Catholic Monarchs loyally and well; both were accorded royal legitimization in

1476 and papal legitimization in 1482; both became rich and influential establishment figures in Spain. The youngest son, by Doña Inés de Tovar (daughter of Juan de Tovar, Lord of Cevico de la Torre, and his wife María de Toledo) was the poet Juan de Mendoza, who like his brothers was legitimized in 1482, but received no *mayorazgo* or title, who was destined by his father for the Church, but opted for the life of a soldier, and who, as I shall show, was far from being an establishment figure at any point in his military career. López de Haro tersely records that 'ay descendientes en Francia, y en estos reynos' and Gutiérrez Coronel, after describing three marriages, notes that 'la descendencia de varón de este tercer hijo de nuestro cardenal quedó establecida en Francia con mucho lustre, autoridad y poder'.[5] Neither has anything further to say about Juan de Mendoza.

Fortunately, and thanks to the discovery by Juan Bautista Avalle-Arce of the autograph manuscript (Salamanca Univ. MS 359) of the second part of Gonzalo Fernández de Oviedo's *Batallas y quinquagenas*, it is now possible to fill out details of Juan de Mendoza's life and corroborate the laconic references of López de Haro and Diego Gutiérrez Coronel in a way which might otherwise have proved impossible. Folios 508–11 contain a gossipy dialogue between the Alcaide and the Sereno on the following lines.[6]

Juan de Mendoza, the youngest son of Cardinal Pedro González de Mendoza, was according to the Sereno a young man of considerable personal attributes and versatility: 'era bivo sobremanera e de linda dispusiçión e graçioso e muy bien hablado, gentil ladino, trobava e tañía e contava, e hazía muy bien qualquiera cosa de cavallero diestro de pie o a cavallo, e en todo tenía buena maña como es público'. Fernández de Oviedo tells of two disastrous marriages, one to Mencía de la Vega y Sandoval, Lady of Tordehumos, and the other to Ana of Aragon, daughter of thc Count of Lerín, the Constable of Navarre.[7] The first of these, to a noblewoman notorious for her inconstancy, ended very quickly in divorce, to the considerable relief of both parties.[8] The second, shortly after the death of Queen Isabel in November 1504, was a love-match which took place in Medina del Campo, in defiance of the wishes of Fernando. Juan and Ana are reported as marrying 'por amores e sin dote . . . e así bivieron pobres y no bien'. This second marriage produced a son, Diego Hurtado de Mendoza,[9] and a daughter, Catalina.

Juan left the country (Fernández de Oviedo offers no explanation) to travel in Italy and other regions abroad, leaving Ana behind in Spain where, as the chronicler drily observes, 'ella en tanto hizo pocos miraglos ni telas de lino atendiéndole como Penólope' [*sic*]. On the death of Fernando in 1516 Juan de Mendoza returned to Madrid to revenge himself upon his erring second wife, who took refuge in the convent of Santa Clara. Juan's unsuccessful attempts to force entry into the convent are reported as winning him few friends in Madrid, and his desperate public endeavours to redeem his honour did little for his personal reputation and delighted the local scandalmongers. Francesillo de Zúñiga, Charles V's jester, confirms Fernández de Oviedo's tales of poverty and marital strife by listing among the Emperor's retinue 'don Juan de Mendoza, *conde de Monteagudo* [my italics] (que después fue llamado el Bello Malmaridado, y esto se llamó porque tovo concordia con su mujer); este Conde parecía perro ahorcado o borceguí viejo de escudero pobre'.[10] The title of Count of Monteagudo awarded him by Francesillo de Zúñiga is as obviously sardonic as the reference to the harmony of his married life: the youngest son of the Great Cardinal of Spain was untitled, poor, and unaccustomed to domestic bliss.[11]

Juan de Mendoza's involvement with the *comunidades*, and his exclusion from the general amnesty which followed the government victory at Villalar in 1521, led to his flight from Spain, his enlisting in the service of François I of France, and his pathetic death soon afterwards in Lombardy, when, as he was attempting unarmed to quell a disturbance in the camp, he was attacked and killed by his own French soldiers near Alessandria de la Paglia. His wife and daughter fell upon even harder times when he left Madrid, and

Fernández de Oviedo's Alcaide reports having sighted them, in severely reduced circumstances, in Barcelona in 1519.

With this confirming evidence, Juan de Mendoza's family tree can be established:

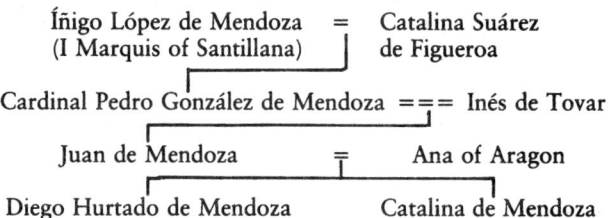

Íñigo López de Mendoza = Catalina Suárez
(I Marquis of Santillana)   de Figueroa

Cardinal Pedro González de Mendoza === Inés de Tovar

Juan de Mendoza = Ana of Aragon

Diego Hurtado de Mendoza   Catalina de Mendoza

Probable birthdates for Juan's two half-brothers are 1464 and 1468 respectively,[12] and so we can assume a date of birth for Juan in the early 1470s; his murder in Lombardy appears to have taken place shortly after 1523.[13] Fernández de Oviedo's description of Juan's talents as a singer, musician and poet leaves little doubt that this is the Juan de Mendoza whose compositions figure in the early sixteenth-century collections.[14]

The *Batallas y quinquagenas* account is of interest not only for the biographical details which it provides for Juan de Mendoza but also for an account of his character: 'ombre de poco o ningún reposo, pero acutíssimo e de bivo ingenio para liviandades' (fol. 508); 'no era ynorante don Johan, ni dexava de conosçer muger' (fol. 509); 'era bivo y gracioso galán e de gentiles partes' (fol. 509ᵛ). Fernández de Oviedo cannot forgive him a number of things, however—his refusal to follow his father's footsteps into the Church as he was clearly meant to do, his folly in leaving behind a beautiful wife in Madrid to fall into temptation among the young blades of the court, and his disloyalty to his King in throwing in his lot with the rebels in the War of the *Comuneros* (1520–21). The last is for Fernández de Oviedo the decisive factor in his downfall: 'si no huyera en Francia tanbién le cortaran la cabeça por desleal, como a Johan de Padilla, y no fuera muerto donde le mataron' (fol. 509ᵛ).[15] Whether being publicly beheaded in Spain could be regarded as obviously more desirable than being murdered in Italy is a moot point.

The evidence of Fray Prudencio de Sandoval's *Historia del Emperador Carlos V* confirms Juan de Mendoza's commitment to the *comunidades*.[16] He became Commander of the Valladolid military contingent, and it is clear that he fought bravely between November 1520 and April 1521. He and his men formed part of the *comunero* force led by Pedro Lasso de la Vega (brother of Garcilaso) which besieged Medina de Rioseco, then under the command of the Admiral of Castile, in November 1520;[17] he led a force of four thousand men to the relief of the beleaguered Torrelobatón early in 1521, and shortly afterwards took seven hundred of those men first to relieve the town of Dueñas, which had risen against the Count of Buendía, and then to Villacis, which he captured and sacked. The last mention of him by Sandoval is his successful expedition, with fifty musketeers, to the relief of Palacios de Meneses, which he helped to defend against a government force commanded by the Bishop of Osuna; his name does not appear in the account of the final defeat of the *comuneros* at Villalar in April 1521, and the likelihood is that he fled, with the rest of the *Junta*, from Valladolid that month before the Admiral of Castile and the Constable of Castile arrived to take the town. Sandoval had no reason to present any *comunidad* commander in a favourable light, yet it is striking that he has no word to say against Juan de Mendoza, and that all the events which he reports show Juan as an able and successful soldier. This contrasts sharply with the single sentence which Fernández de Oviedo is prepared to devote to Juan's military career: 'él fue uno de los capitanes que andovieron en desserviçio del Emperador, e así fue uno de los eçeptados del perdón' (fol. 509ᵛ). From a slightly different moral and political standpoint, the next sentence (quoted earlier) could easily have been written along the lines: 'si le perdonara el Emperador, este caballero no huyera en Francia, y no fuera muerto donde le mataron'.

Juan de Mendoza has two poems in the *Cancionero general* of 1511, and a further two in the edition of 1514, which form part of a total of fourteen compositions spread over six of the collections incorporated by Brian Dutton in his *Catálogo-índice*.[18] To these can now be added the previously unpublished *invención* recorded by Fernández de Oviedo in *Batallas y quinquagenas*:

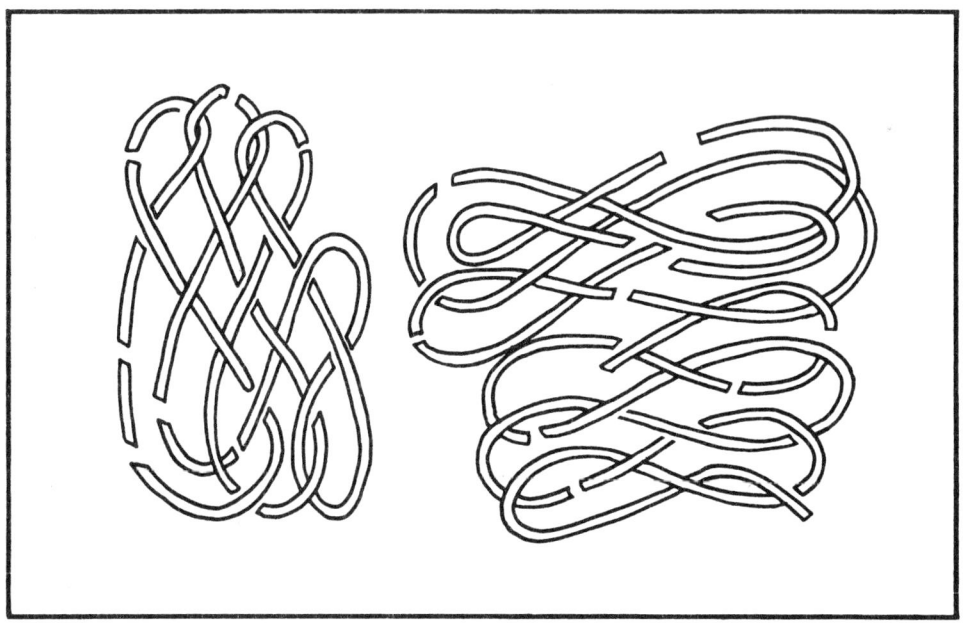

Mejor estarán cortados
que añudados (fol. 510ᵛ)

Two lovers' knots appear side by side, in an *invención* demonstrably characteristic of the taste and preoccupations of Isabel's court. Taken independently, the two-line *letra* is an enigma (what would be better cut than joined?), the resolution of which depends upon the accompanying visual stimulus. In this case the eyes observe and generate the term *lazos*, which can now be supplied as the subject of the verb *estarán*; sight and sound combine to produce a characteristic late-fifteenth-century example of *annominatio*.[19] Juan de Mendoza's lot would improve if he were cut free from the ties of this love. And while the design on the right represents a simple pair of intertwined lovers' knots, one does not have to be too imaginative to disentangle the initials J and A from the design on the left: Juan and Ana.

This plasticity is further illustrated by an intellectually undemanding *letra* in 11CG:

Vida de ésta
ser el medio de su nombre
principio de su respuesta. (fol. 143ʳ)

One's suspicion, judging from the pessimism of the first line, that the lady's name might be Ana and that the answer might be in the negative, is confirmed by the rubric supplied by Hernando del Castillo: 'Don Juan de Mendoza traía en el bonete una .n. de oro, porque su amiga se dezía Ana'. Again, the indications are that the lady referred to is Ana of Aragón.[20] Keith Whinnom, in the course of a sensitive evaluation of some of the *invenciones* and *motes* of the period, observes that while many are self-explanatory and often puzzlingly uninteresting, others defy interpretation out of context, and that in such cases 'tiene que haber algo aquí que se nos escapa' (*Poesía*, 58); the two examples which I have just cited suggest that an increased awareness of the circumstantial nature of the verse, along with a heightened understanding of the rhetorical devices which underlie it, may well combine to explain the otherwise inexplicable.

To illustrate the range and the variation in register of Juan de Mendoza I reproduce three poems from Palacio manuscript 617 (MP2).

The first is an occasional piece, to add to the growing collection of recorded gibes about the diminutive stature of Fadrique Enríquez, the fourth Admiral of Castile:[21]

> De don Juan de Mendoza al Almirante,
> porque le preguntó a qué venía.
>
> Vengo a ver al Almirante
> por cumplir con mi desseo,
> y aunque le tengo delante
> y estoy çerca, no lo veo;
> quiérome poner antojos
> para quitarme de duda,
> porque no pueden mis ojos
> leer letra tan menuda.
> ¡Qué maravilla tamaña
> que veamos un señor
> ser de los grandes de España
> de los chicos el menor!
> Los pies tiene en el mar
> y el cuerpo en tierra todo;
> de cabeza al carcañar
> cassi no tiene un cobdo. (MP2, fol. 231ʳ)[22]

The second illustrates the unfussiness of the poets of the time about including the scatological in their range:[23]

> De don Joan de Mendoza a una muger muy gorda,
> porque estando delante de su señora se durmió,
> y tiró.
>
> Allá en la carniçería,
> do venden la carne muerta,
> estava la puerta abierta,
> soltóse la artillería.
> Mostró la dama dormida,
> haziendo tiros sin cuenta,
> por figura muy sentida
> que este mundo y mía vida
> todo es viento. (MP2, fol. 225ᵛ)

Finally, Juan de Mendoza demonstrates that he is capable, when he so chooses, of composing *coplas* which are very much in the mainstream of accepted courtly love convention:

> Dama, cuya hermossura
> tanto tiempo me a tenido
> tan penado,
> que hasta la sepoltura
> el mayor mal que e sentido
> me a llegado
> al cabo de mis días,
> y el mal de que muero

y por quien,
pues que de las penas m[í]as
otro descansso no quiero
ni otro bien.
　　Mi passión naçió de veros,
de allí todo quanto siento
començó,
mas, de temor de perderos
mi secreto penssamiento
lo calló.
Y si fue grave dolor
el que no viendôs hazía
vuestra ausençia,
no fue la pena menor
por encubrir do venía
la dolencia.
　　Que si la ley consintiera
dezir la caussa del mal
¡qué más bien!
¡quán justo remedio fuera
de mi pena desigual,
ver por quién!
O, mi ventura enemiga,
que no me dexa quexalle
do comience;
temor no quiere que diga,
dolor no sufre que calle
quien me vence.
　　En esta duda biviendo,
donde falta la sperança
sobra el miedo;
pero aunque bivía muriendo,
penssar de hazer mudança
nunca puedo;
que mi fe, bien empleada,
tiene en poco quanto mira
do no os veo;
aunque estades engañada
qu'es por demás si sospiro,
si desseo.
　　Quéxome, no ssé por qué,
pues de mí viene la guerra
que sostengo;
¿quién dará a mis males fe,
si quanta fe ay en la tierra,
yo la tengo?
Y para empresa tan alta,
donde no ay cabo de la obra
ni comienço,
muriendo por lo que os falta,
desso mesmo que me sobra
yo me venço. (MP2, fol. 233ʳᵛ)

'Vengo a ver el Almirante' is a straightforward *obra de burla*, best read in conjunction with the other three known examples of anti-Admiral verses by Juan de Mendoza.[24] The lack of warmth is clear, and confirmed by the rivalries formed in the royal court at the turn of the century: there was no love lost between Juan de Mendoza and Fadrique Enríquez, who were later to come into armed conflict during the War of the *Comuneros*. In 'Allá en la carnicería' the subject, the expression and the conclusion make the reader immediately aware of a conscious burlesque of the poetic process: in Juan de Mendoza's *copla* a highly unsuitable occasion produces, parodically, a quite inappropriate, irrelevant and irreverent generalization. When Juan de Mendoza turns away from occasional poetry, on the other hand, he demonstrates in the case of 'Dama, cuya hermosura' his ability to write calmly and with feeling within accepted courtly conventions. There is no trace of cynicism here, and his personal treatment of the dual value of the key term 'fe' in the final stanza is both moving and effective.

This brief account of one *cancionero* poet highlights the dangers inherent in generalizations made about the genre as a whole. Even for a critic as sensitive as J. M. Aguirre, for example, 'La poesía cortesana es obra de muchos poetas, conocidos o anónimos, es un vastísimo poema único . . . Los poemas de los cancioneros forman así una enorme y hermosa composición con variaciones sobre un mismo tema'.[25] As detailed knowledge of the individuals who contributed to the corpus increases, and as the full range of their writing becomes more widely known, this kind of catch-all judgement can be seen to catch less and less. Juan de Mendoza emerges as a lively but non-conformist individual, talented in many ways but conspicuously unsuccessful in personal relationships, as volatile and unpredictable in his writing as in his personal life—the self-destructive black sheep of a powerful family strongly committed to political self-preservation. This is one *cancionero* poet upon whom the critical generalizations sit uneasily.

NOTES

1 *Cancionero de Juan Fernández de Íxar*, ed. José María Azáceta, 2 vols (Madrid: CSIC, 1956), I, lxxxiv–lxxxv.

2 *The Mendoza Family in the Spanish Renaissance 1350 to 1550* (New Brunswick: Rutgers U.P., 1979), xii.

3 See especially Alonso López de Haro, *Nobiliario genealógico de los reyes y títulos de España*, 2 vols (Madrid: Luis Sánchez, 1622), I, 240–42; and Diego Gutiérrez Coronel, *Historia de la casa de Mendoza*, ed. Angel González Palencia, 2 vols, Biblioteca Conquense, 3 and 4 (Cuenca: CSIC & Ayuntamiento, 1946), II, 374–79.

4 His life is well documented. See Ramón Lacadena y Brualla, Marqués de Lacadena, *El gran Cardenal de España, don Pedro González de Mendoza* (Zaragoza: Luz, 1939); Francisco de Medina y Mendoza, *Vida del Cardenal D. Pedro González de Mendoza*, in Memorial Histórico Español, IV (Madrid: RAH, 1853); and Francisco Layna Serrano, 'El Cardenal Mendoza como político y consejero de los Reyes Católicos' (Madrid, 1935; Biblioteca Nacional, Varios, Q1509–10).

5 López de Haro, I, 242; Gutiérrez Coronel, II, 379. The latter muddies the waters by referring incorrectly to the Great Cardinal's youngest son as Juan Hurtado de Mendoza.

6 *Batallas y quinquagenas* is to be published by the University of Salamanca in its collection 'Tesoro Bibliográfico', and I should like to express my gratitude to Professor Avalle-Arce for his generosity in allowing me to see, in advance of publication, his transcript of the *Diálogo* which relates to Juan de Mendoza.

7 Gutiérrez Coronel (II, 379) claims three wives for him, in the following order: 1. Ana de Beaumont, daughter of Luis de Beaumont, Count of Lerín and Constable of Navarre; 2. Inés de Orozco, daughter of Juan Pérez de Orozco, Commander of Beas in the Order of Santiago; 3. Mencía de la Vega y Sandoval, Lady of Castrillo, Guardo and Tordehumos. It is quite possible that Fernández de Oviedo should have overlooked one wife in his account, but since he was writing close to the events and includes so much circumstantial detail he is much more likely than Gutiérrez Coronel to have recorded the order of the other two marriages correctly. I have been able to find no corroborating evidence for the marriage to Inés de Orozco.

8 Juan de Mendoza was Doña Mencía's third husband. She was the daughter of Don Diego de Sandoval and Doña Leonor de la Vega and, according to Lorenzo Galíndez Carvajal, *Anales breves de los Reyes Católicos D. Fernando y Doña Isabel*, ed. Cayetano Rosell in *Crónicas de los reyes de Castilla*, III, BAE, LXX (Madrid: Rivadeneyra, 1878), 559a, 'fue muy mala muger e fue casada muchas veces'. Carvajal lists her four husbands in order as Pedro de Mendoza (son of Diego Hurtado, Duke of Infantado), Bernardino de Quiñones (Count of

Luna), Juan de Mendoza, and the Infante D. Fernando de Granada ('y al cabo se dice que el dicho Infante murió de enojos que de ella rescibió').

9 The name is omitted from Fernández de Oviedo's manuscript, but mentioned by Gutiérrez Coronel, who adds the detail that the young man 'con su madre se pasó a Francia, donde se casó con madame de Manevil, señora de este estado, con ilustre sucesión' (II, 379).

10 *Crónica burlesca del Emperador Carlos V*, ed. Diane Pamp de Avalle-Arce (Barcelona: Grijalbo, 1981), 77.

11 The Count of Monteagudo at the time was Antonio Hurtado de Mendoza, whose father was the first Count of Monteagudo, Pedro González de Mendoza, and who married a granddaughter of Santillana, María de Mendoza. The inventive nickname of *el bello malmaridado* is an obvious reference to the popular 'Romance de la bella malmaridada', with its theme of the husband's return to punish the adultress. Diane Pamp de Avalle-Arce (*Crónica burlesca*, 193, n. 94) draws attention to these details, but fails to come to terms with Zúñiga's irony in attributing to Juan de Mendoza a title which he very clearly did not have; she treats this and subsequent references to 'el conde de Monteagudo' as if they referred to Antonio Hurtado de Mendoza, with confusing results (e.g. notes 166, 498; index, 264 and 265).

12 Gutiérrez Coronel, II, 382; Marqués de Lacadena, 33.

13 This is the date of Fray Antonio de Guevara's 'Letra para don Juan de Mendoça, en la que se declara qué cosa es ira y cuán buena es la paciencia' (*Libro primero de las epístolas familiares*, ed. José María de Cossío, 2 vols [Madrid: RAE, 1950–52], I, 133–38). Apart from a brief reference to 'aquel que os hizo tan atroz injuria' (135) Guevara's 'Epístola 21' contains no personal information about Juan de Mendoça.

14 Luis de Pinedo, *Sales españolas o agudezas del ingenio nacional*, ed. Antonio Paz y Melia, BAE, CLXXVI (Madrid: Atlas, 1964), includes one example of his courtly wit: 'La Reina Doña Isabel estaba leyendo una carta, y D. Juan de Mendoza púsose delante de la claridad. Díjole la Reina: -Quítate delante, que no veo-. Respondió Don Juan: -Señora, perdone Vuestra Alteza, que pensé que era verdadero el refrán que los hijos de clérigo se traslucían-; porque era hijo del Cardenal D. Pedro González de Mendoza' (115).

15 The *comunero* general Juan de Padilla was publicly beheaded in Villalba along with Juan Bravo and Francisco de Maldonado on 22 April 1521.

16 *Historia de la vida y hechos del Emperador Carlos V*, ed. Carlos Seco Serrano, III, BAE, LXXXII (Madrid: Atlas, 1955), 357, 403, 408, 427, 429.

17 Corroborated by Pedro Mexía, *Historia del Emperador Carlos V*, ed. Juan de Mata Carriazo, CCE, VII (Madrid: Espasa-Calpe, 1945), 206: 'yba con él [el obispo de Çamora, don Antonio de Acuña], don Juan de Mendoça, capitán de Valladolid, hijo del cardenal Pedro Gonçalez de Mendoça'.

18 Dutton *et al.*, *Catálogo-índice de la poesía cancioneril del siglo XV* (Madison: HSMS, 1982). I adopt Dutton's numeration and classification system throughout. The four poems in the 1511 and 1514 editions are 'Vida es esta' (11CG, fol. 143^r), 'Todas son del pensamiento' (11CG, fol. 143^r), 'Aunque fuera un Colón' (14CG, fol. 210^v) and 'Almirante mi señor' (14CG, fol. 211^r).

19 For further examples, see my 'Secret Language in the *Cancioneros*: Some Courtly Codes', *BHS*, LXII (1985), 51–63, at 56–58.

20 If this is so, the *letra* can probably be dated earlier than 1504, when Juan and Ana married.

21 Cf. my 'The Admiral of Castile and Antonio de Velasco: *Cancionero* Cousins', in *Medieval and Renaissance Studies in Honour of Robert Brian Tate* (Oxford: Dolphin, 1986), 96–107, and 'Conceptos e indirectas en la poesía cancioneril: el Almirante de Castilla y Antonio de Velasco', in *Estudios dedicados a James Leslie Brooks* (Durham: Univ. of Durham, 1984), 91–105.

22 While this article was in press, José J. Labrador, C. Ángel Zorita and Ralph A. DiFranco published their edition, *Cancionero de poesías varias: manuscrito no. 617 de la Biblioteca Real de Madrid* (Madrid: El Crotalón, 1986 [1987]), in which the poems are no. 314 (p. 335), no. 290 (p. 328), and nos 324 and 475 (pp. 338–39 and 545–46—this poem occurs twice in the *cancionero*). Their readings differ from mine at some points.

23 This poem has recently been published by José Manuel Blecua, 'Un cancionerillo casi burlesco', in *Homenaje a don Agapito Rey* (Bloomington: Indiana Univ., 1980), 219–45. Previously published verses by Juan de Mendoza appear on pp. 227 and 237 of this article, but Blecua is not able to identify the author (229, n. 17).

24 The others are 'Aunque fuera un Colón' (Dutton 2045), 'Almirante mi señor' (6930) and 'De la copla que me toca' (0249). The first two of these form part of the *Cancionero de obras de burlas provocantes a risa*, ed. Juan Alfredo Bellón and Pablo Jauralde Pou (Madrid: Akal, 1974), 164–65, and the third is in *Cancionero de Juan Fernández de Íxar*, ed. José María Azáceta, 2 vols (Madrid: CSIC, 1956), II, 818.

25 Hernando del Castillo, *Cancionero general: antología temática del amor cortés*, ed. J. M. Aguirre (Salamanca: Anaya, 1971), 13.

'From Her Shall Read the Perfect Ways of Honour': Isabel of Castile and Chivalric Romance

IAN MICHAEL

University of Oxford

> Era muger muy aguda e discreta, lo qual vemos pocas e raras veces concurrir en una persona; fablaba muy bien, y era de tan excelente ingenio, que en común de tantos e tan arduos negocios como tenía en la gobernación de sus Reynos, se dio al trabajo de aprender las letras latinas; e alcanzó, en tiempo de un año saber en ellas tanto, que entendía qualquier fabla o escriptura latina.[1]

The author of the pen-portrait from which this quotation is taken was sufficiently privileged to have witnessed Isabel of Castile's day-to-day activities, yet we must treat what he claims with some caution because he was one of the royal secretaries, official chronicler of her reign, and author of this brief account of the great Queen after her death. None the less, Hernando del Pulgar, in common with all other contemporary commentators, does reveal that, after succeeding to the throne (when impelled, perhaps, by diplomatic necessity), Isabel devoted at least a year to learning Latin, even if modern historians have doubted whether it was Beatriz Galindo, *La Latina*, who in fact instructed her.[2]

There is other documentary evidence to suggest that the Catholic Monarchs did not spend all their waking hours in pacifying their realms, restoring the Visigothic Kingdom, staving off foreign invasions, planning the reconquest of Granada, the conquest of the Canaries and the acquisition of the new lands beyond the Ocean Sea, as well as undertaking the reform of taxation and the currency, administering justice, rooting out heresy and creating the modern State, as most general histories instruct us.

The best modern historian of Isabel's reign has shown, for example, that at the Cortes of Toledo in 1480 the Monarchs consented (as though to a novel practice) to attend the Consejo Real at least on Fridays, in order to hear in person the more serious cases and study the more difficult matters; on other days no provision could be dispatched without the presence of a prelate, a knight and two lawyer members (nobles could attend but not vote). Thus, although all affairs of great import would be referred to one or both of the Monarchs, it is clear that, just as with their predecessors, their custom was to delegate a very great deal to the score of royal secretaries they employed at various times during their joint reign.[3]

Sánchez Cantón, in a fascinating analysis of the paintings, tapestries, manuscripts and printed books preserved in the long-established royal collections at Segovia and Madrid, and during the Catholic Monarchs' reign at Arévalo and Granada, attempts to draw conclusions about Isabel's artistic tastes and reading habits on the basis of what was available to her:

> ¿No causa asombro la anticipación de la Reina Católica a la sentencia secular en elegir las joyas literarias de su tiempo y del precedente? . . . no desdeñó la moda de los Libros de Caballerías y adquirió *La Historia de Lanzarote* y *El Baladro de Merlín* y *La Demanda del Santo Grial*.[4]

But at one moment he rightly casts some doubt on his own conclusions by recounting (24) Bishop Sanabria's sally about the Provisor of Cadiz, who, the Bishop said, 'had made a truce with his books, because he would only occasionally leaf through them'.

Sánchez Cantón expresses surprise at the amount of secular, even racy, material in the royal library which included Boccaccio's *Decameron*, Juan Ruiz's *Libro de buen amor*, the Archpriest of Talavera's *Corbacho*, and no fewer than four copies (two manuscript and two, he infers, printed) of *Ysopete*, written in a 'prosa desenvuelta, y adornada por algún grabado escabroso, y relatos de otros autores, como los de Poggio florentino, de muy libre, por no decir de muy desvergonzada, lectura'.[5] The fact that one ought to feel shocked by the possibility that Isabel could have riffled through such books is a tribute to the efforts of all the chroniclers and apologists of her reign to present her, almost from its inception, as a secular version of the Virgin Mary: the Franciscan Íñigo de Mendoza began the dedication to his *Dechado del regimiento de príncipes* by comparing Isabel with the Virgin in her specific function of repairer and restorer, the latter of mankind, the former of the realm of Castile, and this idea proliferated in later writers (De Azcona, 311–12).

There is much to take issue with in Daniel Eisenberg's account of contemporary royal literary taste in his otherwise useful and well-researched study of the new chivalric romances produced in Castile in the fifteenth and sixteenth centuries:

> the Hispano-Arthurian texts are principally translations. As with most translations, the literary contribution they made, seen in a European perspective, is slight . . . Also these medieval Hispano-Arthurian texts . . . were of little interest during the last half of the fifteenth century. It was in the earlier court of Juan II when chivalry (as opposed to warfare) was most favored in the Spanish Middle Ages; Enrique IV, of course, cared little for chivalric literature, and the Reyes Católicos, though not completely immune to its charms, took their responsibilities too seriously, and were too interested in concluding the reconquest, to have much time for idle reading.[6]

This seems a strangely blinkered view of the literary contribution of translations: even if we leave aside the Bible and Classical texts, the numerous highly-wrought medieval and humanist versions of the history of Troy and the life of Alexander the Great in most of the languages of Western Europe all rested on the work of translators or adaptors. Furthermore, their products had a profound influence on human behaviour: confining ourselves solely to the chivalric books, we have, for example, the contemporary evidence of the disapproving Huguenot François de la Noue about the astonishing effect of the French translations of *Amadís de Gaula* on life and letters during the reigns of François I and Henri II, III and IV of France.[7]

Eisenberg's statement also misleads us about Spain in the last half of the fifteenth century, when references to the *matière de Bretagne* still abounded in all kinds of verse (including ballads) and prose, when the surviving number of manuscript fragments of Spanish versions of the Arthurian prose romances suggests that they were much read and adored,[8] and when we find among the first fictional works printed between 1494 and 1509 no fewer than nine chivalric works translated from the French, two of them appearing in more than one edition.[9]

It seems shortsighted, then, to exclude as immediate precursors of the new Peninsular romances all these foreign imports as being of no account in their literary effects on the grandparents and parents of the sixteenth-century authors and readers with whom Eisenberg exclusively deals. It is also unfortunate that he deliberately narrows his study to new productions in Castilian, since Catalan and Portuguese versions of the French books were more important steps in the transition of chivalric literary concepts into the Peninsula than the only major Castilian contribution to the genre in the fifteenth century, Pedro del Corral's *Historia sarracina* (c. 1430), not to mention the outstanding original works composed in those languages.[10] While it would be a brave critic who would think that Castilian-speaking readers, then or now, could read either Catalan or Portuguese with any ease, or at all, such works as the Valencian *Tirant lo Blanch*, the Catalan *Curial e Güelfa* and the Portuguese *Palmeirim de Inglaterra*, as well, probably, as the primitive *Amadís*, were translated into Castilian and circulated in the centre of the Peninsula, being there available to new authors and readers alike.

This point about the dangers of too narrow a concentration on Castile is touched on by the writer of the prologue to Eisenberg's own study, Martí de Riquer, when he laments that:

> La triste incomunicación entre los medievalistas, o mejor el poco interés que demuestran muchos hispanistas por la literatura francesa, hace que muy a menudo se olvide un hecho capital: que el *Amadís de Gaula* es hijo del *Lancelot* en prosa, escrito hacia 1230, muy conocido en España, donde se tradujo a los tres romances peninsulares . . . El *Lancelot* en prosa es el principal modelo del *Amadís de Gaula*, y como éste es el padre de los libros de caballerías castellanos, este género literario se nos presenta como la interpretación española del *roman* caballeresco de aventuras que creó Chrétien de Troyes. Es una literatura que se inspira en modelos literarios. (*Romances*, viii–ix)

We might add that it was not just the one model of the Prose *Lancelot* that was influential, for there was a much older Castilian romance dating from the early part of the fourteenth century that drew on the *matière de Bretagne*, among other sources, and served to introduce into Spain chivalric concepts established in Arthurian romance: *El libro del cavallero Zifar*, which Eisenberg dismisses as an unimportant antecedent of the sixteenth-century romances.[11] As it happens, much of the philosophical and political advice contained in the third part of *Zifar* was drawn from *Flores de filosofía*, a work that was preserved in a folio paper manuscript in the royal library at Segovia (Sánchez Cantón, no. 66–C). But more importantly, the fifteenth-century manuscripts of *Zifar* included the splendidly illuminated Paris one, made perhaps for Juan II or Enrique IV, which was almost certainly in Isabel's possession.[12] The entire text of *Zifar* reached print at least by 1512, four years after the first extant printing of *Amadís*. Eisenberg, however, appears to underrate the prior Arthurian and pseudo-Arthurian material:

> In the later authors there are various references to *Belianís de Grecia*, the *Caballero del Febo*, and other later books. There are less frequent references to translations, such as *Tristán*, and even fewer to works such as *Oliveros de Castilla* and *Partinuplés*. Finally, I have not found a single reference anywhere (excluding the *Quijote*) to the *Caballero Cifar*, showing that its one edition of 1512 did not remove it from oblivion, and few to *Tirant lo Blanch*.[13]

He goes on to draw a bold conclusion:

> What seems clear from all this is that Golden Age readers had a clear and consistent concept of which works were, and which were not, romances of chivalry. Their preference for works written in Castilian shows that the use of language of composition as a criterion for identifying the Spanish romances of chivalry is a sensible one, and confirms that the foreign romances of chivalry available in translation were tangential works, having lost whatever influence they may have had in Castile in the fifteenth or earlier centuries. Certainly the works the contemporaries saw as being romances of chivalry had an important characteristic in common, besides their language of composition, and that was their length. These works

range from moderately long to extremely long; the short, translated works such as *Partinuplés* and *Enrique fi de Oliva* are seldom referred to. (7)

There is insufficient space here to discuss the quite frequent sixteenth-century reprintings in small format of these short chivalric works taken from the French, but it seems important to point out that most of the translated Arthurian texts were just as long as the native Peninsular productions, and that such of them as were printed were among the longest (*Baladro, Tristán de Leonís*).

What Eisenberg never explains is how sixteenth-century prospective purchasers of the chivalric romances, when they entered the shops of Peninsular booksellers or printers, would be able to tell which works were translated from French or other languages and which were not, considering that virtually all the native productions allege on their title-page, in their prologue, or at their colophon, that they were translated from a foreign tongue, usually an exotic one. Among the possible reasons for these false claims may have been a notion that the readers, from previous experience, would rate foreign works more highly than Peninsular ones. Eisenberg neither addresses himself to the likelihood that exhaustion of foreign material may have been a spur to native production in the first place, given a growing demand for novelty among the reading public, nor to the possibility of changing taste in what readers expected to find in the genre as the sixteenth century progressed.[14]

Disturbing, too, is Eisenberg's dismissal of 'chivalry (as opposed to warfare)' at the courts of the Trastámaran monarchs after Juan II. As Maurice Keen so fully illustrates, *pas d'armes*, Joyous Quests and Solemn Vows were the norm at tourneys and pageants (during which the participants and their ladies would often disguise themselves as literary figures) in fifteenth- and sixteenth-century Spain as elsewhere in Europe.[15] If by 'chivalry' Eisenberg means to imply knightly occupation in such activities, then, far from being opposed to warfare, chivalry was, on one view, a representation and a rehearsal of it; on another, warfare itself was the supreme expression of chivalry.

It is, of course, clear that, around the beginning of the sixteenth century, certain social and political changes were taking place that caused chivalry, not so much to decline, as to alter its appearance; among these changes Keen lists new military tactics, advances in warfare technology and the rise of standing armies, together with the growth of public fiscality and royal power (239). This did not prevent Felipe II, for example, becoming 'the hero of a *pas d'armes* quite as elaborate and ingenious as any of the Burgundian "feats" of the fifteenth century' (Keen, 238).

Nor would it be right to dismiss Enrique IV of Castile as an effeminate wimp, as the later Isabeline chroniclers successfully did in order to reinforce her somewhat dubious claim to the Castilian throne by condemning his daughter Juana as illegitimate. Many contemporaries were agreed that the first ten years of Enrique's reign were ones of peace and justice (De Azcona, 52–57), and included four quite successful campaigns against Granada:

> en comparación con los diez últimos años del reinado de Juan II, se aprecia un cambio sustancial; la línea de la frontera se ha reconstruido, Castilla tiene de nuevo la iniciativa en las operaciones militares y han sido conquistadas algunas posiciones de importancia, como Gibraltar.[16]

Enrique IV often seems to have behaved as chivalry demanded. In 1456, for example, he knighted on the battlefield a liegeman of the Duke of Burgundy, Jean de Rebreviettes, during the successful assault on the town of Jimena (Keen, 167); the German knight errant Jorg von Ehingen was seriously wounded in fighting the Moors outside Granada in 1457 and was admitted by Enrique to the Order of La Escama, which had been founded by his father during the Granada wars (Keen, 223–24); and, finally, in 1461, Enrique was delighted by the *pas d'armes* on the outskirts of Madrid arranged, to surprise him and the Duke of Brittany's ambassador, by the third and newest of his favourites, Beltrán de la Cueva (the alleged father of the Infanta Juana):

> Estaba puesta una tela barreada en derredor, de madera con sus puertas, por donde avían de entrar los que venían del Pardo; en cuya guarda estaban ciertos salvajes que no consentían entrar a los caballeros e gentiles hombres que llevasen damas de la rienda, sin que prometiesen de hacer con él seis carreras, e si no quisiesen justar, que dexasen el guante derecho . . . Duró esta fiesta desde la mañana hasta la noche, que se retruxo el Rey con la Reyna a sus Palacios. Y como aquel Paso fue cosa señalada, queriendo el Rey honrar su Mayordomo e favorecer su fiesta, mandó allí hacer un Monasterio de la Orden de Sant Gerónymo, que se llama agora Sant Gerónymo del Paso.[17]

Since the ten-year-old Isabel was taken to her half-brother's court the following year to stand as godmother to his daughter Juana, it is likely that she would have heard tell of these lavish celebrations and she may often have attended others later on. In 1467, Isabel herself was the organizer of more intimate fiestas for her younger brother Alfonso's fourteenth birthday, which included a masque, or *momo*, apparently of non-religious type, that included *fados* written by Gómez Manrique, in which she took a role (part of her text quoted by De Azcona, 113–14). These fiestas became a family tradition during her reign. When, at the age of eighteen, she set eyes on Fernando of Aragon for the first time at their wedding, she is likely to have viewed him as one of the paladins of chivalry, famous for his prowess in war, tourneys and hunting,[18] indeed as 'the perfect prince' that he was to become for Machiavelli.

We can never discover exactly how Enrique IV spent his considerable leisure time in his nature reserve at Valsaín, or what books he read or had read to him, nor how Isabel as a girl passed the idle hours in the houses of her sick Portuguese mother and demented maternal grandmother at Madrigal, Arévalo or Cuéllar, but we have perhaps a clue to her leisure activities from the Aragonese court a generation earlier, when the Marqués de Santillana included in his *Comedieta de Ponza* of 1435–36 a scene depicting Leonor of Aragon, mother of Alfonso V, recounting to Boccaccio the premonition that came to her when she was with her ladies in a garden:

> Assi fatigada, turbada e cuydosa,
> temiendo los fados e su poderio,
> a vna arboleda de frondes sonbrosa,
> la qual çircundaua vn fermoso rio,
> me fue por deporte, con grand atauio
> de muchas señoras e dueñas notables;
> e commo entre aquellas houiesse de affables,
> por dar qualque venia al animo mio,
>
> fablauan nouelas e plazientes cuentos,
> e non oluidauan las antiguas gestas,
> do son contenidos los auenimientos
> de Mares, de Venus, de triunfos e fiestas.
> Alli las batallas eran manifiestas
> de Troya e de Tebas segund las cantaron,
> aquellos que a Apolo se recomendaron,
> e dieron sus plumas a fablas honestas.[19]

It is probable that most of the nearly four hundred books in Isabel's collection were originally acquired by Juan II (the father who died when she was three and whom she scarcely could have remembered),[20] though some were perhaps added by Enrique IV, and a few may possibly have been of her own selection. The printed books, which had hardly existed in her half-brother's reign, must nearly all have been acquired by, or presented to, the Queen (except that Sánchez Cantón includes in his list a number for which there is no proof that they ever formed part of the royal library).

There is clear evidence that manuscripts were made and illuminated in Isabel's household, since the account books that survive for the years 1497–1504 show that among the salaried 'reposteros de la Capilla' were 'Diego de Vascuñana, escriuano de libros', employed from 1484 to the end of the reign at a salary of less than half that enjoyed by the two illuminators, Pero Días de la Vega and Alberto Alexandre, while the numerous secular court officials included from 1499 'Juan de Mora, escribano' (who was paid the same as the Chapel illuminators) and the more highly rewarded illuminator and painter 'Felipe Morras, picardo', and in 1504 an 'enquadernador'.[21]

While it is clear that chivalric romances formed only a tiny part of the royal library, in which there may well have been a bias towards classical military history seen as a more authentic source of chivalry,[22] with the Queen's collection of about three-hundred-and-twenty tapestries the position is quite different, since about one fifth (62) of the cloths had their subject-matter drawn from chivalric romances, outnumbering Classical cloths (31) by two to one. The Queen's collection had probably received by inheritance some older, embroidered cloths and low-warp Parisian tapestries as well as the newer high-warp Flemish cloths with scenes of multiple human figures that came into vogue in Castile in the second half of the fifteenth century. Unfortunately, the inventories do not distinguish between the various types, apart from noting that one is 'roto en algunas partes e viejo', or another 'ha menester repararse que esta comido', etc., but they contain details of those newly purchased by Isabel, or those she received or bestowed as gifts (Sánchez Cantón, 89–150). Apart from the religious subjects they more commonly depicted (177), a considerable number (93) was secular and chivalric, including five bed-hangings showing the deeds of Alexander the Great (Sánchez Cantón, T–243–47), six cloths of the Labours of Hercules, three based on Arthurian romances, and one possibly on *Amadís* (thus well pre-dating the 1508 edition):

> nada más claro que el origen de los tapices 'del Rey Artús', y de Galaad, hijo de Lanzarote del Lago; y juzgo muy probable que el de la 'Historia de Oriande' ha de ser testimonio de una serie, nunca citada, de *Amadís* en la que el nombre de Oriana se hubiese afrancesado (T. núms. 78–82, 74–75, 294).[23]

A dozen other courtly scenes unrecognized by the inventory-makers of the collection also appear to have been based on chivalric romances:

> Otra adquisición numerosa, de una docena, hizo [la Reina] en Granada en fecha ignorada; eran paños con uniformidad excesiva de composición; en el centro había, en todos, un dosel, delante del cual, un Rey mozo, adulto, o anciano, emparejado o no, al que coronaban, o prestaban pleitesía, o le ofrendaban presentes, Reinas, damas, caballeros y pajes, en torno. Habríanse tomado estas escenas de pasajes de novelas, no identificables por poco característicos, y que confirman la observación de Wauters sobre la misión difusora de los temas literarios desempeñada por la tapicería . . . Uno acaso (T. núm. 229) pudiera salir del capítulo XC del *Palmerín de Inglaterra* titulado 'De una aventura que una doncella de Tracia trajo a la Corte' de Constantinopla; aportaba la copa de la hija de Farmadante con las lágrimas congeladas de la princesa Brandisa. (Sánchez Cantón, 95 and 102–03)

But if some of the woven scenes were not understood later by the inventory-makers, is it not probable that they were recognizable to the Monarchs themselves (especially since at least one cloth depicted their new Burgundian relatives)? These tapestries were not kept in a museum, but were in constant daily use, being hung and unhung, folded and carried in the baggage trains when the royal household moved from place to place, until many became threadbare and fell to pieces.[24] They were then cut up for use as equine caparisons, or those that contained gold or silver wire were burned to extract the precious metals. The Queen appears to have set much greater store by them than by her books.[25] They constituted, as Alphonse Wauters pointed out, the link between literature and painting.[26]

Isabel's education may well have been lopsided, having a greater political than literary input (De Azcona, 309–13). She spoke Portuguese, Castilian and Catalan, and is said to have had some command of French and Italian. Hernando del Pulgar, in one of his *Letras*, dated 1482, courteously inquired of the Queen:

> Mucho desseo saber como va a v*ue*stra alteza con el latin que apre*n*deys; digo lo señora por*que* ay algu*n* latin çahareño que no se dexa tomar delos que tienen muchos negocios, avn *que* yo co*n*fio ta*n*to enel ingenio *de* v*ue*stra alteza q*ue* si lo tomays entremanos por soberuio q*ue* sea lo ama*n*sareys como aueys hecho otros lenguajes.[27]

Isabel's chief entertainments (apart from allegedly embroidering a banner to be hoisted above the Alhambra and a chasuble) seem to have been dancing and singing: as well as taking part in family masques, she performed a dance before Enrique IV at Segovia during the New Year's Eve celebrations of 1474, when she was reconciled to him, and a few days later Fernando performed a similar solo dance, which, considering the King's alleged propensities, is likely to have pleased him even more (De Azcona, 195). Some years later Queen Isabel led the dancing with one of her ladies-in-waiting at Aranjuez, when she received on her absent husband's behalf the Collar of the Toison d'Or from the King of the Romans' emissary.[28] It seems probable that her court was generally less pious than it was popularly portrayed.

The Queen tried to ensure that her children's education should be better balanced than her own: the Infante Don Juan, for example, was taught humane letters and Latin by Fray Diego de Deza, professor at Salamanca, and was trained in arms by Juan Zapata (Ballesteros Gaibrois, 111). She also surrounded her offspring in their individual households with minstrels and musicians, as the account books show (see A. de la Torre, 10, 12, 14, etc.). Did they also read, or have read to them, the chivalric works preserved in the royal library, as Alfonso X had prescribed in his *Partidas*? And did these include the translations of the Arthurian romances? Eisenberg (*Romances*, 93–97) has rightly remarked on the youthfulness of the dedicatees of most of the new Spanish romances, and alludes to the various anecdotes about famous figures such as St Teresa of Ávila and St Ignatius of Loyola being enchanted by them in their adolescence. Leaving aside lifelong addicts of the genre such as Fernando de Rojas and Cervantes, there is no doubt that (somewhat like modern adventure stories and war novels) the chivalric romances had a special appeal for the young, especially for those of princely or aristocratic lineage.

What is most striking is that Isabel and Fernando, like the other monarchs of the period, seem always to have behaved as though they were characters out of chivalric romances, as some historians have pointed out. A fair number of incidents in their lives smack of romance: Isabel's *salto* or surprise flight from Ocaña to Valladolid in 1467, Fernando's secret journey from Aragon disguised as the servant of a rich merchant, the hasty clandestine marriage arranged, without Enrique IV's permission, by the Prince with a papal bull forged by his father, the Monarchs' later bold appearances at battles and sieges, all combine to give us this impression.

If Isabel had at one time read, or had read to her, any of the romances in the royal collection, she would surely have grasped the basic ideology of chivalry as encapsulated in them and matched it with her own clear political vision: the quest for an identity, the concept of service, the recovery of a kingdom, the establishment of an empire, the perfect ways of honour.

All the peripeteia of the sixteenth-century Spanish chivalric romances so thoroughly examined by Eisenberg are little more than incidentals that tend to swamp the essential nobility of concept founded in the French Arthurian romances, the *Caballero Zifar* and *Amadís de Gaula*.[29] Isabel's husband was said to be a fervent admirer of *Amadís*, while Montalvo, the author of the four-book version of *Amadís*, fervently admired the Catholic Monarchs.[30] As a contemporary thinker, Fernando Alonso de Herrera, put it so perceptively: 'Cuál libro leemos tal vida hacemos'.[31] Like the lives of their Trastámaran predecessors and their Burgundian and Hapsburg successors, the lives Isabel and Fernando led were the books they read—and the tapestries they viewed—in which they splendidly acted out the roles that the literary chivalric code assigned to them.[32]

NOTES

1 Hernando del Pulgar, *Crónica de los señores Reyes Católicos don Fernando y doña Isabel de Castilla y de Aragón*, in *Crónicas de los reyes de Castilla*, ed. Cayetano Rosell, III, BAE, LXX (Madrid: Rivadeneyra, 1878), Part II, chap. 4, 256–57.

2 Antonio de la Torre, 'Unas noticias de Beatriz Galindo, *la Latina*', *His*, XVII (1957), 255–61.

3 Tarsicio de Azcona, O.F.M. Cap., *Isabel la Católica: estudio crítico de su vida y su reinado*, Biblioteca de Autores Cristianos, CCXXXVII (Madrid: Editorial Católica, 1964), 324–28.

4 Francisco Javier Sánchez Cantón, *Libros, tapices y cuadros que coleccionó Isabel la Catolica* (Madrid: CSIC, 1950), 23.

5 Sánchez Cantón, 21; the other secular works in the vernacular included *Calila e Dimna*, *Bocados de oro*, *Crónica troyana*, *El conde Lucanor*, Boccaccio's *Fiammetta*, Villena's *Los trabajos de Hércules* and three French *chansonniers*, as well as the *Coplas* of Álvarez de Villasandino, the *Cancionero* of Baena, and a *Breviario de la sed*—a joke-book in the shape of an empty barrel.

6 Daniel Eisenberg, *Romances of Chivalry in the Spanish Golden Age* (Newark, DE: Juan de la Cuesta, 1982), 35–36.

7 *Mémoires du sieur François de La Noue (1562–70). Collection . . . des mémoires relatifs à l'histoire de France, . . . avec des notices . . . par M. Petitot* (Paris: Foucault, 1823), vol. XXXIV, 83.

8 For many references, see Pere Bohigas, 'La novela caballeresca, sentimental y de aventuras', in *Historia general de las literaturas hispánicas*, ed. Guillermo Díaz-Plaja, II (Barcelona: Barna, 1951), 187–236, esp. 189–96; William J. Entwistle, *The Arthurian Legend in the Literatures of the Spanish Peninsula* (London: Dent, 1925), 14–22 and 225–35; and María Rosa Lida de Malkiel, 'Arthurian Literature in Spain and Portugal', in *Arthurian Literature in the Middle Ages: A Collaborative History*, ed. Roger S. Loomis (Oxford: Clarendon, 1959), 406–18 (Spanish version in her *Estudios de literatura española y comparada* [Buenos Aires: Eudeba, 1966], 134–48).

9 The editions are: *Paris e Viana*, c. 1494 (Eisenberg, *Romances*, 37); *El baladro del sabio Merlín con sus profecias*, Burgos, 1498 (Sharrer, Ae4); *Historia de Enrique fi de Oliua*, 1498 (Eisenberg, *Romances*, 37), and Seville, 1501 (Norton, 732); *Oliueros de Castilla*, 1499 (Eisenberg, *Romances*, 37), and *Historia de los nobles cavalleros Oliveros de Castilla y Artus de Algarbe*, Valladolid, 1501 (Norton, 1277), Valencia, 1505 (Norton, 1268), Seville, 1507 (Norton, 771), and Seville, 1509 (Norton, 1006); *Merlin y Demanda del Santo Grial*, 1500 (Eisenberg, *Romances*, 37); *Libro del esforçado cauallero don Tristan de Leonis*, Valladolid, 1501 (Sharrer, Ad7); *Carlos Maynes*, Toledo, c. 1500–03 (Norton, 1015); *La historia de Canamor y del infante Turian su hijo*, Burgos, 1509 (Norton, 247). (Sharrer: Harvey L. Sharrer, *A Critical Bibliography of Hispanic Arthurian Material*, I, *Texts: The Prose Romance Cycles*, RBC, 3 [London: Grant and Cutler, 1977]. Norton: F. J. Norton, *A Descriptive Catalogue of Printing in Spain and Portugal 1501–1520* [Cambridge: Cambridge U.P., 1977].)

10 Pedro Bohigas (ed.), *El baladro del sabio Merlín según el texto de la edición de Burgos de 1498*, III, Selecciones Bibliófilas, 2ª serie, II (Barcelona, 1961), 129–43.

11 The best study is by Roger M. Walker, *Tradition and Technique in 'El libro del cavallero Zifar'* (London: Tamesis, 1974), esp. 19–20, 51 and 70.

12 See John E. Keller and Richard P. Kinkade, *Iconography in Medieval Spanish Literature* (Lexington: Univ. Press of Kentucky, 1983), 60–92; the woodcuts in the Zaragoza edition of 1488 of *Ysopet* are also discussed, 93–104.

13 *Romances*, 7; see also Roger M. Walker, 'Did Cervantes Know the *Cavallero Zifar*?' *BHS*, 49 (1972), 120–27.

14 On the demand for novelty, see B. W. Ife, *Reading and Fiction in Golden-Age Spain: A Platonist Critique and some Picaresque Replies* (Cambridge: Cambridge U.P., 1985), 6–8. I have not the space to discuss Eisenberg's challengeable conclusions about the 'high price' of the printed editions of the new chivalric romances (*Romances*, 98–100); suffice it to comment here that the prices shown in the inventory of Fernando Colón's books are not a reliable guide to the *precio tasado* at the time and place of publication.

15 Keen, *Chivalry* (New Haven: Yale U.P., 1984), 200–18.

16 Luis Suárez Fernández, *Juan II y la frontera de Granada* (Valladolid: Universidad & CSIC, 1954), 32.

17 Diego Enríquez del Castillo, *Crónica del rey don Enrique el Cuarto de este nombre*, in *Crónicas*, ed. Rosell, III, 113.

18 Manuel Ballesteros Gaibrois, *Isabel de Castilla, Reina Católica de España* (Madrid: Editora Nacional, 1970), 43 and 61 n. x.

19 *La comedieta de Ponza*, stanzas 44–45, ll. 345–60, ed. Maxim. P. A. M. Kerkhof (Groningen: Rijksuniversiteit, 1976), 203–04.

20 See J. N. H. Lawrance, 'The Spread of Lay Literacy in Late Medieval Castile', *BHS*, LXII (1985), 79–94, at 93 n. 44.

21 See Antonio de la Torre, *La casa de Isabel la Católica* (Madrid: CSIC, 1954), 9–10, 51–52 and 104.

22 See J. N. H. Lawrance, 'On Fifteenth-Century Spanish Vernacular Humanism', in *Medieval and Renaissance Studies in Honour of Robert Brian Tate* (Oxford: Dolphin, 1986), 63–79, at 76–78.

23 Sánchez Cantón, 103. There seems to be no way of telling whether the tapestry of King Arthur was the same as that purchased in Paris on 2 September 1368 for Queen Leonor, wife of Pedro IV of Aragón (see Entwistle, *The Arthurian Legend*, 89), later passing by inheritance to Fernando of Aragon. Entwistle, 90, mentions ten similar *draps istoriats* that included the *Istoria Militum Mense Rotunde* which cost Queen Leonor of Sicily 32 florins 9 grossi in March 1356. Since the inventories usually give the dimensions of the cloths in *varas* and *sesmas*, and sometimes a valuation by *ana* ('ell' = c. 27 inches in Flanders, somewhat less than a metre in Castile), an expert might be able to distinguish the earlier and smaller low-warp cloths from the larger Flemish high-warp ones. Sánchez Cantón may have been mistaken in taking 'la hystoria de Oriande' to refer to one of an otherwise unknown *Amadís* series of French or Flemish tapestries, since Francisque Michel related the name to the story of Ogier the Dane: 'La jeune fille qu'épouse Ogier, à la fin de la chanson de Raymbert de Paris, avait une robe tissée par Oriande, nom dans lequel je vois celui d'une fée, plutôt qu'une altération de celui d'*Oriant . . .*', *Recherches sur le commerce, la fabrication et l'usage des étoffes de soie, d'or et d'argent et autres tissus précieux en Occident, principalement en France pendant le moyen âge*, 2 vols (Paris: Ch. Lahure, 1854), II, 78.

24 The two small cloths preserved and currently (June 1987) displayed in the Capilla Real in Granada show considerable signs of wear from folding (the subject-matter in the panels in the larger of the two cloths can hardly be distinguished). On the other hand, the large Flemish high-warp cloth of St Gregory's Mass, given to Isabel by Princess Juana (Sánchez Cantón, no. T–126 and Lám. IV facing p. 98) and now preserved among the eight hundred, mostly Flemish, tapestries in the Royal Palace in Madrid, is still in good condition (unlike the four hanging in the Alcázar of Segovia, inspected by Professor Deyermond and myself on 9 October 1987).

25 They are mentioned in Isabel's testamentary dispositions (Sánchez Cantón, 117), and they certainly cost her large sums in salaries paid to the 'reposteros de estrados' and other servants concerned with the care of the cloths who are frequently listed in the household account book (A. de la Torre, *La casa, passim*). We have a description of how they were used in Gonzalo Fernández de Oviedo y Valdés, *Libro de la Cámara real del Príncipe don Juan . . .* (Madrid: Sociedad de Bibliófilos Españoles, 1870), cited by A. de la Torre, 12:

> *Reposteros de estrados.* 'Se les da, de la camara, la tapiçeria e alhombras e tapetes e coxines e todo lo que es menester para entoldar la sala e todas las otras pieças . . . e para atauiar los estrados e colgar los doseles donde el prínçipe come, eçepto de aquella pieça donde su alteza duerme, porque aquella y el retrete la han de entoldar rreposteros de camas; e han asimismo de entoldar los rreposteros de estrados e adereçar los tablados e ventanas e miradores, desde donde las personas rreales miraren los toros o justas o torneos e otras fiestas . . .'

Unlike the Burgundian and French courts (see Francisque Michel, *Recherches*, on Amboise in 1494, II, 395–96, and on Blois in 1501, II, 399), Isabel's court appears to have possessed insufficient tapestries for each royal residence to have its own supply.

26 *Les Tapisseries Bruxelloises: essai historique sur les tapisseries et les tapissiers de haut- et de basse-lice de Bruxelles* (Bruxelles, 1878), 13. For many other literary references, see Francisque Michel, *Recherches*, *passim*, and Jesusa Alfau de Solalinde, *Nomenclatura de los tejidos españoles del siglo XIII*, Anejos del *BRAE*, XIX (Madrid: RAE, 1969).

27 I am indebted to Mr J. L. Gili for supplying me with this reference from his copy of *Los claros Varones d'l España. hecho por Hernado de pulgar dirigido a la muy alta reyna doña Ysabel reyna de Castilla* (Alcalá de Henares: Miguel Eguía, 1526), *Letra* XI (modern edition in J. Domínguez Bordona, Fernando del Pulgar, *Letras; Glosa a las coplas de Mingo Revulgo*, Clásicos Castellanos, 99 (Madrid: Espasa-Calpe, 1929).

28 Ballesteros Gaibrois, *Isabel de Castilla*, 108 (citing Félix de Llanos y Torriglia, *En el hogar de los Reyes Católicos y cosas de su tiempo* [Madrid, 1943]), states, no doubt incorrectly, that the supreme Burgundian decoration was sent by the King of England. Maximilian's emissary may also have brought the portrait described in Sancho de Paredes' inventory of the Catholic Monarchs' oil-paintings drawn up in 1500: 'otra pyntura de lienço de dos figuras pequeñas una de onbre otra de muger que dyzen que es el Rey de los Romanos e su muger' (Sánchez Cantón, no. C–35), and possibly also a high-warp tapestry depicting Maximilian and Mary of Burgundy playing chess (Sánchez Cantón, Lám. V, facing p. 100).

29 The essential ideology in the French Prose *Lancelot* is splendidly brought out by Elspeth Kennedy, *Lancelot and the Grail: A Study of the Prose 'Lancelot'* (Oxford: Clarendon, 1986), esp. chaps 2 and 12.

30 See Frank Pierce, *Amadís de Gaula*, TWAS, 372 (Boston: Twayne, 1976), 15, 60 and 107.

31 *Disputatio adversus Aristotelem Aristotelicosque sequaces [Breve disputa de ocho levadas contra Aristotil]* (Salamanca: Juan de Porras, 1517 [Norton 506]), cited by Sánchez Cantón, 17.

32 Some sections of this article formed part of The Sir Henry Thomas Memorial Lecture on 'Attitudes to History and Fiction in the Prologues of Some Spanish Romances of Chivalry' which I gave at the University of Birmingham on 27 October 1986. I am indebted to Dr J. N. H. Lawrance, Professor P. E. Russell and Professor H. L. Sharrer for their invaluable comments on an earlier draft. The quotation used here for the title (Shakespeare and Fletcher's *All is True [Henry VIII]*, V, 4) is taken from Archbishop Cranmer's address at the christening of the infant Princess Elizabeth, which, *mutatis mutandis*, could have served for Isabel's:

> She shall be loved and feared. Her own shall bless her;
> Her foes shake like a field of beaten corn,
> And hang their heads with sorrow. Good grows with her.
> In her days every man shall eat in safety
> Under his own vine what he plants, and sing
> The merry songs of peace to all his neighbours.
> God shall be truly known, and those about her
> From her shall read the perfect ways of honour,
> And by those claim their greatness, not by blood.

(ed. William Montgomery in William Shakespeare, *The Complete Works* (Oxford: Clarendon, 1986), 1377, col. b, ll. 30–38.)

La sección de romances en el *Cancionero general* (Valencia, 1511): recepción cortesana del romancero tradicional

GERMÁN ORDUNA

Universidad de Buenos Aires

La más antigua documentación conocida del romancero manifiesta la recepción del romance como forma poética narrativa en los medios cultos de la época. El mallorquín Jaume de Oleza transcribe en su cuadernillo de estudiante en Italia (1421) el romance 'Gentil dona, gentil dona', que muestra una larga tradicionalidad por su contaminación con el romance de Fontefrida y el de Rosafresca.[1]

Casi contemporáneo con la mención despectiva del Marqués de Santillana en la famosa carta-proemio al Condestable de Portugal, la que los da como propios de gente de 'baja e servil condición', tenemos documentado el romance trovadoresco 'Retraída estaba la reina, / la reina doña María', que se recoge en el *Cancionero de Stúñiga*, colección vinculada a la corte literaria de Alfonso V de Aragón en Nápoles.[2]

En la segunda mitad del siglo XV, versiones tradicionales del romance de la Infantina ('De Francia partió la niña / de Francia, la bien guarnida'), del de Rosafresca, del Infante Arnaldos—contaminado con el del Conde Olinos—, de Mora Morayma, de Rosaflorida, del Palmero, se recogen en cancioneros como el de la British Library,[3] cancioneros manuscritos que pueden datarse en el último cuarto del siglo.

Pero es en la época de los Reyes Católicos cuando se manifiesta plenamente la complacencia con que se aceptan y difunden las versiones tradicionales del romancero en los ambientes cortesanos y la utilización de los mismos para entretenimiento poético y musical.[4] Valgan dos ejemplos impresos; el primero está dado en *Celestina*: en el Ier. Acto, se pretende aliviar el corazón enamorado de Calisto con el romance cantado 'Mira Nero de Tarpeya'. El segundo, lo ofrece Hernando del Castillo, quien al editar el *Cancionero general* en 1511, les destina una sección especial con el epígrafe: 'Aquí comiençan los romances con glosas y sin ellas y este primero es el del conde claros con la glosa de Francisco de León'.

Hernando del Castillo concreta y hace evidente una actitud generalizada de aceptación del romancero en los medios cultos. A fines del siglo XV, el romance tradicional se recoge, mezclado con otras composiciones, en cancioneros particulares o se imprime en pliegos sueltos destinados a un público amplio. Al incluir una sección exclusivamente destinada a romances, Hernando del Castillo da un paso más en el proceso que va a culminar en el *Cancionero de romances* de Amberes y sus derivaciones, en torno al 1550.

Tanto en la dedicatoria al Conde Oliva como en el epígrafe inicial,[5] se destacan los temas y se agrupan las formas poéticas coleccionadas:

> / y tambien puse juntas a vna parte todas las canciones / los romances assi mismo a otra / las inuen-ciones y letras de justadores en otro capitulo / y tras estas las glosas de motes / y luego los villan-cicos / y despues las preguntas (Prólogo, al Conde de Oliua)

Aunque este ordenamiento sufra alteración en la realidad de la edición, es estricto en lo que atañe a la agrupación de los romances.

La sección de romances, que ocupa del fol. 131ʳ al 140ʳ, está integrada por 48 composiciones, entre romances y glosas trovadorescas; a ellas se suman 19 poemas cortos (villancicos, desfechas y cabos o finidas); tanto éstos como las glosas son subsidiarios del romance al que se asignan y adoptan diferentes tipos de copla trovadoresca en octosílabos o combinaciones con pie quebrado. Descartando las 10 glosas y los 19 poemas cortos, restan 38 romances, entre los que predominan los romances trovadorescos en número de 22, a los que nos referiremos en la última parte de este trabajo.

Es nuestro particular interés detenernos en los 16 romances que, de una u otra manera, son romances viejos y tradicionalizados e ilustran el modo de recepción cortesana del romance tradicional.

A. ROMANCES CON VERSIÓN COMPLETA

Son seis los romances tradicionales de los cuales el *Cancionero general* da una versión completa: *Pésame de vos, el conde*; *Rosafresca*; *Fontefrida*; *Yo me era mora Morayma*; *Que por mayo era, por mayo*; *Durandarte, Durandarte*.

1. *Pésame de vos, el conde.* Es un episodio extraído del extenso romance juglaresco del Conde Claros de Montalván, que comienza 'Medianoche era por filo', cuya versión completa puede leerse en pliegos sueltos de principios del XVI y en el *Cancionero de romances* de Amberes, a mediados del mismo siglo.[6] Al desgajarse un episodio de una narración más extensa, el fragmento se reorganiza en torno a una idea esencial. Recordemos que el Conde Claros ha tenido amores con la Infanta Claraniña y el hecho es denunciado al rey por un cazador. Presa de cólera, el rey hace encarcelar al Conde y lo condena a muerte. En vano le ruegan caballeros, obispos, damas y monjas. El cardenal, tío del Conde, va a verlo a la prisión acompañado por un pajecico. El viejo se lamenta del desastrado final que sobrevendrá y culpa de esto a las damas. El Conde replica brevemente y su réplica cierra la versión del *Cancionero general*:

Pesame de vos el conde / auiendola de guardar
por que assi os quier[e]n matar / mas os valiera sobrino
por quel yerro que hezistes / de las damas no curar
no fue mucho de culpar / que quien mas haze por ellas
que los yerros por amores / tal espera dalcançar
dignos son de perdonar / que de muerte o de perdido
suplique por vos al rey / ninguno puede escapar
cos mandasse delibrar / que firmeza de mugeres
mas el rey con gran enojo / no puede mucho durar
no me quisiera escuchar / que tales palabras tio
que la sentencia era dada / no las puedo comportar
no se podia reuocar / quiero mas morir por ellas
pues dormistes con la infante / que beuir sin las mirar.
(*CG 1511*, fol. 131ʳ)

Si leemos ahora el fragmento correspondiente del romance largo publicado en el *Cancionero de romances* de Amberes advertiremos la condensación y reorientación conceptual dadas al episodio:

[fol. 86ᵛ] *pesame de vos el conde* / con esffuerço singular:
[fol. 87ʳ] *quanto me puede pesar* / calledes por dios mi tio
que los yerros por amores / no me querays enojar
dignos son de perdonar. / quien no ama las mugeres

La desastrada cayda
de vuestra suerte y ventura
e la nueua a mi venida
sabed que haze mi vida
mas triste que la tristura
de forma que no se donde
pueda yo plazer cobrar
pues que por vos no se esconde
de vos me pesa el buen conde
porque assi os quieren matar.
Los como vos esforçados
para las aduersidades
han de estar aparejados
tanto a suffrir los cuydados
como las prosperidades
y pues no el primero fuystes
vencido por bien amar
no temays angustias tristes
que los yerros que fezistes
dignos son de perdonar
por vos he rogado al rey
nunca me quiso escuchar
antes ha dado sentencia
que os ayan de degollar
yo vos lo dixe sobrino
que vos dexassedes de amar
quel que las mugeres ama
[fol. 87ᵛ] atal galardon le dan
que aya de morir por ellas
y en las carceles penar.
Respondiera el buen conde

no se puede hombre llamar
mas la vida que yo tengo
por ellas quiero gastar
respondio el pajezico
tal respuesta le fuera dar
'conde bienauenturado'
siempre os deuen de llamar
porque muerte tan honrrada
por vos auia de passar
mas enbidia he de vos conde
que manzilla ni pesar
mas queria ser vos conde
quel rey que os manda matar
porque muerte tan honrrada
por mi ouiesse de pasar
llaman yerro la fortuna
quien no lo sabe gozar
la priessa del cadahalso
vos conde la deueys dar
si no es dada la sentencia
vos la deueys de firmar
el conde que esto oyera
[fol. 88ʳ] tal respuesta le fue a dar
por dios te ruego el paje
en amor de caridad
que vayas a la princesa
de mi parte a le rogar
que suplico a su alteza
quella me salga a mirar
quen la ora de la muerte
yo la pueda contemplar . . .

La versión del *Cancionero de romances* ha sufrido un proceso de contaminación, que se advierte en la inclusión de dos décimas después del 4° octosílabo del romance. Saltando las dos décimas, que es lo que hicieron Wolf y Hofmann en el texto del romance impreso en la *Primavera y flor de romances*,[7] tendremos una versión más próxima al texto del *Cancionero general*, pero ésta mantiene su integridad de poema ya independiente del texto extenso.[8]

La versión tradicionalizada ha reseñado los versos que reiteran la tolerancia del cardenal ante 'los yerros de amor' y su prevención ante las consecuencias que ocasiona el amar a las damas. La respuesta del Conde, que cierra el romance del *Canc. gral.*, toma el concepto expuesto en la versión extensa:

quien no ama las mugeres
no se puede hombre llamar,
mas la vida que yo tengo,
por ellas quiero gastar (*Canc. rom. s.a.*, fol. 87ᵛ)

y lo condensa e intensifica:

que tales palabras tio
no las puedo comportar
quiero mas morir por ellas
que beuir sin las mirar.

He querido destacar el proceso de tradicionalización que lleva a constituir un nuevo romance, que es acogido con aceptación general y llega a suplantar, en el recuerdo colectivo, a la versión extensa. Pero lo que a nuestros fines aquí interesa es que Hernando del Castillo ha tomado directamente la versión tradicional, seguramente cantada. Lo mismo hizo con los cinco romances que comentaré en seguida y que son también romances tradicionales.

Esas versiones, sin embargo, no se acogen exentas, sino que, sin excepción, van acompañadas de su glosa. La glosa está formada por coplas octosilábicas, predominantemente décimas, o de combinación de pie quebrado, cuyos dos últimos versos de cada estrofa van tomando, de a dos, los versos del romance.

El caso de *Pésame de vos, el conde* es ejemplar, porque la glosa, atribuida a Francisco de León, tiene como primera estrofa la décima que más tarde aparecerá incluida en el romance juglaresco del Conde Claros que edita Martín Nucio en el *Cancionero de romances*:

La desastrada cayda
de vuestra suerte y ventura
y su nueua dolorida
han concertado a mi vida
como a uos la sepultura
Y pues es claro de donde
nasce mi nueuo llorar
quien lo dize lo responde
Pesame de vos el conde
porque assi os quieren mata[r].

Los daños ante venidos
muy grandes contrastes tienen
mas despues de padescidos
sus remedios mas crescidos
son sufrillos como vienen
Pues nol primero vos fuistes
en aquesto començar
no temays angustias trystes
Por quel yerro que hezistes
no fue mucho de culpar. (fol. 131ʳ)

El *Cancionero general* edita, a continuación de esta glosa: 'Otro romance de Lope de Sosa contrahaziendo este del Conde':

Mas enbidia he de vos conde
que manzilla ni pesar
porque muerte tan honrrada
por vida se ha de tomar
llama yerro a la fortuna
quien no la sabe juzgar
sin ventura en tales yerros
acierta quien puede errar
mas querria ser vos muerto
quel rey cos manda matar
por quel muere en quedar biuo
no queriendos perdonar

no le demos esta gloria
pues no la supo ganar
pues lera mayor victoria
que mandaros degollar
la prisa del cadahalso
conde vos la deueys dar
por que tan alta sentencia
no saya de reuocar
que la vida esta en la muerte
y en la muerte el descansar
y en la causa esta el consuelo
con que os aueys dalegrar. (fol. 131ᵛ)

En la lectura advertimos la semejanza con la respuesta del pajecico que hemos encontrado en el romance del Conde Claros publicado en el *Cancionero de romances* de Amberes. El romance 'contrahecho' se cierra con un 'Villancico por desfecha', que se ha hecho famoso aplicado a diversas circunstancias:

Alça la boz pregonero
por que a quien su muerte duele
con la causa se consuele.

Alça la boz de su gloria
oyan todos su ventura
bendita la sepultura
donde queda tal memoria
Conde bien auenturado
bien dira quien muertos viere
ques biuo quien assi muere.

Assi que con el morir
es con quien el conde lidia
mas yo triste con su embidia
ques mas graue de sufrir
Pues quien su muerte supiere
y quien mi vida juzgare
sabran quien es el que muere.
(fol. 132ʳ)

La desfecha aplica lo dicho en el poema que la precede al sentir o experiencia personal de su autor. Observemos que el villancico también toma un verso ('Conde bien auenturado') que procede de la versión extensa. El romance contrahecho sobre 'mas envidia he de vos, conde', a su vez, va seguido de su glosa.

Hernando del Castillo ha constituido en torno a *Pésame de vos, el conde*, es decir, en torno a un caso de 'fin desastrado por yerro de amor', un ciclo de galas poéticas cortesanas en el que juegan los poemas base con las glosas, las contrahechuras y el villancico por desfecha.[9]

2. El segundo romance tradicional es el de *Rosafresca* (versión preferida por los colectores de cancioneros manuscritos del siglo XV), cuyo texto coincide con el de las versiones más divulgadas. La glosa, atribuida a Pinar, amplifica el diálogo entre los amantes. Bastará ejemplificar con dos décimas:

Quando yos quise querida	Llamos yo con boz plannida
si supiera conosceros	llena de gran compassion
nos tuuiera yo perdida	con ell alma entristecida
ni acuciara yo la vida	del angustia dolorida
agora para quereros	que ha sufrido el coraçon
Y por ques bien que padezca	Quel se haze mil pedaços
desta causa mi dolor	yo muero do quier que vo
llamos yo sin cos meresca	pues que por mis embaraços
Rosa fresca / rosa fresca	Quando yos tuue en mis braços
tan garrida y con amor.	no vos supe seruir no. (fol. 132ᵛ)

3. *Fontefrida*. La versión tradicional del romance lírico aparece en la forma más completa conocida. Son 26 octosílabos y la glosa, atribuida a Tapia, se hace en 13 cuartetas octosilábicas. En cada una, los versos 3° y 4° son tomados sucesivamente del romance:

Andando con triste vida
yo halle por mi dolor
fonte frida fonte frida
fonte frida y con amor.

Que sus verdes florezicas	No me des ya mas fatiga
alegran el coraçon	que harta me tengo yo
do todas las auezicas	que no quiero ser tu amiga
van tomar consolacion . . .	ni casar contigo no. (fol. 133ʳ)

4. *Mora Morayma*. También se trata de un romance lírico (fol. 135ᵛ). La glosa se limita a amplificar lo que relata la mora, sin aplicarle una intención distinta, como podría ocurrir.

5. El quinto romance es el del ballestero, *Que por mayo era, por mayo*:

Que por mayo era por mayo	que ni se quando es de dia
quando los grandes calores	ni menos quando es de noche
quando los enamorados	si no por vna avezilla
van seruir a sus amores	que me cantaua all aluor
sino yo triste mezquino	matome la vn ballestero
que yago en estas prisiones	dele dios mal galardon. (fol. 136ʳᵛ)

Son interesantes las variantes en el asonante, que alterna ó-e con ó por alteración de los primeros 6 versos. El cambio de la palabra en asonancia *son* por *calores* no es mantenida por la glosa en la primera décima:

En mi desdicha se cobra
nueuo dolor que mesmalta

dun esmalte que no salta
por que de pesar me sobra
quanto de ventura falta
Y deste mal que desmayo
que no cresce a sin razon
no es tan vieja su passion
Que por mayo era por mayo
quando los calores son.

en cambio, se mantiene en las dos siguientes:

En el tienpo tan mortal   Quando quise començar
me daua mi mala suerte   a continuar mi tristura
que dolor de ser muy fuerte   ventura no dio lugar
daua la vida a mi mal   por ques mas perder prouar
por dar mi mal a la muerte   a quien le falta ventura
Con estos bienes passados   Assi quen este camino
vi presentes mis dolores   de fatigas y passiones
començaron mis cuydados   todos han consolacion
Quando los enamorados   Sino yo triste mezquino
van seruir a sus amores.   que yago en estas prisiones. (fol. 136ᵛ)

La alteración del glosador se puede atribuir a que recuerda la rima de la versión más divulgada, que dice en el 2° octosílabo 'cuando haze la calor'.[10]

6. El sexto y último de los romances tradicionales es el romance-diálogo *Durandarte, Durandarte* (fol. 137ʳ). Las once décimas de la glosa amplifican simplemente las quejas y la respuesta de Durandarte; pero se agrega un cabo: 'Habla el autor, dando fin', donde se aplica el ejemplo del caso para enseñanza de los enamorados:

Estos dos enamorados
cuyo mal mis ojos ciega
dissimulan sus cuydados
y entramos biuen penados
el que pide y el que niega
Quel amor quando nos mide
con su muy cierta medida
aunque en algo nos oluide
del todo no se despide
menos de lleuar la vida. (fol. 137ᵛ)

B. ROMANCES CONTRAHECHOS

Hay otra manera en que el romance viejo aparece en el *Cancionero general*: son los siete romances contrahechos sobre romances tradicionales, cuyo conocimiento por el público cortesano lector se descuenta al no incluirlos en la compilación.

Ya hemos visto el romance contrahecho sobre el caso del Conde Claros; seguiremos con 'Otro romance de Diego de San Pedro *contrahaziendo* el viejo que dice: *Yo me estaua en baruadillo, en essa mi heredad*' (fol. 133ᵛ). Recordamos que el romance base es el de las quejas de Da. Lambra ante su esposo, las que acarrearon triste fin para los Infantes de Lara:

Yo mestaua en pensamiento   me harien contrariedad
en essa mi heredad   que de nunca remediarme
las fuerças de mi desseo   me dauan certenidad
mal(a) amenazado man   que no me podrien valer
que me cortarien la vida   lagrimas fe ni verdad

con dolor de grauedad   por que solo con morir
que todas las esperanças   esperaua libertad. (fol. 133ᵛ)

A continuación, en el mismo folio, se incluye 'Otro del mismo San Pedro trocado por el que dize *Reniego de ti Mahomad*', lo que atestigua la celebridad del romance *Domingo era de Ramos* o de las quejas del rey Marsín:

Reniego de ti amor   yo de mi me despedi
y de quanto te serui   por ganar tus galardones
pues tan mal agradescistes   nunca yo libre me vi
todo quanto hiz por ti   heziste mis enemigas
hizete de firme fe   las mercedes de tu si
casa en el alma de mi   sienpre vi por tus antojos
por hazerme todo tuyo   claro el mal que padesci. (fol. 133ᵛ)

En el folio siguiente se transcribe 'Otro romance de Nuñez sobre el que dize: *Estauase el rey Ramiro*'.[11] En la contrahechura se usa la alegoría, recurso propio de la poesía de tema cortés:

Estauase mi cuydado   que no los quiere dexar
alli do suele morar   dios te salue enamorado
los tres de mis pensamientos   pues no te quieren saluar
le comiençan de hablar   bien vengays mis mensageros
all uno llaman tristeza   si me venis a matar . . . (fol. 134ʳ)
all otro llaman pesar
all otro llaman desseo

La desfecha reitera el concepto de fe de firmeza, ley básica del servicio de amor.

El quinto romance contrahecho es el famoso *Digas tú, el ermitaño*, citado dos veces por Nebrija en su *Gramática*, el cual se ha desgajado del romancero de Lanzarote del Lago: 'Dígasme tú, el ermitaño, / que haces la santa vida, / ese ciervo de pie blanco / ¿dónde hace su manida?'[12] 'Romance hecho por Cumillas contrahaziendo el de *Digas tu, el hermitaño*':

Digas me tu el pensamiento
que sostienes triste vida
donde mora ell esperança
donde haze su manida . . . (fol. 140ʳ)

C. ROMANCES MUDADOS

A estos cinco romances calificados como 'contrahechura' se suman dos calificados como romances mudados. Uno sobre el de *Rosafresca*, del que ya se había dado la versión tradicional:

Rosa fresca rosa fresca   ay de mi desuenturado
por vos se puede dezir   que nasci para sufrir
que nascistes con mas gracias   yo me vi en tienpo sennora
que nadie pudo escreuir   cos pudiera bien seruir
por que vos sola nascistes   y agora que os seruiria
para quitar el beuir   veo me triste morir. (fol. 136ᵛ)

Se advierte que estos 'mudados' son muy semejantes a los 'contrahechos', es decir, algunos versos y conceptos del romance tradicional son base para el desarrollo de un tema amoroso.

El segundo de los romances mudados es el hecho sobre el de *Ya desmayan los franceses*, verso del ya citado *Domingo era de Ramos*. De un mismo romance se han tomado distintos episodios para elaborar romances trovadorescos.

D. ROMANCES FRAGMENTARIOS

Frente a estos romances tradicionales conocidos por cancioneros o pliegos sueltos y que se citan o se incluyen en el *Cancionero general*, aparecen también romances cortos, indudablemente de origen trovadoresco y surgidos de la temática del amor cortés, que se editan fragmentariamente, con la apariencia externa de un fragmento que hubiera sufrido un cierto grado de tradicionalidad cantada. El colector los toma de la misma manera con que incluyera los tradicionales (*Fontefrida*, *Rosafresca*, etc.), y esto lo decimos porque los edita con su glosa correspondiente, lo que no hace con los romances trovadorescos que no tienen relación con los tradicionales.

Estos romances cortos, que consideramos tradicionalizados, son:

Contaros he en que me vi. Romance que lleva glosa de Luis de Bivero, en coplas de pie quebrado y que tiene semejanza por su fragmentarismo e intemporalidad con el famoso de 'la constancia' ('Mis arreos son las armas / mi descanso es pelear'):

Contaros he en que me vi	peores dias passando
quando era enamorado	por seruicio de mi amiga
yo malas noches auiendo	si la viesse de mi vando. (fol. 133ʳ)

El segundo de estos romances es el de *Maldita seas, ventura*. Este romance es más extenso que el anterior, pero reitera sus mismas características. Aparece incluido también en el *Cancionero de la British Library*, atribuido a Pinar.

E. CONTINUACIONES

Finalmente, hay dos continuaciones de un romance, el de *Triste estaua el cauallero* (fols. 135ᵛ y 138ᵛ): 'Otro romançe viejo acabado por don alonso de cardona desde donde dize / *con lagrimas y sospiros*' y 'Otro romance añadido por Quiros desde donde dize / *ques de ti señora mia*'. *Triste estaua el cauallero* es también un romance tradicionalizado que puede leerse en pliegos sueltos de la Biblioteca Nacional de Madrid y de la British Library. Señalaremos, no obstante, una diferencia con los anteriores, en el caso de romances 'añadidos', aunque se los llame 'viejos', no se editan con glosa, lo que era rasgo sostenido de la edición de romances tradicionales en el *Cancionero general* de 1511.

CONCLUSIÓN

Tiempo es ya de exponer algunas conclusiones del análisis hecho en la sección de romances con sus glosas, incluida en el *Canc. gral.* de 1511.

Los seis romances tradicionales incluidos y los dos fragmentarios son novelescos o líricos. Lo mismo puede decirse de los seis romances que dan pie a la contrahechura o mudanza y de los dos que se prolongan o continúan. Sólo entre los romances mudados hay referencia a romances épicos (*Yo me estaba en Barbadillo*, las quejas de Da. Lambra, la fuga y el juramento del rey Marsín, y el del rey Ramiro). Hernando del Castillo y los poetas cortesanos de la época de los Reyes Católicos oirían con placer los romances cantados del ciclo épico-nacional, pero a la hora de escoger un pie para las galas cortesanas de trovar, preferían los de asunto amoroso.

Si recordamos el 'juego trobado' que Pinar hizo a la reina doña Isabel y a los infantes y damas, y que Castillo incluyó en otro lugar del *Canc. gral.*, comprobaremos un hecho similar. Empezando por la reina y sus hijos, y siguiendo por las damas, Pinar asigna a cada uno para el juego poético, un árbol, un ave, una canción y un refrán. Generalmente cita canciones trovadorescas, pero casi al final, asigna ocho romances:

y un romance verdadero	que canteys de vuestro grado
de dolor muy desigual	(5) *pesame de vos el conde*

(1) *gritando va el cauallero*[13]
  y el refran de los antigos
  que muchos son los amigos
  cantando con gra*n* plazer
(2) *digasme tu, el hermitaño*
  y el roma*n*ce *que* aqui / os dan
  es aq*ue*l caueys oydo
(3) *mucho triste y dolorido*
  mal se quexa don tristan
  y vn roma*n*ce por ca*n*çion
(4) q*ue* publica la passion
  de la muerte dalixandre[14]

  y vn romançe entristecido
(6) ques *el de la reyna dido*
  y el ca*n*tar con gra*n* dulçor
  vn roma*n*çe aunques antigo
  que por mi passion lo digo
(7) *rosa fresca y con amor*
  y vn romançe de dolores
  que*n* passion se despedaça
(8) *venid venid amadores*[15]
  (*CG1511*, fols. 184^v–185^r)

Los romances escogidos para el juego son romances tradicionalizados, de origen trovadoresco y de asunto amoroso. Es evidente, pues, que el romance tradicional es acogido en el *Cancionero general* en cuanto es ejemplo de amor cortés y, como forma poética, sirve al juego de invención cortesano en las glosas, contrahechuras, continuaciones, y en las finidas, cabos, desfechas y villancicos de cierre. Este ambiente de lírica cortés se acentúa y confirma en la exposición de los principios de amor que se dan en las glosas y en los 22 romances trovadorescos, en los que predomina la presentación del alma atribulada por el dolor de ausencia y el rechazo de la amada. Ese dolor es muerte en vida, pero debe callárselo y celarlo para que no se consuma y no llegue a ser muerte. La causa, no obstante, lo hace deseable: es el servicio de amor centrado en la fe de firmeza. Las imágenes aludidas más frecuentemente son las de la áspera montaña, simbólica de la sequedad y bravura hosca determinada por la ausencia de la amada, o la del castillo asediado o conquistado. También es frecuente el diálogo entre el pensamiento y las pasiones.[16]

El auge del romance cantado en tiempos de los Reyes Católicos está suficientemente documentado en relatos y crónicas de la época, la publicación en pliegos sueltos lo confirma, pero su recepción literaria en el medio cortesano tiene limitaciones que ya podemos señalar.

El romance tradicional no es acogido literariamente por sí, sino como pie de alarde poético y como ejemplo de experiencia amorosa dentro de las normas de la teoría de amor cortés. Por tanto, si bien Hernando del Castillo es el primero que separa una sección de romances reconociendo la singularidad de la forma poética, sus propósitos difieren mucho de los que guiarán al impresor Martín Nucio, cuatro décadas más tarde, a publicar el *Cancionero de romances* de Amberes. Pero ya están apuntadas en el *Cancionero general* las formas romancísticas y los asuntos que el gusto cortesano impondrá a la producción y recolección de romances durante casi un siglo: el romance tradicional seguido por glosa y desfecha, los asuntos amorosos, novelescos y líricos, de temas mitológicos, ocasionalmente, y el romancero religioso y a lo divino.[17]

El análisis descriptivo que hemos realizado nos permite afirmar que la sección de romances del *Cancionero general* de 1511 es un ejemplo de la recepción cortesana del romance tradicional y de las vinculaciones entre poesía tradicional y poesía culta en la historia literaria del español.

NOTAS

1 Sobre la documentación del romancero en el s. XV, véanse S. Griswold Morley, 'Chronological List of Early Spanish Ballads', *HR*, XIII (1945), 237–87; Ezio Levi, 'El romance florentino de Jaume de Oleza', *RFE*, XIV (1927), 134–60.

2 Nicasio Salvador Miguel, *La poesía cancioneril: 'El cancionero de Estúñiga'* (Madrid: Alhambra, 1977), espec. 55–71.

3 Hugo A. Rennert (ed.), 'Der Spanische *Cancionero* des British Museum (Mss. Add. 10431)', *RF*, X (1899), 1–176.

4 En esta ocasión dejamos de lado el llamado *Cancionero musical de Palacio*, publicado por Francisco Asenjo Barbieri (Madrid: Real Academia de Bellas Artes de San Fernando, 1890), y en edición crítica, por José Romeu Figueras, *La música en la corte de los Reyes Católicos*, IV, 2, Monumentos de la Música Española, XIV, 2 (Barcelona: CSIC, 1965), que contiene, completos o fragmentarios, 38 romances (viejos y trovadorescos) con música compuesta entre 1475 y 1504 (cf. Higinio Anglés, Monumentos de la Música Española, X, [Barcelona: CSIC, 1951], 24). Véase también la Introducción de J. Romeu Figueras, en el tomo I (1965) de su edición.

5 'Cancionero general de muchas y diuersas obras de to-dos / o de los mas principales trobadores despaña en len-gua castellana assi antiguos como modernos / en deuocion / en moralidad / en amores / en burlas / romances / vi-llancicos / canciones / letras de inuenciones / motes / glosas-preguntas respuestas / copilado y maravillosamente ordenado por Her-nando del castillo Principiando en obras de nuestra señora / sin cuyo fauor-ningun principio / medio ni fin puede ser dicho bueno / en nombre de la santa-trenidad comiença.' Las barras aparecen en el impreso, los guiones indican el fin de línea. Citamos por la edic. facsímil de la edición de Valencia, 1511, con Introducción de Antonio Rodríguez Moñino (Madrid: Real Academia Española, 1958). Hacemos la transcripción del facsímil—aquí y en las siguientes citas tomadas del *Canc. gral.*—desarrollando las abreviaturas y salvando errores de impresión.

6 El romance del Conde Claros aparece en el *Libro en el qual se contienen cincuenta romances* (Antonio Rodríguez Moñino, *Diccionario bibliográfico de pliegos sueltos poéticos (siglo XVI)* [Madrid: Castalia, 1970], no. 936). También en un pliego suelto de Praga (*ibid.*, no. 1017) y otro de Madrid, B. Nac. R-8183 (*ibid.*, no. 1018). El de Madrid incluye como segundo romance, uno que empieza con un verso que aparece en la décima final de la glosa de Francisco de León a este romance. En la cita del fragmento del romance, tomada del *Cancionero de romances* de Amberes, los subrayados son míos.

7 *Primavera y flor de romances*, ed. F. J. Wolf y Conrado Hofmann. 2ª ed., ed. Marcelino Menéndez Pelayo (1899), en *Antología de poetas líricos castellanos*, VIII, Edición Nacional (Santander: CSIC, 1945).

8 El *Cancionero musical de Palacio* incluye en fols. 77ᵛ–78ʳ (no. 131 de la edic. cit. en n. 3) una versión igual a la del *CG1511* con el agregado de ocho versos: 'Quien a mi bien me quisiere / no me cure de llorar, / que no muero por traidor / nin por los dados jugar / muero yo por mi señora, / que no me puede penar, / pues el yerro que yo fize / no fue mucho de culpar.'

9 El *Cancionero de la British Library* (cf. n. 3), colección contemporánea de la recopilación de Hernando del Castillo, incluye la glosa de *Pésame de vos, el conde* por Francisco de León. Si tuviéramos aquí más espacio podríamos analizar el comercio intertextual entre las versiones tradicional y juglaresca, y las glosas y contrahechuras. Quédese para otro lugar y ocasión.

10 El mismo *Canc. gral.*, en la edic. de Toledo, 1527, incluye para este romance la misma glosa; pero se lee en la 1ª copla: 'por el mes era de mayo / quando haze la calor'.

11 El romance base es conocido por el *Cancionero de romances* s. a. (fol. 232ʳᵛ): 'Ya se assienta el rey Ramiro / ya se assienta a sus yantares / los tres de sus adalides / se le pararon delante'. La contrahechura de Nicolás Núñez también se incluye en el *Cancionero de la British Library* atribuyéndola a Garci Sánchez de Badajoz.

12 Estos versos son citados por Nebrija en su *Gramática* (Lib. II, cap. 8) cuando trata del pie de romance. En el mismo libro, cap. 6, al explicar lo que es asonancia, da el mismo ejemplo, cambiando el asonante *í-a* por *á-a*.

13 Muy atinadas observaciones sobre el 'juego trobado' de Pinar hace Patrizia Botta en 'La questione attributiva del *romance* "Gritando va el caballero"', *SR*, XXXVIII (1981), 89–135.

14 'Morirse quiere Alixandre / del dolor del corazon' es el no. 111 del *Cancionero musical de Palacio*. Estos versos son citados por Nebrija dos veces (*Gramática*, Lib. II, cap. 8, y Lib. IV, cap. 6). Cfr. Menéndez Pidal, *Romancero hispánico*, I, 110.

15 'Venid, venid, amadores / quantos en el mundo son', por 'el grande africano', se incluye en el *Cancionero de la British Library*, no. 164. El poema, de diez versos, es de calidad literaria mediana; no se da en otra colección posterior y en ésta, es glosado en la composición siguiente, por Pinar.

16 Para la teoría de amor que puede inducirse de la lectura de los poetas de fines del siglo XV, pueden leerse las págs. de Otis H. Green en *España y la tradición occidental: el espíritu castellano en la literatura desde 'El Cid' hasta Calderón*, I (Madrid: Gredos, 1969), 94 y ss., y del mismo, 'Courtly Love in the Spanish *Cancioneros*', *PMLA*, LXIV (1949), 247–301. Más recientemente, el estudio incitante del llorado Keith Whinnom, *Poesía*.

17 El penúltimo de los romances trovadorescos recogidos por Hernando del Castillo en la edición primera de 1511, que se suprime en ediciones posteriores para incluir otros, es el *Romance de la Pasión*, que relata la muerte en la Cruz y lleva como villancico la lamentación de la Virgen:

> Pues es muerto el rey del cielo
> que pari
> Sera la muerte el consuelo
> para mi. (fol. 139ʳ)

El poema recuerda en su disposición al 'Romance del Nacimiento' de la *Vita Christi* de Fr. Íñigo de Mendoza (h. 1493).

Un cronista olvidado: Juan de Flores, autor de la *Crónica incompleta de los Reyes Católicos*

CARMEN PARRILLA

Universidad de Santiago

En la Biblioteca de la Real Academia de la Historia de Madrid, y entre los fondos que pertenecieron a don Luis de Salazar, se halla el manuscrito G-20, único ejemplar conocido de cierta crónica anónima de algunos acontecimientos ocurridos entre 1469 y 1476. Consciente de su rareza, Julio Puyol la publicó en 1934, bajo un título adecuado a su contenido: *Crónica incompleta de los Reyes Católicos*.[1]

A los datos esenciales de la descripción del códice, según su editor, añado otros aspectos que han sido objeto de mi observación. Según la filigrana del papel, la escritura no puede ser anterior a 1473.[2] La alteración del orden de algunos folios del último cuadernillo está subsanada por las indicaciones, de letra de fines del siglo XVI, que proporcionó un lector cuidadoso. Tal vez fue el responsable de las apostillas que se reiteran en los márgenes del manuscrito y de las que Puyol dio escasa cuenta, pero que revelan un anotador vivaz, lector de los *Adagia* de Erasmo y cotejador de algunos hechos con la *Crónica* de Enríquez del Castillo y con otras crónicas extranjeras.[3]

El primer comentario que merece esta crónica es el que trate de su autoría. También aquí la observación externa del códice ofrece interés, puesto que brinda la paternidad de un cierto Alonso Flórez, 'vezino de la ciudad de Salamanca'.[4] La escasa estimación de Galíndez hacia la figura de quien me ocupo pesó en la opinión de algunos eruditos: Alonso de Santa Cruz, Garibay, González Dávila, Nicolás Antonio, Pinel Monroy, cuyos juicios han sido recogidos por Puyol (8–13). Si alguno de estos eruditos citados conoció el manuscrito que guarda la Academia de la Historia, o alguna otra versión del mismo, no relacionó al cronista salmantino con dicho texto ni, curiosamente, con ningún otro. Así, pues, un cierto Alonso Flórez, o Flores, fue, según estos autores, el responsable de una crónica de la que se sabía su contenido: 'lo de Toro y Zamora', pero este material, desechado por Galíndez en su compilación, parecía considerarse perdido.

Aunque este relato incompleto de los primeros años de gobierno de los Reyes Católicos fue utilizado ocasionalmente como fuente documental,[5] continuó siendo prácticamente desconocido todavía después de la edición de Puyol. Sin pronunciarse sobre su autoría, Benito Sánchez Alonso lo incluye en el repertorio de las crónicas castellanas, considerándolo fuente de información interesante aunque desigual, y emitiendo una opinión que juzgo necesario destacar: 'No tiene . . . verdaderos diálogos, que acabarían de dar a la obra el corte novelesco a que propende la materia literaria del autor' (400).

Por sus problemas de atribución e identificación, la *Crónica incompleta* integra el catálogo de la literatura perdida, de Alan Deyermond.[6] En su trabajo sobre la historiografía en la época de los Trastámara, Deyermond se ocupa de la crónica, pero mantiene reservas a la hora de adjudicarle un autor.

Hora es ya de proceder a revisar las cuestiones que suscita la identificación de Alonso Flórez o Flores, personaje de Salamanca y posible autor de una narración que se centra en el interesante período de las luchas políticas que tuvieron lugar en Castilla con el advenimiento al trono de los Reyes Católicos.

CONTRIBUCIONES AL CONOCIMIENTO DEL CRONISTA Y DE SU CRÓNICA

Ninguno de los eruditos que propagaron el juicio de Galíndez sobre el cronista apoyaron con ayuda documental el desempeño del oficio de Flores. Sin embargo, he hallado menciones más o menos directas a esta ocupación. El manuscrito 1786 de la Biblioteca Nacional de Madrid contiene una versión de la *Crónica de los Reyes Católicos* de Hernando del Pulgar. En su folio 3ᵛ, y con letra del siglo XVII, un anotador cita los 'authores que escribieron la istoria de los Reyes Católicos en su tiempo'. Doce son los cronistas allí mencionados en evidente desorden cronológico, pues encabeza la lista 'Antonio de Lebrija su coronista', mientras que Alonso de Palencia ocupa el penúltimo lugar. Según esta relación, a los autores citados por Galíndez en sus *Anales* habría que añadir: Pedro Santerano, Andrés Bernáldez, Pedro Mártir de Anglería, Marineo Sículo y don Enrique Enríquez, el tío del rey. Como ha señalado Mata Carriazo, es posible que el anotador no conociese los *Anales* de Galíndez, a juzgar por el orden de lista y las preferencias en el tratamiento.[7] Por ejemplo, al nombre de Palencia no se le añade el oficio de cronista, como sí se hace con Nebrija o con Pulgar. Parecido tratamiento al de Palencia se sigue con Alonso de Flores del que únicamente se indica 'de Salamanca'.

Igualmente se independiza del comentario tradicional la anotación del manuscrito londinense de la *Crónica de los Reyes Católicos* de Alonso de Santa Cruz: 'El tercero fue don Alonso de Flores, vecino de Salamanca, que escribió lo de Toro y Çamora, que fue la guerra que el rey don Fernando tubo con el rey don Alonso de Portugal'.[8] El lacónico comentario de esta versión de la crónica del cosmógrafo sevillano, algo diferente al que se halla en el manuscrito de Madrid publicado por Mata Carriazo, hace relativa justicia a la persona de Flores, a quien le otorga un 'don' y, al tiempo, carece de la tradicional observación peyorativa a la escasa fiabilidad del autor. Testimonios muy posteriores perpetúan un Alonso de Flores. Así, el manuscrito 17663 de la Biblioteca Nacional de Madrid, *Historias, chronicas, chronicones y otras obras de que se deben sacar excerptas para la colección*, original y autógrafo del académico de la Historia, Eugenio Llaguno, registra en su último folio a Alfonso de Flores como escritor de una crónica del siglo XV. Llaguno invoca el testimonio del *Compendio historial de las chrónicas y universal historia de todos los reynos de España*, de Estevan de Garibay y Camalloa (Barcelona: Sebastián de Cormellas, 1628), lib. 18, cap. 1.

Otro dato digno de tenerse en cuenta es la insinuación del cronista Palencia, cuando en su *Década cuarta* relata cómo Isabel, en los preparativos de las famosas Cortes de Toledo de 1480, trata de presentar ciertos argumentos según el respaldo de un cronista adicto que había sido 'nombrado poco antes' y 'se sentía obligado a ella'. En esa sesión preparatoria de las Cortes que, por lo que se deduce del relato de Palencia, debió ser bastante problemática, estaba presente Pulgar, a quien en ese pasaje de la *Década* Palencia nombra directamente, sin veladas alusiones.[9] De él dice que se le 'había mandado de una manera excepcional redactar los anales'. Palencia habla, pues, de dos personas: de un cronista oficial y del secretario Pulgar, quien recibió el nombramiento después de 1480.[10] La alusión de Palencia parece, pues, ir dirigida a otra persona diferente de Pulgar, un cronista recién nombrado. ¿Acaso el autor de lo que hoy conocemos como *Crónica incompleta*?

Sánchez Alonso (400) echaba de menos aquellos diálogos o discursos que otorgarían a la obra un corte novelesco. En efecto, faltan en la crónica algunas hablas que impiden conocer la elocuencia de algún personaje y, en consecuencia, la pericia bien probada del autor para construir la *oratio recta*. Por el contrario, se aprecia en la disposición de algunas partes del relato una dosificación de la materia, aunque algunos acontecimientos relevantes hayan sido omitidos.[11] Esta materia de la elocuencia me hace resaltar, por último, la importancia de otros testimonios que señalan el conocimiento de esta crónica.

Los primeros marqueses de Moya, Andrés Cabrera y Beatriz de Bobadilla, impulsaron la paz entre Enrique IV y los príncipes Fernando e Isabel, como relatan Enríquez del Castillo y Palencia. Beatriz había convivido con Isabel y, aunque hubo de abandonarla en Madrigal en una ocasión peligrosa, ahora desde Segovia tiende un puente entre los hermanos, integrando con su marido el partido de Isabel frente a la facción que apoya a la Beltraneja. En la *Crónica incompleta* se inserta un largo parlamento en el que Beatriz reprocha a Enrique el abandono del gobierno, instándole a que reconozca a su hermana Isabel como heredera, a la vez que encarece el comportamiento de los príncipes. Cuando, dos siglos más tarde, Pinel Monroy escribe su *Retrato del buen vassallo*, entre las alabanzas que tributa a los marqueses de Moya se encuentra el reconocimiento a la gestión cerca de Enrique IV.[12] Pinel pone el discurso suasorio en boca de Andrés de Cabrera, pero curiosamente alega como fuente de información la 'historia manuscrita' de 'Alonso Flores' (165). En su estudio introductorio a la *Crónica incompleta* Julio Puyol advirtió la importancia de este testimonio (11–12), al que creo conveniente sumar lo expresado en unos versos laudatorios de Gonzalo Navarro Castellanos, incluidos en el *Retrato del buen vassallo*, y que celebran la elocuencia de Beatriz: 'Quis vigiles curas, curarumve explicat aestus? / Tot sine nocte dies? Quis tot discrimina rerum? / Consilio Isabella tuo quot bella patrarit, / Quis canere?' Casi concluyendo, insiste: 'Vidit & exortum Fidei Columbia tellus, / Consiliis Bobadilla tuis, magnique mariti, / Auspice Regina Isabella, atque auspice Rege . . .' Este hiperbólico reconocimiento a la elocuencia y celo de Beatriz de Bobadilla puede ser un testimonio del conocimiento de un texto como la *Crónica del rey don Fernando y Doña Ysabel*,[13] puesto que allí quien persuade a Enrique IV es la esposa de Andrés Cabrera.

EL CRONISTA JUAN DE FLORES

En el Archivo de Simancas, en el *Registro general del sello*, legajo 1, folio 329, se guarda un nombramiento de cronista real dispensado el 20 de mayo de 1476 en Valladolid en la persona de 'Juan de Flores, fijo de Fernando de Flores, vesino de la çibdad de Salamanca'.[14] En tono solemne formulario se hace referencia a la disposición y capacidad del funcionario designado: 'acatando vuestra ydoneidad e sufiçiençia, filidad e abilidad, discreçión e por los muchos e açeptables serviçios que nos avedes fecho . . .' Bermejo Cabrero afirma que este cronista fue también miembro del Consejo Real, y aunque no indica la fuente de este dato, tal vez se refiera a la disposición del *Registro general del sello*, donde en 1475, un año antes de la designación del cronista, se nombra consejero sin ración al 'bachiller Juan de Flores, alcalde mayor del conde de Monterrey'.[15] Aunque no tengo seguridad de que estos dos nombramientos recaigan en la misma persona, a propósito de la designación de cronista merecen destacarse estas observaciones:

1. Que de modo documental es comprobable la existencia de un cronista nombrado para este menester, dos o tres años antes de que se hagan los preparativos de las Cortes de Toledo.
2. Que el apellido de este cronista, aunque no el nombre, es el mismo que el del cronista citado por Galíndez.
3. Que la fecha del nombramiento de Juan de Flores como cronista coincide con la época en que se trunca el relato de la crónica publicada por Julio Puyol.

Ahora bien, mi hallazgo de un documento de archivo puede justificar la denominación de Juan en vez de la de Alonso, propagada por Galíndez y perpetuada por otros historiadores. Al tiempo, permite intentar la identificación del cronista 'vezino de Salamanca'. Así, en el Archivo Catedralicio de aquella ciudad, Cajón 3, Legajo 2, Núm. 26/2, se halla una carta de censo perpetuo y contrato fechada el 10 de mayo de 1469 en donde Fernand Alfonso de Flores, 'mercadero vezino de la noble y leal çibdad de Salamanca' y 'su hijo Johan de Flores' otorgan a García Lópes, platero, y a sus descendientes el disfrute de una propiedad en la ciudad de Salamanca, en las 'Casas quemadas', cerca de la Puerta del Sol. La propiedad que Flores padre e hijo ceden al platero consiste en la mitad de una cuadra, un corral y una bodega. Por supuesto, el apellido Flores abunda en Salamanca en las fechas que me ocupan.[16] Sin pretender mantener obstinadamente la hipótesis, me atrevo a sugerir que si Juan de Flores cronista es la misma persona que el hijo del mercader Fernando, es muy posible que se haya propagado el nombre de Alonso de Flores cronista, pues acaso Alonso era patronímico o el escritor era conocido por el segundo nombre de su padre.

En la identificación del cronista es conveniente destacar su vinculación con la ciudad de Salamanca, bien desde referencias externas o desde la propia *Crónica incompleta*. Con este fin, se ofrecen los siguientes datos de la pesquisa.

EL RECTOR

En el último de los tres *Libros de claustros* del siglo XV de la Universidad de Salamanca, folio 11ʳᵛ, con fecha 27 de abril de 1478, se registra el nombramiento de rector del estudio para la persona de 'Juan Flores beneficiado de la villa dc Alba de Tormes'.[17] Vale la pena precisar las peculiaridades de este nombramiento. La sesión académica, según reza la rúbrica del acta, corresponde a un claustro de rector y consiliarios, una de las reuniones más solemnes en la vida de la universidad. Ahora bien, el rector se elegía normalmente en noviembre, en ocasión de la festividad de San Martín; por el contrario, en abril y en días correspondientes a la octava de Resurrección se elegían diputados y solamente en casos de extrema necesidad podía elegirse también al rector. El acta da cuenta de la urgencia de este nombramiento extraordinario en razón de la prolongada ausencia del anterior rector, Alonso Ponce. Con todo, la designación de Juan Flores no remedia el problema del absentismo, pues al día siguiente del nombramiento, el nuevo rector solicita permiso por dos meses. El 20 de junio, Flores se incorpora a su puesto y preside otra sesión en la que vuelve a solicitar permiso para ausentarse. El *Libro de claustros* refleja su puntual presentación según la normativa de la Universidad, pues la licencia otorgada al rector no podía exceder de dos meses. En agosto está presente en la sesión en que se hace probanza de jubileo al Maestro Pedro Martínez de Osma y, finalmente, en 11 de noviembre deja de ser rector. El claustro de consiliarios elige *nemine discrepante* al canónigo de Coria, Lope García de Salazar. Seis meses ha durado la etapa de Flores como rector.[18]

Es, pues, Juan Flores, un rector de transición, un rector de circunstancias, y por varias razones. En primer lugar, la lectura del acta de nombramiento indica que la elección no fue unánime. En efecto, a pesar de la concordia que formulísticamente invoca el acta, el bachiller Juan Alonso de Peralta disiente alegando que 'nombrasen según costumbre porque non queria elixir sinon letrado'. La opinión de Peralta parece indicar que el nuevo rector no había cursado leyes y sí probablemente cánones.[19]

Un rector ocasional que viene a cubrir temporalmente una vacante y que apenas desempeña su cargo de gobierno es, sin duda, un individuo de confianza de las personas de mayor relevancia en la Universidad, dúctil tal vez para servir a ciertos intereses. Acaso no sea muy descabellado sugerir que el beneficiado de Alba de Tormes haya sido propuesto para el cargo de rector por el recién elegido maestrescuela del Estudio, don Gutierre

Álvarez de Toledo, hijo del primer duque de Alba, que fue designado para el puesto de mayor dignidad en la universidad salmantina seis meses antes del nombramiento de Flores, exactamente el 30 de octubre de 1477.[20] El nombramiento extemporáneo del rector y su escasa duración en el cargo puede tal vez considerarse como un anticipo de los problemas planteados en la Universidad de Salamanca en el último tercio del siglo XV, y que desembocaron en lo que se conoce como el 'cisma de rectores', situación enojosa y desconcertante para la vida universitaria, y que se solucionó en 1480, con la intervención real, por medio del gobierno enérgico de don Tello de Buendía, arcediano de Toledo.[21] Como señala Marcos, la paulatina introducción de una especie de derecho consuetudinario infringe los reglamentos de las constituciones, promulgadas por Martín V y ratificadas por Eugenio IV. Tal vez, la voz solitaria del bachiller Peralta en la elección de Flores pueda ser un eco de la polémica, cada vez más viva, de la observancia o descuido del reglamento universitario. Los *Libros de claustros* no refieren cuál es la causa de las continuas ausencias de Flores durante su mandato como rector, solamente consignan la necesidad de ausentarse de Salamanca. Si el rector es, a la vez, el cronista y posiblemente el primero que nombran los Reyes Católicos, la referida alusión de Palencia en la *Década cuarta* (véanse 124, *supra*) autoriza a interpretar su abandono del cargo del Estudio a requerimiento de sus funciones de cronista y, tal vez, consejero cerca de los monarcas. Según se desprende del *Memorial* de Galíndez, Fernando e Isabel no visitaron la ciudad de Salamanca en el año 1478.

Es comprensible que el rector elegido en 1478 fuese un hijo del Estudio. Ahora bien, en la región salmantina abundan homónimos de Juan de Flores. Así los *Libros de claustros* dan cuenta de que en el mes de octubre de 1464 Juan Flores, hijo de Juan Flores, alcalde del Carpio, es testigo en un acto de percepción de rentas (I, fol. 28ᵛ; Marcos, 63). En mayo de 1469, Juan Flores es testigo igualmente en una oposición a cátedra de Prima de Medicina (I, fol. 159ʳ; Marcos, 127). La localidad del Carpio fue concedida por Enrique IV al entonces conde de Alba como merced de por vida. De este modo, si el rector es el hijo del alcalde del Carpio, no es extraña su presencia en el claustro cuando el de Alba es maestrescuela. Otros estudiantes apellidados Flores se encuentran en el mundo universitario. Así Juan Antón Flores, bachiller y diputado en la década de los setenta. Acaso tanto Juan Flores como Juan Antón Flores pertenezcan a la oligarquía salmantina como miembros de los Flores que protagonizan algunos disturbios en los primeros años del reinado de los Reyes Católicos, participando en las banderías de la ciudad y sufriendo, por ello, la confiscación de sus bienes.[22]

El documento de nombramiento del cronista lo señala como hijo de Fernando de Flores. En el caso de que se trate del mercader Fernando Alonso nada impide aceptar la formación universitaria de su hijo, pues es sabido que las universidades contribuyeron a consolidar la burocracia con la aceptación en las aulas de personas procedentes del grupo medio de mercaderes y comerciantes. Durante su paso por la universidad, los estudiantes se acogían a la dispensa de beneficios simples o mixtos y, aunque no hay pruebas concluyentes para identificar cronista y rector, no cabe duda que la formación de éste último le capacitaría para la función que el documento de nombramiento describía: 'de escrivir e declarar e copiar e recollegir todas las cosas tocantes a ella [la crónica] como nuestro coronista'. Las Constituciones de Martín V exigían ya un requisito mínimo a todo estudiante: 'nullus studens . . . in Salmantino studio assumatur nisi in grammaticalibus fuerit competenter instructus . . .'

PERSONAJES SALMANTINOS EN LA *CRÓNICA INCOMPLETA*

Si el manuscrito G-20 que custodia la Real Academia de la Historia forma parte de la tarea asignada a Juan de Flores cronista, no hay duda que, como material de trabajo, es una muestra muy escasa de los hechos ocurridos durante el reinado de los Reyes Católicos. Lo sustancial de la crónica se reparte entre el relato de las primeras medidas ejercidas hacia los nobles rebeldes o remisos y la resistencia a la invasión portuguesa. En ocasiones, el autor ofrece una versión de los acontecimientos que no se corresponde con exactitud con la que ofrecen otras crónicas. Sobre este punto creo conveniente prestar atención a la famosa frase de Galíndez acerca de la utilidad de la crónica: 'se dexo de poner por algun respeto' (537). Disiento aquí de la opinión de Puyol, quien otorga a la palabra 'respeto', con acierto, el significado de 'reparo, miramiento', añadiendo a continuación que tal vez Galíndez, además de las inexactitudes que le ofrecía el relato, desechaba quizás la elocuencia de su autor, considerándola una 'retórica vana', expresión con la que censuró el estilo de Pulgar.[23] Pero también el *Diccionario de autoridades* da entrada a la palabra 'respecto' en su formación culta, indicando que es 'la razón, relación ò proporción de una cosa a otra'. ¿No querría decir Galíndez que, cotejadas las versiones, primordial operación del compilador, al advertir el diferente enfoque de algunos acontecimientos, se sintió obligado a prescindir de aquella fuente? No me aferro a esta hipótesis como si fuese el único motivo que impulsara a Galíndez; otros suscitarían su desconfianza, acaso algunos de los sugeridos por Julio Puyol. No obstante el consejero de Carlos I, al emprender un proyecto acariciado ya años antes por el rey Católico, obraría en principio con el criterio probatorio del más elemental cotejo de fuentes.

Al espigar en la *Crónica incompleta* aquellos pasajes que en ocasiones se apartan de las versiones autorizadas, nos encontramos con que el autor ofrece como protagonistas o testigos de algunos hechos a personas naturales de la ciudad de Salamanca o relacionadas con ella, cuyos nombres en esas ocasiones no están recogidos en otras crónicas. Como primer ejemplo ofrezco la figura del jurista salmantino Rodrigo Maldonado de Talavera, representante de un linaje prestigioso de la ciudad. Los Reyes Católicos lo llaman a su lado en los primeros días de gobierno para entender 'en las cosas de la justicia'. Actuará como árbitro y consejero en la delicada cuestión de delimitar las atribuciones de gobierno de los reales cónyuges. Según se cuenta en la *Crónica incompleta*, Maldonado de Talavera es intermediario personal en episodios de cierta importancia, como son la toma de Zamora, donde persuade al mariscal que tiene la ciudad, la puesta en libertad de Alonso de Monroy, cuando este noble se encuentra prisionero en Extremadura, y las gestiones para rescatar Cantalapiedra. Ni Palencia ni Pulgar, a la hora de registrar estos hechos, recuerdan la figura del doctor de Talavera, como tampoco se habla de este jurista en la propia *Vida e historia de Alonso de Monroy*. El entusiasmo con el que Flores presenta a este salmantino en un panegírico, comparable en el fervor al que dedica a los reyes, denota admiración y familiaridad. Vale la pena señalar que cuando Maldonado de Talavera fue llamado por los reyes en 1475, abandonó el Estudio de Salamanca en donde era catedrático de leyes desde 1468. Casi ininterrumpidamente había ocupado un lugar en el Claustro y había tenido a su cargo la Conservaduría del Estudio, que sus hijos reclaman en 1476, alegando la ausencia del padre. Las autoridades de la Universidad debieron ver con agrado la confianza que los reyes otorgaron a este hijo del Estudio. Así registró Juan López, notario de las actas de los claustros, que en una de las sesiones académicas se otorga a Maldonado permiso de ausencia *nemine discrepante*, porque la corte es lugar 'donde puede mucho aprovechar a la universidad'. Y a la recíproca, pues Maldonado ejerce funciones de intermediario cuando en 1475 la Universidad hace un préstamo a los reyes por valor de 100,000 maravedís. Es, pues, una figura de renombre en la Universidad con la que no deja de estar en contacto.[24]

Pero para enlazar a Juan de Flores rector y/o cronista con Maldonado de Talavera pueden aducirse en la Salamanca del último tercio del siglo XV otras vinculaciones. Sabido es que los famosos bandos salmantinos, Santo Tomé y San Benito, responsables de abundantes tensiones sociales, agrupaban a sus individuos preferentemente teniendo en cuenta una demarcación urbana. Maldonado de Talavera perteneció al Bando de San

Benito y, según se documenta, habitaba en el lugar conocido como Puerta del Sol y solar en que hoy se eleva la Casa de las Conchas. Se da la circunstancia de que el lugar denominado 'casas quemadas', donde se hallan las propiedades que Fernando Alonso de Flores y su hijo ceden al platero, se halla en las cercanías de la Puerta del Sol.[25]

Otros juristas citados en la *Crónica incompleta* pero ignorados en otras crónicas, pueden también inscribirse en la vida universitaria de Salamanca. Se trata del doctor Alonso de Paz y el doctor de Alcoçer. El primero formó parte del claustro en la misma época que Maldonado de Talavera y con él interviene en la negociación de los préstamos a los reyes, según señalan los *Libros de claustros*. La familia Paz integró el bando de San Benito; algunos representantes de la misma firmaron las concordias entre bandos habidas en 1476 y en 1493. El doctor de Alcoçer, vecino de Valladolid, según la *Crónica incompleta*, estudió en la Universidad de Salamanca en donde es bachiller canonista en 1467 y, dos años más tarde, se opone en la sustitución de una cátedra de decreto (*LC*, I, folios 109^v, 157^r; Marcos, 99, 127).

Por último, dos referencias en la crónica señalan igualmente el especial tratamiento que se da a personas relacionadas con Salamanca. A Alonso Maldonado, hijo de Diego Álvarez Maldonado, un caballero salmantino del Bando de San Benito, se le adjudican dos proezas realizadas con ingenio y con valor, a saber, la toma de Ciudad Rodrigo y posteriormente la conservación de esta misma plaza que, 'por ser llave de Portugal', recibió repetidos ataques de los invasores. No se registran estas hazañas en otras crónicas; el autor de la que me ocupa se detiene cuidadosamente en trazar los rasgos más sobresalientes de Maldonado, de quien indica que 'fue en batallas del campo y bando de la ciudad do bivia criado . . .' (162–63) y a quien presenta a punto de arengar a sus tropas. No se puede saber si su elocuencia igualaría a la pericia y el valor, pues en el manuscrito, como en otras ocasiones para otros personajes, no aparece el discurso. Por el tratamiento otorgado a esta figura, otro 'Alonso Maldonado', nombrado en la Crónica y que en 1476 quiere hacerse con el alcázar de Segovia no puede ser la misma persona que arriesga la vida una y otra vez en la ocasión de Ciudad Rodrigo. Acaso, el salmantino ensalzado por Flores sea el cronista que, unos años más tarde, relataría la *Vida e historia del Maestre de Alcántara don Alonso de Monroy*, pero no la figura rebelde a los Cabrera, episodio que destacan todas las crónicas. Es posible que la narración de los hechos de Alonso de Maldonado sea un homenaje de simpatía a la persona de un compañero de liga.

De la *Crónica de los Reyes Católicos* de Hernando de Pulgar se dijo que la personalidad de los monarcas quedaba en ocasiones oscurecida, porque Pulgar otorgaba mayor atención a la figura de su protector el cardenal Mendoza. Acaso podría imputársele a la *Crónica incompleta* un comportamiento parecido con los salmantinos ilustres, entre los que no podría faltar el duque de Alba. Si el cronista desempeñó en la Universidad, por seis meses, el cargo de rector y disfrutó beneficio simple o mixto por la villa de Alba de Tormes, nada de extraño tendría que la figura de don García de Toledo quedase relevada en su relato. Algo de esto sucede, al menos si se compara con otras crónicas. Así, el duque es nombrado el primero entre aquellos aristócratas que todavía en vida de Enrique IV se adhieren al partido de los príncipes. El autor de la *Crónica incompleta* describe su comportamiento en el ataque a Tordesillas, cuando presta ayuda al príncipe Fernando. Don García rivaliza en sumisión con las cabezas de la oligarquía castellana, devolviendo solemnemente a los reyes el castillo de la Mota en Medina del Campo. El cronista relata la riqueza y elegancia del magnate en las famosas justas de Valladolid, donde si no interviene por hallarse herido, agasaja personalmente a los reyes e invitados, ofreciendo, entre otras diversiones, unos 'momos . . . tan ricos y costosos, que por temor de no ser creydos, me dexo de escrevir . . .' (168). Queda patente en la *Crónica incompleta* que las tropas del de Alba son las más numerosas que se presentan en la marcha contra Toro, así como las mejor dotadas en artillería y ballestería. Como sucede con Maldonado de Talavera, al duque se le adjudica un protagonismo cuando se dice que va comisionado por los reyes para lograr concordia con el arzobispo de Toledo. Salvo Andrés Bernáldez, el resto de los cronistas, en la ocasión de esta embajada, no hacen mención del duque de Alba. De este modo, la figura de don García de Toledo nace en la *Crónica incompleta* justamente con el advenimiento de los Reyes Católicos, proclamando el abandono de quien le había concedido tantas mercedes, mostrándose así profético con los futuros soberanos. Por tanto, no hay alusión alguna a ciertas maquinaciones que de esta figura dejó Palencia consignadas en sus *Décadas*.[26] La atención respetuosa y encomiástica del autor de la *Crónica incompleta* puede ser consecuencia de su vinculación a la propia realidad salmantina en su división urbana de bandos. Justamente, en los años en que el duque de Alba se acerca a Isabel y Fernando, forma parte como miembro de prestigio del bando de San Benito, el mismo en el que milita el doctor de Talavera.[27]

JUAN DE FLORES Y ALONSO DE CÓRDOBA

A la luz del documento exhumado por Bermejo, y de la existencia de un rector en Salamanca con el mismo nombre que el cronista, se plantean estas preguntas: ¿Se trata solamente de homónimos? Alguna de estas personas, cronista y/o rector ¿sería el escritor Juan de Flores, autor de *Triunfo de Amor*, *Grisel y Mirabella* y *Grimalte y Gradisa*?[28] Bermejo Cabrero se inclina a identificar cronista y escritor, insinuando el conocimiento de temas jurídicos y políticos en *Grisel y Mirabella*. No es este el momento de rechazar o defender tal cuestión, pero sí de contribuir a sostener la hipótesis, proporcionando algún dato que enlace al escritor con la zona salmantina.

Más de una situación bélica referida en la *Crónica incompleta* puede ponerse en estrecha relación con *Triunfo de Amor*, la obra de Flores que, a juicio de su editor, parece dar cuenta del trasfondo caótico de subversión de valores de la década de los setenta.[29] Soy consciente de que aproximar a Flores a la zona castellana y concretamente a la salmantina es abandonar el marco aragonesista que para esta figura se ha trazado en otras ocasiones.[30] No defiendo tampoco como prueba de castellanismo para el autor de *Grimalte y Gradisa* la declaración de patria del personaje Grimalte, quien trasunto del autor manifiesta al fracasar en su empresa: 'me buelvo a los reinos d[e] España y castellana tierra donde yo natural era', o el guiño humorístico en *Triunfo de Amor* a las damas receptoras del relato y, a su vez, de la paulina, a quienes reconoce su 'castellana y estremada condición'.

Ahora bien, en la búsqueda de datos biográficos del enigmático autor de *Grimalte y Gradisa* no se han podido establecer con certeza las relaciones de Flores con su colaborador Alonso de Córdoba, quien en esta obra, según el colofón del único impreso existente, compuso las coplas y lo concerniente a la sepultura de Fiometa. Aunque el apellido Córdoba es muy abundante en la España del siglo XV, singularmente en Castilla, en la década de los setenta los *Libros de claustros* de la Universidad de Salamanca dan cuenta de la presencia de un músico Alonso de Córdoba quien forma parte del Claustro de Diputados desde 1480. Dos años antes actúa como testigo en algunos actos, siendo denominado bachiller, pero desde 1480 menudean las referencias a esta persona, que es mencionada en ocasiones como catedrático de música, o músico a secas. En el tercer *Libro de claustros* faltan actas correspondientes a la década de los ochenta, con lo cual poco se puede saber de la trayectoria universitaria del músico Córdoba. Pero el año 1479, fue el candidato a la cátedra por una facción que rechazaba en cambio a Diego de Fermoselle, quien no desempeñó este puesto hasta los primeros años del siglo siguiente.[31] Acaso Córdoba, en los momentos en que se toman medidas enérgicas contra los desórdenes internos y externos en la Universidad de Salamanca, se encontrase entre los partidarios de los nuevos soberanos, con lo que el establecimiento de vínculos con escritores del círculo real que a la vez son salmantinos, es suposición aceptable para relacionar a Juan de Flores cronista, rector, acaso el escritor, con un Alonso de Córdoba residente en la misma ciudad.[32]

En resumen, la autoría de la *Crónica incompleta* puede atribuirse a Juan de Flores, salmantino, hijo del mercader Fernando Alfonso, y que fue nombrado cronista en 1476. Su crónica abunda en hechos referentes a personajes salmantinos que estuvieron muy vinculados con la Universidad. He destacado el nombramiento de rector de la Universidad, en 1478, de Juan de Flores, beneficiado de Alba de Tormes y, aunque la relación puede ser de simple homonimia, me ha parecido conveniente resaltar este dato, para poder relacionar a esta figura con el autor de la *Crónica incompleta*.

La consideración sobre un error de copia es prueba de que Juan de Flores no era nombre desconocido del amanuense. En el título XXIX se narra cómo Juan de Robles, fiel servidor de los Reyes Católicos, toma la fortaleza de Valencia de don Juan, posesión de su cuñado, que es partidario del rey de Portugal. El episodio se narra con todo detalle, pero el copista en una ocasión escribe Juan de Flores en vez de Robles. El nombre Flores nunca vuelve aparecer en el texto. Por la disimilitud de los grafemas, no puede hablarse de error paleográfico; sí parece una trivialización como si quien copia fuese atraído por un sintagma usual. El amanuense del texto parece hacer justicia inconscientemente a un cronista olvidado.

NOTAS

1 *Crónica incompleta de los Reyes Católicos (1469–1476), según un manuscrito anónimo de la época* (Madrid: Academia de la Historia, 1934). En la tapa del manuscrito y con letra de fines del siglo XV, se lee: 'Cronica del Rey don Enrique 4'. Las palabras 'Enrique 4' han sido tachadas. Encima, con una letra posterior: 'Fernando y Doña Ysabel'.

2 C. M. Briquet, *Les Filigranes: dictionnaire historique de marques du papier dès leur apparition vers 1282 jusqu'en 1600*, III (Paris: Picard, 1907), núm. 11152: Palerme 1473.

3 Tanto por parte del apostillador como en la propia *Crónica incompleta* hay alusiones a una crónica del rey Enrique IV cuya redacción puede imputarse a otros cronistas además del capellán Diego Enríquez del Castillo. Véase Benito Sánchez Alonso, *Historia de la historiografía española: ensayo de un examen de conjunto*, I (Madrid: CSIC, 1941), 389–92; *Crónica de los Reyes Católicos por su secretario Fernando del Pulgar*, ed. Juan de Mata Carriazo, CCE, 5 (Madrid: Espasa-Calpe, 1943), c–cvi. Puntualizaciones sobre esta tradición en Alan Deyermond, 'La historiografía trastámara: ¿una cuarentena de obras perdidas?', en *Estudios en homenaje a Don Claudio Sánchez Albornoz en sus 90 años*, IV (Buenos Aires: Instituto de Historia de España, 1986), 161–93. Es mi intención ocuparme en el futuro de las interesantes apostillas de la *Crónica incompleta* que, por su carácter dialogante con el texto, muestran rasgos no desdeñables de la recepción de este relato cronístico en el siglo XVI.

4 Puyol transcribió la anotación escrita en una de las guardas del códice, según la cual se invoca la autoridad del consejero de Carlos I, Lorenzo Galíndez de Carvajal, quien entre otros cronistas consideró a un Alonso Flórez. Véase Lorenzo Galíndez de Carvajal, *Anales breves del reinado de los Reyes Católicos*, en *Crónicas de los reyes de Castilla*, ed. Cayetano Rosell, III, BAE, LXX (Madrid: Rivadeneyra, 1878), 537. El anotador de la Crónica cita casi literalmente a Galíndez: 'El tercero fue un Alonso Florez, vezino de la ciudad de Salamanca, familiar de el Duque de Alba, que escribió lo de Toro y Zamora. Y aquello se dexó de poner por algún respeto, y porque nunca se tubo por chronica authentica.' A continuación, el anotador declara sin ambages: 'Tengo por cierto que el Auctor de estos escritos es este. Y aun no es entero, porque le faltan muchos capítulos de lo que debió de escribir. Sin embargo, tiene muchas cosas notables.'

5 Luis Suárez Fernández y Juan de Mata Carriazo, *La España de los Reyes Católicos (1474–1516)*, I, *Historia de España*, ed. Ramón Menéndez Pidal, XVII (Madrid: Espasa-Calpe, 1969), 89, 95, 99, 107, 116, 123, 130–34, 145–47, 181.

6 *The Lost Literature of Medieval Spain: Notes for a Tentative Catalogue, Fifth Supplement* (London: Medieval Research Seminar, Department of Spanish, Westfield College, 1979), núm. 495.

7 He verificado en la Biblioteca Nacional el dato suministrado por Mata Carriazo en su edición de la *Crónica* de Pulgar, cxvi–cxviii.

8 Alonso de Santa Cruz, *Crónica de los Reyes Católicos*, ed. Juan de Mata Carriazo (Sevilla: Publicaciones de la Escuela de Estudios Hispano-Americanos, 1951), 18–19.

9 R. B. Tate, 'Alfonso de Palencia y los preceptos de la historiografía', en *Nebrija y la introducción del Renacimiento en España: Actas de la III Academia Literaria Renacentista* (Salamanca: Academia Literaria Renacentista y Diputación Provincial, 1983), 37–51, la cita en 42.

10 *Registro general del sello*, III (Valladolid: CSIC, 1953), núm. 2952 (fol. 69).

11 Sería interesante conocer el método de trabajo de un cronista real en tiempo de los Reyes Católicos, así como el esquema sobre el que engarzaría sus fuentes. En la biblioteca de la reina Isabel se hallaba un libro 'a manera de padrón, enquadernado en pergamino, tiene casos para manera de hacer corónicas'. El dato ha sido recogido por Francisco Javier Sánchez Cantón, *Libros, tapices y cuadros que coleccionó Isabel la Católica* (Madrid: CSIC, 1950), 83. La descripción de esta partida parece dar cuenta de un texto de trabajo: borrador, como apuntó Sánchez Cantón, o algo más modélico, como puede ser un repertorio de autoridades para el género histórico, puesto que padrón tiene el sentido de nómina o lista. Acaso el texto en cuestión era un ejemplar antiguo, carente ya de interés práctico, pero por su naturaleza conocido en el escritorio de un cronista real. R. B. Tate, 'Preceptos', examina a la luz del texto retórico de Jorge de Trebisonda los principios de composición e interpretación de un historiador en el siglo XV.

12 Francisco Pinel Monroy, *Retrato del buen vassallo, copiado de la vida y hechos de Andrés de Cabrera, primero marqués de Moya* (Madrid: Imprenta Imperial, por Joseph Fernández de Buendía, 1677), 165.

13 Título que ostenta el manuscrito G–20 de la Academia de la Historia. Véase nota 1 de este trabajo.

14 El documento ha sido exhumado por José Luis Bermejo Cabrero, 'Orígenes del oficio de cronista real', *His*, 40 (1980), 395–409, en 408–09. Una transcripción del documento se hallaba en Vicente Beltrán de Heredia, *Cartulario de la Universidad de Salamanca*, II, AS, HU, XIX (Salamanca: Univ., 1970), 113–14, núm. 187.

15 *Registro general del sello*, I (Valladolid: CSIC, 1950), núm. 734 (fol. 715).

16 Aunque más adelante me detendré sobre esta cuestión, véase M. Villar y Macías, *Historia de los Bandos de Salamanca* (Salamanca: Imprenta V. Oliva, 1883).

17 AUS, LC, III, fol. 11. Florencio Marcos, *Extractos de los libros de claustros de la Universidad de Salamanca, Siglo XV (1464–1481)*, AS, HU, VI (Salamanca: Univ., 1964), 262.

18 AUS, LC, III, fols. 16ᵛ, 20ᵛ, 30ᵛ, 31ʳ; Marcos, 262, 264, 266, 270.

19 Mariano Peset y Juan Gutiérrez Cuadrado, *Clérigos y juristas en la Baja Edad Media castellano-leonesa*, *Senara, Revista de Filoloxía*, Anexo II, vol. III (Vigo: Colexio Universitario, 1981), 26.

20 AUS, LC, II, fol. 126ʳ; Marcos, 251; Beltrán de Heredia, *Cartulario*, II, 75, núms. 158–59. En esa fecha Nebrija forma parte del claustro como bachiller.

21 F. Marcos y A. de Jesús, 'Um cisma de reitores na universidade de Salamanca em fins do século XV', *Lusitania Sacra*, VII (1964–66), 3–35. Con todo, el caso del rector Flores no es una excepción. Los *LC* dan cuenta en el siglo XV de un cambio frecuente de rectores. En 1464 el caso de Alonso de Valencia es singular: sólo dura un día. Es costumbre que estén un año en el puesto de rector, siendo elegidos en general en noviembre. Así, Rodrigo de Ribera, nombrado rector el 22 de marzo de 1464, o Bartolomé de Rabe, el 13 de agosto de 1477, por muerte de García Fernández de Ávila. Cuando se sofocan los conflictos de 1480, por medio del delegado de los reyes, don Tello de Buendía, el fiel arcediano de Toledo, es elegido el canónigo Rodrigo Álvarez, designado para este puesto 'en concordia hasta San Martín'. Esto es, hasta noviembre.

22 Es el caso del licenciado Flores a quien en 1475 y en el marco de las fricciones entre bandos, se le confiscan bienes por haber prestado ayuda 'al adversario de Portugal'. La familia Flores de Salamanca es un linaje de tipo medio con influencia únicamente en la zona salmantina. En 1493, los nietos de un Juan Flores o de Flores, vecino de Salamanca, disputan la heredad de su abuelo en Berrocal de Huebra. Algunos miembros de esta familia estuvieron al servicio del arzobispo Alonso de Fonseca y protagonizan incidentes muy violentos en los primeros años del siglo XVI. Los Flores emparentan con familias de la misma categoría: Ribas y Herrera, cuyos miembros fueron partidarios, al menos de primera hora, de la facción que apoyó a la Beltraneja. Las protestas de nobleza y reconocimiento de hidalguía desde antiguo se aprecian en correspondencia interna que conozco de esta familia. Hasta el momento, no tengo datos que me permitan relacionar al propietario de las heredades de Berrocal con el hijo del mercader.

23 '. . . en muchas partes y lugares procede tan desnudo de particularidades, que ni nombra las personas, ni dice el hecho entero con sus circunstancias como pasó, ántes trocándolo é abreviándolo demasiadamente, lo confunde con alguna retórica vana, de que muchas veces se usa . . .' (*Anales*, 536).

24 AUS, LC, I, fols. 139ʳ, 140ʳ, 147ᵛ; II, fols. 27ᵛ, 57ᵛ, 63ʳ, 80ʳ; Marcos, 116–17, 120, 216–17, 219, 221, 226. Renuncia a la cátedra el año 1477 (folio 103ʳ). En ese mismo año se recibe en el Estudio una carta de la reina apoyando la Conservaduría de la Universidad en favor de los hijos de Maldonado: LC, II, fol. 103ʳ; Marcos, 240.

25 El manuscrito 8178 de la Biblioteca Nacional de Madrid contiene una versión de la *Crónica de los Reyes Católicos* de Pulgar. En el pasaje dedicado a la muerte de un hijo de Rodrigo Maldonado, una anotación de fecha de 1544 reza: 'El doctor de Talavera: esta casa de mayoradgo es en Salamanca y es la de las veneras en la Puerta del Sol, y perdiose por las comunidades año de 1521, y don Pedro Pimentel sucesor en la casa y nieto deste doctor fue degollado por lo mismo'. La influencia de Maldonado se expande a gente del común. Cuando en 1468 opta a la cátedra promete dejar como fiador a Martín Rodríguez, trapero (AUS, LC, I, fol. 138ᵛ; Marcos, 116). Por cierto, el platero que disfruta la propiedad de los Flores aparece en LC, I, fol. 155ᵛ, con objeto de pesar cierta plata 'en casa del platero García López que bive en la Puerta del Sol' (Marcos, 125). Es el año 1469.

26 Alonso de Palencia, *Crónica de Enrique IV*, trad. A. Paz y Melia, I, BAE, CCLVII (Madrid: Atlas, 1973),

281–87, el comentario en 285. Para el tono amonestador de Palencia, véase R. B. Tate, 'Preceptos', 45. A la hora de redactar este trabajo no he podido ver R. B. Tate, 'El cronista real castellano durante el siglo XV', en *Homenaje a Pedro Sainz Rodriguez*, III (Madrid: Fundación Universitaria Española, 1986), 659–68.

27 Clara Isabel López Benito, *Bandos nobiliarios en Salamanca al iniciarse la Edad Moderna* (Salamanca: Centro de Estudios Salmantinos, 1983), 118.

28 La identificación del escritor Juan de Flores está todavía sin esclarecer desde el trabajo de Bárbara Matulka, *The Novels of Juan de Flores and their European Diffusion: A Study in Comparative Literature* (New York: Institute of French Studies, 1931). Antonio Gargano en su edición de *Triunfo de Amor*, Collana di Testi e Studi Ispanici, Sezione I, núm. 2 (Pisa: Giardini, 1981), insinuó alguna pista. En el primer capítulo de mi tesis doctoral, 'Juan de Flores: edición de *Grimalte y Gradisa*', Universidad de Santiago, 1985, expongo el alcance de mi pesquisa biográfica.

29 *Triunfo de Amor*, ed. Gargano, 55–61. Joseph J. Gwara, del Westfield College, Londres, está igualmente trabajando sobre la identidad y el estilo de Juan de Flores.

30 Así, Whinnom, *Dos opúsculos*, viii–ix; Pedro M. Cátedra, *Alonso de Córdoba, Conmemoración breve de los Reyes de Portugal; Un sermón castellano del siglo XV*, ed. Cátedra y Ronald E. Surtz, Biblioteca Humanitas de Textos Inéditos, I (Barcelona: Humanitas, 1983), 35.

31 AUS, *LC*, III, fols. 2^r, 118^r, 119^r, 125^v, 126^v; Marcos, 257, 303–04, 307.

32 Actualmente, estoy ocupándome de la identificación de este músico salmantino.

El problema de los conversos y la novela sentimental

REGULA ROHLAND DE LANGBEHN

Universidad de Buenos Aires

I. CUESTIONES METODOLÓGICAS

Punto de partida del presente trabajo es la teoría de la mediación.[1] Esta teoría, formulada por autores marxistas en los años veinte, permite suponer que la estructura social no se refleja directamente en las obras literarias, sino que el reflejo se filtra por visiones de mundo definidos por intereses de grupos sociales, a los que el autor no tiene que pertenecer necesariamente.[2] Necesita de un sujeto privilegiado, el autor, cuya personalidad absorbe y refracta en la obra esas visiones de mundo. Pero además cada obra se define por el género literario en que se inserta. De este modo los aspectos de la realidad que originan la necesidad de las obras—su 'lugar en la vida'—se ven determinados a través de varios estratos de mediaciones que limitan sus formas y restringen sus temarios a un límite que la definición o la función del género presupone. Tendríamos así en la obra literaria una representación altamente mediatizada, y no un reflejo de las circunstancias sociales e históricas que la determinan. Ello hace que los intérpretes podamos reconocer una intención subyacente o determinante de las obras que muchas veces no aflora explícitamente en las formulaciones de los textos.

Esta concepción es respaldada por un nuevo trabajo de tendencia etnológica, de Günther Damann, en el cual el género literario es considerado el modelo determinado por las obras que lo conforman, de modo que éstas no son generadas por aquél, sino que aquél los representa en todos los estratos relevantes de su estructura, incluyendo el contenido.[3] Estas obras además estarían relacionadas entre ellas por sistemas sincrónicos y diacrónicos. Todos los elementos de la obra concreta estarían representados en el modelo constituido por el género, y el modelo se deduciría (Damann usa el substantivo, 'Herleitung') de intereses vitales en la vida práctica. Al establecerse como teoría etnológica, la teoría de Damann tiene el inconveniente de no poder dar cuenta de los cambios históricos a que los géneros están sujetos. Deberá completarse postulando que los cambios deben ser originados a través de las soluciones de los problemas prácticos. Entonces cada obra diferiría de las otras en la medida en que los problemas prácticos encuentran su solución en la vida. Es decir que si bien el modelo no dará cuenta de todos los elementos de cada obra, sí parece aceptable suponer un modelo que va evolucionando a medida que los intereses prácticos vitales se imponen o son frustrados a lo largo del tiempo. Evidentemente el modelo nunca podrá integrar todos y cada uno de los elementos de las obras, porque al integrarlos no habría diferencia entre dichas obras. Antes bien para cada género habrá que investigar cuáles son los elementos que lo determinan, y hasta cuál punto deben responder a un modelo preexistente las obras para que se las reconozca como codeterminantes de ese modelo.

Para aplicar el concepto de representación mediatizada, ha de encontrarse una expresión de intereses vitales dentro de las obras y análogos intereses vitales prácticos en que las obras se originan. Ello puede conducir a construcciones mentales plausibles del modelo genérico y su razón de ser, pero hay que estar consciente de que será en extremo difícil demostrar con claridad los resultados porque el proceso hermenéutico implica conceptos preconcebidos. Pero a través de tales trabajos se puede enriquecer notablemente nuestro conocimiento sobre las épocas y las obras: esto se puede comprobar, por ejemplo, comparando los trabajos sobre el concepto *joven* elaborados por Erich Köhler desde la literatura y por Georges Duby desde documentos históricos.[4]

En este presupuesto de representación mediatizada se basa el presente esbozo de interpretación de algunas novelas sentimentales del siglo XV, que llevará a considerar esas obras como representadoras de definidos intereses de los conversos del período anterior a la expulsión de los judíos de España.

II. PROBLEMAS DE LOS CONVERSOS ANTES DE 1492

Las investigaciones históricas llevadas a cabo en los últimos decenios muestran con cada vez mayor claridad que a partir de las grandes persecuciones de 1391 este grupo social siempre tuvo problemas de integración. Éstos surgieron al comienzo porque sus miembros comenzaban a rivalizar con los cristianos viejos en actividades y privilegios que como judíos no habían podido ejercer ni gozar, luego por el muy pronto ascenso de conversos de prosapia ilustre en la nobleza, y su creciente ocupación de oficios reales incluyendo la función de recaudadores fiscales y la obtención de oficios públicos en los municipios, cuya estructura legal permitía considerarlos como instrumento de obtención de rentas.[5] Por último se añade a todo esto la sospecha, cada vez más definida y mejor fundada, de que la conversión a la religión católica, obtenida por presión social, no era sincera en muchísimos casos. Los primeros juicios inquisitoriales contra judaizantes se documentan en 1464.[6] En esos años también compuso Alonso de Espina su libro *Fortalitium fidei* que habría de servir de modelo a la Inquisición cuando ésta fue instalada dos decenios más tarde en Castilla. No puede haber dudas de si en 1449 llegó a un primer apogeo la enemistad en desarrollo entre cristianos viejos y nuevos, aún cuando posiblemente las persecuciones y matanzas de Toledo tuvieron su origen en otras situaciones políticas.[7]

La propagación de la creencia mosaica entre los conversos de muchas ciudades donde las comunidades estaban siempre dispuestas a acoger los apóstatas arrepentidos, y aun de lugares donde la comunidad judía estaba completamente disuelta desde 1391 o poco más tarde, está históricamente comprobada. Haim Beinart muestra extensamente cómo en Ciudad Real no hacía falta el ejemplo de una comunidad judía conservada para inducir a muchísimos conversos a practicar los ritos conectados con su creencia ancestral.[8] El modo de vida de este sector daba pábulo para las acusaciones de falta de sinceridad en la aceptación de la fe católica, que se repiten a lo largo de los decenios del siglo XV y que habrían de instrumentarse implantando la Inquisición.

De otra parte existen muchos ejemplos de conversos sinceros de los cuales se sabe que fueron fervientes y convencidos cristianos. Si consideramos a este grupo y su reacción ante las persecuciones de 1449, 1467, y los inicios de la Inquisición en Castilla, se nos presenta como el grupo defensor de los intereses conversos en el ambiente cristiano viejo. Ante todo se puede observar su actuación entre teólogos, como la familia Santa María/Cartagena de Burgos, juristas como Alonso Díaz de Montalvo, y cronistas como Hernando del Pulgar.[9] Estos autores formulan con mucha seriedad el problema de la integración mal lograda entre cristianos nuevos y viejos, mientras que en los cancioneros ese tema y el del deseo de seguir cumpliendo con los preceptos judíos es objeto de numerosas invectivas y composiciones jocosas, reproducidas no sólo en el temprano *Cancionero de Baena*, sino todavía en el *Cancionero general* de 1511.[10]

La defensa de los conversos se basa en la idea fundamental de la igualdad de todos los cristianos, sean de procedencia judía o gentil, a partir del sacramento del bautismo. Toda desigualdad ante la ley es injusticia humana, y no se la puede fundar ni en la ley natural ni en la divina (Sicroff, 50–54). Alfonso de Cartagena, cuyo libro *Defensorium unitatis christianae* contiene con estos argumentos la primera respuesta a las acusaciones y restricciones esgrimidas en Toledo contra los conversos en 1449, definió el problema para las generaciones que le siguen y para sus contemporáneos. Ya la bula *Humani generis* del 2 de septiembre de 1449 de Nicolás V se basa en los mismos argumentos (Sicroff, 61) cuando defiende a ese grupo de gran importancia civil aunque numéricamente quizás no muy destacado, contra la amenaza de exclusión en su ascenso social.

Aquí no interesa destacar la fe de los autores del siglo XV y su posible exceso de celo en la relación con sus antiguos correligionarios, sino el hecho de que ellos todavía no se sentían comprometidos por la circunstancia de proceder de las aljamas. En los textos de antes de 1492 los autores no ocultan su procedencia, sino que se refieren a ella naturalmente e incluso con orgullo porque consideran que su conversión al catolicismo es un acto primario y redentor que por justicia les tiene que abrir las puertas a ser aceptados como miembros legítimos de la sociedad cristiana. La integración de conversos en el estrato de los letrados, los sacerdotes y los notables municipales estaba muy avanzada a mediados del siglo XV, según puede colegirse por ejemplo del libro de Nicholas Round, tan cuidadosamente ponderado.[11] Parece ser imposible discernir los intereses propiamente conversos de entre los de los letrados convocados para pronunciar su juicio sobre Don Álvaro de Luna. Probablemente los conversos de buena familia judía, que según Alfonso de Cartagena tienen jerarquía civil equivalente a la de los cristianos viejos (Sicroff, 49–50), no tenían en ese momento una conciencia de grupo frente a sus colegas cristianos viejos. Compartían los intereses con ellos, ya que el estrato de funcionarios públicos del que formaban parte, entre los grandes señores y el pueblo llano, y al lado de los hidalgos y sacerdotes con los que también se mezclaban, era un estrato cuya importancia crecía mientras que absorbía a los cristianos nuevos. Este estrato se define por sus actividades en los municipios y en las cortes, a través de las cuales sus miembros adquirían un creciente poder político y económico, causa de las persecuciones del sector converso. La situación de este sector se definiría en la segunda mitad del siglo XV por la necesidad de responder al reproche de falta de sinceridad en la conversión y su creciente experiencia de no ser aceptados como iguales en la sociedad cristiana.

III. OBRAS CONSIDERADAS

El intento de articular sus propios intereses, o los intereses de definidos grupos sociales por la vía literaria, restringe a los autores a utilizar esquemas presentes prealablemente que se reconocen como pertenecientes a la literatura, porque sólo así se podrán integrar a ese sistema.[12] Por ello cada obra y cada género suele integrar elementos innovadores y desechar otros, según respondan a los intereses vitales que en ellos se articulan.

De esta forma la novela sentimental nace utilizando elementos constitutivos de otros géneros literarios preexistentes, y episodios narrativos, tal como la historia de amor y los episodios bélicos, de la novela caballeresca; las formulas hiperbólicas del amor de la poesía cortés; el elemento alegórico y el nivel retórico alto de la gran alegoría política. Pero no sólo conjuga todos esos elementos heterogéneos, sino que introduce cambios esenciales, formulando como tema central de su fábula la historia de amor y conduciéndola sistemáticamente a un final trágico, exponiendo a la prueba de secuencias temporales el modelo estático de las fórmulas corteses e introduciendo razonamientos doctrinales que pueden explicarse como elementos residuales de la gran alegoría—me refiero concretamente a las harengas persuasivas que profieren ciertos personajes, introducidos, tal como se da en la alegoría política, con la mera finalidad de expresar el pensamiento que exponen.[13]

Estos aspectos encuentran su mas nítida expresión en un grupo de novelas sentimentales, que comprende *Triste deleytaçión* y las novelas de Juan de Flores y Diego de San Pedro. Son las que presentan la mayor complicación en su trama y un temario específico adicional no amatorio, características que ayudan a relacionar a este grupo de obras con los intereses vitales de los conversos arriba especificados. La expresión de esos intereses, que sería lo que Mathias Waltz define como la función de las obras, en oposición a una definición genérica prealable como se da en la comedia renacentista y la tragedia barroca, se puede deducir tan sólo del temario y de la forma de las obras y de las reacciones contemporáneas a las mismas.[14]

En cuanto a las reacciones explícitas que van más allá de alguna cita ocasional, las únicas estrictamente contemporáneas a las novelas sentimentales conocidas son las otras obras del mismo género y *Celestina*, texto unido a este grupo por numerosos lazos temáticos y verbales, aunque totalmente diferente en su intención.[15] Como el texto de Fernando de Rojas constituye una respuesta global a los problemas de que nos ocupamos, me parece lícito prescindir de su estudio y dedicarme a la novela sentimental propia.

Las conjeturas de Pamela Waley y la fecha explicitada en *Triste deleytaçión*[16] permiten aceptar como hipótesis de trabajo una secuencia *Triste deleytaçión, Grisel y Mirabella, Arnalte y Lucenda, Cárcel de Amor, Grimalte y Gradissa* para las novelas que forman el núcleo de nuestro presente interés. A ellas se añade la obra de Juan de Flores nuevamente encontrada, *Triunfo de Amor*, cuya temática es similar a la de estas obras aunque su fábula difiera marcadamente de las fábulas sentimentales. El lugar de esta obra en su relación temporal con las cinco otras aún no está definido. Yo propongo que debe ser anterior a *Grimalte* porque ésta introduce un elemento moralizador muy explícito (53) que supera en arrepentimiento cristiano las otras obras y define a toda la segunda parte de la acción del texto, mientras que la meta de *Grisel* y *Triunfo* es intramundana.

El elemento que mejor justifica razonar las cinco novelas en el orden expuesto es el papel del 'auctor', o sea del narrador personal. Pero a medida que se las considera en este orden como respuesta cada una a la anterior se fortifica la probabilidad de esta secuencia. Si cada uno de los textos es visto como complemento de los que le anteceden, se puede llegar a concluir que buscan expresar una sola visión de mundo en manera cada vez más definida. Esta visión de mundo corresponde analógicamente a los intereses vitales prácticos de los conversos y a su paulatina frustración entre mediados del siglo XV y 1492.

IV. EJES TEMÁTICOS DE LAS OBRAS

Fundamento de toda acción en las mencionadas obras es el destino trágico de sus protagonistas que se articula en sus vivencias amatorias. Cada una de estas historias parte de un supuesto diferente y lleva a una conclusión propia. Sin embargo, hay dos vertientes temáticas: de una parte están las novelas compenetradas por las fórmulas corteses que encuentran su más alta expresión en la 'hipérbole religiosa',[17] de la otra las novelas de contenido misógino que se refieren al mismo aparato conceptual pero lo usan con signo contrario. Sin embargo, a todas es común un fondo temático que será objeto de destacar en lo que sigue, y que puede resumirse en los conceptos de falta de sinceridad y falta de igualdad. Éstos en algunos casos se articulan netamente, como el concepto de igualdad en *Triste deleytaçión, Grisel* y *Cárcel* y el de falta de sinceridad en *Grisel* y en *Triunfo*, mientras que en otros debe de extraerse de la trama de la fábula, porque el proceso de mediatización lo integró a concepciones figuradas. Esto conduce a que por ejemplo la idea de la sinceridad de la fe—fe amatoria que siempre remite en sus equívocas formulaciones a la fe religiosa—sea más difícil de delimitar que su contrapartida, el de la sinceridad de la vergüenza en el comportamiento femenino. Se observará cómo a nivel de las fábulas el concepto de sinceridad se refiere siempre al deseo sexual. Este deseo no se puede expresar libremente, en los hombres por la convención cortés, en las mujeres por una mucho más fuerte convención que se articula en presión social y en una legislación reprimente.

a) *Triste deleytaçión*, el texto supuestamente más antiguo y el menos unificado de los cinco, contiene referencias a ambas corrientes, la hiperbólica y la misógina, y concluye en una aceptación irónica de la hipérbole religiosa. Los dos personajes centrales formulan el deseo de llegar a unirse, y como no logran la unión se plantea una disyuntiva entre el valor nominal 'más leal enamorado' que implica convencionalmente el desinterés sexual, y el valor real que es el deseo de reanudar la relación amorosa, cuando a nivel de la fábula ambos han tomado el hábito y debieran haber desistido de los deseos mundanos. Frases bíblicas y litúrgicas como 'La tu fe te hizo salvo' (48, línea 21) son aplicadas al amor mundano, y muchas más citas de esta índole se utilizan paródicamente (véase p. xxx), de modo que se aplica una doble distorsión al sentido literal, bíblico o litúrgico, de esas frases. Porque su utilización en un contexto amatorio en sí deshace su sentido primario—la 'fe' del enamorado no es la fe católica sino que es metáfora por su amor profano—pero al aplicar metáforas de esta índole a un ambiente de religiosos, como se hace al final de la obra, la parodia implica que toda creencia expresada por esta clase de frases es falsa. La tesis subyacente puede resumirse así: el enamorado utiliza las fórmulas de la fe para lograr fines mundanos, pero lo mismo se hace en todos los sectores de la sociedad, incluyendo el religioso.

En *Triste deleytaçión* el debate sobre las mujeres surge en dos instancias, pero sólo en la segunda, que es parte de la disputa entre dos mujeres, se añaden nuevos elementos a las acusaciones tradicionales: surge el concepto de que los sexos son partidos enemigos, entre los cuales el de los hombres es más fuerte y aprovecha su mayor poder en detrimento de las mujeres. Su medio para imponerse son las leyes que, según dice una de las mujeres, 'no son hechas sino para aquellos' (78.31), de modo que 'ellos . . . nos tienen cativas, sujetas y fuera, por tirano poder, del dominio y libertad nuestra' (82.27). Es el concepto de falta de igualdad social y falta de igualdad ante la ley el que me parece importante extraer de este contexto, porque esas ideas volverán a aparecer en los otros textos y corresponden analógicamente a los grandes problemas relacionados con la integración de los conversos.

b) En *Grisel y Mirabella* el amante logra inmediatamente la unión clandestina con su dama. La acción central de esta obra consiste en el desarrollo del tema de la resistencia familiar, fortificada por un aparato legal que inexorablemente lleva a la muerte de uno de los dos amantes. En un proceso se ha de determinar quién es el primer culpable, y conviene destacar que en él las mujeres son aparentemente tratadas como si fueran hombres, en tanto una mujer es defensora de Mirabella. Pero a pesar de la aparente igualdad entre los sexos, las mujeres se sienten tratadas con parcialidad: Braçayda, la defensora, sabe que no ha aprendido a argumentar como su adversario, y una vez condenada Mirabella, todas las mujeres caen en la cuenta de que los jueces todos fueron hombres, y por ello necesariamente parciales en su juicio. La apariencia de igualdad se deshace ante el mayor poder fáctico de los hombres, lo que se expresa a nivel del texto en la constatación de que los hombres 'por sí tienen auctorizadas leyes y toda ordinación de la universidad de las cosas'.[18]

Grisel, cuyo contenido misógino ha sido explicado a partir de las corrientes filosóficas en que se origina, por Antony van Beysterveldt, insiste en su sustancia argumental en la falsedad del concepto de vergüenza.[19] Mirabella trata de defender a Grisel acusándose a sí misma de deshonestidad y de haber requerido de amores a su amante (339), y el argumento de Torrellas, el defensor, para culpar a las mujeres en general de la responsabilidad en la consumación de amores ilícitos se basa en la falta de sinceridad de la vergüenza, la cual, segun él, sirve tan sólo para encubrir el desenfreno del deseo sexual de las mujeres. Los argumentos de este defensor de los hombres coinciden con lo que la protagonista había expuesto bajo la presión de angustia en que se encontraba ante el peligro que corría su amante. El concepto de falta de igualdad, ya presentado entre los argumentos de Braçayda, incide en los pensamientos de los personajes a lo largo de la fábula: el rey, si bien no es juez en el proceso, figura como instancia de apelación. Su presunta parcialidad en favor de su hija induce a Mirabella a menospreciar el peligro para ella misma, y esta parcialidad será un argumento debatido después de pronunciada la sentencia de los jueces, condenatoria para la princesa. El rey arguye que no debe ser parcial en favor de los suyos, sino juzgar sin miramiento de las personas. Y sin embargo se lo ve injusto, dado que confirma la sentencia pronunciada por jueces parciales (hombres, frente a la mujer condenada) y que pertenecen al partido institucionalmente más fuerte.

c) *Arnalte y Lucenda*, libro en que Diego de San Pedro muestra a un amante cortés en apariencia pero quien transgrede las leyes del amor cortés en diversas instancias, plantea de vuelta el problema de la sinceridad, ya presente en *Triste deleytaçión* en la comparación inherente a las metafóras religiosas y en *Grisel* en el reproche de que la vergüenza sólo encubre los fuertes deseos sexuales de las mujeres. Arnalte utiliza las fórmulas del amor cortés para obtener el amor de Lucenda; su falta de discreción, sin embargo, con la que quiebra un precepto básico del código implicado, obstruye que sus deseos puedan cumplirse. Lucenda se casa con Elierso quien, en vez de interceder en favor de su amigo, la ganó para sí mismo. Ante este desarrollo la intercesión de su otra intermediaria prueba infructuosa, tanto antes del casamiento como después de la muerte del amigo infiel. La dama considera favorable su reacción meramente verbal a un cortejo que no va mas allá de las palabras '¿qué más paga quieres, que quiera creer que me quieres?' (OC, I, 108). Una vez publicada su relación previa con Arnalte, por inocente que fuere, está en juego su honor, correlato de la vergüenza cuya falta implica desenfreno sexual, y no podrá escucharlo más. De esta forma se pone a prueba la sinceridad de las fórmulas corteses dentro del personaje de Arnalte quien transgrede el código cortés y se muestra por ello insincero cuando no le alcanza la satisfacción meramente verbal.

El concepto de la igualdad, presente en los dos textos analizados previamente, aflora en *Arnalte* tan sólo en la comparación entre Arnalte y Elierso, y los conceptos relacionados de justicia y clemencia se restringen al pedido por el perdón de la dama (147).

d) La mayor diferencia entre las dos novelas de Diego de San Pedro consiste en que *Cárcel de Amor*, al contrario de *Arnalte*, sí muestra a un amante quien obra en plena concordancia con los preceptos del amor cortés. Este código le impide pedir siquiera más que respuestas verbales de Laureola—piedad en el sentido más estricto de compasión. La paradoja que esto implica se pone de manifiesto por medio de la complicación de la fábula, cuyo punto de partida es la falsa acusación, basada en meras sospechas, por un infiel y celoso amigo. El entredicho resultante es la causa por que Leriano debe separarse definitivamente de la corte, lo que ocasiona su muerte desesperada.

En el curso de los incidentes que resultan de la acusación, se produce un proceso similar en muchos detalles al que había presentado Juan de Flores en *Grisel*. Aquí importa subrayar las diferencias a nivel de la fábula entre ese texto y *Cárcel*; en *Grisel* el hecho de la relación sexual estaba demostrado sin lugar a dudas, y se buscaba aclarar a quién incumbía la culpa. En *Cárcel*, en cambio, queda por demostrar la culpa que los lectores sabemos que no existía: Persio obra por sospecha y soborna a tres testigos conocidos como malos hombres. Argumentos esgrimidos por la clemencia y el sano consejo, por un lado, y contra la parcialidad del juez, del otro, no descubren que la aparente justicia del rey es en realidad una toma de partido injusta. La igualdad ante la ley que le pide Leriano, 'eres obligado a ser igual en derecho' (OC, II, 120), se estrella ante la circunstancia de que la mera acusación basta para que la mujer deba ser castigada (133). La fábula que de antemano nos instruyó que no había que creer en el juicio porque en él se da crédito a personas mentirosas y sobornables, muestra cómo en un juicio lo probable—porque un amorío entre la princesa y un gran señor de su corte es verosímil—es más fuerte que la verdad. La mera publicación de hechos probables aunque irreales determina el porvenir de los personajes. Esto se basa en la paradoja subyacente de que la acción esté fundada en la realización del sentido verbal de la metáfora, como si el amor entre dos personas pudiera realizarse en la adoración y la compasión, sin reciprocidad.

e) Por último, en *Grimalte y Gradissa* tenemos a Fiometa, la mujer que en un pasado ha satisfecho su impulso amatorio y que ahora busca la continuidad de esa satisfacción. En la fábula se invierten aparentemente los papeles de mujer y hombre, siendo ahora Fiometa quien requiere de amores a Pánfilo, y éste quien se retrae de sus seguimientos. La falta de vergüenza, que en *Grisel* se había atribuido a todas las mujeres, es también una característica de Fiometa: Fiometa ama, y cuando sabe que no podrá satisfacer sus deseos, muere, igual que Leriano, de desesperación. Pero quien no fue sincero, en esta historia, es Pánfilo, quien rehuye ahora a Fiometa porque ha conseguido de ella lo que deseaba. En la segunda parte de la historia, ya muerta Fiometa, se muestra que Gradissa, heroína titular del libro, considera insinceras a todas las promesas de Grimalte, amante cortés en un sentido muy estricto, habiendo sabido cómo se defraudó a la famosa Fiometa. También se muestra que la suerte de amantes, sean corteses como Grimalte o sensuales como Pánfilo, conduce infaltablemente a triste fin penitente, al uno por falta de satisfacción, al otro por el error moral cometido. El texto induce la conclusión de que amar es infructuoso y dañino, tanto para mujeres como para hombres, satisfáganse los deseos o no. Los conceptos de sinceridad y de igualdad, que forman ejes temáticos de los otros textos analizados, aquí traslucen nada más por entre la trama de la fábula que los absorbe en la acción al revertir los argumentos de requerimiento y rechazo entre los sexos y al comprobar la fidelidad de una persona por medio del comportamiento de otra. Grimalte debe penar porque Pánfilo rechazó volver a unirse con Fiometa, cargando con la culpa ajena.

f) No estoy en condiciones de integrar plenamente en este sistema el tercer texto de Juan de Flores, *Triunfo de Amor*.[20] Huelga destacar cómo en su uso de una gran cantidad de metáforas religiosas exagera aún más que los otros textos. Hay un juego constante con la idea de la igualdad—entre muertos y vivos, ante todo, y entre creyentes y no creyentes, donde en un principio los muertos son no creyentes y los vivos creyentes, pero luego muchos se pasan de partido según que se encuentren favorecidos por el Dios de Amor o no. Esta idea se refuerza aun cuando en los últimos capítulos Amor queda como vencedor y se revierte el papel tradicional entre mujeres y hombres: por medio del cambio de sus papeles sexuales los hombres llegan a comprender que la vergüenza como modalidad de comportamiento es una convención impuesta a la persona requerida por necesidades sociales.

A nivel de la fábula esta obra no repite la estructura de las novelas sentimentales, pero su nivel temático es íntimamente relacionado con el de estas obras. Falta totalmente el mensaje trágico, porque *Triunfo* concluye en una utopía. Al invertir los papeles de señores y señoras en la práctica cortesana, los hombres alcanzan a entender el papel de la mujer y la función social de su comportamiento recatado.

Mas allá de los conceptos de sinceridad y de igualdad, cuya realización en la fábula niegan estos textos así como los conversos fueron acusados de falta de sinceridad en su conversión y destacaron en su respuesta la falta de igualdad social, muchos motivos de la novela sentimental pueden adicionalmente conectarse con situaciones de los conversos. Ante todo el desinterés en conseguir una mejora palpable en este mundo que se pide al amante cortés y que también se pretendía de los conversos al forzarles a aceptar la religión católica sin concederles la plena integración en todas las actividades y privilegios de los cristianos establecidos—una gran parte de la polémica sobre la integración de los conversos está dedicada a este tema. Lo mismo se da con la vergüenza, bajo cuya apariencia está velado el deseo de satisfacer los impulsos sexuales. Pero además hay motivos concretos de posible conexión con los problemas reales de los conversos acusados: la delatación a cargo de un falso amigo (*Cárcel*) o por mera sospecha (*Cárcel, Triste deleytación*), el testimonio válido de testigos de mala fama (*Cárcel*), los jueces que pertenecen a uno de los partidos (*Grisel*) . . .

Quedaría por explorar la curiosa e íntima relación entre los problemas de los conversos, o quizás de los judíos, y la misoginia.[21] Probablemente la conexión vaya por el paralelo que consiste en la situación reprimida a que tradicionalmente están sometidos ambos sectores en la vida social.

Las diferencias a nivel de la fábula habrán que explicarse por estratos más superficiales de la mediación, quizás determinados por las circunstancias de vida de los autores, del medio ambiente en que se movían, los conocimientos académicos adquiridos. Pienso por ejemplo en la probable conexión de las obras misóginas, que son las novelas de Juan de Flores y *Triste deleytación*, con la corte aragonesa, en comparación con las de Diego de San Pedro quien estaba ligado a la alta nobleza castellana, y pienso en los conocimientos de leyes que había adquirido este último autor.

En este segundo aspecto se puede observar una progresión en las obras que elaboran temáticamente el concepto de la fe, ya que *Triste deleytación* lo utiliza en forma paródica, mientras que Diego de San Pedro lo muestra como paradoja vital, haciéndolo fracasar primero en el comportamiento insincero de Arnalte, luego, cuando Leriano lo vive plenamente, en la falta de credibilidad inherente. También el concepto de vergüenza progresa en las concreciones de las obras que lo elaboran, llevando a Juan de Flores a un entendimiento más profundo de la minoría a que se atribuye esa virtud cuando invierte utópicamente los papeles de mujeres y hombres. Falta de vergüenza caracteriza a la señora de *Triste deleytación* y a Mirabella y en más alto grado a Fiometa, pero en grado creciente también conduce a un desenlace trágico, pues la señora en *Triste deleytación* puede seguir esperando una unión con su enamorado, Mirabella muere para reunirse con su amante muerto, pero Fiometa muere porque no la aman más. En contraste con esta secuencia *Triunfo* lleva a la conclusión utópica que descubre en esa aparente virtud un instrumento de sujeción social.

V. CONCLUSIÓN

Los ejes temáticos conectados con los conceptos de sinceridad e igualdad y campos de significado conectados, formarían según la tesis que aquí elaboré el estrato temático más hondo del grupo de novelas sentimentales tratado. Hay un reproche constante de falta de sinceridad y una respuesta de falta de igualdad institucionalizada. Esto coincide con lo que se elaboró para la vida de los conversos y podría considerarse una respuesta a las condiciones sociales en que ese sector social todavía tiene esperanzas de hacer valer sus ideas. Pero el destino invariablemente trágico de los personajes después de los de *Triste deleytación* representa la honda desesperación a que la realización de sus intereses vitales reducía a ese grupo en la sociedad española del siglo XV.

Creo haber contribuido a aclarar la unidad temática de este grupo de novelas sentimentales. Esta unidad las aísla frente a los otros textos que se consideran formar parte del mismo género. Esto llevaría a la conclusión que el eje temático no es necesariamente lo que define a los géneros literarios, sino que los géneros forman su modelo en otros niveles, que pueden ser formales o responder al desarrollo de la fábula.

NOTAS

1 Conviene advertir que con la presente exposición queda superada cierta parte de mi tesis doctoral (Regula Langbehn-Rohland, *Zur Interpretation der Romane des Diego de San Pedro* [Heidelberg: Carl Winter, 1970], por ejemplo 96) que, según lo veo, fue escrita sin entender debidamente el trasfondo histórico-social de la literatura del siglo XV en España. Surge en ella la imagen de una literatura por la literatura, cuestionada con justicia por Francisco Márquez Villanueva en la reseña que dedicó a mi tesis, *HR*, XLI (1973), 693–95. Al presente estoy llevando a cabo un proyecto más amplio sobre la definición de los géneros literarios, cuya meta es ponderar los métodos propuestos por las diversas escuelas teóricas en el ejemplo de la novela sentimental española de los siglos XV y XVI. Este proyecto está apoyado por una beca del CONICET, Buenos Aires, y se concretó hasta ahora en tres trabajos: 'Desarrollo de géneros literarios: la novela sentimental española de los siglos XV y XVI', *Fi*, XXI (1986), 57–76; 'Fábula trágica y nivel de estilo elevado en la novela sentimental española de los siglos XV y XVI', leída en el I Congreso Internacional sobre Lengua y Literatura Hispánicas en la Época de los Reyes Católicos y el Descubrimiento (Pastrana, julio de 1986); 'Argumentación y poesía: función de las partes integradas en el relato de la novela sentimental española de los siglos XV y XVI', leída en el IX Congreso Internacional de Hispanistas (Berlín, agosto de 1986). No me basaré en el artículo actual en las fuentes biográficas, que pueden enriquecer la hipótesis expuesta; véase al respecto *Zur Interpretation*, 109–11. Colbert I. Nepaulsingh acaba de reforzar sobremanera la idea de considerar a Diego de San Pedro no sólo un converso sino un judaizante que en *Cárcel de Amor* hubiera perpetrado un modelo de doble lectura, judía y cristiana: *Towards a History of Literary Composition in Medieval Spain*, Univ. of Toronto Romance Studies, LIV (Toronto: Univ. of Toronto Press, 1986), cap. 5.

2 Jurij Tynianov, 'Über die literarische Evolution', en *Russischer Formalismus*, ed. Jurij Striedter, 3ª ed. (München: Fink, 1983), 433–61; Pavel Medvedev, *Die formale Methode in der Literaturwissenschaft*, trad. Helmut Glück (Augsburg: Metzler, 1976). La teoría está desarrollada por algunos autores del *Grundriss der romanischen Literaturen des Mittelalters* (Heidelberg: Winter, 1968–   ), en especial Erich Köhler en dos trabajos teóricos, 'Einige Thesen zur Literatursoziologie' (1974), en *Vermittlungen* (München: Fink, 1976), 8–15, y 'Gattungssystem und Gesellschaftssystem', en *Literatursoziologische Perspektiven* (Heidelberg: Winter, 1982), 11–26.

3 Damann, 'Was sind und wozu braucht die Literaturwissenschaft Genres?: Thesen zum Verhältnis von Generizität und Einzelwerk', en *Textsorten und Literarische Gattungen: Dokumentation des Germanistentags vom 1–4 April 1979* (Berlin: Schmidt, 1983), 207–20.

4 Köhler, 'Bedeutung und Funktion des Begriffs "Jugend" (*joven*) in der Dichtung der Trobadors' (1966), en *Vermittlungen*, 45–62; Duby, 'Die Jugend in der aristokratischen Gesellschaft', en *Wirklichkeit und höfischer Traum: zur Kultur des Mittelalters*, trad. Grete Osterwald (Berlin: Wagenbach, 1986), 103–16.

5 Francisca Vendrell, 'Concesión de nobleza a un converso', *Sef*, VIII (1948), 397–401; Francisca Vendrell de Millás, 'En torno a la confirmación real, en Aragón, de la Pragmática de Benedicto XIII', *Sef*, XX (1960), 319–51; Francisco Márquez Villanueva, 'Conversos y cargos concejiles en el siglo XV', *RABM*, LXIII (1957), 503–40; Albert A. Sicroff, *Les Controverses des Statuts de 'pureté de sang' en Espagne du XVe au XVIIe siècle* (Paris: Didier, 1960), 29 y 39–40n.

6 Fritz Y. Baer, *Die Juden im christlichen Spanien*, I (Berlin: Akademie-Verlag, 1929), núm. 392; véase Yitzhak Baer, *Historia de los judíos en la España cristiana*, trad. del hebreo José Luis Lacave (Madrid: Altalena, 1981), 539.

7 Nicolás López Martínez, *Los judaizantes castellanos y la Inquisición en tiempo de Isabel la Católica* (Burgos: Aldecoa, 1954), 61.

8 *Los conversos ante el tribunal de la Inquisición*, trad. J. M. Álvarez Flores y A. Pérez (Barcelona: Ríopiedra, 1983).

9 Véanse, por ejemplo, Sicroff, cap. 1, y Francisco Cantera Burgos, 'Fernando de Pulgar y los conversos', *Sef*, IV (1944), 295–348.

10 *Cancionero general recopilado por Hernando del Castillo (Valencia, 1511)*, facsímil ed. Antonio Rodríguez-Moñino (Madrid: RAE, 1958). Véase por ejemplo la respuesta del Comendador Román a Montoro, fol. 226ᵛ, y la copla 'Sola de Montoro al corregidor de Córdoba porque no halló en la carnicería sino tocino y hubo de comprar de él', fol. 230ʳ. Para *Baena*, véase Francisco Cantera Burgos, 'El *Cancionero de Baena*: judíos y conversos en él', *Sef*, XXVII (1967), 71–111.

11 *The Greatest Man Uncrowned: A Study of the Fall of Don Álvaro de Luna* (London: Tamesis, 1986), cap. 6.

12 Köhler, 'Gattungssystem', enriquece su pensamiento adoptando las ideas sobre la teoría de los sistemas de Niklas Luhmann, 'Moderne Systemtheorien als Form gesamtgesellschaftlicher Analyse' y 'Sinn als Grundbegriff der Soziologie', en Jürgen Habermas y Niklas Luhmann, *Theorie der Gesellschaft oder Sozialtechnologie: Was leistet die Systemforschung?* (Frankfurt am Main: Suhrkamp, 1971), 7–24 y 25–100, encontrando un vivo eco en otros colaboradores del *Grundriss*, como Hans-Ulrich Gumbrecht, 'Literarische Gegenwelten, Karnevalskultur und die Epochenschwelle vom Spätmittelalter zur Renaissance', in *Grundriss*, Begleitreihe I, ed. Gumbrecht

(1980), 95–144. Esta teoría de sistemas facilita entender los cambios, que son parte fascinante del desarrollo de los géneros literarios.

13 Véanse mis trabajos 'Desarrollo' y 'Fábula trágica'.

14 Waltz, 'Reflexiones metodológicas sugeridas por el estudio de grupos poco complejos: bosquejo de una sociología de la poesía amorosa en la Edad Media', en Lucien Goldmann et al., *Sociología de la creación literaria* (Buenos Aires: Nueva Visión, 1971), 175–97.

15 Sin duda hubiera convenido relacionar el presente estudio con el libro tan rico y original de Antony van Beysterveldt, *Amadís, Esplandián, Calisto: historia de un linaje adulterado* (Madrid: Porrúa Turanzas, 1982). Confieso que mis ideas sobre *Celestina* y en especial la figura de Calisto no concuerdan del todo con las del autor, pero sería imposible dar cuenta de la riqueza de esa obra y a la par sopesar sus méritos en un trabajo dedicado a otro tema que *Celestina* o la novela caballeresca.

16 Juan de Flores, *Grimalte y Gradissa*, ed. Pamela Waley (London: Tamesis, 1971), xxi–xxii; *Triste deleytaçión, novela de F. A. d. C., autor anónimo del siglo XV*, ed. Regula Rohland de Langbehn (Morón: Universidad, 1983), 1.

17 Las fórmulas corteses constituyen el complejo más estudiado en torno a la novela sentimental. Remito únicamente al artículo de Bruce W. Wardropper, 'El mundo sentimental de la *Cárcel de Amor*', *RFE*, XXXVII (1953), 168–93, donde los conceptos que me interesan se destacan claramente.

18 Barbara Matulka, *The Novels of Juan de Flores and their European Diffusion: A Study in Comparative Literature* (New York: Institute of French Studies, 1931), 331–70 (350).

19 Van Beysterveldt, 'Los debates feministas del siglo XV y las novelas de Juan de Flores', *Hispania* (EE.UU.), LXIV (1981), 1–13.

20 Ed. Antonio Gargano (Pisa: Giardini, 1981).

21 Véase Harriet Goldberg, 'Two Parallel Medieval Commonplaces: Antifeminism and Antisemitism in the Hispanic Literary Tradition', en *Aspects of Jewish Culture in the Middle Ages*, ed. Paul E. Szarmach (Albany: State Univ. of New York Press, 1979), 85–119.

The Presence of Mosén Diego de Valera in *Cárcel de Amor*

NICHOLAS G. ROUND

University of Glasgow

Towards the end of *Cárcel de Amor* Tefeo tries to rally the dying Leriano's spirits by giving reasons why he ought to think ill of women. Leriano responds with a long speech in their defence, culminating in a list of virtuous women through the ages.[1] Some thirty years ago, in a study which Keith Whinnom in 1983 called 'almost completely inaccessible', José F. Gatti identified the source of these examples as the *Tratado en defensa de virtuosas mujeres* of Mosén Diego de Valera—a derivation confirmed in 1973 by Pamela Waley.[2] The present paper seeks to press the implications of this useful point of reference a little further, by exploring first Mosén Diego's general relevance to the range of interests illustrated in *Cárcel de Amor*, and secondly San Pedro's use of the *Virtuosas mujeres* material.

His choice of Valera as a source, rather than any of the other literary defenders of women, was natural enough in itself. Among such writers, Álvaro de Luna, even in the 1480s, would hardly have been *persona grata* with the Pacheco and Téllez Girón family, San Pedro's patrons; Fray Martín de Córdoba was preoccupied by the specialized issue of women's fitness for political rule; Juan de Flores had narrative concerns of his own.[3] Valera's treatise was not recent—it cannot be later than February 1445—and its theoretical argument is not very close to Leriano's, but its several dozen examples are plainly and succinctly told.[4] More interestingly, it was the work of an author whose life and output present a wide range of affinities with *Cárcel de Amor*.

From the little that is known about Diego de San Pedro, one firm conclusion emerges: whatever his precise status about the household of the Counts of Urueña, so unremarked a figure cannot have been very important in Castilian society.[5] In this he stands in marked contrast to the Auctor of *Cárcel de Amor*—that first-person narrator with whom he is grammatically (though not otherwise) identified. The Auctor impresses the rude knight Desire as one of those 'honbres de buena criança' (82) who must be answered civilly; Leriano, the Duke's son, treats him as an equal, fit to bear messages to Laureola (88–89); the Macedonian courtiers—indeed, the Princess' own circle—make him welcome (93–94). Clearly the distant and fantastical setting made it seem more permissible for San Pedro to project himself thus publicly as 'the kind of person [he] would have wished to be'.[6] In another sense this self-projection is made easier by the fact that the Auctor—like the author—is a Spaniard. As such he can command his hosts' attention with tales of 'las cosas maravillosas d'España' (94); being a foreigner, he also enjoys a certain immunity from the rigours of Macedonian law (86, 102). Though sometimes oppressed by his long absence from Spain (97), he remains totally assured within his own culture—able, for example, to form his own confident estimate of the level of good breeding among the Macedonian nobility (94). In this foreign setting San Pedro, the obscure *criado* of a provincial magnate, can represent himself as an exotic and distinguished visitor, the confidant of the great, and even, as the plot advances, a mover of events.

We have, then, a rather marginal member of Castile's ruling élite, strongly identified with some of its dominant styles and values, yet able to realize that self-image only in a foreign setting, and through literary self-projection. This general pattern—though not, of course, its detail—is replicated with surprising clarity in the career of Mosén Diego de Valera.[7] Born in 1412, the son of a *converso* royal physician who later became Public Prosecutor, Valera chose to serve the Crown not as a professional, but as a military retainer. His New Christian ancestry was no bar to such service at this date, but he was certainly entering a sphere in which lineage was an important matter. So was wealth, and Valera's means, though more than his own account—'un arnés y un pobre caballo'— would imply, were modest: an income of 5,000 *maravedís* in the royal taxes, settled on him by his father.[8] At fifteen he became the King's *doncel*; later he joined Prince Enrique's retinue. In 1435 he was knighted for his part in the attack on the Moorish stronghold of Huelma. But advancement was slow. Two years later he set out—as did so many Castilian knights of that era—to try his fortunes abroad.

His tour through France and the Empire was a brilliant success. Haughtily declining to serve for a wage, he fought as one of Albrecht II's household against the Bohemian heretics. When an Imperial count impugned the honour of the Castilian royal house, Valera defied and confuted him, winning praise and many favours from the Emperor. Juan II, too, honoured him on his return, giving him the title of Mosén, before sending him on a diplomatic tour of Denmark, England, and Burgundy in the early 1440s. Again Valera moved easily among the great; the Burgundian courtiers, notoriously hard to please, praised him as 'de grand et noble vouloir, gracieux et courtois', despite his diminutive size.[9] On a later mission to Charles VII of France, he negotiated the release of the Count of Armagnac, and explored the possibility of a French bride for the recently widowed Juan II.

His later career, though often dramatic, never quite matched these early triumphs. The letters and treatises of good advice which he sent to Juan II and his successor made little impact. Álvaro de Luna had other plans for the King's remarriage. At the 1447 Cortes, Valera also found himself at variance with the Constable's domestic policies, and was forced to seek refuge in the service of Luna's opponents, the Estúñiga family. With them, he helped to bring about Don Álvaro's downfall in 1453. Under Enrique IV he fought on the Andalusian borders once more, served as Cortes delegate for his native Cuenca, was Corregidor of Palencia in the early 1460s, and was promoted, tardily enough, to Maestresala in 1467. Neither this record itself nor the chronicles which Valera was later to compose suggest any particular closeness to Enrique. Private patronage probably counted for more in Valera's life: at some point, apparently, he left the Estúñiga service for that of their connections by marriage, the La Cerda Counts of Medinaceli. He commanded their fortress of Puerto de Santa María for some twenty years until his death in or about 1488. The Catholic Monarchs made him their councillor and, in 1479–80, Corregidor of Segovia.

But Andalusia, despite tensions with local gentry, remained his home. There he wrote his chronicles, and most of his letters to great personages. These deal mainly with the wars against Granada, which Valera helped to organize, and in which his son Charles held an important naval command.[10] But a few provide glimpses of Mosén Diego in another role: as an official consultant on protocol. When an Aragonese gentleman, sometime a prisoner of the King of France, sought to regularize his status with the latter, King Fernando asked Valera to draft his plea; when the Crown needed to create a new Marquis with proper ceremony, they consulted Valera again, because 'vos desto sepáis más que otro'.

Valera, indeed, had written extensively on matters of this sort: treatises on true nobility, on formal challenges, on princely ceremonial, and the prerogatives of heralds.

These interests express more than a purely personal culture; they were the concerns of a whole social class. That Valera, born on the margins of that class, should have become Castile's foremost expert in this area suggests that his mind continued to dwell on the diplomatic and chivalric splendours of his youth. So does the name which he gave to his son: not Carlos but the French (or Burgundian) Charles. Above all there is the extent to which these memories colour his writings, from the *Espejo de verdadera nobleza*, written in Juan II's lifetime, to the *Doctrinal de príncipes*, dedicated to Fernando of Aragon in the late 1470s.[11] The authentically personal note here is supplied by Valera's insistence that he has himself witnessed, in England, France, Burgundy, or the Empire, so much of what he describes. Clearly it mattered very much to him that his readers should know this.

Indeed, we should almost certainly know next to nothing of Valera's glittering international career, had he not written about it himself. Even the relevant chapters in the *Crónica de Juan II* seem to have been interpolated by him, as does that chronicle's record of his political activity at home.[12] The historical image of Mosén Diego—especially his image as an international knight-errant and his reputation as someone uniquely expert in chivalric lore—are very largely the creations of his own pen. Short of stature, vulnerable in his origins, half-pedant, half-martinet, as one imagines him, Valera had used his travels and his writing to create his public personality. It was an achievement which San Pedro might have sought to emulate if, besides knowing Valera's work, he also knew the man.

He could well have done so. His patron, the Count of Ureña, had Andalusian estates around Osuna, a couple of days' ride from Puerto de Santa María.[13] It is true that Valera's *Memorial de diversas hazañas* fiercely criticizes the Count's father, and his uncle, Juan Pacheco, for their conduct in the previous reign.[14] But since the *Memorial* was not written until 1486–87, San Pedro may well not have known it. Moreover, two of Valera's treatises—*Providencia contra fortuna* and the *Cirimonial de príncipes*—had actually been dedicated to Pacheco in the days of his greatness. By the 1480s both writers were at one in their passionately pro-Isabeline loyalties. San Pedro had almost certainly been to the wars in Andalusia—if not, he would hardly have risked making that claim on behalf of the Auctor (81). Valera, for his part, was well aware of the distinguished war-record of the Alcaide de los Donceles, Diego Fernández de Córdoba, to whom *Cárcel de Amor* is dedicated.[15] Nor should we forget that Mosén Diego had once been a *doncel* himself. At the very least we can conclude that he and San Pedro had some real opportunity of contact.

Even so, it is hard to find firm evidence in *Cárcel de Amor* of direct contact with Mosén Diego's writings other than the *Virtuosas mujeres*. Much that is common to the two authors merely reflects the shared tastes and values of that aristocratic culture to which both so strove to belong. Some of Valera's love-poetry—a lovers' litany, a sequence of penitential psalms—were courtly appropriations of sacred forms—close in spirit, perhaps, to Leriano's deathbed, but at a very general level.[16] A more obvious affinity links the Cardinal's letter to King Gaulo in *Cárcel de Amor* with Mosén Diego's attempts, in the *Exortación de la pas* and letters to Juan II, and later in the *Doctrinal de príncipes*, to urge kings to clemency and concord. Yet the closest verbal similarities here are still not very close:

> . . . naturalmente todo onbre conseja mejor en las cosas agenas que en las proprias suyas . . . segund Salustio dize: 'Qui de rebus dubiis consultant, ab odio, amicicia, ira, misericordia atque timore vacuos esse decet'.[17]

> . . . mejor aciertan los honbres en las cosas agenas que en las suyas propias, porque el coraçón de cuyo es el caso no puede estar sin ira o cobdicia o afición o deseo o otras cosas semejantes . . . (*Cárcel*, 130)

Or again:

> . . . con discreto acatamiento es mucho de mirar quién fabla, y en qué tienpo e lugar; e si el tal es amigo o enemigo . . . e si es onbre onesto o infame . . . (*Doctrinal*, 185)

> Diste crédito a tres malos honbres; por cierto tanta razón havía para pesquisar su vida como para creer su testimonio; cata que son en tu corte mal infamados . . . (*Cárcel*, 131)

The matter in either case is such an ethical commonplace that any specific influence would be hard to prove. Rather less of a commonplace, in a period when absolutist notions were everywhere gaining ground, is the resolute adherence of both our authors to the medieval tradition that not even monarchs are above the law. As Francisco Márquez Villanueva has demonstrated, *Cárcel de Amor*, in its treatment of the various negotiations with the King, is sharply opposed to 'la idea cesarista' and the arbitrary power of rulers.[18] Mosén Diego, in his *Doctrinal de príncipes*, had restated the traditional theory: 'el rey govierna según las leyes, el tirano segund su voluntad'. It seems especially intriguing that both writers combined this outlook with a fervent attachment to the new regime of the Catholic Monarchs. But these resemblances involve shared attitudes only; there is no textual evidence that San Pedro's views owe anything at all to Valera.

Actual influence seems far more likely in the matter of the judicial duel between Persio and Leriano. An obviously relevant text here is Valera's *Tratado de las armas*, more properly subtitled *Tratado de los rieptos e desafíos que entre los cavalleros e hijos dalgo se acostunbran hazer, según las costunbres de España, Francia e Inglaterra* (Penna, 117–29). The ritual phrases of Spanish defiance are repeated almost verbatim in San Pedro:

> dévele dezir que le meterá las manos a ello y gelo fará dezir por su lengua o lo matará, o le echará del canpo por vencido (Penna, 125);

compare Persio:

> de cuya razón te rebto por traidor y sobrello te entiendo matar o echar del canpo, o lo que digo hazer confesar por tu boca (115)

or, again, Leriano's reply:

> con las cuales [armas], defendiendo lo dicho, te mataré o haré desdezir o echaré del canpo sobrello. (116)

The challenger, just as Mosén Diego lays down, formally names his opponent as a traitor; the accused duly rebuts each such reference as a lie (114–15; Penna, 125). Leriano, indeed, goes further, declaring, as the French code demands (Penna, 119), that his accuser 'miente en todo quanto dél ha dicho':

> Pues tú afirmas mentira clara y yo defiendo causa justa (115) . . . a lo uno y a lo otro te digo que mientes . . . te defenderé no sólo que no entré en su cámara, mas que palabra de amores jamás le hablé. (116)

Valera even cites a law of Alfonso XI 'que pueda reptar el vasallo por el señor' (Penna, 124), which accounts for Persio's obligation, 'como la calidad del negocio le forçava a otorgarlo' (114), to fight in the King's quarrel when so requested. Taking into account minor details like the King's responsibility for organizing the lists (117; cf. Penna, 126), the debt to Mosén Diego appears considerable. Yet much of this ritual was, in any case, familiar among the young aristocrats of San Pedro's original public. Actual letters of defiance surviving from the period were couched in very similar terms.[19] There is no compelling reason so far to suppose that San Pedro knew the *Tratado de las armas* at all.

Yet his way of handling this material does have some interesting affinities with Valera's approach. Like the latter, he is more concerned with forms and ceremonies than with the details of combat as such; witness his cursory dismissal of the actual duel 'por no detenerme en esto que parece cuento de historias viejas' (117). Like Valera again, he lays

much emphasis on the distinctively national character of codes and customs: the Auctor
reports the practices current in Macedonia, as Mosén Diego reports those of England or
Burgundy:

> díxole que acusase de traición a Leriano segund sus leyes . . . y como semejantes autos se
> ac[o]stunbran en Macedonia hacer por carteles y no en presencia del rey . . . (114)

> ordenadas todas las cosas que en tal auto se requerían segund las ordenanças de Macedonia.
> (117)

The second of these observations requires some fuller commentary. It suited San Pedro's
literary purposes to have the preliminaries of the duel conducted—like much else in *Cárcel
de Amor*—by letter. It was, too, a procedure familiar to most Castilian noblemen. But in
1480 it was forbidden by law, precisely because they tended to use it too often. [20] It is
possible that San Pedro, writing just after 1480, inserted this line simply to make it clear
that the fortunate Macedonians were under no such ban. But in that case one would
expect him to add 'porque no los prohibe la ley, como aquí', or some such phrase. Instead,
he contrasts the Macedonian *carteles* with a practice still legal in Castile, though naturally
less often resorted to, since it involved a verbal challenge in the presence of the King. The
more elaborate process of which this formed part is described in full in the *Tratado de las
armas*. Even here, San Pedro need not have known Valera's book, but he is well-informed
along much the same lines.

A very different link is suggested—still enigmatically—by the story of Leriano's
mission to rescue Laureola by force of arms. The last-minute rescue—'no quedando sino
un día para sentenciar a Laureola'—involves a curious delay:

> dispuso su partida en anocheciendo, y llegado a un valle cerca de la cibdad, estuvo allí en
> celada toda la noche, donde dio forma en lo que havía de hazer. (141)

This pause in a valley to dispose and divide his forces is most unlike the bold Leriano. But
it does recall a moment in the no less fiery Álvaro de Estúñiga's march to Burgos to arrest
Álvaro de Luna in 1453. This is how Mosén Diego de Valera, who commanded Estúñiga's
men-at-arms, recalls the incident:

> e anduvo toda la noche, y estuvo el lunes fasta ora de vísperas en una foya apartada del
> camino, que es a seis leguas de Burgos. E allí ovo consejo . . .[21]

Could San Pedro have had that passage of the *Crónica abreviada* in mind, one wonders?
Could he even have picked up such a detail in conversation with its author?

The item may be pure coincidence; our other resemblances, taken singly, are too
imprecise to be conclusive. Yet together they create a presumption that San Pedro may
well have known something of the range of Valera's work, and been responsive to it. The
pattern is arguably more compatible with their having met and talked together—San
Pedro perhaps acquiring his text of the *Virtuosas mujeres* on that occasion—than with his
having read widely in Valera's output. The one firmly established literary relation between
them is his imitation of the *Virtuosas mujeres* passage. That in its turn will repay a closer
look.

The list of virtuous ladies in *Cárcel de Amor* is a well-defined rhetorical sub-unit
('Prueva por enxenplos . . .'). In Valera's *Tratado*, it forms part of a diffuse yet continuous
argument; its function is as much to inform as to persuade. The topic is covered in two
separate passages. The first, of some 500 words (Penna, 57–58), gives examples from the
Gentiles (virgins first, then chaste wives), then Jews, then early Christians; these are
expanded in glosses of a further 4,500 words (Penna, 66–72). The second passage (130
words, unglossed) adds present-day Castilian examples (Penna, 59). San Pedro's Leriano
first refers briefly to the saints—of whom he opts not to speak—before dealing, in

succession, with 'las castas gentiles', Jews, early Christians, Castilians, and Gentile virgins. This reworking of material from both text and gloss in Valera is just under 25 per cent of the total length of its original. But there is also a reduction of the examples cited from 39 to 22; if strictly parallel passages are compared, San Pedro's text is almost half as long as its source. This general strategy of abbreviation suits the oral and rhetorical character of Leriano's discourse. But there are also important changes at more detailed levels:

	Order		No. of examples		No. of words (Parallel items) SP as % of V
	V	SP	V	SP	
Gentiles: virgins	1	5	8	6	16
chaste wives	2	1	15	8	48
Jews	3	2	12	5	56
Early Christians	4	3*	1	—	90
Castilians	5	4	3	3	121
TOTALS			39	22	47

* After disclaimer at beginning of passage

Valera's list worked in historical sequence, from ancient to modern; San Pedro follows a symmetrical design. In this, the first place and the last are occupied by figures who are, in the most obvious sense, rhetorical illustrations—examples from the ancient world. The other naturally prominent position is the central one, but this is handled with some subtlety. Leriano is made to disclaim at the outset any idea of dealing with the Christian saints; much of his argument for this was also used by Valera[22] who, none the less, did give one such example (St Ursula and the 11,000 virgins). San Pedro omits even that, but at the centre of his design inserts this briefest of references: 'De las antiguas cristianas más podría traer que escrevir' (169). *Escrevir* makes it obvious—since Leriano is not writing anything—that San Pedro was sharply conscious, at this point, of his own activity in adapting Valera. The effect of that process here is to affirm a specifically Christian chastity as a central but inexplicit value—which is very much its function in *Cárcel de Amor* as a whole.

The relatively unemphatic second and fourth positions in San Pedro's ordering are occupied respectively by Jewish and Castilian *exempla*. The last-named form the only category whose number of examples has not been reduced, though one of Valera's ladies, 'la madre de Álvar Pérez de Osorio', is replaced by Doña Isabel de las Casas, the mother of the Counts of Urueña.[23] This compliment to San Pedro's patrons is further highlighted by the very varied incidence of abridgement in the different categories of example. Gentile wives and Jews are dealt with at roughly half the original length; the extent of San Pedro's comments on early Christians is more or less equal to that of Valera's remarks under this head, once the St Ursula story has been omitted. But the modern Castilians, thanks largely to the long paragraph on Doña Isabel, are actually treated at greater length here than in Valera, and the very drastic pruning of the stories of Gentile virgins which follow makes the Castilian section an effective subsidiary climax in its own right. It is nowhere explained, of course, how Leriano comes to know all this about the Castilian gentry, but the matter of this section—chastity (María Coronel); fidelity (Doña Isabel); devotional attainment (the *beata* María García)—is convincingly of a piece with all that he knows and celebrates elsewhere in his speech.

San Pedro, then, does more than abridge: he orchestrates his effects with care to produce just those emphases which matter to him. He takes little interest, for example, in collective instances, omitting both the 11,000 martyred Christian virgins and the 6,000 who served the Jewish tabernacle. His concern is with named heroines, for the ultimate purpose behind all Leriano's defence of women is to exalt the worth of his one lady, and to justify her claims upon him. Other processes of selection make this rhetorical intent still clearer. Valera's 'castas gentiles' were listed thus:

> Lucretia; Penelope; Portia; Julia; Cornelia; Antonia; Tamaris; Artemisia; Argia [sc. Aegeia, to whom the Antigone story has become attached]; Sulpicia; Ipólita [Hippo]; Admetus' wife [i.e. Alcestis]; German wives; Indian wives; wives of 'los de Menia' [sc. the Minyans].

In San Pedro the sequence runs:

> Lucretia; Portia; Penelope; Julia; Artemisia; Argia; Hippo; Admetus' wife.

The collective examples, of course, have gone. So have two of the less memorable figures, Cornelia and Tamaris. Antonia's attachment to her mother-in-law and Sulpicia's dedication of a pagan temple may have seemed hard to accommodate within Leriano's scheme of values. Those who remain offer examples of chastity and fidelity. But the transposition of Penelope and Portia creates another emphasis. The series now begins with two suicides—Lucretia for the sake of chastity, and Portia out of fidelity to a dead husband. It ends with Hippo's suicide to avoid rape, and Alcestis' self-sacrifice to save Admetus. The central pair are the widowed Julia who dies of grief, and Artemisia who immolates herself to join the dead Mausoleus once more. This section, then, is about women who gave their lives, either for their partners or for chastity, thus justifying Leriano's surrender of his own life for the sake of chaste love and of Laureola. Two of them—Portia, eating hot coals 'por hazer sacrificio de sí misma' (167), and Artemisia, drinking an infusion of her husband's ashes—even prefigure Leriano's quasi-sacramental consumption of his lady's letters.[24]

It was, no doubt, harder to link biblical *exempla* directly with the themes of *Cárcel de Amor*. But this may not have been San Pedro's sole motive for drastically shortening Valera's original list. That had run as follows:

> Sarah; Zipporah; Deborah; Esther; Tamar; Miriam; Samson's mother; Elizabeth; Hannah; Rebecca; Rachel; the virgins of the tabernacle.

Of these, *Cárcel de Amor* preserves only:

> Sarah; Deborah; Esther; Samson's mother; Elizabeth.

The 6,000 virgins, predictably, are omitted, as is Hannah whose story was probably too close a parallel to Samson's mother, and Tamar—not, in any case, a very suitable example. But other omissions would seem to have been tactful in the early Inquisitorial years, to which San Pedro's book belonged. Zipporah and Miriam were linked with specifically Jewish themes—the practice of circumcision; the preservation of Israel in the wilderness.[25] Rebecca and Rachel belonged inextricably to the history of the Patriarchs. It was tactful, too, to make the New Testament example of Elizabeth the last word in this section. Such caution would be relevant if San Pedro himself was a *converso* (as he may have been), or indeed, if he simply wanted to avoid making Leriano sound like one. Even so, the surviving list of biblical names has a positive function too; it broadens very considerably the scope of what is being claimed on behalf of women. Sarah is chaste; Deborah a prophetess and ruler of her people; Esther saves Israel; the mothers of Samson and John the Baptist are promised specific blessings in their children. The same kind of diversity is deliberately made present in the final, much-abridged section on 'las vírgines gentiles'. This was the sequence as San Pedro found it in Valera:

Atalanta; Camilla; Claudia; Minerva; Marcia; Clodia [sc. Cloelia]; 'Erifola, sibila' [Herophile, the Erythraean Sybil]; Armonia.

This is what he makes of it:

Atrisilia [a further deformation of Herophile]; Minerva; Atalanta; Camilla; Claudia; Clodia.

Marcia and Armonia, here rejected, are among the less interesting figures, but no more obscure, surely, than the confusing Claudia and Clodia. What San Pedro has done, however, is to present, in three succinct pairings, figures of wisdom, physical prowess, and chastity. It is a scheme which recapitulates, in the briefest form, first the range of what women can do, and then the virtue which is seen as especially theirs. About the final Roman pair Leriano recalls the one thing which matters to him: 'aquella misma ley hasta la muerta guardaron' (171). Such is the achievement of womankind; he in his turn will do no less.

The same pursuit of relevance through rhetorical control is evident at the level of textual adaptation. Valera managed his subject-matter quasi-editorially, giving information and commenting on its sources.[26] Thus, he discusses the dating of the Erythraean Sybil; he notes the failure of his sources to name the parents of Hippo, Atalanta, or Minerva; he thinks it unfair that Admetus' name should have outlived that of his wife. Such erudite asides can have no place in Leriano's rhetoric of persuasion, and all are cut, along with such editorial phrases as 'asaz es a todos manifiesto' (Lucretia); 'constante cossa es' (Portia), or 'no me paresce que es de olvidar' (used of María García). San Pedro, indeed, does some discreet tidying of the text on his own account, inserting a phrase here and there to clarify narrative ('oída en el cielo su petición' in the story of Sarah), or removing the contradiction whereby María Coronel is praised only by downgrading the previously lauded virtue of Lucretia.[27] The most characteristic form of change, however, especially in the last and most abridged section, is quite simply the pruning of much detail.

Yet the incidence of this is far from random. One common effect is to highlight a single theme—for example, the chastity of Claudia and Cloelia—or, more interestingly, a single figure.[28] Because the story of Troy and of Ulysses' wanderings is excised, Penelope's story belongs, indisputably, to her; because Portia's virtue is no longer treated in parallel with her father's, she becomes an example in her own right. San Pedro tells us nothing of the 'mancebos' who hunted the Calydonian Boar with Atalanta, or of Hercules dealing its death-blow; her achievement in wounding it first is left to occupy our full attention. This foregrounding of the individual heroine makes Leriano's speech more specifically a praise of women. It also belongs to a conscious pursuit of *admiratio*, which is furthered, too, by quite minor adjustments.[29] San Pedro, for example, gives Portia's suicide an emotional setting—she is 'aquexada de grave dolor'—and a sacrificial purpose; he has Alcestis kill herself 'con alegre voluntad'. That he makes Artemisia, rather than cremating her husband 'segunt antigua costunbre', actually burn him 'en sus pechos' before consuming his ashes is probably due to a misreading of Valera's 'no pensó darle otra más digna sepoltura qu'el pecho suyo'. But it does evoke a more striking picture. In some contrast with this, but in line with San Pedro's superior artistic refinement, as well as Leriano's stress on chastity, sexual emphases are sometimes mitigated.[30] The seduction scene is eliminated from Lucretia's story. Penelope's suitors are not 'provocados' but 'aquexados' by her beauty, and she no longer welcomes Ulysses 'en su casto lecho alegremente' but only 'así . . . como si viniera en fortuna de prosperidad'. Pharaoh's intention towards Sarah is no longer described, bluntly, as 'forçar' but with the vaguer 'acometer con ella toda maldad'. In rather similar fashion, San Pedro omits most of the physical horrors which Argia has to overcome in her search of the battlefield ('no dubdando los cuerpos muertos tocar e rebolver . . .').

He also takes the opportunity to purge his text of certain limiting judgements about women which still linger in Valera.[31] Argia's venture to recover Polynices' body is no longer introduced here with the phrase 'dexada la blandura de la femenil nasción'. (Similar comments on Camilla and Claudia disappear in more general abridgement.) Penelope's 'femenil astucia' becomes 'astucia sotil'; Deborah's 'veril ossadía' is rephrased as 'virtuoso ánimo'. Such alterations, no doubt, responded to a sense of what it was fictionally credible or rhetorically apt for Leriano to say; San Pedro clearly was that kind of artist. But he was also, on this evidence, a better feminist than Valera, and perhaps even capable of thinking a little beyond the accepted categories of his time.

If so, he knew well when to keep that capacity within bounds. Any elements in Valera's original which might prove to be doctrinally suspect are handled with the utmost care.[32] Where Mosén Diego referred, albeit critically, to Minerva's status as a goddess, San Pedro does not mention it at all. Nor does he refer to the cult of Diana, followed by Artemisia and Atalanta. He skirts carefully around the more immediate problem created by the *beata* María García and her commendable but unofficial piety. He clearly knew something about her: he notes that she is still well remembered in Toledo, and supplies the independent detail that she was born there. But he says of the miracles linked with her death only that they were 'conocidos y averiguados'. He does not follow Valera in describing them as 'mostrados por nuestro Señor'. That was the kind of comment which one could all too easily be called upon to explain.

But it was over references to Judaism that the major risks arose in the 1480s. We have seen already how carefully San Pedro limits his choice of Old Testament examples. Even within those which he does provide, he contrives not to celebrate Sarah's role as the mother of Isaac, treating her solely as a figure of chastity.[33] His summary account of Deborah similarly plays down the theme of 'Israel preserved'. Abraham, though still 'el padre Abraham', is not, in this version, 'varón que primero un Dios conosció'. The phrase 'el pueblo de Israel' is replaced by the more distancing 'el pueblo judaico' (Deborah) or 'los judíos' (Esther).[34] Elizabeth's son, for Mosén Diego 'llamado Rabi Johán', is now simply 'San Juan'. Esther is stated to have saved her people from 'la catividad que tenían', rather than from 'las crueles manos de sus enemigos'—a phrase which in Inquisitorial times could bear a different, more subversive, meaning.[35] These were changes which a *converso* author, especially, might find it prudent to make; equally, though, an Old Christian might find that they came naturally to his pen. And a writer from either background could have found them consistent with the imagined figure of Leriano. They do not, in themselves, prove that San Pedro was of Jewish descent, though they perhaps shift the balance of probability a little in that direction. The balance of the documentary evidence remains as inconclusive as ever.[36]

The presumption of personal contact between San Pedro and Valera, of course, alters that balance not at all. It makes much sense in terms of *Cárcel de Amor* itself to think that they had met, and that San Pedro was fascinated and impressed—but Valera knew how to make an impression, on *converso* and non-*converso* alike. Of more interest is the nature of their literary relationship. San Pedro's imitation of the *Virtuosas mujeres* passage emerges as neither a clumsy afterthought nor a piece of slavish plagiarism.[37] Rather, he sees ways of integrating Mosén Diego's material with the specific themes and outlook of his own text. And he sets about adapting it to that end with a deliberate artistry which—as must have been clear to him—was not in the older writer's repertoire. It was, perhaps, one secret of *Cárcel de Amor*'s success: that it used a distinctively modern and strongly self-aware medium of expression to give shape to concerns which had interested the Castilian nobility for the past generation or more.

NOTES

1 OC, II, 155–71, esp. 166–71.

2 Gatti, *Contribución al estudio de la 'Cárcel de Amor': la apología de Leriano* (Buenos Aires, 1955); cf. Whinnom, *SSR*, 47–48; also Pamela Waley, '*Cárcel de Amor* and *Grisel y Mirabella*: A Question of Priority', *BHS*, L (1973), 340–56, at 353–54.

3 Pro-feminist writings listed: Jacob Ornstein, 'La misoginia y el profeminismo en la literatura castellana', *RFH*, III (1941), 219–32, at 221; Luna and the Pachecos: Nicholas G. Round, *The Greatest Man Uncrowned: A Study of the Fall of Don Álvaro de Luna* (London: Tamesis, 1986), 149; Martín de Córdoba, *Jardín de nobles doncellas*, ed. Harriet Goldberg, UNCSRLL, CXXXVII (Chapel Hill: Univ. of North Carolina, 1974), 97; Flores: Waley, 352–53.

4 Text in *Prosistas castellanos del siglo XV*, I, ed. Mario Penna, BAE, CXVI (Madrid: Atlas, 1959), 55–76, esp. 57–58, 59, 66–72. Dedicated to Queen María of Castile, who died in February 1445 (*Crónica de Juan II*, in *Crónicas de los Reyes de Castilla*, ed. Cayetano Rosell, II, BAE, LXVIII [Madrid: Rivadeneyra, 1877], 625, and in Colección de Documentos Inéditos para la Historia de España, XXXIX, 221).

5 See Whinnom in San Pedro, *OC*, I, 9–34; also in *OC*, III, 80: 'un hidalgo criado'.

6 Whinnom, in *Prison*, xxvi; see also Bruce W. Wardropper, 'Allegory and the Role of "el Autor" in the *Cárcel de Amor*', *PQ*, XXXI (1952), 39–44; Peter N. Dunn, 'Narrator as Character in the *Cárcel de Amor*', *MLN*, XCIV (1979), 187–99; Alfonso Rey, 'La primera persona narrativa en Diego de San Pedro', *BHS*, LVIII (1981), 95–102.

7 On Valera: Juan de Mata Carriazo (ed.), Diego de Valera, *Memorial de diversas hazañas*, CCE, IV (Madrid: Espasa-Calpe, 1941), xii–xxvi; Penna, xcix–cxxxvi; Nicasio Salvador Miguel, *La poesía cancioneril: el 'Cancionero de Estúñiga'* (Madrid: Alhambra, 1977), 242–55.

8 Carriazo, xv; contrast Marcelino Menéndez y Pelayo, *Antología de poetas líricos castellanos*, V (Madrid: Hernando, 1927), ccxxxvi.

9 The description is by Olivier de la Marche (Salvador Miguel, 247–48).

10 With two other captains, he commanded the fleet patrolling the Straits in 1482 (Fernando del Pulgar, *Crónica de los Reyes Católicos*, ed. Carriazo, CCE, V [Madrid: Espasa-Calpe, 1943], 25); also Penna, 13, 51 (letters from King Fernando to Mosén Diego); Valera as consultant: *ibid.*, 15–16, 18.

11 Datings: Penna, 89, 174; such passages include *Espejo*, *ibid.*, 108; *Tratado de las armas*, 129; *Cirimonial de príncipes*, 164, 165, 167; *Doctrinal*, 179–80; cf. also Carriazo, xvii (*Crónica abreviada*).

12 Cf. *Crónica abreviada* (in *Memorial*, 317–19) and *Crónica de Juan II*, 659–60 (on the 1447 Cortes); also Salvador Miguel, 243–44.

13 J. R. L. Highfield, 'The Catholic Kings and the Titled Nobility of Castile', in *Europe in the Late Middle Ages*, ed. J. R. Hale *et al.* (London: Faber, 1965), 358–86, at 372. The Count fought regularly in the Andalusian wars (Pulgar, 23, 109–10, 262, etc.; also Whinnom, *OC*, I, 25).

14 *Memorial*, 118–19 (Pedro Téllez Girón), 277–78 (Juan Pacheco); contrast dedications in Penna, 141, 161. *Memorial* dated: Carriazo, xci. All this would suggest 1486 as a likely terminal date for *Cárcel de Amor*.

15 Penna, 27–28 (letter of 10 May 1483, on a victory won against the odds by the Alcaide and the Count of Cabra).

16 These poems ed. Lucas de la Torre, 'Mosén Diego de Valera: su vida y sus obras', *Boletín de la Real Academia de la Historia*, LXIV (1914), 258–69; cf. Carriazo, xxviii.

17 Penna, 78 (*Exortación*); cf. 181 (*Doctrinal*).

18 '*Cárcel de Amor*, novela política' (first published 1964), in his *Relecciones de literatura medieval*, Colección de Bolsillo, 54 (Seville: Universidad, 1977), 75–94, at 85; cf. Penna, 188. For submission to law as the mark of the true ruler, see John of Salisbury, *Policraticus*, IV, 2.

19 Erasmo Buceta, 'Cartel de desafío enviado por D. Diego López de Haro al Adelantado de Murcia, Pedro Fajardo, 1480', *RH*, LXXXI, no. 1 (1933), 456–74, at 489; Martín de Riquer (ed.), *Lletres de batalla*, I, Els Nostres Clàssics, A98 (Barcelona: Barcino, 1963), esp. 16–17; Whinnom, *OC*, I, 56.

20 Buceta, 471; alternative procedure described by Valera: Penna, 125–26.

21 In *Memorial*, 329; cf. *Crónica de Juan II*, 678: 'e anduvo toda esa noche; e quanto a dos horas del dia llegó a una hoya que es a seis leguas de Burgos desviado del camino, e allí ovo su consejo de lo que debia hacer'.

22 Penna, 58, 71 (saints praised by Church; known to all); cf. *Cárcel*, 166.

23 *Cárcel*, 170. She was Don Pedro Téllez Girón's mistress, never his wife (Whinnom, *OC*, I, 22), which adds an element of special pleading to San Pedro's praise of her chaste and pious widowhood.

24 Other analogies in Joseph H. Chorpenning, 'Leriano's Consumption of Laureola's Letters in the *Cárcel de Amor*', *MLN*, XCV (1980), 442–45; E. Michael Gerli, 'Leriano's Libation: Notes on the *Cancionero* Lyric, *Ars moriendi*, and the Probable Debt to Boccaccio', *MLN*, XCVI (1981), 414–20.

25 Penna, 70 (Zipporah); 71 (Miriam); cf. Exodus, 4: 24–26 and 15: 20–25.

26 Penna, 66–67 (the Sybil); 69 (Hippo); 66 (Atalanta, Minerva); 69 (Alcestis); 67 (Lucretia); 68 (Portia); 59 (María García).

27 *Cárcel*, 169 (Sarah); 169–70 (María Coronel), contrast Penna, 59.

28 *Cárcel*, 167 (Penelope, Portia); 171 (Atalanta). Penna, 67–68; 66.

29 *Cárcel*, 167 (Portia); 168 (Alcestis); 167 (Artemisia). Penna, 68; 69; 68–69.

30 *Cárcel*, 166 (Lucretia); 167 (Penelope); 169 (Sarah); 168 (Argia). Penna, 67; 68; 70; 69.

31 *Cárcel*, 168 (Argia); 171 (Camilla, Claudia); 167 (Penelope); 169 (Deborah). Penna, 69; 66; 68; 70.

32 *Cárcel*, 170 (Minerva); 168 (Artemisia); 171 (Atalanta); 170 (María García). Penna, 66; 69; 66; 59.

33 *Cárcel*, 169. Penna, 70 (Sarah, Abraham, Deborah, Esther); 71 (Elizabeth).

34 There was a tendency among Christians to see the term 'Israel' as applicable in contemporary usage only to the Church (cf. Alonso de Cartagena, *Defensorium unitatis christianae*, ed. Manuel Alonso [Madrid: CSIC, 1943], 98–99).

35 In 1449, Fernán Díaz de Toledo had denounced the leader of the anti-*converso* Toledo revolt as a 'second Haman' (*Instrucción del Relator*, in Cartagena, *Defensorium*, 343); such rhetoric was hardly possible a generation later.

36 Whinnom, *OC*, I, 17–21; contrast Márquez Villanueva, 86n.

37 Contrast Waley, 353–54. For San Pedro's conscious artistic modernity see Whinnom, 'Diego de San Pedro's Stylistic Reform', *BHS*, XXXVII (1960), 1–15; also in *OC*, III, 83–84.

Why did Celestina Move House?

P. E. RUSSELL

Oxford

I

Few nowadays would deny that ambiguity in many different forms is a potent source of textual enrichment in *La Celestina* even if it obviously causes serious problems for readers and critics. Nor does it seem likely that the ambiguities modern readers find in the book can, as has been suggested, be mainly attributed to loss of contact with the literary forms and doctrinal assumptions its authors took for granted. Rojas himself, in his *Prólogo*, suggests, with illustrations, that his first readers were uncertain how to approach it or what to make of it. Ambiguity, though, was not a stylistic phenomenon much recommended by medieval rhetoricians (e.g. 'Ambigua quemadmodum vitanda sunt quae obscuram reddunt orationem', *Ad Herennium*, IV, 54) so that, not unexpectedly, it has been left to modern critics, brought up with very different ideas, to explore in depth the many-sided ambiguities of *La Celestina*. Among these latter Keith Whinnom, in a characteristically challenging article published in 1981, drew attention to one deep-seated cause of ambiguity in the work when he invited us to think about the consequences of the introduction by Rojas of material that unquestionably carried with it the resonances of tragedy into a work the first author had conceived of as a comedy.[1]

Though the ambiguities which continuously confront one in *La Celestina* give the work its enigmatic character they do not usually strike us as sounding a disconcerting or discordant note, doubtless because ambiguity is inherent in the dramatic form (I do not just mean the dialogue form) in which the book is cast. The reader speedily realizes, or should realize, from the moment he is faced by the first scene of Act I, that he is expected, like any spectator or reader of a theatrical work, to participate actively in working out what lies behind, or may lie behind, what the authors actually choose to show him. Unlike the reader of a novel he cannot expect to sit back confident that what is shown will always be elucidated, then or later, by an authorial explanation. There are, of course, special features that reinforce this general demand on the reader of *La Celestina*. One is that many of the characters (not only Celestina herself) spend much of their time telling lies, a feature that requires a special interpretative alertness from him. Another is that the frequent employment of dramatic irony depends on an assumption that the reader, from his superior vantage point, often knows more than the speakers do about the real implications of what they say. There is one case in *La Celestina*, however, where the reader does appear to be faced by a case of carefully planned ambiguity for which, it seems, no explanation or justification can be found in or intuited from the text. I refer to the baffling way both authors treat the matter of Celestina's dwelling-places.

II

The first mention of Celestina's house occurs in Act I, *cena* 7, where, in his account of the old woman, Pármeno informs Calisto: 'Tiene esta buena dueña al cabo de la ciudad, allá cerca de las tenerías, en la cuesta del río, una casa apartada, medio caída, poco compuesta y menos abastada' (60).[2] The present indicative form *tiene* here is confirmed in all the sixteenth-century editions, including Rome, 1506.[3] This form is fairly unlikely to have originated as a normal copyist's or compositor's error since it occurs in a long passage in which Pármeno is describing at length in the imperfect tense his memories of life as a small boy in Celestina's house. The switch of tense to the present when the bawd's dwelling-place is mentioned therefore seems deliberate.

The facts about Celestina's house given in this first reference merit some comment. The passage identifies its location as a site on the edge of the unnamed city in a place where the ground descends to the similarly unnamed river. Nearby Celestina's house, it tells us, were the tanneries. This latter piece of information carries with it the implication that the house was in an insalubrious and therefore poor quarter of the city, possibly outside the walls; tanneries needed to be near the ample supplies of water required both for the various chemical processes used to turn skins and hides into leather and for the business of washing the skins after treatment. The processing of leather notoriously gave off unpleasant smells—another reason for locating tanneries on the outskirts of towns. The neighbourhood of the tanneries was therefore a place where only the poor or those who had their own reasons for living away from the centre of things elected to dwell. The point receives reinforcement from Pármeno's statement that his mother, whom he describes as a poor woman, 'moraba en su [Celestina's] vecindad' (60), though he will later discover that her reasons for living in this out-of-the-way place were more sinister than he had supposed. It may be noted, also, that, apart from the question of its location, the tumbledown condition of the house itself ('medio caída', etc.) is emphasized. The phrase suggests an abandoned building.

The reader who has justifiably concluded from I, 7, that Celestina still resides in the house so precisely described there will find, when he reaches *cena* 10, that this conclusion is now contradicted. There, when Pármeno discloses his identity to Celestina, who presumably knows better than anyone about her domiciliary history, he declares: 'estuve contigo un *poco tiempo* que te me dio mi madre, cuando morabas a la cuesta del río, cerca de las tenerías' (67). The imperfect *morabas*, with its accompanying temporal adverb, is present in all the editions from *A* (Burgos: Fadrique de Basilea, 1499) onwards. If this form appeared only on this one occasion, it could perhaps be explained away as a reference by the servant to the location of Celestina's residence at the now distant time of which he is then speaking. It was, however, not interpreted in that sense by Fernando de Rojas, as we shall see. Nor does it seem plausible to suggest that the use of the present tense in Pármeno's earlier statement was intended to show that when he made it he did not know that the bawd had since moved. The young servant, the text makes clear, had by then been back in the city and in Calisto's employ long enough for a relation of friendship to exist between him and his master. Celestina, we have been told, is a notorious figure in the city and one with whom he had had a special relationship. It seems unlikely therefore that, by the time the action of the book begins, he would not have heard that she no longer lived where he had originally known her and worked for her. But what entirely excludes such a possibility—if we can assume the narrative to be put together in accordance with any rationally coherent scheme—is that Pármeno's fellow-servant Sempronio, with whom he is continually in close contact, is a frequent visitor to the bawd's present house, where his girlfriend Elicia lives.

When Rojas turns to the question of where Celestina lives at the time of the affair between Calisto and Melibea, he takes his cue from Pármeno's second statement in Act I and assumes, as is stated there, that she has moved from her old home hard by the tanneries. But he does not, as one might expect, therefore ignore her former home as a place which, for that reason, has no role to play in the action. On the contrary, he seems under some kind of compulsion to go on reminding his readers of Celestina's connection with the house where Pármeno first knew her. Thus the fact that Celestina has moved is repeatedly alluded to in Act IV. When the bawd-cum-witch arrives at Pleberio's house to begin the task of procuring Melibea for Calisto she first encounters Lucrecia at the door. Lucrecia expresses surprise at finding her 'por estos barrios no acostumbrados' (88). The old woman, in her reply, presents herself as having once been a frequent visitor to Alisa and Melibea but goes on to explain: 'después que me mudé al otro barrio, no han sido de mí visitadas' (88). Immediately afterwards Alisa, from inside her mansion, asks Lucrecia to whom she is talking. Lucrecia replies: 'con aquella vieja de la cuchillada, que solía vivir aquí en las tenerías, a la cuesta del río' (88).

As well as again focusing attention on the house in which Celestina once lived, Lucrecia's reply, because of her use of the adverb *aquí*, seems at first sight to add a new conundrum to the existing one. Taken literally, it could be interpreted as revealing that Pleberio's mansion, with its tower and its soon-to-be-famous *huerto*, was also located hard by the tanneries. However, no fifteenth- or sixteenth-century reader was likely to suppose that the text could possibly intend to imply that a noble magnate like Pleberio had his palace in so unlikely a vicinity or that Calisto would have gone to the tanneries district to exercise his falcon. The Italian translation (Rome, 1506) shows us how, in fact, Rojas' contemporaries probably interpreted Lucrecia's words. Ordóñez translates them as: 'che soleua habitare in questa contrada [in this district or *barrio*] appresso el fiume', seeing nearness to the river, not to the tanneries, as what Lucrecia's *aquí* meant.[4]

Nevertheless, there certainly had been contacts between Celestina and Pleberio's household before the action in Rojas' part of the book begins. Rojas goes to some trouble to emphasize the fact. Thus, in IV, 3, he stresses the point that Alisa, to Lucrecia's astonishment, fails, under the influence of witchcraft, to recognize the old woman whom, as the servant tries to remind her, she knows quite well. Two observations of Melibea during the subsequent scene between her and Celestina (IV, 4) make it plain that the girl, too, knew Celestina in the days when the old woman lived by the tanneries. Thus, as she listens to the latter's characteristic flow of sententious commentary on the comparative situations of the rich and the poor and the young and the old, Melibea remarks: 'Indicio me dan tus razones que te haya visto otro tiempo' (92). She then proceeds to identify the old woman in a passage where Rojas, yet again, takes the opportunity to associate Celestina with the house by the tanneries: 'Dime, madre, ¿eres tú Celestina, la que solía morar a las tenerías, cabe el río?' (92). It then emerges, though in the *Comedia* text alone, that their last meeting was only two years previously (92).

The *Comedia* thus also supplies, indirectly, a kind of *terminus ante quem* for the bawd's change of domicile: since it has already been explained that Celestina stopped visiting Pleberio's neighbourhood when she moved, the move can be placed about two years before the events recounted in the *Comedia* took place. While too much concern for precision should not, in my opinion, ever be ascribed to Rojas' use of chronological terms, this statement was evidently intended to make the general point that the old woman had only fairly recently moved. Rojas abandoned this detail in the *Tragicomedia* version, doubtless because of the sheer implausibility of the suggestion that Celestina had, in two years, aged so much as to become unrecognizable. One may wonder, though, why he had originally wanted to make it plain that she had moved house not too long before the action of the work began.

There is a noteworthy contrast between the direct descriptions of Celestina's original house that both authors insistently provide in the early acts and their lack of interest in telling their readers anything about the location or characteristics of the establishment to which she has moved. All that we know about the new house is what can be inferred indirectly from passing observations in the dialogue. Using such information, readers learn that it has at least two floors—probably three—with a *solana* or open balcony attached to the topmost floor. It also appears to be located inside the city proper in a district regularly patrolled at night by the forces of law and order (note the extremely rapid response of the latter to Celestina's murder). The bawd appears to have the entire establishment to herself. This was, no doubt, to provide secrecy and privacy for her clients, whichever of her various illicit or criminal services it was that they sought. We also have Elicia's word for it that, at the time of Celestina's death, the rent for a whole year had been paid in advance (203). This information opens up yet another seam of ambiguity. If Celestina can rent a largish house all to herself and pay the rent a year in advance, how can that be reconciled with her continuous protestations of the abject poverty into which she claims she has now descended? Is the reader invited to conclude that Celestina's complaints about her poverty are not to be taken at their face value: that it is her avarice and miserliness that makes the old woman keep talking about how poor she is?

There is one final reference to Celestina's second house which is potentially relevant to the matter in hand. In XV, 3, when Elicia informs Areúsa of her decision to carry on operating at least the prostitution side of the dead bawd's business there, she ventures on a prophecy: 'Jamás perderá aquella casa el nombre de Celestina, que Dios aya' (203), a piece of insight that was to prove useful to some would-be sixteenth-century continuers of the story. Elicia's prediction fits well enough, *qua* prophecy, into the pattern of her remarks at this point, though it reveals a somewhat out-of-character interest in what the historical future of Celestina and her home may be. But it is also the case that literary prophecies of this kind can be less straightforward than they seem. They sometimes represent merely pseudo-prophetic projections backwards in time to lend a borrowed antiquity to a circumstance that the writer knows to be true in his own day—e.g. the request of the abbot of San Pedro de Cardeña in the *Poema de Mio Cid* that the Cid should maintain a special association with that monastery.[5] Elicia's apparent delving into the future could, if any other evidence pointed that way, be interpreted as seeking to draw attention to a 'casa de Celestina' already in existence when the book was written. It should be noted, though, that the house that Elicia here predicts will always be associated with the name of Celestina is, of course, the new one, not the old one by the tanneries. Since all the previous references have been designed to fix the notion in the reader's mind that it was the bawd's connection with the latter that mattered as far as her fame was concerned, Elicia's suggestion that the new house will be a historical monument to her name seems, if taken strictly at its face value, to add yet another element of ambiguity to the whole matter.

It will thus be seen that the way the text of La Celestina presents Celestina's domiciliary history brings to light some interesting problems which cannot readily be explained. Why does Act I first assert categorically that Celestina lives in the house by the tanneries and then, without explanation or cause, depict her later in the same act as having moved? Why does Rojas keep going out of his way in Act IV to introduce remarks intended to demonstrate that Lucrecia, Alisa and Melibea all thought of Celestina in association with the house by the tanneries? Why all this concern, anyway, with an establishment from which the old woman has moved before the story begins and which plays no part at all in the action except, it seems, to establish an identity for her that depends on knowing where she had once lived? The reader can be forgiven if his thoughts turn to the possibility that both authors of La Celestina, as far as this matter is concerned, were subject to some external pressures which cannot be picked up from the text itself.

The concluding part of this paper will attempt to identify what those pressures may have been.

III

Marcelino Menéndez y Pelayo long ago drew attention to the fact that, in the sixteenth century, visitors to Salamanca were regularly shown sights there associated with the Celestina story.[6] He took it as read that the Salamancan Celestina legends were solely the creation of the book and depended on the passing reference to the city in the acrostic verses.

The first of the historical references cited by Menéndez y Pelayo is, because of its early date, the only one with which we need seriously concern ourselves here. It occurs in the *Commentaries* of the famous Portuguese exiled doctor 'Amatus Lusitanus' (João Rodrigues de Castelo Branco) on the *Materia medica* of the pharmacologist Dioscorides of Anarzabus (1st century A.D.).[7] This work was first published in 1558 but contains information often collected in much earlier periods of its author's life. Amatus Lusitanus was born about 1508. He studied arts and then medicine at Salamanca University, where he was probably already a well-established student of medicine circa 1525 or somewhat earlier.[8] There is a passage in the book just referred to where, when discussing the treatment of strips of ox-hide to make animal glue, Amatus harks back to his Salamancan days. He recalls how such glue was then made there in an establishment: 'apud pontem paratum non procul a domo Celestinae, mulieris famosissimae, & de qua legitur in comoedia Calisti et Melibeae . . .' (517).

Since the making of glue from hides was tanners' work, it is plain from this passage and its immediate context that by the 1520s there was, located near the river and the tanneries, a house in Salamanca known as Celestina's house. Amatus' eyewitness description of it, moreover, clearly seems to refer to the same place as that repeatedly described in the earlier acts of *La Celestina*. His reference to the relationship between house and book is unfortunately itself not wholly free from ambiguity. The most obvious interpretation of his words is that he believed the house to have once been the residence of a famous local Salamancan personage called Celestina who is the same person as the one who can be read about in the book.[9] The passage can, however, also be read as implying that Celestina's fame (and by implication the existence of the house) was due to the book. Either way, though, it is evident that Amatus thought, not much more than two decades after *La Celestina*'s first publication, that its action took place in Salamanca and that the house pointed out there in his time as the *domus Celestinae* was either the place where a historical, or pseudo-historical, Celestina was said to have resided in real life or, somewhat less probably, was believed to be a house which the first author had chosen to identify as the pretended home of a fictional bawd he had invented. Certainly, all through the sixteenth century, *salmantinos*, despite the reference to ships and a river port in Act XX, believed in the historical reality of Celestina as a personage who had once lived in their city; a tour of the tanneries district and other sites associated with the story seems to have been part of the sight-seeing routine offered to visitors to the city then.[10]

If we re-examine what the text of *La Celestina* has to say about Celestina's homes in the light of the information supplied by Amatus Lusitanus, it seems to me necessary to give serious attention to the hypothesis that the Celestina we think of as a wholly original literary creation may in fact be based on the pre-existing character of a real or legendary Salamancan bawd believed once to have lived in the house described by the Portuguese doctor. The constant and apparently pointless harping in the text on the exact location of the house in which the bawd used to live becomes entirely explicable if we think of the authors of the book as wishing to establish firmly in the minds of their first readers that the

Celestina of their story is based on the character of a real personage whose name (itself suspiciously like a goliardic pun) was familiar to all who had studied at Salamanca. Carrying this hypothesis further, one might even surmise that the reason Celestina ran away with the book at the expense of the characters named in the title was perhaps because she, not the love story itself, was its real inspirer. As students of Italian humanistic comedy, neither author would be breaking new ground if he mingled reality or oral tradition with fiction in this way. Both Antonio Barzizza in his *Cauteraria* and Leone Battista Alberti in his *Philodoxus*, for example, stressed that their comedies were based on fact, and humanistic comedy certainly sometimes portrayed, thinly disguised, real events and real personages.[11]

At first sight, one obvious objection to the hypothesis I have suggested is that the action of the book does not, in fact, take place in the house by the tanneries but in Celestina's second house and it is the latter, not the former, which Elicia predicts will always be associated with Celestina's name. But, if we consider the situation that may have confronted the authors, these discrepancies perhaps can be seen as strengthening rather than diminishing the case for suspecting that the *domus Celestinae* known to Amatus Lusitanus may have been the starting-point for the creation of Celestina as a literary character. It will be recalled that Pármeno describes Celestina's first house as 'medio caída, poco compuesta y menos labrada'. If we suppose that the place was already in such a condition when the first author took up his pen, then it was plainly going to be difficult to present it as a convincing centre of operations for Celestina to a readership who knew it at first hand in the state referred to by Pármeno. One way round the problem would, of course, have been to cast the whole tale in a past historical context, making clear that the events in the book occurred before the house fell into ruin. But that would be to deprive the tale of the all-important sense of actuality given it by the dialogue form and required, in their somewhat separate ways, by the traditions of both Latin and humanistic comedy. It does not seem unduly far-fetched to surmise that the author of Act I, perhaps only after he had got that act well under way, realized that a new home had to be found for Celestina as far as his story of her was concerned, one which would do as a more convincing location than the place by the tanneries for the busy brothel, with its socially important clients, and for the surgery for distressed maidens, often from the wealthier classes, that Celestina runs in the book. An obvious solution for this fictional extension of her story would simply be to assert that Celestina had moved, though taking care, for the sake of verisimilitude, to keep reminding readers that she is the same person they know through her traditional connection with the house identified by Amatus Lusitanus. The refusal to supply any visual impressions of the new, strictly fictional, house may be seen as a reflection of the authors' need to make sure that their fictional story did not clash too obviously with what everyone knew about Celestina as a historical figure.

The hypothesis I have advanced in the preceding pages lacks, of course, the final piece of evidence which could substantiate it—historical proof that the *domus Celestinae* of Amatus Lusitanus was already in existence before *La Celestina* was ever written. It is, I must add, a hypothesis which I have been driven to advance with some reluctance since it would imply that, at any rate for its first readers, *La Celestina* may have seemed to be, much more than we are accustomed to suppose or want to suppose, what Menéndez y Pelayo disparagingly called an 'obra local'. Nevertheless, however unwelcome it may be, I can hit on no alternative possible explanation capable of accommodating the textual facts set out in the preceding pages. At all events, hypothesis apart, no one can deny that there seems to be a problem of textual interpretation here which deserves closer attention than it has hitherto received and which cannot be disposed of satisfactorily simply by presenting it as a notable example of the 'yes and no' stance that is so frequently to be met with in *La Celestina*, though of course it is that too.[12]

NOTES

1 'Interpreting *La Celestina*', 63.

2 All page references in the present study are, unless otherwise stated, taken from the edition of Dorothy S. Severin (Madrid: Alianza, 1969). References to individual numbered scenes (*cenas*) within each act—a division not shown in Rojas' time—follow the numeration proposed by Miguel Marciales, *Celestina: Tragicomedia de Calisto y Melibea*, Illinois Medieval Monographs, I, vol. II, *Edición crítica* (Urbana: Univ. of Illinois Press, 1985).

3 For information regarding textual variants see Marciales, vol. II.

4 Kathleen V. Kish, *An Edition of the First Italian Translation of the 'Celestina'*, UNCSRLL, CXXVIII (Chapel Hill: Univ. of North Carolina Press, 1973), 93. This location for the mansion is, of course, confirmed by Pleberio himself in Act XX: 'Vamos a ver los frescos aires de la ribera' (227).

5 *Poema de Mio Cid*, ed. Ian Michael, 2nd ed., Clásicos Castalia, 75 (Madrid: Castalia, 1978), ll. 901–02 and 1444–46.

6 *Orígenes de la novela*, III (1910; repr. Madrid: CSIC, 1962), 277–81.

7 *In Dioscorodis Anazarbei 'De medica materia libros quinque'*, Amati Lusitani doctoris medici ac philosophi celeberrimi enarrationes eruditissimae (Lugduni, 1558), 517.

8 For Amatus' biography, including his career as a student at Salamanca, see Diogo Barbosa Machado, *Bibliotheca Lusitana*, I (Lisbon, 1741; repr. Coimbra: Atlântida, 1965), 128–30, and, more reliably, Vicente Beltrán de Heredia, *Cartulario de la Universidad de Salamanca*, II (Salamanca: Universidad de Salamanca), 170, 258, 264–65.

9 Note that the Latinist Amatus Lusitanus must be added to the number of early sixteenth-century readers who did not take seriously Rojas' application to the work of the term *tragicomedia* and continued to describe it as a *comedia*.

10 See Menéndez y Pelayo, *Orígenes*, III, 278–79.

11 Antonio Stäuble, *La commedia umanistica italiana del Quattrocento* (Florence: Istituto Nazionale di Studi sul Rinascimento, 1968), 165.

12 I am grateful to Professor Ian Michael for reading and, as always, helpfully commenting on an earlier draft of this paper.

El presunto judaísmo de *La Celestina*

NICASIO SALVADOR MIGUEL

Universidad Complutense de Madrid

Naturalmente, la interpretación de *La Celestina*, como la de cualquier obra maestra, no se agota en una lectura única; solo desde una consideración polisémica y plurisignificativa, en efecto, se puede procurar una intelección que tenga en cuenta los múltiples enfoques y las variadas perspectivas que, con sabiduría suma, han entrelazado los autores en esta singular presea literaria.[1]

Entre las distintas explicaciones, se ha convertido en bien manoseada la que enjuicia la *Tragicomedia* en función de presuntas claves judaicas, hasta el punto de que uno se la encuentra, con insistencia machacona, como si se tratara de una opinión acreditada como indiscutible.

En la base de tal visión se halla un dato sin vuelta de hoja: la condición de converso inherente al autor, pues en el proceso que, entre mayo de 1525 y octubre de 1526, siguió la Inquisición contra su suegro, Álvaro de Montalbán, por judaizante, éste intentó nombrar, sin conseguirlo, 'por su letrado al bachiller Fernando de Rojas, su yerno, veçino de Talavera, que es converso'.[2] Tan taxativa declaración exige, sin embargo, unas cuantas precisiones.

En primer lugar, aunque los críticos han sido casi unánimes en poner en boca del suegro tales palabras, el contexto en tercera persona ('dixo que nombrava por su letrado . . .') hace sospechar a 'un lector habitual de procesos inquisitoriales de esa época' que 'la atribución de converso a Rojas no es de su suegro, sino del notario del Santo Oficio que levanta el acta', porque:

> tiene poco sentido que en el nombramiento de letrado, es decir, de abogado defensor, el reo apunte como una cualidad de la defensa lo que es sin duda su mayor tacha: el ser de origen converso, en un pleito que trata precisamente de esta condición como sospechosa del crimen.[3]

En este caso, agrego, la puntuación quedaría así: 'dixo que "nombrava por su letrado al bachiller Fernando de Rojas", que es converso'.

En segundo término, sea de quien sea la apostilla, no prueba que Rojas fuera un convertido del judaísmo al cristianismo; acaso sólo descendía de tales, pues la denominación se aplicaba también a quienes eran 'hijos y nietos de cristianos', según queja que se presenta al obispo de Cuenca, don Lope de Barrientos, en 1449.[4] El que se deseche la petición del suegro—tercera aclaración—, indicándose que 'su merçed le dixo que no hay lugar e que nombre persona sin sospecha' (Serrano y Sanz, 269), no significa necesariamente que se le recuse por su calidad de converso sino por el parentesco con el acusado, pues, en 1517, se le admitió como testigo de la defensa en el juicio seguido contra el judaizante Diego de Oropesa. Como tal, Rojas debía certificar, entre otros puntos, que Oropesa 'bivia como fiel y católico christiano' y cumplía con sus deberes religiosos.[5]

Por fin, en la probanza de hidalguía solicitada por su nieto en 1584, los testigos califican de hidalgo al bachiller (véase Green). Aun cuando estas probanzas se falsificaran, con relativa facilidad, los resultados positivos de la investigación, unidos a los argumentos anteriores, avalan como muy posible el que Rojas no fuera un converso de primera generación, lo que casa también con los pocos datos biográficos que conocemos y con la sinceridad cristiana que se desprende de su testamento.[6] Difícil resulta, pues, admitir, por el hecho de que su hija Catalina se uniera en matrimonio con un nuevo Montalbán (Luis Hurtado, hijo de Pedro de Montalbán) (Serrano y Sanz, 295), que Rojas fuera un hombre 'bien apegado a su linaje', al igual que aparece improcedente el desposeerlo de su índole conversa.[7]

A pesar de tan endeble fundamento se han multiplicado, desde principios del siglo XX, los estudiosos que, con una frecuente confusión añadida entre las categorías de judío y converso, han pretendido fundamentar en tal origen cuantos detalles y particularidades de la obra o de los personajes juzgaban de difícil comprensión.

1. Para unos, la inexistencia del nombre del autor en la primera edición (Burgos, 1499) y su inclusión en el acróstico en las sucesivas, como un medio de disimularlo, mostrarían unas 'vacilaciones' explicables por tratarse de 'un judío converso'.[8] Por idéntica causa, habría fingido la autoría de Mena o Cota respecto al primer acto (Maeztu, 138–40; Adinolfi, 30), desde la impresión larga y definitiva (1502 o acaso ya 1500),[9] pues temería las reacciones de la Inquisición.[10] Esta opinión, que ignora además cualquier discusión bibliográfica,[11] no se hace cargo de un par de puntos cruciales. Por un lado, si Rojas recelaba del Santo Tribunal en 1499, no acierto a entender qué circunstancias nuevas podrían haberse producido para modificar su comportamiento en el escaso período de un año, puesto que, en la edición toledana de 1500, no sólo aparece con su nombre embutido en el acróstico sino con un elogio de Proaza, bien aprovechado para desvelar cómo hay que leer esas coplas preliminares que proporcionan, amén del nombre, el lugar de origen del escritor. Ningún afán de encubrirse, por tanto, cabe señalar en la recurrencia a un procedimiento de cuyo descifre Alonso de Proaza presenta allí mismo la llave y que, incluso, no tenía que resultar raro a un lector culto, porque, usado ya en los Salmos, fue común en la tradición latina clásica y medieval, tanto en prosa como en verso, en la poesía medieval árabe y hebrea (Lida de Malkiel, 15–16 n. 1), y en buen número de poetas cancioneriles castellanos. Su empleo, en fin, se convirtió en práctica corriente, durante la Edad Media, entre imitadores y refundidores, para indicar una autoría restringida y, en este sentido, lo utiliza, precisamente, Rojas, quien conoce algunas de las obras que lo habían usado: el *De scholarium disciplina* de Boecio[12] y, en mi sentir, las *Partidas* y la *Ilias latina*. Esta tradición explica, a su vez, que, en tres de las continuaciones,[13] sus autores echen mano, asimismo, del acróstico, al estilo de Rojas, aunque con variedades tanto entre ellos como respecto al modelo: la *Tragicomedia de Lisandro y Roselia*, la *Tragedia Policiana* y la *Comedia Selvagia*; y hasta un autor que imita *La Celestina* tan libremente como Francisco Delicado se dejó influir, a su manera, por el procedimiento en *La Lozana andaluza*.[14]

Por otra parte, no hay que olvidar que la Inquisición no se ocupaba de la censura de libros en la época de las primeras ediciones de *La Celestina*,[15] hecho que debía ser bien conocido por quien orgullosamente se proclama 'jurista' y considera tal profesión como 'mi principal estudio' (36).[16] En efecto, hasta mediados del XVI el Santo Oficio no toma cartas en la purga de impresos, y nada más que como caso excepcionalísimo procesa a los autores censurados (Márquez, 177 y 199). Por todo ello, la *Tragicomedia*, aunque vedada por la más severa Inquisición portuguesa en 1581,[17] no se expurga en España, restringiendo poquísimas líneas, hasta el Índice de Zapata de 1632,[18] y se prohíbe entera tan sólo por edicto de febrero de 1793, reproducido en el *Suplemento* de 1805 (Menéndez Pelayo, 391 y 409; Márquez, 179).

2. Idéntica explicación tendría el pronto cese de su actividad literaria, porque, tras este único libro,

> escrito como consecuencia del tumulto de sus sentimientos . . . , no tiene para qué escribir de otra cosa . . . Por lo mismo que su libro es vida tiene miedo y se oculta, como dicen que Colón ocultaba su origen los que sostienen que fue un judío converso.[19]

No obstante, ya Lida de Malkiel (23 n.11) hizo ver que:

> Juan Ruiz de Alarcón, Shakespeare, Racine, Rimbaud son ilustres ejemplos de escritores que, sin ser conversos, dejan de escribir cuando se hallan en el pináculo de la fama;

agréguense unas cuantas docenas de poetas cancioneriles que sólo ocasionalmente echaron mano de la pluma, mientras que el Arcipreste de Hita o los autores del *Libro de Apolonio*, del *Libro de Alexandre* y del *Poema de Fernán González* se conformaron con una única obra.

Además, que Rojas no se oculta para nada lo muestra su traslado, desde 1517, a Talavera de la Reina, donde incluso desempeña, de forma transitoria, en febrero y marzo de 1538, el cargo de Alcalde Mayor (Serrano y Sanz, 263), lo que no hubiera sido fácil de haberse encontrado en el sospechoso punto de mira de la Inquisición.[20] Tampoco considera necesario enmascarar su origen, bien conocido de acuerdo con lo que se desprende del proceso de 1525–26, y mucho menos la autoría de *La Celestina*, cuya adscripción al jurista debía ser de dominio público, a juzgar por la manera a que se refiere a la cuestión Álvaro de Montalbán, cuando, en una de las actuaciones del mismo proceso (7 de julio de 1525), lo define como 'el bachiller Rojas que compuso a Melibea' (Serrano y Sanz, 263). Esa identificación tradicional de Rojas como autor de la *Tragicomedia* perduró, incluso con el paso del tiempo, hasta entre los no letrados.[21]

3. Alguno vio también en el final de Melibea un detalle propio del Rojas converso. Para Cejador, verbigracia, el suicidio es:

> extraño en la literatura castellana, tan llena de creencias cristianas . . . Pero queda uno satisfecho al saber que el autor era judío converso . . . A un cristiano rancio de la antigua España dudo que ni siquiera se le hubiera ocurrido tal fin.[22]

Tal teoría la retomó René-Louis Doyon en el prólogo a una traducción francesa de la obra.[23]

Se conoce bien, sin embargo, que el suicidio 'constituted a stock theme of the sentimental novel in Spain'[24] y no es ajeno a otros textos, como testifica la protagonista de la *Égloga de Plácida y Vitoriano*.[25] Añado, por mi cuenta, que en las literaturas romances del Medievo el asunto no debió considerarse tan excepcional, pues Boccaccio, aun consciente de su intrísenca malicia,[26] presenta dos casos en el *Decamerón*: Ghismunda se envenena por amor (giornata IV, novella 1), y la esposa de messer Guiglielmo Rossiglione se arroja desde una ventana por la misma causa (IV, 9).

Y en otro orden de casos, pensar que en la religión judía no se condena el suicidio tan duramente como en la cristiana revela, cuando menos, un despiste de nota (Lida de Malkiel, 446 n.21, ofrece amplia documentación).

4. También la equiparación que de Melibea con Dios hace Calisto (I.50, 51; II.78; XI.164) se tuvo desde pronto como religiosamente sospechosa, porque ya a Maeztu le ponía en ascuas: 'No sé si se debe al alma semítica de Fernando de Rojas o a la aridez de la meseta toledana donde escribió la obra'.[27]

Asimismo, alguna manifestación similar desazonaba, pese a sus muchos conocimientos literarios, a Menéndez Pelayo, quien, comentando el ruego a Dios que hace Calisto para que Sempronio logre éxito en su petición de ayuda a Celestina (I.56) y la frase que el mismo dirige a Melibea indicando que su amor 'por los santos de Dios me fue concedido' (XII.174), se interroga si no se relacionará con su condición de casta:

> No sabemos si este trastorno de ideas puede atribuirse al escepticismo religioso y moral en que solían parar las conversiones forzadas o interesadas de los judíos,

aunque agregue de inmediato que:

> tales profanaciones y blasfemias se explican, aun sin eso, por la espantosa anarquía de ideas y costumbres en que vivió Castilla en el reinado de Enrique IV, que el bachiller Rojas refleja fielmente en su obra. (*Orígenes*, III, 386)

Mas el asunto no le planteaba duda alguna a Maeztu, pues, al referirse de modo poco preciso a la segunda cita seleccionada por Menéndez Pelayo, remacha: 'esta descripción del amor como poder incontrastable es mucho más peligrosa y nociva desde el punto de vista judío que desde el cristiano' (110).

Estas ideas, sobre las que volveré más abajo, gozaron de éxito, ya que las veremos sostenidas por críticos más recientes, aunque, como deben existir opiniones para todos los gustos, no ha faltado quien vea el judaísmo de Rojas en la manera de reaccionar Melibea ante la blasfemia. Así, para Inez Macdonald:

> Melibea's snub, when Calisto makes his sacrilegious remark to her, implies a condemnation of such a blasphemy . . . Rojas, perhaps because he was a *converso* and had ingrained in him a deeper awe of the sacred Name, appears to have regarded the man who could express himself in such terms as irretrievably corrupt, for physical passion and blasphemy have become one and the same thing.[28]

Pero Macdonald no sólo parece suponer que el cristiano no abomina también de la blasfemia sino que fuerza y distorsiona el sentido del texto. Pues aunque, según es norma en su artículo, no cita el pasaje al que alude, no veo que pueda referirse más que al comienzo del acto I, donde la actitud de Melibea es todavía la de la muchacha distante que responde con cierta actitud airada, de acuerdo con lo que prescriben las normas del amor cortés;[29] pero, más tarde, utilizará una fraseología similar a la de Calisto (véanse, si no, los actos XII y XVI).

Otra variante, en fin, corresponde a la propuesta de Manuel Sevilla, según el cual la evasiva respuesta de Calisto, al declararse 'Melibeo' ante la pregunta de Sempronio ('¿Tú no eres cristiano?' I.50), revelaría la índole conversa de Rojas.[30]

5. ¿Y no procederá algún otro detalle menudo del mismo origen? Puestos al escudriño, ¿cómo no encontrarlo? Así, en referencia a unas palabras de Sempronio a Calisto, en las escenas iniciales ('lo de tu abuela con el ximio, ¿hablilla fue? Testigo es el cuchillo de tu abuelo', I.51), explanó Menéndez Pelayo que 'acaso la venganza del judío converso se cebó en la difamación de la *limpia sangre* de algún mancebo de claro linaje, parecido a Calisto' (227). Pero, aun cuando la explicación de Don Marcelino le parezca de perlas, en fecha más reciente, a Alberto M. Forcadas, quien intenta apuntalarla con argumentos esotéricos, se me hace obvio que nos enfrentamos con una simple referencia a la lujuria, desde la perspectiva de Sempronio, para insistir en el hecho de que, más tarde o más temprano, toda mujer acaba cediendo ante el acoso del varón.[31]

6. Como, cuando se empieza buscando motas, hay peligro de tropezarse con una gran mancha, llega Ramiro de Maeztu a encontrar *La Celestina* impregnada de judaísmo por doquier. Así, 'el autor es un judío converso, que ha derramado en su obra los sentimientos que le indujeron a abandonar la fe de sus mayores, sin adoptar tampoco la patria nativa' (137). O bien se trata de una 'obra amarga y profunda', en la que 'un judío que ha

abandonado el culto de su ley nos cuenta . . . su desengaño' (144). Todo se explica por la misma razón: la gran importancia dada a la codicia y a la riqueza, según las entiende Celestina, es algo característico de 'la ética de la religión mosaica' (145); la condena de los amores de Calisto y Melibea se debe a que 'Ninguna otra [raza] es . . . tan intolerable para los pecados del amor' (147; cpse 151); y 'La trotaconventos es un rabino por el conocimiento y la sutileza dialéctica' (150).

Es imposible comentar estas últimas apreciaciones impresionistas, pero es obvio, para ir a la síntesis, que, desde comienzos de la centuria, época en que se dan a conocer los documentos que acreditan la condición conversa de Rojas, hasta 1954, críticos muy diversos pretendieron encontrar en tal origen la panacea explicativa para cuantos aspectos de *La Celestina* no digerían sus entendederas.

Pero, el año 1954, salía de los tórculos, como renovación de *España en su historia*, una obra llamada a dejar huellas relevantes en la crítica literaria hispánica: *La realidad histórica de España*, de Américo Castro, donde el pasado español se sometía a un profundo replanteamiento, remachando, entre otras muchas cosas, el poderoso papel jugado por judíos y conversos en la historia y la cultura peninsulares.[32] Castro, cuyo interés por *La Celestina* venía de lejos, no pergeñaba aquí una teoría que considerara determinante la calidad de converso de Rojas para la interpretación del texto; sin embargo, la juzgaba como un reflejo total de semejante condición, con lo que iba más lejos de lo mantenido en su primer libro. Pues si, en *España en su historia*, se ceñía a atribuir al carácter converso del bachiller el 'rencor antisocial' de la obra (539 n.172), que juzgaba en la 'tradición sombría . . . de conversos desesperados' (542), y la 'clave desesperada' del monólogo de Pleberio (544), en *La realidad histórica* apostillaba, sin más explicaciones, que 'el alma desesperada y evanescente de la España judaica se vertía en la inmortal *Celestina*' (78).

El predicamento de Castro y el reverenciado eco de sus teorías, expuestas con garra brillante y atractivo estilo, determinaron, sin duda, la aparición, en los años siguientes, de varios trabajos que coincidían en sostener que la *Tragicomedia* refleja un problema sociorreligioso típico de la sociedad de su época. Emilio Orozco, Fernando Garrido Pallardó y Segundo Serrano Poncela,[33] con expresa referencia a Castro en dos de los casos,[34] se convirtieron en adalides de tal planteamiento, para cuya comprensión no cabe olvidar que una de las preguntas cruciales que continúa haciéndose el lector de la obra es la que tanto inquietaba a Alberto Lista y a Juan Valera: ¿por qué no se casan Calisto y Melibea?[35] Interrogante de todo punto lógico, puesto que ambos protagonistas son jóvenes, ricos, enamorados y de noble familia, pese a lo cual, en contraste con la situación histórica que refleja la obra y su verosimilitud, ninguno hace la menor referencia al matrimonio.[36]

Para estos críticos, aparte de poner en circulación, una vez más, viejos presupuestos,[37] la respuesta a la cuestión no puede ser más sencilla: en *La Celestina*, Rojas pretendió diseñar 'las dificultades para unirse en matrimonio un caballero cristiano viejo [Calisto] con la hija [Melibea] de un poderoso judío converso [Pleberio]'.[38] De esta manera, el joven jurista trasponía a la literatura 'un profundo conflicto social' (Serrano Poncela, 14), 'un problema religioso-social' que recoge:

> la realidad espiritual de la España de entonces . . . , el ambiente de diferencias, odios e incompatibilidades de esa compleja sociedad de conversos y cristianos viejos. (Orozco, 10)

Tal interpretación aclararía, según ellos, los siguientes puntos:

1. Las actividades comerciales de Pleberio—edificar torres, plantar árboles, fabricar navíos (XXI.232)—son propias de un converso (Orozco, 10; Serrano Poncela, 16), pues revelan un 'trabajo organizado, totalmente inconcebible en un caballero en aquellos años', excepto en el caso de un 'judío converso' (Orozco, 10).

2. El 'sutil subrayado de superioridad' en el linaje de Melibea se explana, porque, aun

cuando ambos protagonistas son nobles, parece plasmarse como una 'contienda de linajes' que sólo se explica 'si atendemos la importancia que el judío español concedió desde siempre a la aristocracia de su condición' (Serrano Poncela, 15–17).

3. El que 'nadie hable de casamiento' se debe a que se trata de 'un ilícito amor' (Orozco, 10; Garrido Pallardó, 77), lo cual explana 'la absurda intervención de Celestina' (Orozco, 10; Garrido Pallardó, 80) y las modalidades de expresión de los enamorados. Pues 'la pasión de Calisto presenta, de inmediato, graves formas de herejía insólitas en un cristiano viejo, de tradición católica y en sus cabales' (Serrano Poncela, 19). Calisto blasfema (Garrido Pallardó, 36–37; Serrano Poncela, 20) y comete 'un acto de apostasía', porque 'sabe que su amor es un amor prohibido por razones muy profundas y secretas, que nada tienen que ver con la condición social de los amantes o los usos eróticos' (Serrano Poncela, 20). Melibea, por su parte, 'no se inmuta' por 'estos desafueros expresivos, no obstante ser doncella tan rigurosa y formalista', ya que es 'una conversa tanto más formalista y practicante en su aparencia como fría en el arca de su intimidad' (Serrano Poncela, 21–22; Garrido Pallardó, 85).

4. La existencia de un problema religioso y racial dilucidaría el secreto con que se rodea la relación amorosa y, muy en concreto, el que los criados de Calisto, tras su caída de la escala, teman la deshonra de su amo si lo encuentran muerto 'en este lugar' (XIX.225) que, de acuerdo con las premisas hilvanadas, se identifica con la judería donde debía vivir Melibea (Serrano Poncela, 23–28; cpse Garrido Pallardó, 84).

5. La referencia de Rojas a 'nuestra común patria' (36), en la epístola inicial 'a un su amigo', supone el deslindamiento entre las castas de cristianos viejos y nuevos (Garrido Pallardó, 104).

Si pasamos ahora al análisis de estas proposiciones, encontramos que, en cuanto a la primera, no se tiene en cuenta que constituye un 'fenómeno común a todas las sociedades del Occidente europeo', a fines del siglo XV, la aparición de grandes burgueses adinerados, cuyo código social se fundamenta en una riqueza que les permite, a su vez, si se tercia, lograr un rango nobiliario.[39]

De acuerdo con tales premisas, de Pleberio se destaca, conjuntamente, 'la nobleza y antigüedad de su linaje' y 'el grandísimo patrimonio' (I.53), factores que el anciano considera inseparables en el planto final: '¿Para quién edifiqué torres; para quién adquirí honras; para quién planté árboles; para quién fabriqué navíos?' (XXI.232). Con este alegato, Pleberio destaca su ascenso económico, reflejado en la tenencia de posesiones (negocios marítimos, mansiones, fincas) que representan 'los elementos del decoro social que él, como rico burgués, en su actividad ha adquirido' (Maravall, 41), pero cuyo valor se ha truncado de raíz, porque ya no podrá transmitirlos en herencia, por lo que su recuerdo en esa dolorosa situación se revela oportunísimo.[40]

En lo que atañe al segundo punto, ¿cómo desconocer, en efecto, la marcada importancia que tuvo el linaje para los judíos? No obstante, reducirlo tan sólo a ellos implica poseer una menguada idea de las circunstancias de la Edad Media, donde tal preocupación alcanza por igual a las tres castas, a causa de:

> el interés que el hombre medieval siente hacia la genealogía, hasta el punto de que las genealogías regias se independizaron en la Península, al menos desde el siglo X, como género historiográfico. Tal atracción queda manifiesta, asimismo, en las detalladas relaciones de parentesco que recogen diplomas, documentos y crónicas.[41]

Por lo que respecta al tercer argumento, amén de haber sido siempre lícito el matrimonio entre cristianos y conversos, e incluso habitual en esa época,[42] es de nivel elemental que lo que Serrano moteja de 'blasfemia', 'formas de herejía insólita' y otras lindezas no son sino ejemplos paladinos de un común modo de expresión, general en todas las literaturas de la Baja Edad Media, denominado hipérbole sagrada y caracterizado por el empleo de un vocabulario proveniente de la religión, la liturgia y, en suma, del ámbito religioso.[43] Así, Calisto, al echar mano de tal terminología, se está acomodando, precisamente, a los usos eróticos de su tiempo, colocándose en la perspectiva del amante cortesano, según el esquema que, a la zaga de la literatura de corte, y muy en concreto de la poesía cancioneril, ha elaborado Rojas para diseñar a los amantes.[44] Por idéntica razón, también Melibea se sirve de palabras similares, aunque con mucha mayor limitación, según conviene a la dama, al solicitar ante el retraso de Calisto que 'los ángeles sean en su guarda' (XIV.189) o al calificarlo como 'ángel mío' (XIX.222) o como 'mi gloria' (XIX.224). Sólo Sempronio se sorprende por algunas declaraciones de su amo, juzgándolas 'eregías' (XI.166) en un proceder lógico, en cuanto que, como criado y villano, no puede entender de amor cortés.[45]

La ausencia de matrimonio, por otra parte, se explica por la misma tradición cortés, que no sólo se opone al casamiento sino que lo tiene por incompatible con el amor (Lida de Malkiel, 215), ya que el galardón debe entregarse libremente, mientras que una esposa ha de hacerlo por obligación; por eso, Melibea llega incluso a rechazar, de modo explícito, la posibilidad de desposarse (XVI.206). El sentimiento del amor culpable y la diferencia económica a favor de Melibea fuerzan, a su vez, la intervención de la tercera, de acuerdo con la realidad social y con una larga tradición literaria, de modo que no podía resultar elemento extraño a los lectores contemporáneos (Lida de Malkiel, 216–19).

De esta manera, la obra cumple el propósito de *reprobatio amoris*, explícitamente señalado por Rojas desde el *incipit* (35; cpse 35–36, 38, 236–37), remachado en los argumentos,[46] y observado unánimente por editores, traductores, imitadores, comentaristas y lectores a lo largo de los siglos XVI y XVII. La muerte de los amantes y de quienes han intervenido en sus relaciones cumple, así, una doble finalidad: la censura moral contra los efectos destructivos de las pasiones y la sátira de la literatización de la vida amorosa, a la que se había llegado como consecuencia de imitar a los héroes cortesanos.

En cuanto al cuarto planteamiento, es obvio que el secreto no es sino otro de los elementos típicos del trato amoroso cortesano, donde el galán debe comportarse con discreción para evitar 'las lenguas maldizientes' (XII.171), lo que aclara, pongo por caso, que Melibea impida que Calisto llame a sus sirvientes para quebrar las puertas que les obstaculizan la consecución del amor: '¿Quieres, amor mío, perderme a mí y dañar mi fama?' (XII.174). Por eso, Calisto se ve obligado a tomar precauciones en su próxima visita, llegando 'por este secreto lugar' (XIV.192), junto al cual le sorprenderá la muerte.

Por fin, en cuanto a la quinta proposición, el joven abogado está hablando, sin duda, de la patria chica (La Puebla y sus alrededores toledanos; cpse Marciales, I, 31), de acuerdo con el contexto ('los que de sus tierras ausentes se hallan') y con la acepción común de tierra de los padres que tiene el término *patria* en el siglo XV.

Tras este largo, pero inevitable, camino, se revela con diafanidad la falacia que supone el intento de cimentar en la obra el carácter converso de Melibea, deducible de razonamientos tan gratuitos que, puestos a ello, 'lo mismo podría argüirse que es Calisto el converso y Melibea la cristiana vieja'.[47]

El irónico y cáustico comentario de Lida de Malkiel no amilanó, sin embargo, a Julio Rodríguez Puértolas, que defendió tal tesis en un artículo de 1968.[48] Según él, las referencias al linaje de los enamorados en el acto I son sólo de carácter social, mientras que en los restantes las menciones se complican (212). Ahora bien, para examinar este problema—añade Rodríguez—hay que descartar las alusiones de Celestina al linaje de Calisto, porque la vieja, al 'ser parte interesada en concertar las voluntades de los jóvenes, podemos suponer habla con exageración ante Melibea' (212). Juzga Rodríguez muy significativo que 'Sempronio, en la enumeración de las cualidades de su amo, no se ha referido al linaje o a la familia', mientras que 'Calisto ha iniciado sus elogios de Melibea delimitando bien distintamente su linaje noble y antiguo' (213).

Explica, luego, Rodríguez Puértolas que, aun cuando se habla de la familia de Calisto, no se le atribuye al padre otro rasgo sino que 'fue *magnífico*' (214). En alguna otra ocasión—agrega—parecen existir también referencias a problemáticos 'antecedentes familiares y sociales' del joven (214–15), pero nunca se predica nada de su *sangre* (215), y el criado desgrana un 'catálogo de las virtudes de su señor, pero . . . de virtudes suyas, personales, intransferibles, nunca de las de sus padres y familia' (215). Calisto, en resumen, constituiría un ejemplo de 'una de tantas familias de origen judío caídas en la desgracia y en el desdén sociales', un personaje que 'tiene que hacerse por sí mismo y a contracorriente' (216).

Abundan, no obstante, en la obra los pasajes que invalidan la pretensión de ahijar a Calisto índole conversa. Así, ya en el Argumento general[49] se nos hace saber que Calisto 'fue de noble linage . . . de linda ["limpia"] crianza' (45), lo que cuadra con el resalto, por parte de Melibea, en diálogo con él, de 'tu alto nascimiento' (XII.173), tan elevado como para que ambas familias se conocieran, según le recuerda Melibea a su padre, poco antes de arrojarse desde la torre: 'el cual tú bien conociste. Conociste sus padres y claro linaje' (XX.230). Todo lo cual coincide con las palabras que Celestina dirigió a la joven, al comienzo de la intriga, al señalarle que Calisto es 'de noble sangre, *como sabes*' (IV.99; subrayo), por lo cual, a su muerte, como comenta Melibea, '¡rezando llevan con responso mi bien todo!' (XIX.225) y se oye, en señal de duelo, 'estrépito de armas'.[50]

Tal caracterización de Calisto es, por otro lado, semejante a la de Melibea, de cuyo diseño se desprenden nuevos argumentos contextuales para negar la condición conversa de la joven. En el Argumento general, en efecto, se asegura que era 'de alta y serenísima sangre' (45); Celestina alaba su 'alto linaje' (IV.94); y Calisto ensalza su 'linaje' frente al de otras ante Celestina (VI.110), se lo recalca a su criado Sempronio ('mira la nobleza y antigüedad de su linaje', I.53) o lo destaca ante la propia Melibea ('soy cierto de tu limpieza de sangre y fechos', XII.173). Aún, y lo tengo por dato relevante, Sempronio la califica de 'fijadalgo' y comenta que sus relaciones con Calisto se basan en la igualdad de origen ('los nascidos por linaje escogido búscanse unos a otros', IX.146). Por eso, Pleberio no duda de que cualquiera querrá emparentar con él: '¿Quién rehuirá nuestro parentesco en toda la ciudad?' (XVI.204–05). Que Melibea no tiene ni una gota de conversa lo prueba, en fin, su reacción ante Celestina, pues, cuando la vieja le pide al menos 'una palabra de tu noble boca salida' para sanar a 'un enfermo de la muerte', la muchacha, desconocedora aún de la persona por quien suplica la correveidile, le espeta: 'Yo soy dichosa, si de mi palabra hay necesidad para la salud de algun *cristiano*' (IV.94; subrayo), término que indica el plano real en que se mueve el argumento: el ámbito de dos familias burguesas de rancio abolengo.

Llegados ya hasta este punto, contamos, en definitiva, con datos más que suficientes para proclamar la simplicidad y el fraude que significaría una interpretación de la *Tragicomedia* fundamentada en las dificultades para contraer matrimonio una conversa y un cristiano viejo o viceversa, lo que explica que nada similar sugiriera nadie en los siglos XVI y XVII, 'époque où l'Espagne était hantée par une impossible "pureté de sang"'.[51] Así, en '*La Celestina*' como contienda literaria—donde ni se menciona a Orozco, Garrido Pallardó y Serrano Poncela—Américo Castro proclama que Rojas ni lleva a la trama el problema de su origen ni plantea un conflicto racial,[52] aunque sustenta que 'su motivación' se encuentra en los hechos catastróficos y críticos de 1492 (108).

Estas teorías, pese a haber sido rechazadas, con referencia a uno o varios de los críticos citados, en muchas ocasiones,[53] incluso en manuales de amplia circulación,[54] aunque sin la minucia y el pormenor aquí procurados, continúan campando por sus respetos a una y otra orilla del Atlántico. De modo que, aun cuando nadie ha hecho suya la teoría de Rodríguez Puértolas, pese a alguna calificación laudatoria,[55] la tesis de una Melibea conversa y de un Calisto cristiano viejo resucita, de vez en cuando, con o sin base en nuevos indicios.

Peter B. Goldman, por ejemplo, a propósito de la referencia que hace Pármeno al

marido de Celestina en el acto I—'¡Oh, qué comedor de huevos asados era su marido!'
(I.60)—, subraya que ingerir huevos asados recuerda una costumbre hebrea en entierros y
funerales, de donde pasó a significar algo desagradable; Pármeno, por tanto, la emplea para
referirse al marido engañado de Celestina, que, de esta manera, expresaba el disgusto por la
infidelidad de su mujer.[56] Como consecuencia de estas explicaciones, y sin índice de
transición, Goldman deduce el cristianismo de Calisto y el carácter converso de Melibea y
Celestina, sin plantearse ningún problema respecto a la autoría del acto I y olvidando que
'en la literatura—y en la vida—carece de precedentes—y de credibilidad—el marido de la
prostituta que se pasa la vida lamentando el oficio de su consorte'.[57] La explicación,
además, no se ciñe al contexto, donde tal práctica refleja, por contra, una larga tradición
literaria que, con mezcla de medicina y superstición, los consideraba un estimulante
afrodisíaco, asociándolos con los testículos de diversos animales recomendados también
con la misma función.[58]

Para Alberto M. Forcadas, el planteamiento racial se desprende del diseño que Melibea
hace de Calisto como 'loco, saltaparedes, fantasma de noche, luengo como cigüeña,
paramento mal pintado' (IV.96); mediante tal descripción, que rememoría irónicamente a
Cristo,[59] la joven estaría señalando el carácter cristiano de Calisto frente a su calidad de
conversa (27, 40), con lo que 'la *Tragicomedia* es, sin duda, una alusión velada a los amores
imposibles entre cristianos viejos y hebreos' (41 y 43–45). Mas la equiparación de ese
dibujo con la figura de Jesús es de todo punto gratuita y no se fundamenta en otro asidero
que en la imaginación del crítico.

También, en sendos artículos de 1976 y 1978, Célia Berretini se arrima, como si de tesis
irrefutable se tratara, a las interpretaciones de Orozco, Garrido Pallardó y Serrano Poncela.
De modo que explica la inexistencia del matrimonio por ser Calisto cristiano viejo y
Melibea conversa, mientras que Alisa 'deja entrar en casa a Celestina por temor a la posible
denuncia que ella (Celestina) podría hacer de la continuada observancia del rito judío en
casa de Pleberio'.[60]

Otros, convencidos *a priori* de que el origen converso de Rojas tiene que manifestarse a
toda costa en la obra mediante vestigios judaicos, se aferran a asertos que quieren hacer
pasar por apodícticos,[61] y, por ejemplo, ven críticas al Santo Oficio aquí y allá. Tal ocurre
con Emilio Salcedo, según el cual Rojas se chancea de:

> una España inquisitorial que gira, desde siempre, en torno al sexto mandamiento y se burla,
> desde su forzada posición de judío converso, usando de argumentos que engañan a los pacatos
> censores dándoles gato por liebre, poniendo sentencias evangélicas.[62]

Afirmaciones rehechas por Forcadas, según el cual 'las alusiones a la Inquisición, veladas o
claras, es una constante en toda la obra' ('Mira a Bernardo', 29). Pero resulta que, a la hora
de la verdad, no cabe tropezarse con otra posible referencia sarcástica al Santo Tribunal
que la respuesta de Celestina a Sempronio, cuando éste susurra que la condena de su madre
por bruja no se atuvo a justicia: '¡Calla, bobo! Poco sabes de achaque de iglesia y cuánto es
mejor por mano de justicia que de otra manera.'[63] Mas incluso en este pasaje nos asaltan no
pocas dudas. Pues, en primer término:

> en la época en que fue escrita la *Tragicomedia*, eran más bien los tribunales civiles que la
> Inquisición los que todavía se ocupaban normalmente de los casos rutinarios de hechicería y
> de brujería. (Russell, 360–61)

En segundo lugar, no parece verosímil que, de tratarse de una malévola puya contra la
Inquisición, la frase no hubiera despertado nunca el interés de la censura ni siquiera cuando
se expurgó la obra en el siglo XVII (Russell, 361); y, por último, es muy posible que estemos
ante 'un modo coloquial de expresar la opinión del hablante de que su interlocutor merecía
ser censurado por opinar sobre cuestiones que estaban más allá de su alcance', lo que casa a
la perfección con el contexto (Russell, 361–62).

El acróstico, por su parte, sigue molestando asimismo a algunos, pues, si a Enrique Moreno Báez le resultaba extraño, Joaquín del Val asegura, en 1967, que Fernando de Rojas celó su nombre 'por temor a ser tachado de judío converso' y lo mismo repite Pablo Fernández Márquez, quien, entre otros juicios sorprendentes, considera los autos sacramentales anteriores a Rojas y la *Tragicomedia* como un paradigma de respeto por las unidades de tiempo y lugar.[64]

Algunos, por su parte, se lanzan a interpretaciones rebuscadísimas, como Forcadas, Henk de Vries, y Orlando Martínez-Miller. Así, el primero afirma en su artículo sobre la referencia de Sempronio a Bernardo, en el acto I—'Mira a Bernardo' (I.52)—, que el autor del mismo, también converso, aunque 'quizá no haya tal primer autor', se está mofando crípticamente de la Inquisición, al citar a Bernardo de Clairvaux, a quien algunos consideraban en la época contrario al dogma de la Inmaculada, aunque ni siquiera quepa probar, de modo incontestable, que el Bernardo de marras sea el santo que Forcadas pretende.[65] Y, en un artículo algo posterior, Forcadas, ya en vena, amplía sus observaciones para descubrir que 'tales alusiones con sospecha abundan en el primer acto', pues, verbigracia, Sempronio es 'judaizante . . . por ser asiduo de la sinagoga de Celestina', en cuya casa 'se celebraba el Yom Kippur'.[66]

De Vries, por su parte, defiende que el acróstico, cimentado en conocimientos esotéricos de Rojas y construido mediante complicadas ecuaciones algebraicas, incluye una alegoría numérica que 'transciende el nivel literal de la acción y lo modifica con ironía grotesca', persiguiendo 'un principio básico . . .: el de parodiar, chiflar y blasfemar todo lo que se asocia con la Iglesia y con la sociedad cristiana de la época'.[67] De este modo, el autor 'divulgó mediante una cifra su razón de estado, su defensa encubierta de los judíos y conversos españoles perseguidos por la Inquisición' (136–37) y pergeñó a Celestina como parodia de la Iglesia depravada (137 y 141), lógico proceder en un converso que escribía en clave para gente de su casta.[68]

En cuanto a Martínez-Miller, pretende mostrar que la *Tragicomedia* ha de leerse como una alegoría influenciada por escritos de ética judía, y en especial por el libro de Isaac Aboab (m. 1492), *Almenara de la luz*, junto con otras propuestas similares, como el presunto catolicismo judaizante de Rojas, que, a causa de las carencias bibliográficas más elementales, revelan a menudo 'the most arrant nonsense' y son 'extravagantly imaginative'.[69]

De admitir semejantes hipótesis, habría que convenir además que Rojas escribió su obra exclusivamente para un círculo de iniciados, aun cuando debió excederse en las claves ocultas y reservadas, por cuanto nadie, a juzgar por los no pocos datos que nos son accesibles, las desveló en casi cinco siglos; y habría que presumir que el joven bachiller era no solo jurista sino un experto en matemáticas y en toda la tradición hebrea.

Más difícil resulta agrupar, por último, algunas opiniones individuales que apenas necesitan glosa.

Para Moreno Báez, el que Calisto y Melibea se dejen arrastrar por la pasión sin atender a 'la doctrina cristiana de que la voluntad se fortalece en la gracia de Dios' muestra que 'Rojas es uno de tantos judíos de los que por entonces abandonaron su religión sin aceptar sinceramente lo que profesaban sólo en lo externo' (150); pero, con argumentos de este tipo, Boccaccio, sin ir más lejos, habría sido un archijudío de campeonato.

Antony van Beysterveldt declara que, aunque Rojas diseña a Calisto y Melibea con las notas típicas de los amantes cortesanos, la joven transgrede esas normas,[70] mientras que 'el culto al ideal cortés, como un *modus vivendi* aristocrático, está despojado aquí de su valor distintivo: toda la obra está impregnada por un sentimiento igualitario' en la concepción del amor que alcanza también al mundo de los criados (103). Tal ataque a las convenciones del amor cortés lo es a la desigualdad social, equiparada en el ímpetu del instinto sexual, lo que se explica en exclusiva por el origen converso del autor, de modo que la obra sería:

un medio para expresar su resentimiento de judío converso contra la desigualdad social que se había introducido en la sociedad española del siglo XV entre los cristianos viejos y los cristianos de descendencia judaica. (110, subrayado del autor)

Pero esta interpretación, ausencias bibliográficos aparte, no toma en cuenta, al referirse a la tradición cortesana, la diferencia entre *amor purus* y *amor mixtus*; globaliza improcedentemente el comportamento cortés de los criados; y hace exclusivo de judíos y conversos la crítica a las diferencias sociales, con lo que, por poner un único botón de muestra, tendríamos que replantear la autoría de las *Danzas de la muerte* que pululan en las letras medievales de uno a otro lugar del Occidente cristiano.

Sagrario Rodríguez asevera sin fundamento que Rojas retrata en la *Tragicomedia* la 'vieja burguesía constituida por hebreos en su mayoría, encarnados por Celestina', que 'reúne todos los atributos de médico judío'; ese 'Rojas judío nos dice que en Castilla la ciencia esplendorosa fue esencialmente judía'.[71]

Y, en fin, lanzados a la búsqueda de la raza por cualquier parte, no ha faltado, en fin, quien, como Manuel Ferrer Chivite, haya echado a rondar su imaginación ('mis ejercicios imaginativos', confiesa él mismo) para sugerir que la descripción de Rojas 'retraído en mi cámara, acostado sobre mi propia mano' (35) es una manera de mostrar una actitud judaica común con algunas esculturas.[72]

No es necesario alargar más esta indagación, aun a riesgo de habernos dejado algunos flecos menores en el tintero (de los que me ocupo en una breve nota de próxima aparición), para establecer unas conclusiones que, a estas alturas, parecen contundentes: la explicación del argumento de *La Celestina* como reflejo de un problema racial no se apoya en el más mínimo fundamento; tampoco existe base alguna para pensar que la *Tragicomedia* plantee una protesta social contra la situación de los conversos; la actitud del autor no deja al descubierto ningún flanco de supuesto ataque a la ortodoxia ni a la Inquisición;[73] ningún aspecto de la obra se aclara desde la perspectiva del Rojas converso. Todo ello coincide, en definitiva, con lo percibido por los lectores durante siglos, de modo que, si no nos constara documentalmente tal origen del joven bachiller, sería imposible inferirlo de la obra, como atestigua el hecho de que nadie haya sugerido ninguna cuestión de este tipo con anterioridad a 1902.

La Celestina, y vuelvo al principio, es obra de interpretación plural; así, descartar, con rotundidad, una de las presuntas lecturas significa adelantar no poco, pues deja abierto el campo para la exploración de otras vías más acertadas. Al fin y al cabo, ante planteamientos tan quiméricos, uno no se resiste a recordar, una vez más, al llorado maestro Keith Whinnom, cuando comenta que 'historians, including literary historians, do well to stick to the documented facts, or they run some risk of turning into historical novelists'.[74]

NOTAS

1 Me adscribo, así, sin más distingos que no vienen al caso, a quienes asumen que la autoría del acto I no corresponde al bachiller salmantino, quien, de acuerdo con su propia confesión en el acróstico inicial, 'acabó' la obra (téngase en cuenta, también, la séptima copla del acróstico: 'movíme a acabarla'). Pero, por economía lingüística, me valdré indistintamente de la denominación de 'autor' o 'Fernando de Rojas'. Todas las citas, por auto y página, siguen Fernando de Rojas, *La Celestina*, intr. Stephen Gilman y ed. Dorothy S. Severin (Madrid: Alianza, 1969; 5ª ed., 1977). He visto, desde luego, la ed. preparada por Miguel Marciales (Urbana: Univ. of Illinois Press, 1985), mas tengo para mí que habrá que esperar un poco para confirmar, tras reseñas minuciosas, las favorables expectativas suscitadas a su aparición.

2 Publicado por M. Serrano y Sanz, 'Noticias biográficas de Fernando de Rojas, autor de *La Celestina*, y del impresor Juan de Lucena', *RABM*, VI (1902), 245–55 y 260–80 (269).

3 Antonio Márquez, *Literatura e Inquisición en España (1478–1834)* (Madrid: Taurus, 1980), 47.

4 Véase Fermín Caballero, *Noticias de la vida, cargos y escritos del doctor Alonso Díaz de Montalvo,*

magistrado insigne en los tres reinados de Juan II, Enrique IV y los Reyes Católicos (Madrid: Tipografía del Colegio Nacional de Sordomudos y Ciegos, 1873), 247. La indistinción es muy común entre historiadores de la literatura, muchos de los cuales equiparan asimismo los términos *judío* y *converso*, según resalta, con toda razón, Márquez, 205, n.11. Cf. Whinnom, 'Interpreting *La Celestina*', 58, n. 17.

5 Serrano y Sanz, 251; Otis H. Green, 'Fernando de Rojas, *converso* and *hidalgo*', *HR*, XV (1947), 384–87 (387).

6 Publicado por Fernando del Valle Lersundi, 'Testamento de Fernando de Rojas, autor de *La Celestina*', *RFE*, XVI (1929), 366–88 (366–69).

7 La cita es de María Rosa Lida de Malkiel, *La originalidad artística de 'La Celestina'* (Buenos Aires: Eudeba, 1962; 2ª ed., 1970), 23, n.11. Allí mismo indica que otra hija, María, esposará con Juan de Santo Domingo, 'típico apellido de converso'; pero tal aserto no pasa de ser una conjetura. Márquez (47–48) trata de probar la falta de argumentos suficientes en que basar el origen converso de Rojas. Pero el dato permanece incontrovertible, sea el suegro o el notario del Santo Tribunal a quien se deba la apostilla. La sentencia contra el padre político tuvo su eco en Rojas, quien fue condenado a entregar al fisco 40,000 maravedíes, correspondientes a la mitad de la dote de su mujer, lo que, pese a la apelación, se confirmó en sentencia de 12 de abril de 1527: Agustín Redondo, 'Fernando de Rojas et l'Inquisition', *Mélanges de la Casa de Velázquez*, I (1965), 345–47. Sin embargo, es muy posible que no pagara, porque, en su testamento, ordena devolver a su mujer los 80,000 maravedíes recibidos en dote: Valle Lersundi, 'Testamento', 369; Redondo, 346.

8 Ramiro de Maeztu, *Don Quijote, Don Juan y 'La Celestina'* (1926; reimpr. Madrid: Espasa-Calpe, Colección Austral, 1963), 137–38; G. Delpy, 'Les Profanations du texte de *La Celestina*', *Bulletin Hispanique*, XLIX (1947), 261–75 (274); Giulia Adinolfi, '*La Celestina* e la sua unità di composizione', *Filologia Romanza*, I, no. 3 (1954), 12–60 (26).

9 Aunque ninguna de las ediciones conservadas con la fecha de 1502 responde a la misma (F. J. Norton, *Printing in Spain, 1501–1520, with a Note on the Early Editions of 'La Celestina'* [Cambridge: Cambridge U.P., 1966], 141–56), sí valen para asegurar que ese año se imprimió la *Tragicomedia*. Para las discusiones sobre una perdida edición salmantina de la *Tragicomedia* en 1500, que unos dan como cierta y otros como probable, mientras alguno piensa que nos las habemos todavía con una impresión de la *Comedia*, véanse Konrad Haebler, 'Bemerkungen zur *Celestina*', *RH*, IX (1902), 139–70; R. Foulché-Delbosc, 'Observations sur la *Célestine*', *RH*, LXXVIII (1930), 545–99; Clara Louisa Penney, *The Book Called 'Celestina' in the Library of the Hispanic Society of America* (New York: HSA, 1954), 28–33; Mario Ferreccio Podestá, 'Una edición nueva de *La Celestina*', *Boletín de Filología* (Chile), XII (1960), 259–71; Jules Horrent, 'Cavilaciones bibliográficas sobre las primeras ediciones de *La Celestina*', *Annali del Istituto Universitario Orientale di Napoli, Sezione Romanza*, V (1963), 301–09; J. Homer Herriott, *Towards a Critical Edition of 'La Celestina': A Filiation of Early Editions* (Madison: Univ. of Wisconsin Press, 1964); Keith Whinnom, 'The Relationship of the Early Editions of the *Celestina*', *ZRP*, LXXXII (1966), 22–40; Emma Scoles, 'Il testo della *Celestina* nell'edizione Salamanca 1570', *SR*, XXXVI (1975), 7–124 (10–67).

10 Maeztu, 139; L. G. Zelson, 'The *Celestina* and its Jewish Authorship', *The Jewish Forum*, XIII (1930), 459–66 (460); Helen P. Houck, 'Mabbe's Paganization of the *Celestina*', *PMLA*, LIV (1939), 422–31 (422).

11 Véase la nota 9. Daremos por válida, además, la fecha de 1499 para la impresión de la *Comedia*, pese a los reparos, con poco fundamento, de Francisco Vindel, *El arte tipográfico en España durante el siglo XV: Burgos y Guadalajara* (Madrid: Dirección de Relaciones Culturales, 1951), xxv–xxvi y 291–96; Daniel Poyán Díaz, prólogo a la ed. facsímil de la *Comedia de Calisto y Melibea*, Toledo, 1500 (Cologny-Genève: Bibliotheca Bodmeriana, 1961).

12 Véanse Lida de Malkiel, 15; Víctor Infantes de Miguel, 'La textura del poema: disposición gráfica y voluntad creadora', *1616: Anuario de la Sociedad Española de Literatura General y Comparada*, III (1980), 82–89 (85). Para *De scholarium disciplina*, véase F. Castro Guisasola, *Observaciones sobre las fuentes literarias de 'La Celestina'*, *RFE* anejo V (Madrid: Centro de Estudios Históricos, 1924), 101.

13 Sigo prefiriendo esta denominación a la de 'descendia directa' que les da Pierre Heugas, *'La Célestine' et sa descendance directe* (Bordeaux: Institut d'Études Ibériques et Ibéro-Américaines, 1973).

14 Véase, en su momento, mi artículo sobre 'El acróstico en *La Celestina* y sus continuaciones', leído como ponencia en el III Seminario Internacional sobre la Edad de Oro (Universidad Autónoma de Madrid, mayo de 1984); y mi 'Huellas de *La Celestina* en *La Lozana andaluza*', en *Estudios sobre el Siglo de Oro: homenaje a Francisco Ynduráin* (Madrid: Editora Nacional, 1984), 431–59 (451–54).

15 Véase Otis H. Green, 'The *Celestina* and the Inquisition', *HR*, XV (1947), 211–16; 'An Additional Note on the *Celestina* and the Inquisition', *HR*, XVI (1948), 70–71; y *España y la tradición occidental: el espíritu castellano en la literatura desde 'El Cid' hasta Calderón*, III (original inglés, 1965; Madrid: Gredos, 1969), 521 y 522.

16 Véanse el artículo de Ivy A. Corfis en este tomo, y los trabajos citados allí.

17 Green, 'The *Celestina*', 212 n.1; Green, *La tradición*, 235 n.76; Márquez, 147.

18 Ha circulado profusamente entre historiadores de la literatura la fecha de 1640 (Índice de Sotomayor), suministrada por Green. La corrigen Márquez, 171, 179, 237; J. Martínez de Bujanda, 'Literatura e Inquisición en España en el siglo XVI', en *La Inquisición española: nueva visión, nuevos horizontes*, ed. J. Pérez Villanueva

(Madrid: Siglo XXI, 1980), 579–92 (589–90). Pero ambos olvidan que ya había ofrecido la fecha correcta Marcelino Menéndez Pelayo, *Orígenes de la novela* (1905–10; reimpr. en Edición Nacional, 2ª ed., Madrid: CSIC, 1961), III, 391. El expurgo contribuyó a la carencia de ediciones, pues desde 1633 no vuelve a imprimirse hasta 1822, según destacan Vicente Lloréns, 'Los Índices inquisitoriales y la literatura imaginaria', *Cuadernos del Ruedo Ibérico*, núms. 41–42 (1973), 83–90 (83); Márquez, 181.

19 Maeztu, 140; cpse Adinolfi, 30–31 n.3.

20 Cpse Whinnom, 'Interpreting *La Celestina*', 58 n.17.

21 Así, medio siglo después, en las *Relaciones geográficas*, compiladas, desde 1574, por orden de Felipe II, un declarante indica que 'de la dicha villa de Montalbán fue natural el bachiller Rojas que compuso a Celestina': *Relaciones histórico-geográfico-estadísticas de España hechas por iniciativa de Felipe II*, III, *Reino de Toledo*, ed. Carmelo Viñas y Ramón Paz (Madrid: Instituto de Sociología Balmes, 1951). También, en las investigaciones a que fue sometido, en 1584, su nieto, el Licenciado Hernando de Rojas, para la probanza de hidalguía, el testigo Hernando de Benavides se refiere al abuelo comentando que 'dicen que fue el que compuso el *libro de Celestina*': Valle Lersundi, 'Documentos referentes a Fernando de Rojas', *RFE*, XII (1925), 385–96 (394).

22 *La Celestina*, ed. Julio Cejador y Frauca, Clásicos Castellanos, XX y XXIII (Madrid: La Lectura, 1910–13; reimpr. Espasa-Calpe, 1958), II, 199 n.2. Menéndez Pelayo fue el primero, a lo que se me alcanza, en calificar como 'idea tan poco española' el suicidio de Melibea (*Orígenes*, III, 295), pero no la atribuye a judaísmo, como erradamente le imputan Stephen Gilman, '*La Celestina*': arte y estructura (original inglés, 1956; Madrid: Taurus, 1974), 212 n.30; Lida de Malkiel, 446–47 n.15.

23 *La Célestine* (Paris: Club Français du Livre, 1952). Facilita el dato Jean Lemartinel, 'Sobre el supuesto judaísmo de *La Celestina*', en *Hommage des hispanistes français à Noël Salomon* (Barcelona: Laia, 1979), 509–16 (509). Véase también, a propósito del suicidio, Houck, 431.

24 Barbara Matulka, *The Novels of Juan de Flores and their European Diffusion: A Study in Comparative Literature* (New York: Institute of French Studies, 1931), 158.

25 Lida de Malkiel, 447 n.21. Castro Guisasola, 15–16, adujo también el desenlace del *Tristán de Leonís*, cuando Mares temía que la reina Iseo 'se echase de la torre ayuso del dolor de Tristán'. Pero aquí el suicidio no se consuma.

26 Tal como se expresa en las palabras de su criada a Andrenola: 'Figliuola mia, non dir de volerte uccidere, per ciò che, se tu l'hai qui perdutto, uccidendoti, anche nell'altro mondo il perderesti, per ciò che tu n'andresti in inferno': *Il Decameron*, ed. Carlo Salinari (Roma: Laterza, 1979), I, 328.

27 Maeztu, 109; Carmelo Samonà, *Aspetti del retoricismo nella 'Celestina'*, Studi di Letteratura Spagnola, II (Roma: Università, 1953), 103 n.165.

28 'Some Observations on the *Celestina*', *HR*, XXII (1954), 264–81 (271).

29 Véase Otis H. Green, 'La furia de Melibea', *Clavileño*, núm. 20 (marzo–abril, 1953), 1–3.

30 'Fernando de Rojas y *La Celestina*', *Tribuna Israelita* (México), núm. 86 (enero, 1952), 18–19.

31 Forcadas, 'Otra solución a "lo de tu abuela con el ximio" (Aucto I de *La Celestina*)', *Romance Notes*, XV (1974–75), 567–71. Véanse también, para la interpretación del episodio, Otis H. Green, 'Lo de tu abuela con el ximio (*Celestina*, Auto I)', *HR*, XXIV (1956), 1–12; S. G. Armistead y J. H. Silverman, 'Algo más sobre "Lo de tu abuela con el ximio" (*La Celestina* I): Antonio de Torquemada y Lope de Vega', *Papeles de Son Armadans*, núm. 205 (1973), 11–18; Henry N. Bershas, ' "Testigo es el cuchillo de tu abuelo" (*Celestina*, I)', *Cel*, II, 1 (mayo, 1978), 7–11.

32 *España en su historia: cristianos, moros y judíos* (Buenos Aires: Losada, 1948; 2ª ed., Barcelona: Ariel, 1982); *La realidad histórica de España* (México: Porrúa, 1954). Bien conocida es la continua labor de correcciones; sigo, por tanto, la tercera edición renovada (México: Porrúa, 1966). Véase Rafael Lapesa, 'La Celestina en la obra de Américo Castro', en el colectivo *Estudios sobre la obra de Américo Castro*, ed. Pedro Laín Entralgo (Madrid: Taurus, 1971), 247–61; reimpr. en su *Poetas y prosistas de ayer y de hoy* (Madrid: Gredos, 1977), 60–72.

33 Orozco, '*La Celestina*: hipótesis para una interpretación', *Ínsula*, núm. 124 (15 marzo, 1957), 1 y 10; Garrido Pallardó, *Los problemas de Calisto y Melibea y el conflicto de su autor* (Figueras: Canigó, 1957); Serrano Poncela, 'El secreto de Melibea', *Cuadernos Americanos*, núm. 100 (1958), 488–510, recogido en su miscelánea, por la que citaré, *El secreto de Melibea y otros ensayos*, Persiles, 8 (Madrid: Taurus, 1959), 7–36.

34 Orozco, 10; Serrano Poncela, 10, 18. Garrido Pallardó no necesita basarse en nadie, salvo Menéndez Pelayo y Cejador, porque, como 'todavía no se ha leído *La Celestina*', 'no existen' bibliografías (7 y 8), y 'de los hispanistas extranjeros prefiero no hablar' (8). Tengo, además, por muy significativo que ninguno de los tres estudios se apoye en la menor referencia bibliográfica.

35 Lista, *Lecciones de literatura española* (Madrid: Imprenta de Don Nicolás Arias, 1836), 53; Valera, 'Nueva edición de *La Celestina*', en *Obras completas*, XXX (Madrid: 1899–1901), 112 ss.

36 Parece que un precedente de estos artículos lo representó un trabajo que no circuló entre los hispanistas y que no he podido ver: Esperanza Figueroa de Amaral, 'Conflicto racial en *La Celestina*', *Revista Bimestre Cubana*, LXXI, 2 (1956), 20–68 (citado por Joseph T. Snow, *'Celestina' by Fernando de Rojas: An Annotated Bibliography of World Interest 1930–1985* [Madison: HSMS, 1985], 22, núm. 306).

37 Así, según Orozco, el 'caso extrañísimo . . . de que Rojas no escribiera—y en temprana edad—más que

esta obra' se debe al 'impulso . . . y la necesidad sentida en su alma de converso ante la inquietud del ambiente creado por la Inquisición' (1,10). Para Garrido Pallardó, las referencias a Mena y Cota en la impresión de 1502 se explican porque 'todo el mundo sabía que la había escrito un converso' (102). En cuanto a Serrano Poncela, al ser Rojas 'un judío converso escribiendo desde un ámbito cristiano para lectores y—sobre todo—para censores cristianos', tuvo que adoptar 'precauciones' a fin de 'proteger sus escritos de cualquier prevención hostil derivada de su condición' (8). Además, la índole conversa de Melibea se manifiesta en 'la total ausencia de moral cristiana' que representa el suicidio: 'la voluntaria muerte sin confesión y en pecado mortal, la arrogancia del desafío a Dios desde lo alto de la torre' (21). Agréguese Federico Romero, para quien el suicidio carece de 'antecedente español literario o histórico': *Salamanca, teatro de 'La Celestina', con algunos apuntamientos sobre la identidad de sus autores* (Madrid: Escelicer, 1959), 35. (La segunda parte del título no figura en portada, pero sí en páginas interiores.) Estas malinterpretaciones quedaron ya contestadas más arriba.

38 Orozco, 10. Igualmente, según Garrido Pallardó, 'Melibea y los suyos son una familia de conversos' (77, 79, 81), mientras que Calisto es 'noble' (79); por eso, recurre a la vieja, que también es conversa, por lo cual conoce a Melibea y Alisa (80–81). Para Serrano Poncela, nos las habemos con 'la historia de los difíciles amores entre un *cristiano viejo* . . . llamado Calisto, y una *judía conversa* de nombre Melibea', hija 'del rico hebreo Pleberio, también converso' (14).

39 José Antonio Maravall, *El mundo social de 'La Celestina'* (Madrid: Gredos, 1964), 27–49 (la cita, 39).

40 Véase el análisis de David Hook, '"¿Para quién edifiqué torres?": A Footnote to Pleberio's Lament', *Forum for Modern Language Studies*, XIV (1978), 25–31.

41 Nicasio Salvador Miguel, 'Sobre la datación de la *Vida de San Ildefonso*, del Beneficiado de Úbeda', *Dicenda: Cuadernos de Filología Hispánica*, I (1982), 109–21 (115–16, con docenas de ejemplos y bibliografía).

42 Véanse Marcel Bataillon, *'La Célestine' selon Fernando de Rojas* (Paris: Didier, 1971), 175; Lida de Malkiel, 208 n.8; Maravall, 159.

43 Véanse María Rosa Lida, 'La hipérbole sagrada en la poesía castellana del siglo XV', *RFH*, VIII (1946), 121–30; Otis H. Green, 'Courtly Love in the Spanish *Cancioneros*', *PMLA*, LXIV (1949), 247–301; Lida de Malkiel, *Originalidad*, 367 n.16.

44 Por cuanto ahora sólo pretendo mostrar la imposibilidad de una explicación de *La Celestina* como la historia de los amores de un cristiano viejo con una judía, y no desarrollar otras interpretaciones que considero válidas, me limito a remitir a J. M. Aguirre, *Calisto y Melibea, amantes cortesanos* (Zaragoza: Almenara, 1962). Para más bibliografía sobre el asunto, véase Whinnom, 'Interpreting *La Celestina*', 62 n.28, y los trabajos registrados bajo 'Concept of love in LC' en el índice a la bibliografía de Snow (101). Si este tipo de expresiones hubiera que interpretarlo como índice de judaísmo, no pocos trovadores franceses y provenzales hubieran sido criptojudíos; y el Arcipreste de Hita, un archijudío de nota, pues don Melón le dice a doña Endrina: 'ámovos más que a Dios' (*Libro de buen amor*, 661c).

45 Cpse Salvador Miguel, *La poesía cancioneril: el 'Cancionero de Estúñiga'* (Madrid: Alhambra, 1977), 66–69. Es ahistórica la interpretación de Gilman, 189.

46 'Los tales [amadores] este don [la muerte] reciben por galardón, y por esto han de saber desamar los amadores' (argumento del auto XIX.218).

47 Lida de Malkiel, 208 n.8. Las 'numerosas tonterías y raras contradicciones', los 'errores, equivocaciones y rarezas' que, según Garrido Pallardó, 13 y 74, se encuentran en la *Tragicomedia*, ya va quedando claro dónde se hallan.

48 'El linaje de Calisto', *Hispanófila*, núm. 33 (mayo, 1968), 1–6; reimpr. en su miscelánea, a la que reenvían mis citas, *De la Edad Media a la edad conflictiva: estudios de literatura española* (Madrid: Gredos, 1972), 209–16.

49 Si bien 'las rúbricas o sumarios de cada aucto' pertenecen a los impresores, de acuerdo con el propio Rojas (43), no veo razones para desposeerlo de la autoría del Argumento general. Mas, aun en este caso, sería obvio que ni siquiera las personas más relacionadas con Rojas observaron un planteamiento sociorreligioso.

50 XX.229. Un docto comentador anónimo, en la segunda mitad del siglo XVI, mencionaba tal costumbre como señal de duelo a la muerte de un noble: véase P. E. Russell, *Temas de 'La Celestina' y otros estudios del 'Cid' al 'Quijote'* (Barcelona: Ariel, 1978), 305–06.

51 Bataillon, 173. Para la interpretación de *La Celestina* en los dos siglos siguientes a la aparición de la obra, véase Maxime Chevalier, *Lectura y lectores en la España del siglo XVI y XVII* (Madrid: Turner, 1976), 138–66.

52 'El que Melibea resultara ser cristiana o judía carecería de interés estructural, funcional dentro de la obra': *'La Celestina' como contienda literaria (castos y casticismos)* (Madrid: Revista de Occidente, 1965), 107.

53 Ya en 1957 se oponía a la interpretación de Orozco, Horst Baader, 'Melibea conversa? Randbemerkungen zu einem neu Interpretationsversuch der *Celestina*', *RJ*, VIII (1957), 287–89; y en 1958 Álvaro Custodio rechazaba la explicación de Orozco y Serrano Poncela, calificándola de 'tan fantástica como innecesaria' y acusaba al segundo de atribuirse 'el descubrimiento' del otro ('Sobre el secreto de Melibea', *Cuadernos Americanos*, núm. 101 [1958], 209–13). Al año siguiente, se unían a la descalificación Carmen Bravo Villasante, 'Otra interpretación de *La Celestina*', *Ínsula*, núm. 149 (1959), suplemento, 1–2; y Jerónimo Mallo, '¿Hay un

problema racial en el fondo de *La Celestina?*', *Cuadernos del Congreso de la Libertad de la Cultura*, XXXVII (1959), 51–57. En la misma fecha, con motivo de la reseña favorable que J. M. Cohen realizó anónimamente, en *The Times Literary Supplement* (19 de junio de 1959), de los trabajos de Orozco y Garrido Pallardó, intervinieron en contra de la tesis con sendas cartas E. M. Wilson (3 de julio), P. E. Russell y T. E. May (10 de julio), y A. D. Deyermond (17 de julio). Cpse Bataillon, 172–77; Lida de Malkiel, 23–24n; Maravall, 159; A. A. Parker, 'Recent Scholarship in Spanish Literature', *Renaissance Quarterly*, XXI (1968), 118–24; Stephen Gilman, *La España de Fernando de Rojas: panorama intelectual y social de 'La Celestina'* (original inglés, 1972; Madrid: Taurus, 1978), 356–57; Adrienne Schizzano Mandel, 'Nuevas perspectivas en la crítica celestinesca', en *La Celestina y su contorno social: Actas del I Congreso Internacional sobre 'La Celestina'* (Barcelona: Hispam y Borrás Ediciones, 1977), 523–28 (citado, desde ahora, como *Actas*); Julio Rodríguez-Luis, 'La pasión imposible de Calisto y Melibea: hacia una revaloración de datos contradictorios', *Revista de Estudios Hispánicos* (Alabama), XIII (1979), 339–58 (352–53); Jean Lemartinel (véase la nota 23, supra).

54 Por ejemplo, A. D. Deyermond, *La Edad Media* (Barcelona: Ariel, 1973), 312; Juan Luis Alborg, *Historia de la literatura española*, I, *Edad Media y Renacimiento*, 2ª ed. (Madrid: Gredos, 1975), 564, 582–83, 596–98.

55 Juzga su trabajo como 'magnífico' Gustav Siebenmann, 'Supervisión de los estudios celestinescos desde 1957', en *Actas*, 529–51 (532).

56 Goldman, 'A New Interpretation of "Comedor de huevos asados" (*La Celestina*, Act I)', *RF*, LXXVII (1965), 363–67.

57 Miguel Garci-Gómez, '*Huevos asados*: afrodisíaco para el marido de Celestina', *Cel*, V, 1 (mayo, 1981), 23–34 (24).

58 Garci-Gómez proporciona la documentación. Aunque sus deducciones son distintas, esta interpretación la había sugerido en parte Joseph E. Gillet, ' "Comedor de huevos" (?) (*Celestina*: Aucto I)', *HR*, XXIV (1956), 144–47 (145). Véase además Marciales, I, 115–16, y II, 35.

59 'Lo de "luengo como cigüeña, paramento mal pintado" se ajusta perfectamente a la representación de Cristo en los paramentos religiosos, sacada de la descripción física de Cristo de la Biblia y otras fuentes, y de las dimensiones de la Cruz': Forcadas, ' "Mira a Bernardo" y el judaísmo de *La Celestina*', *Boletín de Filología Española*, núms. 46–49 (1973), 27–45 (40).

60 'Uma interpretação social de *La Celestina*', *Minas Gerais*, *Suplemento Literário* (17 julio, 1976), 4–5; 'O conflicto amor/sociedade em *La Celestina*', *O Estado de São Paulo, Suplemento Literário*, 90 (16 julio, 1978), 3–4. Conozco los artículos, que me han sido inaccesibles, por el resumen que hace Joseph T. Snow, *Cel*, II, 1 (mayo, 1978), 43, y IV, 2 (noviembre, 1980), 54. Véase ahora su *Annotated Bibliography* (1985), 8 (núms. 105–06). Lo de la práctica escondida de la 'doctrina judía' por Pleberio lo indicaba ya Garrido Pallardó, 85.

61 Estaríamos, pongo por caso, ante una 'obra impregnada de judaísmo oculto o semioculto', según Fernando del Toro Garland, '*Celestina* y las *Mil y una noches*', *Revista de Literatura*, XXIX (1966), 5–33 (11); pero no se pone ni un solo paradigma. Lo mismo piensa Forcadas, 'Mira a Bernardo', 39. O bien se escribe, sin aportar ni una sola prueba, que el origen converso de Rojas es 'de importancia capital, ya que determinará no sólo la vida, sino también la obra': Joaquín Benito de Lucas, en su ed., *La Celestina* (Madrid: Plaza y Janés, 1984), 16.

62 'Notas sobre *La Celestina*: judíos y cristianos', *Boletín Informativo del Seminario de Derecho Político* (Salamanca), núm. 26 (1962), 103–11 (111).

63 Los que ven en estas palabras una alusión a la Inquisición son: Menéndez Pelayo, III, 238 n. 2; Cejador, I, 244 n. 11; Adinolfi, 26–27; Lida de Malkiel, *Dos obras maestras españolas* (original inglés, 1961; Buenos Aires: Eudeba, 1966), 23, y *Originalidad*, 23n; Gilman, *La España*, 140. Todos estos críticos dan la idea como suya, sin recordar la primacía de Menéndez Pelayo, mientras que Russell pone su origen en Cejador (*Temas*, 360).

64 Moreno Báez, *Nosotros y nuestros clásicos* (Madrid: Gredos, 1961, reimpr. 1968), 142 y 144; Francisco Delicado, *Retrato de la Lozana andaluza*, ed. del Val (Madrid: Taurus, 1967), 11; Fernández Márquez, *Los personajes de 'La Celestina'* (México: Finisterre, 1970—el libro carece de paginación).

65 Véanse las precisiones de E. Michael Gerli, ' "Mira a Bernardo", alusión "sin sospecha" ', *Cel*, I, 2 (otoño 1977), 7–10; Lemartinel, 511, 513 y 515.

66 A. M. Forcadas, ' "Mira a Bernardo" es alusión con sospecha', *Cel*, III, 1 (mayo 1979), 11–18 (16–17 y 18 n. 22).

67 'Sobre el mensaje secreto de *Calysto y Melybea*', en *Actas*, 135–51 (136).

68 142. De Vries expuso las mismas ideas en '*La Celestina*, sátira encubierta: el acróstico es una cifra', *BRAE*, LIV (1974), 123–52.

69 Martínez-Miller, *La ética judía y 'La Celestina' como alegoría* (Miami: Ediciones Universal, 1978). Las citas provienen de la reseña por Keith Whinnom, en *Cel*, III, 2 (otoño 1979), 25–26.

70 'Nueva interpretación de *La Celestina*', *Segismundo*, XI (1975), 87–116 (91–92). Reimpreso, con algunas variantes, en su libro *Amadis-Esplandián-Calisto: historia de un linaje adulterado* (Madrid: Porrúa Turanzas, 1982), 175–97.

71 'Hacia unos caracteres comunes en la literatura hebreo-española', en *Actas*, 299–306 (301, 303, 305).

72 'Unos momentos en la vida de Fernando de Rojas', *Cel*, V, 2 (otoño 1981), 39–47.

73 Recuérdese, amén de lo ya apuntado, que cuando, en 1562, se puso la obra en el borrador del Índice tridentino, del que se retiró antes de imprimirlo, se hizo por su obscenidad y no por ningún atisbo de heterodoxia: véase R. W. Truman, '*La Celestina*', en *The Continental Renaissance 1500–1600*, ed. A. J. Krailsheimer (Harmondsworth: Penguin, 1971), 325–30 (330).

74 'Interpreting *La Celestina*', 53. Agradezco a Alan Deyermond y Dorothy Severin la lectura de mi original y sus útiles apreciaciones.

From the Lamentations of Diego de San Pedro to Pleberio's Lament

DOROTHY SHERMAN SEVERIN

University of Liverpool

Diego de San Pedro, the author not only of two sentimental romances but also of a number of love poems in the *Cancionero general*, was in his own time best known for his long Passion poem *La Pasión trobada*, which was available to a wide audience in *pliegos sueltos* from the 1490s and was reprinted until the eighteenth century. He provides us with a prime example of how rhetorical categories can be transported from poetry to prose and from a religious to a profane genre. For example, the following *quintilla*:

> Y sufro este trago fuerte
> donde hay dolores tan fuertes,
> por ver si podrá mi suerte
> despedir con una muerte
> la muerte de tantas muertes (*Obras*, III, 242)[1]

comes not from *La Pasión trobada* but from one of San Pedro's love poems, 'Dama que mi muerte guía'. The Passion seems to have been an especial preoccupation of his; in another poem he makes a daring comparison between his own amatory passion and Christ's Passion:

> Cuando, señora, entre nós
> hoy la Passión se dezía,
> bien podés creerme vós,
> que lembrando la de Dios
> nasció el dolor de la mía (*Obras*, III, 249)[2]

In San Pedro's more ambitious prose and poetic works, the rhetorical category of the *planctus* is transported wholesale from the realm of religious poetry into the sentimental romance. In *Cárcel de Amor*, the hero Leriano commits suicide by means of what we should now call a hunger strike: he starves himself to death. Leriano's mother pronounces a *planctus* over her dying son which owes much to San Pedro's two previous poetic lamentations of the Virgin in *La Pasión trobada* and *Las Siete Angustias*.

The *planctus* was an important rhetorical subdivision with its own rules whose ancestry has been examined in depth by Margaret Alexiou, in *The Ritual Lament in Greek Tradition*.[3] It was a digression from the *laus* or *enkomion*, and was derived in turn from the *apostrophe*. The rhetorical colours most favoured to decorate it were *exclamatio* and *interrogatio*, and Diego de San Pedro uses both in poetry and prose:

> ¡O clarífica visión   ¡O hijo mío! ¿qué será de mi
> de la immensa perfeción!   vejez contenplando en el fin
> ¿quién assí te escarnesció?   de tu joventud? (*Obras*, II,
> ¡O gesto resplandesciente!   174)

¿quién assí te atenebró?
¡O cara al sol paresciente!
¡O imagen refulgente!
¿quién assí te atormentó? (*PT*, *Obras*, III, 196)

This is the topic of Christ's altered beauty which also was favoured by Fray Íñigo de Mendoza in his *Coplas a la Verónica* and *Lamentación a la Quinta Angustia*.[4] Margaret Alexiou points out that this light/darkness imagery is also a basic feature of the traditional lament.

The shape of San Pedro's laments follows the clinical patterns of grief which have been identified by the medical world in this century: shock, anger, bargaining, grief and acceptance.[5] This should not surprise us too much, as Aristotle's *Poetics* advise a writer to observe nature as well as following rhetorical precepts.[6] The *enkomion* or praise at the beginning of the lament is either preceded or followed by shock and searching, then in rapid succession come anger and guilt, bargaining, grief and acceptance. Let us look at each of these categories:

1. Praise comes first, accompanied by shock and searching. In the case of the poetry the *enkomion* and the searching take place before the Virgin sees Christ; she asks the women of Jerusalem whether they have seen her son. The following stanza occurs both in *PT* and (with slight variants) in *Angustias*:

> el cual mi consuelo era,
> el cual era mi salud,
> el cual sin dolor pariera,
> Él, amigas, bien pudiera
> dar virtud a la virtud.
> En Él tenía marido,
> hijo y hermano y esposo,
> de todos era querido;
> nunca hombre fue nascido
> ni hallado tan hermoso. (*Obras*, III, 192–93; cf. I, 156)

When she sees her son she expresses shock in the questions and exclamations previously quoted about the loss of Christ's beauty. In *Cárcel*, Leriano's mother praises her son after we have been told of her shock and after her account of the auguries which have warned her of his impending death: 'tú en edad para bevir; tú temeroso de Dios; tú amador de la virtud; tú enemigo del vicio; tú amigo de amigos; tú amado de los tuyos' (*Obras*, II, 173). The device of *repetitio* appears in both poetry and prose.

2. The second stage in the process of grief involves both anger and guilt. In the *Angustias* and *Cárcel* there is an apostrophe and *exclamatio* against death. The longer manuscript version of the *PT* has the Virgin berating the angel Gabriel; in the printed version of the *PT* it is Christ himself who bears the brunt of her complaints. In the *Angustias* and *Cárcel* the anger and guilt about the death introduce the idea of reversal, of the young dying and the old being left behind. The topic in Spain goes back at least to *Roncesvalles* and Duke Aymón's lament for Rynalte de Montalbán, 'Vos fuerades pora vivir / e yo por morir mas'.[7] Margaret Alexiou considers this contrastive device another basic stylistic feature of the traditional lament. Needless to say, the exclamation against death was itself a favourite subdivision of the lament: cf. Juan Ruiz in the *Libro de Buen Amor*:

> ¡Ay muerte!, ¡muerta seas, muerta e malandante!
> Mataste a mi vieja, ¡matasses a mí ante!
> Enemiga del mundo, que non as semejante,
> de tu memoria amarga non es que non se espante.[8]

In *Cárcel* Leriano's mother exclaims: '¡O muerte, cruel enemiga, que ni perdonas los culpados ni asuelves los inocentes! Tan traidora eres, que nadie para contigo tiene defensa; amenazas para la vejez y lievas en la mocedad . . . aunque tardas, nunca olvidas; sin ley y sin orden te riges. Más razón havía para que conservases los veinte años del hijo moço que para que dexases los sesenta de la vieja madre. ¿Por qué bolviste el derecho al revés?' (II, 173–74). The equivalent passage from the *Siete Angustias* is:

> ¡O muerte que siempre tienes
> descanso cuando destruyes!
> ¡O enemiga de los bienes!
> a quien te fuye le vienes,
> a quien te quiere le fuyes.
> ¡O cruel que siempre fuiste
> muy temida sin letijo!
> pues ofenderme quesiste,
> mataras la madre triste
> dexaras vivir el fijo (*Obras*, II, 158)

3.   The third category in the grief process was bargaining. Spanish precedent for this is found at least as far back as Berceo's *Duelos de la Virgen*.

> Dicía a los moros: 'Gentes, fe qe devedes,
> matat a mí primero qe a Christo matedes;
> si la madre matáredes mayor merced avredes,
> tan buena creatura, por Dios, no la matedes.[9]

A strong precedent for San Pedro's lament is found in the lament of Lorenzo Dávalos' mother in Mena's *Laberinto*.

> Dezía, llorando, con lengua raviosa:
> 'O matador de mi fijo cruel,
> mataras a mí e dexaras a él,
> que fuera enemiga non tan porfiosa;
> fuera la madre muy más digna cosa
> para quien mata llevar menor cargo;
> non te mostraras a él tan amargo,
> nin triste dexaras a mí querellosa.[10]

In the *Angustias*, the bargaining component is at the end of the stanza just quoted. In *Cárcel* it follows immediately on the exclamation against death; Leriano's mother goes on to try to persuade death to take her as well as her son: 'Perdóname porque assí te trato, que no eres mala del todo, porque si con tus obras causas los dolores, con ellas mismas los consuelas levando a quien dexas con quien levas; lo que si comigo hazes, mucho te seré obligada' (II, 174).

4.   In the fourth place we arrive at the grief itself, the expression of loss and depression. In the *Siete Angustias* the fifth *Angustia* is a *pietà* which allows full scope for the expression of grief in exclamation and repetition, and the grief is both for the loss of her son and for her own survival beyond Christ's death:

> ¡O cabellos consagrados,
> o pies llagados feridos,
> o miembros descoyuntados,
> cómo estáis disfigurados,
> cómo estáis escarnecidos!
> ¡O hijo, que tanto es llena
> de dolor esta desculpa,
> pues para todos es buena,

> yo rescibiré la pena,
> pues Eva causó la culpa! (I, 159)

In *Cárcel*, a similar passage of exclamation and question also makes the point that the mother survives to mourn: '¡O hijo mío! ¿qué será de mi vejez contenplando en el fin de tu joventud? Si yo bivo mucho, será porque podrán más mis pecados que la razón que tengo para no bivir. ¿Con qué puedo recebir pena más cruel que con larga vida?' (II, 174).
5.   The fifth and final stage of grief is acceptance. This is brief in both the *Siete Angustias* and *Cárcel*:

> De cuya causa me quexo
> de mi con justa razón
> pero pues que yo me alexo
> con vós, fijo mío, dexo
> el alma y el coraçón. (I, 162)

> si por precio de amor tu vida se pudiera conprar,
> más poder tuviera mi deseo que fuerça la muerte;
> mas para librarte della, ni tu fortuna quiso, ni yo,
> triste, pude; con dolor será mi bevir y mi comer y
> mi pensar y mi dormir, hasta que su fuerça y mi
> deseo me lieven a tu sepoltura. (II, 174)

Despite the rhetorical similarities of the *exclamatio*, *interrogatio* and *repetitio* techniques used in his poetic and prose laments, San Pedro's prose style is more varied than his poetic style and more subtle in its use of rhetorical skills and imagery; this has of course been studied in detail by Keith Whinnom (*DSP*, 113–16). There are points of contact between poetry and prose in the use of contrastive imagery of light and darkness, pleasure and pain:

> ¡O lunbre de mi vista, o ceguedad della misma! (*Cárcel*: II, 173)

> ¡O clarífica visión
> de la immensa perfición!
> ¿quién assí te escarnesció?
> ¡O gesto resplandesciente!
> ¿quién assí te atenebró? (*PT*: III, 196)

The imagery of age and youth and of reversal has already been noted.
    The stylistic advances made by Diego de San Pedro in his prose style have attracted some critical comment; the lament of Leriano's mother, for example, has long been cited as an antecedent for Pleberio's lament in *Celestina*. No one has yet studied the extent of this influence, however, aside from noting the obvious exclamation against death and the reversal of the roles of age and youth which Rojas used as the basis for his exclamation against fortune, the world and love.
    Pleberio's lament, like the lament of Leriano's mother, also begins with shock: '¡Ay, ay, noble mujer! Nuestro gozo en el pozo. Nuestro bien todo es perdido. ¡No queramos más vivir!'[11] He searches for friends to accompany his grief: '¡Oh gentes que venís a mi dolor! ¡Oh amigos y señores, ayudadme a sentir mi pena!' (232). *Exclamatio* and *interrogatio* are chief features of this style: 'Oh duro corazón de padre, ¿cómo no te quiebras de dolor, que ya quedas sin tu amada heredera? ¿Para quién edifiqué torres; para quién adquirí honras; para quién planté árboles; para quién fabriqué navíos? ¡Oh tierra dura!, ¿cómo me sostienes? ¿Adónde hallará abrigo mi desconsolada vejez?' (232). He then begins his series of angry exclamations against fortune, the world and love. Bargaining appears with the world-upside-down topos:

> Oh fortuna variable, ministra y mayordoma de los temporales bienes, ¿por qué no ejecutaste tu cruel ira, tus mudables ondas, en aquello que a ti es sujeto? ¿Por qué no destruiste mi patrimonio; por qué no quemaste mi morada; por qué no asolaste mis grandes heredamientos? Dejárasme aquella florida planta, en quien tú poder no tenías; diérasme, fortuna flutuosa, triste la mocedad con vejez alegre; no pervertieras la orden. Mejor sufriera persecuciones de tus engaños en la recia y robusta edad, que no en la flaca postrimería. (232–33)

Guilt is suggested in his exclamation against the world; he kept his part of the bargain but the world failed to keep hers:

> ¡Oh vida de congojas llena, de miserias acompañada; oh mundo, mundo! Muchos mucho de ti dijeron, muchos en tus cualidades metieron la mano, a diversas cosas por oídas te compararon; yo por triste experiencia lo contaré, como a quien las ventas y compras de tu engañosa feria no prósperamente sucedieron, como aquel que mucho ha hasta agora callado tus falsas propiedades, por no encender con odio tu ira, por que no me secases sin tiempo esta flor que este día echaste de tu poder. (233)

This mercantile imagery appears in *Cárcel* as well: 'si por precio de amor tu vida se pudiera conprar, más poder tuviera mi deseo que fuerça la muerte' (174). Rojas later reverses this notion of payment; love pays its followers with death: 'No sólo de cristianos, mas de gentiles y judíos y todo en pago de buenos servicios' (236). The Petrarchan passage of contradictory images is followed by a chain of baiting and trapping images perhaps suggested by Manrique's *Coplas*.[12] Courtly love provides the next imagery: 'Muchos te dejaron con temor de tu arrebatado dejar; bienaventurados se llamarán, cuando vean el galardón que a este triste viejo has dado en pago de tan largo servicio' (233). This is followed by the old saw 'Quiébrasnos el ojo y úntasnos con consuelos el caxco' (233).

Grief takes over fully when Pleberio fails to find any story from antiquity and Petrarch to console him in his bereavement:

> Agora perderé contigo, mi desdichada hija, los miedos y temores que cada día me espavorecían: sola tu muerte es la que a mí me hace seguro de sospecha. ¿Qué haré, cuando entre en tu cámara y retraimiento y la halle sola? ¿Qué haré de que no me respondas, si te llamo? ¿Quién me podrá cubrir la gran falta que tú me haces? Ninguno perdió lo que yo el día de hoy, aunque algo conforme parecía la fuerte animosidad de Lambas de Auria, duque de los atenienses, que a su hijo herido con sus brazos desde la nao echó en la mar. Porque todas éstas son muertes que, si roban la vida, es forzado de cumplir con la fama. (234–35)

Instead of acceptance, Rojas leaves his bitterest words for love at the end of the lament. Guilt also reappears in this passage:

> Herida fue de ti mi juventud, por medio de tus brasas pasé. ¿Cómo me soltaste, para me dar la paga de la huida en mi vejez? Bien pensé que de tus lazos me había librado, cuando los cuarenta años toqué, cuando fui contento con mi conyugal compañera, cuando me vi con el fruto que me cortaste el día de hoy. No pensé que tomabas en los hijos la venganza de los padres. (235)

Some specific echoes of *Cárcel* appear in this passage:

> Enemigo de amigos, amigo de enemigos, ¿por qué te riges sin orden ni concierto? (*Cel.*, 235–36)
> a unos matas por malicia, y a otros por enbidia; aunque tardas, nunca olvidas; sin ley y sin orden te riges. (*Cárcel*, 173) [?]

The beatitudes are glossed by both authors:

> Bienaventurados los que no conociste o de los que no te curaste. Dios te llamaron otros, no sé con qué error de su sentido traídos. Cata que Dios mata los que crió; tú matas los que te siguen. (*Cel.*, 235)

bienaventurados los baxos de condición y rudos de engenio, que no pueden sentir las cosas sino en el grado que las entienden; y malaventurados los que con sotil juizio las trascenden, los cuales con el entendimiento agudo tienen el sentimiento delgado. (*Cárcel*, 173)

There is also some borrowing from the Arcipreste de Talavera's *Corbacho*.[13] The exemplum of Fortune and Poverty which appears in the fourth part of the *Corbacho* supplies material for Pleberio's exclamation against the world:

¡Guay de los desaventurados que a ti esperan nin esperança en ti tienen, que de todo lo que dizes dígote que non tienes nada! ¡O cuitada, non te conosçes con tu orgullo, vanagloria e pompa, e engañas todo el mundo! Mandas mucho e das poco; prometes a montones, e dasles mucha nada; convidas con esperança e dasles mala andança. ¡O engañadora, inica e traidora, falsa e baratera! (279)

This is echoed in *Celestina*'s 'Prometes mucho, nada no cumples: échasnos de ti, por que no te podamos pedir que mantengas tus vanos prometimientos' (233). Also compare the *Corbacho*'s 'Fablar mucho e prometer farto, poco dar e mucho rallar: esto sé que ay en ti' (284). *Celestina*'s '¿Cómo me mandas quedar en ti, conociendo tus falsías, tus lazos, tus cadenas y redes, con que pescas nuestras flacas voluntades?' (235) reflects the *Corbacho*'s '¿non fui yo sabia de me apartar de todas estas cosas e inconvinientes e lazos del falso mundo, e quererme allegar a esta pobreza que tengo, e ser pobre como soy yo, non curando de tu mundo, nin de tus negocios e baratos, nin de tus imaginaciones e pensamientos; perdiendo comer e bever e dormir los que te creen . . . ?' (283).

Despite the fact that he is reasoning clearly in this passage, Pleberio returns to incoherent exclamations at the end of the lament. 'Del mundo me quejo, porque en sí me crió, porque no me dando vida, no engendrara en él a Melibea; no nacida, no amara; no amando, cesara mi quejosa y desconsolada postrimería' (236) is followed by the incoherent:

¡Oh mi compañera buena, y oh mi hija despedazada! ¿Por qué no quisiste que estorbase tu muerte? ¿Por qué no hobiste lástima de tu querida y amada madre? ¿Por qué te mostraste tan cruel con tu viejo padre? ¿Por qué me dejaste, cuando yo te había de dejar? ¿Por qué me dejaste penado? ¿Por qué me dejaste triste y solo in hac lachrymarum valle?

I find Peter N. Dunn's suggestion, that the 'hac lachrymarum valle' at the end is a hopeful reference to the *Salve regina*, an unlikely solution.[14] Rather, instead of reaching a state of acceptance, Pleberio seems to regress at the end of the lament into shock, incoherence and anger. Although the traditional form of the lament and Rojas' model Diego de San Pedro would suggest that acceptance should be the final note of a *planctus*, Rojas is a writer who often employs a commonplace to destroy a commonplace.[15]

NOTES

1 I quote from *OC*, I, II and III.

2 See Jane Y. Tillier, 'Religious Elements in Fifteenth-Century Spanish *Cancioneros*', unpublished PhD thesis, Univ. of Cambridge (1985), esp. ch. 4.

3 (London: Cambridge U.P., 1974).

4 *Cancionero*, ed. Julio Rodríguez-Puértolas, Clásicos Castellanos, CLXIII (Madrid: Espasa-Calpe, 1968), 182, 218.

5 See, for example, Colin Murray Parkes, *Bereavement* (Harmondsworth: Penguin, 1975, repr. 1980).

6 My thanks to Leslie Turano for this information.

7 In *Tres poetas primitivos*, ed. R. Menéndez Pidal, Colección Austral, DCCC (Buenos Aires: Espasa-Calpe, 1948), 50–53.

8 Ed. Jacques Joset, Clásicos Castellanos, XIV, XVII (Madrid: Espasa-Calpe, 1974), st. 1520.

9 Ed. Arturo M. Ramoneda, Clásicos Castalia, XCVI (Madrid: Castalia, 1980), st. 56.

10 John G. Cummins (Madrid: Cátedra, 1979), ll. 1633–40, st. 205.

11 Ed. Dorothy S. Severin (Madrid: Alianza, 1969 etc.), 232.

12 Jorge Manrique, *Poesía*, ed. Jesús-Manuel Alda Tesán (Madrid: Cátedra, 1985), st. 159.

13 Alfonso Mártinez de Toledo, *Arcipreste de Talavera o Corbacho*, ed. Michael Gerli (Madrid: Cátedra, 1979).

14 *Fernando de Rojas*, TWAS, CCCLXVIII (Boston: Twayne, 1975), 166.

15 While this article was in press, Luis Miguel Vicente's article 'El lamento de Pleberio: contraste y parecido con dos lamentos en *Cárcel de Amor*' appeared in *Cel*, XII, 1 (May 1988), 35–43. Although the subject covered is similar to that of this article, the approach is different.

'¿Con qué pagaré esto?': The Life and Death of Pármeno

JOSEPH T. SNOW

University of Georgia

Pármeno has long seemed to me to be one of the two most fascinating character portraits in Fernando de Rojas' *Tragicomedia de Calisto y Melibea*; the other is Melibea. While other characters vie for our attention as the action unfolds, alternately rising and falling with good and ill fortune, it is Melibea and Pármeno who actually undergo most change, whose personality evolves as we read, or listen.[1] To state it thus is not to deny that others—notably Celestina herself—have fully-rounded and psychologically right personalities; rather, it is to emphasize that Rojas has placed special importance on what happens to these two, and how, when a world of new opportunities is offered them. I reserve further comments on Melibea for another essay and concentrate here on Pármeno.[2]

The fascination of following Pármeno as he acts out the roles planned for him by the *autor primitivo* of Act I and by Rojas resides in the dramatization of his self-awakening. As it is an internal process, embedded in a work which is pure dialogue, careful scrutiny of the text is essential. It takes place over twelve acts and is gradual and subtle. In as much as language is used in the *Tragicomedia* to conceal true intentions, to deceive and persuade, to represent and misrepresent (often simultaneously), the reader must be alert to the implications of the subtexts as well as the intent of the surface text. One curious feature is that Rojas makes Pármeno a witness to the dramatic changes taking place in his own life. These are felt, but not vocalized, by a Pármeno given to envy and distrust from the outset. It is highly unlikely, indeed, that any of the other players notices these changes, with the possible last-second and too-late recognition that flickers across Celestina's face as she is confronted with the evil nature that she had done so much to unleash in Pármeno.[3] And perhaps (since we are not privileged to know this for certain) even Pármeno sees the cruel irony of his own hopeless situation with total clarity only in that moment (played offstage but relayed later—XIII, 186–88) when the executioner's hand, wielding the fateful blade, descends.

But this is the end of the story of the life and death of Pármeno and we shall have to return to the earlier portions of it, especially the scene in Areúsa's bed-chamber in Act VIII and the events leading up to it. In this scene, crucial to my reading of the character of Pármeno, several strands of the drama of his self-discovery are brought together. For the *autor primitivo* had at least introduced the possibility that Celestina's interests in Pármeno might bear fruit were she to bring about a meeting with Areúsa, 'la prima de Elicia'. This potential had become part of Rojas' design, for when in Act VII he has Pármeno accompanying Celestina home through the darkened streets, the conversation turns (fortuitously?) to 'mochachas' as they near the house of Areúsa, and Celestina seizes this opportunity to counter Pármeno's declared opposition to her in the bringing together of Calisto and Melibea. Pármeno, we all know, had objected strenuously to Calisto's employment of this 'puta vieja alcoholada' in the first act, and Sempronio, Celestina's confederate and Pármeno's fellow servant, feared that all might be lost. Celestina reassured Sempronio that, somehow, she would find a way to make of Pármeno a turncoat, a traitor. Already, as the first act is ending, Celestina has begun to see how she might achieve this goal when she learns two central pieces of information. One is that Pármeno's mother was Claudina, her own mentor, and that this selfsame Pármeno had spent time in her house by the *tenerías*; the other is that Pármeno is a virgin, albeit an unwilling one.

Both of these plot strands, given to Rojas, are developed in Act VII. By regaling Pármeno with memories of Claudina, she exerts pressure on him to react prudently to her quasi-maternal authority[4] by a theatrical display meant to bring to life the personality of Claudina and to identify it with her own. Then, by preparing the stage for the seduction of Areúsa, a seduction first accomplished by Celestina in words—which simultaneously arouse the desire of the eavesdropping Pármeno—Celestina thinks to seal the process of winning Pármeno over to her cause, a cause which calls for the dropping of any pretence of his loyalty to Calisto.

Rojas wisely chooses not to stage very much of the sexual congress of Pármeno and Areúsa. Act VII ends with Celestina, afire herself with arousal brought about by her seduction of Areúsa, retiring from the scene to return home ('que voyme sólo porque me hacéis dentera con vuestro besar y retozar . . .', VII, 132).[5] The final note of Pármeno's inexperience is heard in his last question to Celestina as she departs: '¿Mandas que te acompañe?' Exit Celestina, knowingly, with a laugh.

Between Acts VII and VIII Pármeno is seduced and initiated fully into sex by Areúsa and also seduced by circumstances into some measure of cooperation with the plans of his surrogate mother, cooperation best described as a happy truce with Sempronio. It is at this point in the action that critics tend to conclude that Pármeno passes a Rubicon of sorts, abandoning Calisto, aligning himself with Celestina and Sempronio and, in so doing, throwing all loyalty to the four winds, adopting—as it were—Celestina's own motto: 'A tuerto o a derecho, nuestra casa hasta el techo' (I, 69). I think, however, that this process is only partly completed at this stage, for several reasons. One is that Pármeno's problem all along has been his own struggle to choose between two means of obtaining his desired end, a choice dramatized at the moment when he is presented, for the first time, with a viable alternative to his current means of earning his way in the world:

> Celestina, todo tremo en oírte. No sé qué haga, *perplejo estoy*. Por una parte téngote por madre; por otra a Calisto por amo. *Riqueza deseo*; pero *quien torpemente sube a lo alto, más aína cae que subió*. (I, 69; emphasis mine)

Pármeno's oft-credited loyalty in Act I almost certainly masks his faith and determination to find in Calisto's service a path to some guarantee of comfort and economic well-being; he is not seeking wealth, which is what Celestina is now dangling before him (his father's supposed 'tesoro'; the spoils he will accumulate once allied with Celestina).[6] Pármeno is surely aware that this path has its risks, that there are strings attached, and that it is rather likely that he will fall should he give up his happy poverty for the chance at this get-rich-quick scheme. (That he does, in fact, fall as a result is part of the rich structure of ironic foreshadowing that is here, as elsewhere, a major element of Rojas' dramatic art.) But Pármeno's protests are quickly and—for the moment—successfully countered by Celestina's playing on another frequent chord, the authority motif 'tú mucho mozo eres' (I, 69).[7]

Despite Pármeno's apparent acquiescence, Celestina has not yet won. He is tempted to follow his original path, forcing Celestina later to renew, with additional force, some of these same arguments (this time accompanied by actions) in order to detach him from Calisto. We must see, too, that Pármeno's behaviour in Calisto's employ is to a large extent coloured by his uneasy relationship with Sempronio. In terms plain and simple, he is envious of the older and more experienced Sempronio, a fact which is clear to Calisto from a point before the action begins, since he assumes it in these words: 'pero ruégote, Pármeno, la envidia de Sempronio, que en esto me sirve y complace; no ponga impedimento en el remedio de mi vida' (I, 62). Pármeno, who is certainly not cultivating this image, feels he must voice an objection, risking his master's wrath by delaying the entrance of Celestina: 'Quéjome, señor, de la dubda de mi fidelidad y servicio, por los prometimientos y amonestaciones tuyas. ¿Cuándo me viste, señor, *envidiar* o por ningún interés ni resabio tu provecho estorcer?' (I, 63). Calisto, now a trifle weary of Pármeno's complaints but sensitive to the tone of these last words, assures him that if Sempronio earns from this matter a doublet, then he will have, for his cooperation, a tunic. He adds that Pármeno stands above all others in the household, but part of the damage has been done. It is here that Pármeno receives his first warning that Calisto is self-serving, and aware of the envy that eats away at his efforts to appear loyal. It leaves Pármeno more open to Celestina's later persuasions against masters.

Pármeno, in Act II, makes another attempt to dissuade Calisto from this path to unhappiness ('A quien dices el secreto, das tu libertad', II, 76), but it backfires, producing exactly the opposite result (as it did previously) on Calisto ('Pues mejor me parece [Celestina], cuanto más la desalabas', II, 77). Again, Calisto shows impatience with Pármeno and orders him to prepare his horse, an apparently demeaning task. The seeds of resentment planted in Pármeno by Celestina in Act I now burst into violent life as he watches Calisto canter off: 'Pues anda, que a mi cargo, ¡que Celestina y Sempronio te espulguen! ¡Oh desdichado de mí! *Por ser leal padezco mal*' (II, 78), and he seems ready to cast his lot now with the enemy camp: 'Destruya, rompa, quiebre, dañe, dé a alcahuetas lo suyo, *que mi parte me cabrá*, pues dicen: a río vuelto ganancia de pescadores. ¡Nunca más perro a molino!' (78–79). Pármeno is angry, insulted, unappreciated, betrayed. Thus Calisto, all too unwittingly, makes it easier for Pármeno to fall prey to Celestina's scheming and, thus, also unwittingly, he contributes to his own later downfall.

This strand of the plot-weaving joins with others in Act VIII, with the participation of Areúsa in making the boy/virgin Pármeno into a man/equal-of-Sempronio. This effectively removes many of the causes of Pármeno's envy of Sempronio and permits a confederation with him that will last until the moment of their untimely deaths. It does not also represent, for Pármeno, the same kind of acceptance of Celestina. On the contrary, this confederation works against her, with full irony, and leads to her own demise. What is worth noting now is how this concatenation of events in Act VIII brings Pármeno face to face with some important choices, and how he handles, or contemplates, their inevitable consequences.

After what must have been a rather strenuous night of love-making, Pármeno notes that light is filtering into the room. Areúsa claims that this cannot be so for to her it seems as if they have just now gone to bed and she wants to continue 'hablando en mi mal' (VIII, 134), to which Pármeno makes a coy reply in kind.[8] He insists: 'En mi seso estoy yo, señora, que es de día claro, en ver entrar la luz por las puertas. ¡Oh, *traidor de mí, en qué gran falta he caído con mi amo*! ¡De mucha pena soy digno! ¡Oh, qué tarde que es!' (134, emphasis mine). And when Areúsa offers further protest, he adds: 'Si voy más tarde, *no seré bien recibido de mi amo*'. By which statement I think he means, thinking to himself out loud, that he fears more Calisto's displeasure, and the consequences of that displeasure on his own status in his master's household, than he does the temporary breaking off of these delicious moments of voluptuousness. He has seen this on his own and Areúsa obviously agrees, for they make plans for meeting later.[9]

María Rosa Lida de Malkiel feels that Pármeno leaves Areúsa's house out of a sense of habit.[10] For me, his words about Calisto continue to reflect the fact that he has been playing a role—the loyal servant—from which he still thinks some reward may accrue: to put in an appearance is more than a habit of his; rather, it is to salvage what he can from a situation he knows he has placed at considerable risk. The difference from his performance in Act I might be that there he was acting in good faith (his opposition to Celestina was genuine) when playing his role before his master, and now he will need to avail himself of the mask of hypocrisy he has, with Celestina's assistance, come to don for this and future occasions (for example, Act XII). He still hopes to enjoy the perquisites of the two worlds, Calisto's and Celestina's, and feels his presence at home is needed. And whether or not his words, 'traidor de mí', are to be read as self-accusation or self-recognition, is left properly ambiguous.

I return to a statement made above: that at this point in Act VIII, Pármeno is facing some difficult realizations: he has been changing, I believe, ever since the first moment when Calisto caught him being envious of Sempronio. It has been a see-saw battle, for Pármeno tries to take full advantage of both ways open to him, just as Sempronio does. Now that the barrier between the two servants is down, Pármeno's inner changes accelerate. He is a virgin no longer and the exhilaration of the moment is the dominant emotion. This is a step he has wanted to take (CEL: 'Mal sosegadilla debes tener la punta de la barriga.' PARM: '¡Como cola de alacrán!', I, 66). It is, however, a step away from his old relationship to Calisto to a new, embittered one: it is also a step toward the uneasiness he feels at being fully within the sphere of influence of Celestina, whom he never learns to trust. He is now, however, more deeply in her debt. This feeling of exhilaration has been earned all too easily. Sometime, and maybe soon, he will have to pay. Thus his jubilant passage through the streets to Calisto's house is tempered by some introspection. Here we catch Pármeno, the witness to the changes taking place in the person-Pármeno, asking himself what it is he has done and, tellingly, where will it lead:

> ¡Oh placer singular! ¡Oh singular alegría! ¿Cuál hombre es ni ha sido más bienaventurado que yo? ¿Cuál más dichoso y bienandante? ¡Qué un tan excelente don sea por mí poseído y *cuán presto pedido tan presto alcanzado*! Por cierto, si *las traiciones de esta vieja* con mi corazón yo pudiese sufrir, de rodillas había de andar a la complacer. *¿Con qué pagaré esto?* (VIII, 135; emphases mine)

The parts of this speech which I have italicized are sandwiched between the raptures of Pármeno and his newfound desires to communicate his feelings to someone who will understand. As such they are frequently not noticed or commented upon; yet they seem to me essential to a reading of Pármeno here, signalling as they do his resistance to Celestina's authority. Before, it was Sempronio that he could not 'sufrir' (VII, 120) and now it is Celestina herself. But he is now in her debt and his query, asked of himself, is tremendously revealing of his inner conflict. If Pármeno even suspects—as Rojas and the reader with 'intelectuales ojos' know—that the answer must surely be 'con mi vida', he does not give it much further thought here, for a contrary desire, that of sharing his new emotion, overwhelms his caution. But it is expressed and verbalized and the reader is alerted to it as an index of darker thought under the surface exuberance. All of which is the end result of actions and events set in motion long before.

Before he received this 'tan excelente don' through Celestina's mediation, Pármeno had had his imagination aroused and his appetite whetted by her in one of her many theatrical, role-playing moments ('El deleite es con los amigos en las cosas sensuales y especial en recontar las cosas de amores y comunicarlas: "Esto hice, esto otro me dijo, tal donaire pasamos"', I, 71). What had been theatrical now becomes real, as Pármeno escapes the bonds of the linguistic barrier that envy had placed between him and Sempronio and indulges in a verbal river of passion's excesses: 'Oh Sempronio, amigo y más que hermano, por Dios no corrompas mi placer . . . ' (VIII, 135). Pármeno perhaps has secretly wanted to be able to brag about such things to Sempronio, as Lida de Malkiel suggests, and to impress him,[11] which is what happens (SEMP: 'Espantado me tienes', 137). The full expression of Sempronio's new regard follows soon after:

¡Oh Dios, y cómo me has alegrado! Franco eres, nunca te faltaré. *Como te tengo por hombre,* como creo que Dios te ha de hacer bien, todo el enojo que de tus pasadas hablas tenía, se me ha tornado en amor. No dudo ya tu confederación con nosotros ser *la que debe.* Abrazarte quiero, seamos como hermanos . . . Comamos y holguemos, *que nuestro amo ayunará por todos.* (VIII, 138; emphases mine)

Welcome words to Pármeno, those celebrating his manhood. As for the confederation, it applies surely to Sempronio now, but far less certainly to Celestina (who is still a traitor to her associates in Pármeno's mind). And the mention of their master brings Pármeno back to his mission: to make his presence known to Calisto. When Sempronio tells him that Calisto has been semi-delirious most of the night, Pármeno asks: '¿Qué dices? ¿Y nunca me ha llamado ni ha tenido memoria de mí?' (138). Sempronio's answer now acquires great significance for the former Calisto-Pármeno relationship: 'No se acuerda de sí, ¿acordarse ha de ti?' This is the information that becomes, for the new Pármeno, the final blow: 'Pues que así es, mientra recuerda, quiero enviar la comida que la aderecen' (139). If this is the way it must be, then let's get on with it, Pármeno seems to be saying. The sending of this 'comida', and the theft of foodstuffs from Calisto's pantry are, in Rojas' scheme, the symbolic action by which Pármeno deserts, finally, his master. Truly, Pármeno is no longer who he was (VII, 120). He has come to the end of his dilemma: he no longer will be above-board and open with Calisto, for in that direction lies no honest gain (as Celestina has warned him): he will now take his chances where they may fall—initially with Sempronio. But there is still the nagging question of the debt to Celestina: just how much under her sway might this little love affair bring him? And how will he pay for having climbed so quickly the wall of good fortune? Might the fall from such good fortune be, as he guessed it might be (I, 69), even more rapid? He is, Celestina has made him well aware, his mother's son, and this plays no small part in the developing cast of his mind. There is always something there, niggling doubt, perhaps, that keeps him from trusting Celestina. And not just here, but also in Act XII, when the two servants overhear the feigned rejection of Calisto by Melibea, Pármeno returns to this theme: '¿Qué sé yo si Melibea anda porque le pague nuestro amo su mucho atrevimiento de esta manera? Y más, aun no somos muy ciertos decir verdad la vieja' (169–70). This feeling is expressed even more strongly later in this same act when Pármeno, asked by Sempronio how he will spend the rest of the evening, snarls: 'Ve tú donde quisieres; que, antes que venga el día, quiero yo ir a Celestina a cobrar mi parte de la cadena. *Que es una puta vieja; no le quiero dar tiempo en que fabrique alguna ruindad que nos excluya*' (178–79; emphasis mine).

No, clearly for Pármeno the 'confederación' with Celestina has never truly been honoured, although Sempronio assumed it, and so have most critics of the *Tragicomedia.* The Pármeno we have been given, over the course of the action, has not been one for alliances where his self-interest has no great chance of gain. Almost from the outset of Act I the relationship with Calisto begins to unravel. He and Sempronio have, until the reconciliation we have seen in Act VIII, a very disquieting relationship based on distrust. And Pármeno knows from the first moment that Celestina is a mistress of deceit ('¿Quién te podrá decir lo que esta vieja hacía? Y todo era burla y mentira', I, 62). Why would he ever have reason to place any real reliance on her, even as he comes to see that her view of his relationship with Calisto is more accurate than his own? Pármeno, too, possesses 'intelectuales ojos'[12] and is capable of seeing how he can improve his lot with Celestina without becoming too beholden to her: all that he does he does with eyes open. I do not see that he ever really falls under the sway of Celestina, or that he can be made to accept her authority as putative mother beyond what, for him, would be convenient to have others think. Recall his silence when Sempronio, in one quotation above, declared that he did not doubt that this new confederation would be 'la que debe'.

Pármeno, rather, shares a criticism of Celestina voiced by Sempronio: 'déjale barde sus paredes, que después bardará las nuestras *o en mal punto nos conoció*' (VI, 107), but makes it clear that there is a limit to his willingness to put up with her greed: 'Bien sufriré yo más que pida y pele, *pero no todo para su provecho*' (emphasis mine). The vehemence of Pármeno's antipathy for Celestina, and her role in changing his life, allows him to miss the ironic import of his own prediction, as stated to Sempronio: 'luto habremos de medrar de estos amores' (107). Later he will ask himself: '¿con qué pagaré esto?', but it seems preordained that all the changes taking place in his life are inescapably drawing him into a web of mistrust, antipathy, cowardice and deceit from which there is but the one manner of escape: failing/falling/death. Pármeno is subject throughout to a kind of self-absorption. He rarely discusses or mentions himself. He barely speaks a word in Act IX, the banquet scene at Celestina's house, and rather than the relapse into timidity suggested by Lida de Malkiel,[13] it seems logical to me that his awareness of the deep dislike of the ageing bawd that is growing within him should provide an equally powerful motive for his more-or-less mute attendance.

When the two servants finally confront Celestina in Act XII, she makes a series of offers to them to compensate for their share in the gold chain, but Pármeno sees through them all and, at the last, her bag of tricks is empty (180–83). With passions fully aroused, and greed and mistrust and vengeance all bound together in a lethal mixture, physical violence flares up. As Sempronio had said: 'sobre dineros no hay amistad' (XII, 179). Pármeno is now a fully-realized, deeply evil person. There is no thought for Calisto, none for Sempronio (he engineers it so that Sempronio is the actual murderer), none for the distraught Elicia who begs him to show some mercy and hold Sempronio back, none of course for Celestina short of assuring her death and, sadly, none for himself. He wants his share, he wants vengeance on the *puta vieja*, and he practically abandons all humanity in the frenzy of his rage. He ends up a monster, a grotesque inversion of the good, though self-serving, *criado* he once was. He is his mother's son and, through artful transference, a surrogate son to Celestina: his final act, cold, calculating, obsessive, is nothing less than a kind of matricide. His death is ignominious, his fall quick, his execution summarily accomplished. His downward plunge from Celestina's house is a foreshadowing of Calisto's to the cobblestones outside Melibea's bower.

Have I painted Pármeno in shades too black? Perhaps, but I do not think so. While Pármeno clearly is undergoing fundamental changes in the *Tragicomedia*, and the drama of his self-revelation is being acted out at all stages of his participation in it, it seems intended that the Pármeno we have at the end of Act XII was contained within the Pármeno of Act I.[14] We can reconstruct thus: Pármeno came of bad stock, was reared in part by a woman who introduced him to deceit as a staple of life, but escaped her and made his own way in the world, spending nine years with Mercedarian monks, amidst constant squabbling, before linking destinies with Calisto. While attempting to reach a degree of comfort in this new position, he finds that one of his fellows makes life sometimes intolerable and that, under instructions from their master, this same fellow, object of Pármeno's envy, brings back into his life the very bawd whose house he had abandoned long years before. She, in turn, makes of him a wiser youth, turns him slowly against his master and introduces him to the pleasures of the flesh as well as to his own baser nature. Untrusting, wary, and alone, Pármeno has, in the end, no place to hide. As he turns a face distorted with rage on Celestina, she sees revealed the Claudina in him, exclaiming: 'Y aun así me trataba ella, cuando Dios quería' (XII, 183). And the bad seed resurgent, nurtured by Celestina, is seen for what it is.

In sum, Pármeno is fascinating as much for what he is as for the way in which Rojas gives him all the rope he needs to hang himself. In the struggle between alternate ways in which to better his condition in life, a series of events is set into motion by Celestina which determines—within the confines of a well-drawn character study—which of the two

Pármeno will ultimately choose. It is the particular mix of fate and self-determination that becomes the battleground of Pármeno's inner struggle and makes, at least for a while, the nature of the outcome of interest to us. But, when all the energies are spent and the net of circumstances closes tight around Pármeno, his death mirrors his life, evil has won out over all else, and he has paid for the quick rise in his fortunes with an even quicker, more sudden, and senseless fall. The drama of Pármeno, while not pleasant to watch, does at least ring true. It seems to me to far surpass the stated didactic purpose appended to the *Tragicomedia*'s title of, *inter alia*, 'mostrándoles [a los mancebos] los engaños que están encerrados en sirvientes y alcahuetas' (35). Rojas' art has succeeded in making manifest what varied kinds of 'engaños . . . están encerrados' in some human hearts.

NOTES

1 I think one important determinant of any reading is the aural aspect, to which both Rojas and Proaza refer. I have kept this in mind, not only because the reader can to some extent hear words as they are read, but also because Alonso de Proaza suggests that such conversion of the written word into sounds adds to the text: 'Pues mucho más puede tu lengua hacer, / Lector, con la obra que aquí te refiero . . .', and 'Si amas y quieres a mucha atención / Leyendo a Calisto mover los oyentes' (*La Celestina*, ed. Dorothy S. Severin [Madrid: Alianza, 1969], 238). All my references are to this edition, by act and page.

2 There is ample study made of Pármeno. I refer the reader to my *'Celestina' by Fernando de Rojas: An Annotated Bibliography of World Interest 1930–1985* (Madison: HSMS, 1985), Subject Index, p. 101, under 'Characterizations: Pármeno'. In addition to the article entries listed there, the books by Lida de Malkiel (entry 522), Gilman (no. 377, Spanish translation, no. 389) and Maravall (no. 577) have basic discussions of Pármeno. This bibliography is continued in supplements in *Cel*, beginning with IX, 2 (November 1985).

3 This point is fully discussed in my 'Celestina's Claudina', in *Hispanic Studies in Honor of Alan D. Deyermond: A North American Tribute*, ed. John S. Miletich (Madison: HSMS, 1986), 257–77.

4 See my 'Celestina's Claudina', esp. 264–68.

5 The speech continues thus: 'Que aun el sabor en las encías me quedó; no le perdí con las muelas'. On the sexual symbolism of teeth and gums in *Celestina*, consult Geoffrey West, 'The Unseemliness of Calisto's Toothache', *Cel*, III, 1 (May 1979), 3–10; and Javier Herrero, 'The Stubborn Text: Calisto's Toothache and Melibea's Girdle', in *Literature among Discourses: The Spanish Golden Age*, ed. Wlad Godzich and Nicholas Spadaccini (Minneapolis: Univ. of Minnesota Press, 1986), 132–47 (notes on 166–68).

6 On the topic of this money, see James R. Stamm, 'El tesoro de Pármeno', in *'La Celestina' y su contorno social: Actas del Primer Congreso Internacional sobre 'La Celestina'*, ed. Manuel Criado de Val (Barcelona: Borrás, 1977), 185–91.

7 For the best treatment of this theme, see George A. Shipley, 'Authority and Experience in *La Celestina*', *BHS*, LXII (1985), 95–111.

8 There is a recent article which, while not discussing the case of Pármeno and Areúsa, gives a foundation for the use of language and language play in the devaluation of feeling, the commercialization of woman as something to be consumed, and which can be applied to other relationships in the *Tragicomedia*: Alan Deyermond, ' "El que quiere comer el ave": Melibea como artículo de consumo', in *Estudios románicos dedicados al Prof. Andrés Soria Ortega* (Granada: Univ. de Granada, 1985), I, 291–300.

9 It is hard here to miss the parallels that arise between this affair of Pármeno and Areúsa and the eventual one of Calisto and Melibea, in which the exuberance of the love-making leads to further assignations. Such parallels abound, of course, all through Rojas' text, and are organized in a provocative way in Birute Ciplijauskaité, 'Juegos de duplicación e inversión en *La Celestina*', in *Homenaje a José Manuel Blecua* (Madrid: Gredos, 1983), 165–73.

10 'Pero todavía en el acto siguiente (VIII), después que el amor de Areúsa ha arrollado su entendimiento y su voluntad, Pármeno se estremece repetidamente por no hallarse al servicio de su amo a la hora acostumbrada: la tenacidad del hábito es la última fidelidad que retiene' (*La originalidad artística de 'La Celestina'* [Buenos Aires: Eudeba, 1970], 610).

11 'Al mismo tiempo [Pármeno] le busca [a Sempronio] para confidente . . . porque obra muy vivo en él el anhelo de imponerse a la admiración del adulto que está más cerca . . .' (*La originalidad*, 603).

12 '[Pármeno] en su actuación muestra poseer, como Celestina, "intelectuales ojos" para penetrar lo intrínseco' (*La originalidad*, 606).

13 'Pero a pesar de su hazaña con Areúsa y del refocilo con que la comenta con Sempronio, lo cierto es que en público, a la mesa de Celestina, le sobrecoge otra vez *la timidez juvenil*, no dice palabra de amor y apenas habla' (*La originalidad*, 604, emphasis mine).

14 The principal study that comes to some of these same conclusions about Pármeno, although a very different approach is used, is by Emilio Barón Palma, 'Pármeno: la liberación del ser auténtico, el antihéroe', *Cuadernos Hispanoamericanos*, no. 317 (November 1976), 383–400.

Alfonso de Palencia and his *Antigüedades de España*

ROBERT B. TATE

University of Nottingham

It is not usual to write an article about a book that has never been seen by a modern scholar. Indeed it could have been argued a decade or so ago that the work in question represented not much more than a title, something that expressed an intention rather than the satisfactory outcome of much hard research. Yet the accumulating evidence points in one direction, and if this work were to appear bearing a title more or less like *Antigüedades de España*, it would enhance the reputation of Palencia as a historian, mark him as an important innovator in the recording of the early history of the Iberian Peninsula, and place his achievement on a level with the *Paralipomenon Hispaniae* of Joan Margarit, Cardinal-Bishop of Gerona under Fernando el Católico.[1]

The first mention of this book is to be found in the postscript to Palencia's *Universal vocabulario*, which was finished after 'prolongado afán' on 11 February 1488 and printed in twin columns of Latin and Castilian in Seville, 1490, by Paul of Cologne. Palencia must have been well over sixty, at an age when he could look back at his achievements. So he leaves the reader, and in particular the person to whom the work was dedicated, Queen Isabel, a list of his titles. Quite a number have disappeared without trace, such as (I use the Castilian version and a slightly modernized spelling) 'la verdadera sufficiencia de los cabdillos et de los embaxadores', 'la vida del bienaventurado Sant Alfonso, arçobispo de Toledo', the 'lisonjeras salutationes epistolares et de los adjectivos de las loanças usadas por opinión' (which may be some sort of rhetorical commentary on forms of address), 'costumbres et falsas religiones por çierto maravillosas de los canarios que moran en las islas fortunadas'. One work, described here as 'de los nombres ya olvidados o mudados de las provincias et ríos de España', has only recently come to light, thus lending a small measure of credence to what could have been construed as a *curriculum vitae* devised for purposes of preferment.[2] The few remaining *opera*, like the *Decades*, have been known through manuscript copy, quotation and printed book.

The work that calls for special attention because of its scope is described thus:

> Aviendo yo contado en diez libros la antigüedad de la gente española, con propósito de explicar en otros diez el imperio de los romanos en España et desdende la feroçidad de los godos fasta la rabia morisca, conosçiendo que por la negligençia de los scriptores el cuento de los negoçios: o oviesse pereçido así o traxesse confuçión en el modo de la verdad de manera que la narraçión de la destruyçión de España: o la suma de cómo se fue recobrando lo que los moros avían ocupado en parte sea faltosa: y en parte algunas vezes pervertida, donde algunos scriptores modernos en muchas otras cosas loables tocaron así el discurso de nuestros anales. Et quesiera yo con reziente cuidado reparar la quiebra de nuestra gente: mas oprimiendo la angustia de la necesidad antedicha la tan extendida materia de escrivir, se detovo la pluma en otras más breves obrillas. (fol. 452ʳ)

It is to be presumed that this extensive project would on completion contain twenty books, ten on prehistory, similar to Margarit's *Paralipomenon*, and ten on Roman and Visigothic history up to the invasion of the Moors. That ten had already been written can be confirmed by the opening lines of the *Decades*, 'Magna cum voluptate qui retuli jamdudum antiquitatem Hispanae gentis, cogor nuper scribere que calamus horret'.[3] This rhetorical contrast between the delights of archaeology and the distaste for contemporary history may have been contrived for effect, but it does seem to suggest the same scholarly pleasure one finds in the *Compendiolum*.

There is further evidence that the work circulated in two parts within some twenty years of this comment. The inventory of that remarkable library of Don Pedro Fernández de Córdoba, Marqués de Priego, dated 14 August 1518, contains the following item: 'las obras de las antigüedades d'España de Alonso de Palençia de mano de letra escolástica, un ducado (375 mrs) e más la segunda parte, otro ducado (375 mrs)'.[4] One cannot say, of course, what each part contains, but at the turn of the sixteenth century the Canaries historian, Juan de Abreu Galindo, writing circa 1592–1602, is the first to quote twice from what must be this work, on both pre-Roman and Roman periods:

> por el nombre de este rey [Pago, son of Maseo, King of Carthage—misreading for Maleo 546 BC?] se llamaron paganos, según Alonso de Palencia, lib. 1 cap. 3 en las *Antigüedades de España* . . .
> como dice Alonso de Palencia en las *Antigüedades de España*, siendo capitán de los romanos Mario, enviaron por tribuno militar a Sertorio . . .[5]

That the second volume contained the Carthaginian and Roman period is confirmed by Nicolás Antonio, who says that the second volume was owned by the Seville bibliophile Juan Lucas Cortés (1624–1701).[6] This datum from the *Bibliotheca vetus* is probably the reference most repeated by modern scholars like Morel-Fatio, Menéndez Pelayo and Sánchez Alonso. But the story can be taken a little further. In Seville, in the latter half of the seventeenth century, there had gathered together as gifted a band of antiquaries as had ever existed in Spain, primarily concerned with clarifying the early history of Spain, completing genealogies of distinguished houses and eliminating spurious chronicles, of which there were dozens. Gregorio de Andrés has recently drawn a fascinating picture of their literary tertulias. He quotes from a letter of 1683 written by Nicolás Antonio to Gaspar Ibáñez de Segovia, Marqués de Mondéjar, the first informed critic of Spanish historiography:

> yo frecuento la casa de D. Juan Lucas Cortés todas las fiestas; discurrimos mano a mano; alguna vez va D. Luis de Salazar que está escribiendo la casa entera de los Silvas en gracia del Duque de Pastrana. D. Pedro Valero no es ordinario, pero ayer estuvimos en su casa muchas horas D. Juan Lucas y yo.[7]

To this group one could add Don Pedro de Guzmán, Marqués de Montealegre, president of the Council of Castile, José Pellicer y Tovar, Diego Ortiz de Zúñiga, Diego José Dormer, and Alfonso Siliceo, many of whom possessed other manuscripts of Palencia—in fact the largest concentration of Palencia manuscripts before the modern age of archives. Cortés was born in Seville of well-off Flemish parents from Antwerp who had settled in the Andalusian port. He studied law in Salamanca, spent some time in Flanders, and then returned to Seville where he consorted with the *literati* mentioned above. Amongst these, the Marqués de Montealegre had the greatest influence on Cortés' career. But what concerns us here is his library, which was extensive and particularly rich in manuscripts of early history and genealogy. Many came from the Montealegre library,[8] others from the Olivares collection and that of the Inquisitor General Diego de Arce.

This library was eventually sold at auction for the remarkable price of 40,000 ducats, and the greater part went to the Danish ambassador Frederik Adolph Hansen von

Ehrencron (1652–1711), who was in Spain from 1698 to 1702. Ehrencron's library was itself sold at auction shortly after and it amounted to 11,000 books and 226 manuscripts, most of them of great value and many untraceable today.

Andrés has tried, across this inventory and auxiliary sources, to reconstitute Cortés' library. Two items are of interest to us. One is entitled 'Como se ha de escribir a los grandes del reino y al Papa y a los reyes y príncipes y duques extranjeros'. Salazar y Castro notes that this was sold to the Portuguese legate, Diego de Mendoza Corte Real.[9] Could it be the 'lisonjeras salutationes' mentioned at the beginning of this article, based on Palencia's experience as Latin secretary to Enrique IV of Castile and to the Catholic Monarchs? The second appears in Ehrencron's inventory as prepared for auction by Abraham de Hondt on 5 September 1718 in The Hague, item 17, p. 495:

> Alfonso de Palencia de las Antiguedades de Espanna, y de las Hazannas de la gente Espannola. Libros habet X in quibus describuntur res gestae Romanorum, Vandalorum, Hunnorum, Longobardorum, Saracenorum etc. inprimis vero Gothorum, ad illud usque tempus, quo victo horum Rege Roderico tota ferme Hispania Maurorum juga subiit. Codex est vetustus, in cujus ultima pagina haec leguntur: Este escrivio el Coronista A. de Palencia, que hizo el libro, y es de su mano. Claruit vero Auctor circa anno 1460.[10]

These same books were bought as a job lot by the priest Jacob Krys and again auctioned, this time by the son Pieter de Hondt on 3 March 1727. The above item is similarly described and reclassified as item 672.[11] At this crucial point evidence ceases; the whereabouts of the manuscript, sold for 25 guilders, five more than for the chronicle of Jiménez de Rada, is totally unknown. It is not in any public institution in Holland, nor is it in the Royal Library in Copenhagen. It could be lurking in a private library in any European country or in the United States. If it still retains the last page, it must figure under its author's name. Or it could have been destroyed in any of the wars or natural disasters that have scarred the continent since those days.

What further can one say about the work? From the evidence above, it does seem as if only the second part survived to the eighteenth century. The first volume, containing the pre-history of Spain, probably went missing soon after the author's death. If he had dealt with toponymy in that first part, as was usual, then he had written it before he produced the *Compendiolum*, which is dated 1482. In this opuscule he says he had already objected to Margarit's explanation of the name León elsewhere; and his solution is the correct one.[12] This puts the date of composition of the first ten books in the 1470s. Later references and descriptions, particularly that of the Cortés/Ehrencron manuscript, suggest that the second set of ten books covered the Carthaginian and Roman period up to the defeat of Roderic and the Moorish invasion. If the manuscript is truly a holograph, then it would be the only autograph work known to date and a valuable key to Palencia's hand, which, from other evidence, is certainly not 'escolástica' but humanist bookhand. As for the content, it would be intriguing to discover whether he had envisaged the pre-history of the Peninsula in a similar way to that laid out by Margarit. Palencia's few words in the *Universal vocabulario* about the 'negligençia de los scriptores', the 'confuçión', the 'narración . . . faltosa . . . algunas vezes pervertida' suggest that he shared Margarit's reserves about the accounts of earlier and contemporary historians of Spain's pre-history and classical past. It would also be informative to see how the context of the two men's employment, one in Andalusia and the other in Catalonia, had affected their vision of the past. Their common ground was not only that they had left their native *patria* to be educated in Florence and Rome, to return later to a civil war, but that they both had great admiration for Fernando el Católico and his policies. And he of course was a particular friend to historians. This admiration certainly shaped Margarit's work; one wonders how it might have affected the *Antigüedades*, or should it be the *Antiquitates*? It is not incontrovertibly clear what language the work was written in, but it was more than likely in Latin, in which case the vernacular title given in the Ehrencron inventory, which is written in Latin, was probably written not by Palencia, but by the hand which added the postscript attributing the work to him.

NOTES

1 Robert B. Tate, *El cardenal bisbe Joan Margarit, vida i obra* (Barcelona: Curial, 1976).

2 Robert B. Tate and Anscari M. Mundó, 'The *Compendiolum* of Alfonso de Palencia: A Humanist Treatise on the Geography of the Iberian Peninsula', *Journal of Medieval and Renaissance Studies*, V (1975), 253–78.

3 Real Acad. Hist., Madrid, MS 5335, fol. 1^r.

4 María de la Concepción Quintanilla Raso, 'La biblioteca del marqués de Priego (1518)', in *En la España medieval: estudios dedicados al Profesor D. Julio González González*, ed. Miguel Ángel Ladero Quesada (Madrid: Universidad Complutense, 1980), 347–83, at 358, item 31. Note 31 corresponding to this item, p. 373, incorrectly identifies this as the *Decades*.

5 *Historia de la conquista de las siete islas de Gran Canaria* (1632; ed. Alejandro Cioranescu, Santa Cruz de Tenerife: Goya Ediciones, 1955), I, cap. 6, p. 36, and I, cap. 27, p. 131. See also Juan Álvarez Delgado, 'Alonso de Palencia (1423–1492) y la historia de Canarias', *Anuario de Estudios Atlánticos*, IX (1963), 51–79, at 60.

6 'Cuius historiae hoc secundum volumen quod Poenorum et Romanorum res apud nos gesta prosequitur, Matriti habet D. Joannes Lucas Cortesius', *Bibl. hisp. vet.*, II (1788), 332, §802.

7 Gregorio de Andrés, 'Un erudito y bibliófilo español olvidado: Juan Lucas Cortés (1624–1701)', *RABM*, 81 (1978), 3–72, at 4. He quotes from BN Madrid MS 9881, fol. 125^v.

8 J. Maldonado y Pardo, *Museo o biblioteca selecta de el excmo. señor Don Pedro Núñez de Guzmán, Marqués de Montealegre* (Madrid: Julián de Paredes, 1677).

9 *Índice de la Colección Salazar y Castro*, V (Madrid, 1951), 285. Andrés, 'Un erudito', no. 20, p. 35.

10 *Viri illustris Friderci* [sic] *Adolphi Hansen ab Ehrencron . . . bibliotheca*. There are two editions in the British Library. One is dated Hamburg, 1717, shelfmark 123.k.2. This auction was probably a failure; the Palencia item is no. 14. It was then revamped for The Hague edition, 1718, shelfmark 125.b.5, and the same item is renumbered 17. A price is quoted in the margin as 190 guilders.

11 *Bibliotheca Krysiana sive catalogus librorum, quibus (dum viveret) usus est vir plurimum reverendus Jacobus Krys, J.U.D. et Ecclesiae Romano-Catholicae, quae Amstelodami colligitur, Pastor fidelis, disertus* (Hagae Comitum: apud Petrum de Hondt, 1727). The Spanish books and MSS in this catalogue were listed by Raymond Foulché-Delbosc in 'Manuscrits hispaniques de bibliothèques dispersées', part 2, *Revue des Bibliothèques*, 23 (1913), 81–90, at 81, item 412. The description of the MS does not vary.

12 Tate and Mundó, 260–62, 272. Moreover, he adds that he had also previously discussed the supposed identification of Zamora with Numantia (271). The arguments he uses are very similar to those used by Margarit.

Songs and *Canciones* in the *Cancionero general* of 1511

JANE WHETNALL

Westfield College, London

In *La poesía amatoria de la época de los Reyes Católicos*, Keith Whinnom expresses the conviction that the poems which seem problematic to modern readers of the *Cancionero general* would also have been difficult for contemporary readers, to an extent or on a level that makes it unlikely that they were destined to be sung (74 and 111, n. 143). The present study is offered in support of this largely intuitive hypothesis. From the evidence of a survey of the lyrics most frequently quoted during the period in which the *Cancionero general* was being compiled and circulated it is clear that the most popular *canciones* of the day were in fact as well as in name songs, many of which survive with musical settings in contemporary songbooks.[1] It is equally clear that these songs were poorly represented in Castillo's massive collection. The distribution of identifiable songs within the *Cancionero general* contributes to the impression that, while songs in general were not *ipso facto* discounted by Castillo in the process of gathering material, he may have taken a conscious decision to exclude them from his *canciones* section.

Out of the whole corpus of fifteenth-century lyric known to us from *cancioneros*, the coincidence between texts of poems in the literary collections and the *letra* of songs in the musical collections is consistently small: between 15 and 19 lyrics in manuscript sources, 35 in the *Cancionero general*.[2] In the case of the poetry anthologies that predate by decades the first Spanish songbooks, the absence of musical confirmation for lyrics presumed to be songs is perhaps a matter of changing fashion: songs popular at the court of Juan II (say) simply did not maintain their appeal into the sixteenth century. But for the period of the *Cancionero general* the negligible degree of concordance between musical and literary sources cannot be explained away so readily. The discrepancy is very marked if we compare the *Cancionero general* with its near-contemporary, the Palacio songbook. Both collections were assembled gradually (the songbook in stages) over a comparable period of time (1489–1509 and c. 1495–1520, respectively) and they contain a comparable number of compositions in the appropriate categories. Yet the overlap in texts between the two (28 items) makes hardly any advance on the earlier period. Why is this? If we assume that all court lyric was still being composed with musical performance in mind, two alternative explanations suggest themselves. Because the songbooks record not single tunes but only the three- and four-voice arrangements of part-songs, it might follow from the lack of concordance that the *Cancionero general* collects principally court lyrics which have not been set in this way. This line of reasoning begs the question: if contemporary fashion favoured polyphonic settings, what was the place of the court song without such a setting? Can we really believe that it was Castillo's intention to seek out and preserve the unfashionable songs? One answer is to suppose that the hypothetical lost melodies of the *Cancionero general* could successfully have provided the basis for semi-improvised part-singing.[3] The second possibility is that all court lyrics, by virtue of their fixed form, could be and were sung indifferently to any one of a number of suitable polyphonic settings.[4] If, on the other hand, we share with Whinnom the widely accepted view that by 1511 the divorce between sung and spoken lyric had already begun, then we are free to consider a third possibility, namely, that many apparent songs in the *Cancionero general* were no such thing, that the lack of concordance between songbooks and poetry books reflects an actual division in fifteenth-century and early sixteenth-century lyric. But if Castillo was not primarily interested in preserving the texts of songs, we still have the problem of distinguishing between the poems and the songs. For whereas in the past a *canción* was a song and a *dezir* was not, in the case of the late fifteenth-century *canción* we can no longer be sure of its status as a song on the basis of its formal appearance or its name. This is the hypothesis I propose to substantiate by revealing a dichotomy within Castillo's selection of *canciones* in the *Cancionero general*.

The *Cancionero general* of 1511 houses three sorts of poem which would have been eligible for musical settings according to the practice of the time: the *canción*, the *villancico*, and the *romance*, all of them in octosyllabic metre. Most of the poems in each category are grouped together in one of three separate sections of the *Cancionero general*, which consist of 156 *canciones*, 38 *romances*, and 48 *villancicos*, making a total of 242 poems. The Palacio songbook (MP4) contains 251 extant secular songs in these categories: according to Romeu Figueras, there are 52 *canciones*, 38 *romances*, and 161 *villancicos* (22 further *villancicos* listed in the original index are lost).[5] Castillo appears to have followed Juan del Encina's guidelines in classifying the two short lyric forms: his *canciones* usually consist of an *estribillo* of four or more lines followed by only one full stanza of between nine and twelve lines; the *villancicos* consist of an *estribillo* of two or three lines which may head one, two, or more full stanzas.[6] In the original index to the Palacio songbook the term *villancico* is applied to all short-lyric forms with an initial refrain, but modern editors distinguish between *canción* and *villancico* on the basis of a fundamental difference in musical structure.[7] In the case of the *romance*, contemporary musical and literary definitions concur.[8] A brief survey of the three relevant sections of the *Cancionero general* should give us some idea of the distribution of the 35 songs that make up the small identifiable musical component of Castillo's collection.[9]

Ballads in the *Cancionero general* (fols 131–40) provide a clear example of a traditional genre whose function as song is subordinated to a new, literary purpose. For the authors in Castillo's collection the ballad was a pretext for a gloss or a *contrafactum*, or an occasion for refurbishing with a *desfecha* in the form of a *villancico*; sometimes all three (see Germán Orduna's article, above). Six of the 38 ballad texts in the *Cancionero general* occur also in the Palacio songbook: four traditional ballads that are the subject of literary glosses (0811, 0735, 0701, 0882), one devotional work (3698), and a contemporary ballad by Juan del Encina (3706). But every folk ballad implies a folk song. No doubt each of the older-style ballads that are glossed (0714 'Rosa fresca', fol. 132; 0753 'Yo mera mora moraima', fol. 135ᵛ) or mentioned in the rubrics of *contrafacta* (5023 'Ya desmayan los franceses', fol. 137ᵛ; 6320 'Yo me estaua en Barbadillo', fol. 133ᵛ) had its own particular tune, to which the *contrafacta* (if not the glosses) could have been performed.[10] Even without this proviso, six verifiable songs out of 38 texts is not a bad number, amounting to 15 per cent of the ballads in the *Cancionero general*.

The *villancico*, which takes precedence over every other form in the Palacio songbook, comes a poor second to the *canción* in the *Cancionero general*, where there are only 48 examples in the *villancico* section (fols 146ᵛ–50ᵛ).[11] Nine of these are set in the Palacio songbook and five others elsewhere.[12] As with the ballad section of the *Cancionero general*, musical credentials for other items are implied by information given in their rubrics where, for example, they are partly ascribed to musician authors. 'Grauiel cantor de la capilla del rey' (fol. 149ᵛ) is the author of two *estribillos* (6463, 6465) for which *coplas* were written by Quirós (6464, 6466). And there is one *contrafactum*: 'mudado por el otro que dize Montesina era la garça' (6474 V 6475, fol. 150ᵛ). It is conceivable that the *villancicos* for which no musical settings survive were never in fact set to music. However, its numerical superiority in the Palacio songbook gives the *villancico* the strongest claim to a musical identity of the three song categories represented in the *Cancionero general*. Nearly a third of the compositions in the *villancicos* section (14 out of 48) can be authenticated as songs; six other songs among the *villancicos* which occur as *desfechas* in the *romances* section clinch its status as the poem most likely to be a song in 1511.[13]

The block of 156 *canciones* occupies a central position in the *Cancionero general*: fols 122–31 out of 234 leaves. It is the largest group of *canciones* collected together in any source registered by Dutton. I count 153 different poems between fols 122 and 131, and 107 of them are uniquely preserved by the *Cancionero general*.[14] Only one is found set to music: *Justa fue mi perdición* (1955) is no. 42 in the Palacio songbook.[15] This statistic speaks for itself. One in 153 is 0.6 per cent, a surprising and eloquent contrast to the proportion of extant song texts among the ballads and *villancicos* of the collection. How can we tell which, if any, of the rest of this daunting body of lyrics were also songs? It seems hardly possible that they all were. Twenty-two *canciones* are anonymous; about fifty poets are named as authors of the remaining 131 pieces.[16] Fifty is a considerable number but it is not a fair cross-section of the poets in the *Cancionero general*.[17] The most prolific authors of *canciones* (Soria, with 15, Tapia and Cartagena, with 10 each, and Quirós, with 7) are among the thirty-seven poets whose works appear in their own individual sections under the rubric 'Comiençan las obras de . . .' It would be very interesting to know what Hernando del Castillo intended by separating out all the *canciones* by these authors. Should we align the section of *canciones* with the *villancicos* and *romances*, the two groups with strong musical associations, or should we regard them as akin to the *inuenciones y letras* (fols 140–43ᵛ) and *glosas de motes* (fols 143ᵛ–46ᵛ), in which the exercise of verbal ingenuity is paramount?[18] At the moment there is not enough evidence to categorize the *canciones* either way, and the same few poets tend to figure in all five sections of the compilation. Soria, for example, the author of the highest number of *canciones*, is also the author of the most *villancicos* (10), including one set to music (3468), and of the most *glosas* of *motes* (8). While so many of these poets are no more than names, we can only fall back on the impression that the *canciones* section is dominated by the most recent generation of poets represented in the *Cancionero general*.[19] Our ignorance of the sources of the *Cancionero general*, and its lack of contemporary rivals of equivalent scope and size, make it extremely difficult to estimate the relative importance of any of the poets featured. However, to judge by the consensus of quotations in contemporary sources, it is apparent that whatever Castillo's aim was in compiling the *canciones* section, he could not have wanted to collect the best-known lyrics of the day.

For the purpose of assessing changes in the development of fifteenth-century Castilian court lyric, I compiled an index of the verse quotations that occur in Castilian quoting poems from the end of the fourteenth to the beginning of the sixteenth century. Because many of the same lyrics are quoted more than once by different sources, I was able to draw up two lists of favourite quotations: one for the period dominated by the manuscript *cancioneros* (c. 1420–65), the other for the period covered by quoting poems which first appeared in Castillo's *Cancionero general* and the *Cancioneiro geral* of Garcia de Resende (1465–1516). The common features of the earlier list of fourteen favourites are their divergence from the manuscript compilers' clear preference for long *decires*: this list of quotations shows a bias in favour of short, old, and anonymous lyrics. Another feature of the group is that three of them are recorded with a musical setting in an early songbook.[20]

In the period of printing the consensus of quoting poets shows greater solidarity in taste: although the total number of quotations is smaller, twenty-two of the quotations are quoted at least twice, and as many as eleven of these are quoted three, four, or even five times. The contemporary success of this second group of lyrics is endorsed by the choice of glossing poets of the same period: half of them are also the subject of poetic glosses in the *Cancionero general* and elsewhere. They display the same general features as the earlier list, only in higher concentration: all but one of them are short, twelve are anonymous, thirteen of them are preserved with musical settings in one or more songbooks. The twenty-two lyrics most quoted in the period 1467–1516 are set out in alphabetical order below.

Table 1: *Most-quoted lyrics 1465–1516 and their appearance in selected sources*

	First line	Citations	Author	Song-books	11CG canciones	11CG glossed canciones	MP2
1961	*Al dolor de mi cuydado* (4/8)	2Q 5G	anon	MP4 SV1 SG1	—	fol.202	fol.152
1802	Amor yo nunca pense (5/9)	2Q	Juan II? Juan de Mena?	—	—	—	—
0863	*Ay que no se remediarme* (4/8)	2Q	anon	MP4 SV1 BL1	—	—	fol.150ᵛ
0125	*Biue leda si podras* (5/9)	3Q 1G	Juan Rodríguez del Padrón	SV1	—	—	fol.149ᵛ
1959	*De vos y de mi quexoso* (4/8)	2Q 2G	anon	MP4 SV1 BL1 EH1	—	—	fol.151ᵛ
0779	Desconsolado de mi (4/8)	3Q 2G	Diego López de Haro	—	—	fol.95ᵛ fol.187	—
0669	*Donde estas que no te veo* (4/8)	5Q 3G	anon	SV1 MA1	—	fol.95ᵛ	fol.150
0861	*Donzella por cuyo amor* (5/9?)	3Q	anon	MP4 SV1	—	—	—
0781	En gran peligro me veo (4/8)	2Q 1G	Diego de Quiñones	—	fol.122ᵛ	—	—
1965	*Esperança entristecida* (4/8)	2Q	Altamira?	—	—	—	fol.152ᵛ
0678	*Harto de tanta porfia* (4/8)	4Q 1G	Garci Sánchez de Badajoz?	MP4 SG1 MA1	—	—	fol.150
0663	Loado seas amor (4/8/8/8/8)	3Q	Villasandino	—	—	—	[fol.221]
0152	Mi vida se desespera (4/8)	3Q 1G	Costana? PG de Mendoza?	—	—	fol.80	fol.154
0670	*Nunca fue pena mayor* (4/8)	5Q 2G	Duke of Alba	MP4 SV1 + passim	—	fol.113	fol.151ᵛ
0439	O que fuerte despedida (5/9)	3Q	Diego de Sandoval	—	—	—	—
1956	*Pues con sobra de tristura* (4/8)	2Q	Rodrigo de Ulloa?	MP4 SV1	—	—	fol.151
0119	Pues no mejora mi suerte (4/8)	3Q 2G	anon	SV1	—	—	—
6639	Pues partiendo despedi ([4/8]?)	2Q	anon LOST	—	—	—	—
3489	Pues que Dios te fizo tal (6/8/6)	2Q	anon	MP4 SV1	—	—	—
1771	Pues seruicio vos desplaze (4/8)	2Q	anon	MP4	—	—	fol.151
0862	*Tan asperas de sofrir* (4/8)	3Q 1G	anon	SV1	—	—	—
0681	*Ved quan fuera de razon* (4/9)	2Q	anon	—	—	—	—

KEY: Q = quoted; G = glossed; 2Q = quoted twice; 5G = subject of five different poetic glosses.

The first thing to note about this rank of favourite lyrics is that all but two of them ('Loado seas amor' and *Pues que Dios te fizo tal*) are *canciones* of the sort described and analysed in Whinnom's study of 1970, fourteen of them conforming to the basic typical length (4/8, or twelve lines) that he found to be standard for the *Cancionero general* ('Interpretación', 362–64). Secondly, all but one of the lyrics listed are cited in a quoting poem within the pages of the *Cancionero general*.[21] And thirdly, texts of only six of the twenty-two lyrics are included by Castillo in the first edition of his collection. The fact is that he ignored sixteen of the twenty-two most popular lyrics of the time. Was it because they were songs?

The high proportion of texts with musical settings persuades me that the practice of quotation corresponded to a habit that really admits no ambiguity: if the literary fashion was to cite songs, then poets would not also cite poems. All the strands of evidence in support of this supposition are circumstantial but have cumulative force when taken together. There are three main points to be made about the pattern seen here: the manner in which the texts have been preserved, the incidence of anonymity, and the coincidence with glosses.

The conditions of survival of all of these texts suggest that the nine lyrics which are not found in songbooks were none the less better known as songs. Four of them are also quoted or glossed in an early manuscript and on grounds of age do not stand much chance of being recorded in a songbook of the closing decades of the century.[22] But even their preservation in literary collections seems to be a matter of chance. 'Pues partiendo despedí' does not survive in any source and is known only fragmentarily from glosses and quotations; 'O que fuerte despedida' occurs in only one contemporary manuscript (MH1); 'Esperança entristecida' appears for the first and only time in a *cancionero* (MP2) of the late sixteenth century. Although most of the identifiable songs are well attested in two or three songbooks, their texts are often partial or defective. Some are not recorded outside the songbooks (*Pues que Dios te fizo tal* and *Donzella por cuyo amor*) and where they are they show the same haphazard pattern of survival. *Tan asperas de sofrir*, like 'O que fuerte despedida', is found in only one contemporary literary manuscript (LB2). On the basis of their textual tradition it would be easy to overlook this group of lyrics altogether. On the basis of the quotations and glosses, their fame and durability is unquestionable. The obvious conclusion is that no one at the time felt any great need to set down the words of a well-known song.

Then there is the argument from anonymity. Among the lyrics in Table 1 there are eleven cases of definite anonymity where no attribution is made in the extant sources. The attributions of five further items are doubtful because they are late, disputed, or both. As a result, we cannot be certain of the authorship of a majority of the twenty-two lyrics. Now anonymity is important evidence in two senses: as a symptom of the way in which songs in general are disseminated, i.e., orally, and as a function of the way in which fifteenth-century lyric in particular was transmitted. Authors are remembered in poetic sources, but not in songbooks. An idiosyncratic feature of all literary collections from *Baena* onwards is the way in which their rubrics pay scrupulous attention to the identity of the poets, usually giving them priority over generic classification of the poems. But in the Palacio songbook, for example, the only names given are those of composers; the songs are all anonymous as to *letra*.

The high incidence of glosses among the favourite quotations is also significant. A decline in the number of quoting poems being written towards the end of the fifteenth century seems to have been paralleled by a rise in the number of poetic glosses being written. The fact that the same lyrics are consistently the subject of both quotation and gloss suggests that the two genres, the quoting poem and the poetic gloss, were perceived as analogous literary exercises. Thus the existence of a gloss of a particular lyric may also be evidence that the lyric was a song. Oblique corroboration of this hypothesis comes from the late-sixteenth-century *cancionero* MS 617 of the Biblioteca de Palacio (MP2), which contains a batch of 43 *canciones* between fols 149[v] and 155[v].[23] Under the general rubric 'Canciones biejas y nuevas' (fol. 149ᵛ) are copied seven well-known songs: all seven survive in songbooks, four are elsewhere the subject of glosses, five of quotations.[24] On fol. 150ᵛ a new rubric announces 'Canciones glosadas' but, notwithstanding the rubric, none of the 36 lyrics which follow is furnished with a gloss in this manuscript: maybe the copyist decided to dispense with the glosses in his source; maybe the rubric merely indicated that the series of poems was suitable for glossing. Whatever the reason for the absence of glosses, the 36 lyrics are again dominated by song texts: of the first 15 *canciones* of this second series, 13 occur in songbooks, eight are also quoted, and seven are indeed found with glosses elsewhere.[25] Although musical concordances stop abruptly on fol. 152ᵛ, four further *canciones* in the series are the subject of quotations, including the only extant text of 'Esperança entristecida' (see Table 1).[26]

Accompanying features of the favourite quotations in Table 1 seem to me to offer a provisional set of criteria for identifying songs in literary sources of fifteenth-century verse. The high incidence of songs (over half) among the top quotations suggests that every lyric quoted may be a song. The coincidence of quotation, anonymity and gloss gives an even stronger indication of the probable musical identity of a lyric that is found only in a literary collection. For most fifteenth-century manuscript *cancioneros* this evidence is almost certainly superfluous: it merely endorses information that is explicit in the rubric or form of a given composition. The distinction between *dezir* and *canción* (and the formal and terminological varieties of each) was meant and understood literally. So too in the context of the sixteenth-century manuscript Palacio 617, in which a total of 23 identifiable songs are copied within a stretch of 43 *canciones*, the term *canción* must surely mean 'song'. The same cannot be said with any confidence of the *canciones* section of the *Cancionero general*, where only one in a group of 153 *canciones* is a recognizable song. However, if the misleading rubric 'glosadas' in Palacio 617 implies that its *canciones* were songs, we should find more songs among the glosses collected by Castillo.

In his *canciones* section, Castillo took the trouble to siphon off from the works of their various authors more than half of his 153 examples of the *canción*. But he did not reassemble the scattered *canciones* that occur mostly as the subjects of glosses in other parts of the collection. Whinnom distinguishes three groups of *canciones* that occur in the *Cancionero general*: those in the *canciones* section, the *glosas* of *motes*, and the scattered ones. In his stylistic analysis of the *canción* he approaches the three types on an equal footing, allowing his methodology to reflect his view of the comprehensive, not to say indiscriminate, character of Castillo's compilation ('Interpretación', 369). I should like to bring evidence that challenges this view and at the same time lends weight to the more important implication of Whinnom's findings. There is a case for following Castillo's own directive and discriminating between the different groups of *canciones*. I am not going to discuss the 41 glosses of *motes*, but I think it is worth taking a closer look at the *canciones glosadas*.[27]

Altogether, 27 glossed *canciones* (four of them duplicated in the *canciones* section) are dispersed throughout the *Cancionero general* among the poems attributed to individual authors and in the devotional works which open the collection.[28] It goes without saying that each of these lyrics is included because it is glossed, and only because it is glossed; two are not even printed outside their respective glosses (0670, 0812). One is the subject of two different glosses within the *Cancionero general* (0779), and five are also the subject of different glosses in other sources (1961 by four glosses, 0669 by two, and 0666, 0670, 1051 by one each). What other characteristics do they share? As Whinnom points out: 'Los autores de las canciones glosadas quedan por lo general sin identificar' (361n). Eleven of the 28 *canciones* are unattributed in the rubrics: a considerably higher proportion of anonymous items than occur in the *canciones* section (22 out of 153). Ten of these *canciones* are also the subject of quotations: the five which appear in Table 1 (1961, 0779,

0669, 0152, 0670) and five others (0768, 0812, 0682, 0666, 1051). And seven of them are recorded in songbooks with musical settings (1961, 0669, 0812, 0670, 1051, 1960 and 1095).[29] To sum up: twenty-seven *canciones* in the *Cancionero general* are the subject of glosses and a proportion of these are either quoted (over a third) or survive as songs (one quarter), sometimes both. The concordance with known songs and with quotations might be higher if it were not for the fact that over half of the glossed *canciones* come from the Valencian section of the compilation (fols 191^v–218^v). Five of this group of *canciones* (including a Catalan one allegedly by Jordi de Sant Jordi), written as well as glossed by Valencian authors, are unique to the *Cancionero general*.[30] If they are not found set to music, glossed, quoted, or even copied anywhere else, it could be because they belong to a distinct cultural milieu from the one which produced the Spanish songbooks and literary *cancioneros*. In this respect, the Valencian bias of Castillo's collection may be concealing a greater number of songs in all the relevant groups.

None the less, this miscellany of glossed *canciones*, taken together with the 'glossed' *canciones* of Palacio 617, provides a reasonable control group to the *canciones* section of the *Cancionero general*, showing a difference which is visible in the relative distribution of favourite quotations under 'canciones' and 'glossed canciones' in Table 1 and confirmed by the rarity of song items in the *canciones* section. If Castillo's selection had been truly random or indiscriminate the inclusion of at least three or four famous songs would have been inevitable; if he had matched the proportion of songs among the ballads and *villancicos* there should have been something in the order of 20 to 50 recognizable songs in his *canciones* section. In all, about 36 identifiable songs (*canciones*, *villancicos* and ballads) are quoted in the period 1465–1516, i.e. between a quarter and a third of the total of 120 authentic quotations.[31] And this proportion is typical of the overall pattern of survival of popular songs of the time. Consistently about a quarter of any category of likely songs, whether quotations, *villancicos*, ballads, or glossed *canciones*, found in a literary source are also found with music in a contemporary songbook.[32] The lack of conformity to this pattern on the part of Castillo's *canciones* section convinces me that *canción* meant two different things in 1511: poem and song. In the *canciones* section Castillo set out to collect one and not the other: the poems and not the songs.

I should like to be able to say that in line with his apparent intentions Castillo excluded all songs from this group. However, if I am right about the implications of glosses and quotations, he evidently did not. One certain case of inclusion is *Justa fue mi perdición* (1955): whether or not it has been correctly attributed to Jorge Manrique (d. 1479), it appeared with a musical setting in two songbooks (MP4a and SG1) ten years before its publication in the *Cancionero general*. A strong contender is 'En gran peligro me veo' (0781), one of the top twenty-two favourite quotations, glossed by Pinar in the British Library *Cancionero* (0782), quoted by Pinar in the *Cancionero general* (6637), by Román in 'Aquella muerte y pasión' (4325), and by Calisto in Act VIII of *Celestina*.[33] Then there are the four *canciones* that are glossed elsewhere in the collection: 0682 and 0666 are also the subject of quotations; 0847 and 6703 are not. On the same basis we should include seven other *canciones* that are quoted at this period: 0913, 6306, 0893, 1080, are all quoted in the *Cancionero general* of 1511; 6235 is quoted in *Resende*, 0685 and 6259 in later versions of 'Caminando en las honduras' (0662).[34] This gives a provisional total of one certain and twelve possible songs in the *canciones* section of the *Cancionero general*. But even this proportion (8.5 per cent) does not present a serious challenge to the hypothesis that Castillo was turning away from famous songs in 1511.[35]

The assumption that most of the 140 remaining *canciones* are purely literary compositions is hardly susceptible of definitive proof. Sceptics may object that the difference is really only between the famous and the lesser-known, the old and the new; that this apparent dichotomy is no grounds for making a generic distinction between a *canción*-poem and a *canción*-song. And up to a point they would be right. But what is also new in 1511 is that the composers of secular polyphony were no longer setting *canciones*. The popularity of the standard *canción* had undergone a dramatic reversal in the brief period separating the two main Spanish song collections. From being the preferred form of secular lyric in the Colombina songbook (c. 1495), it had given way to the *villancico* by the time Palacio was completed (c. 1520). In the words of Romeu Figueras:

> El número relativamente escaso de canciones registradas [en el *Cancionero de Palacio*] y el carácter arcaico de un buen número de las mismas pueden ser indicio de que el género iba cayendo en un cierto desuso entre c. 1500 y c. 1520, por lo menos en los ambientes musicales. La vitalidad que el villancico alcanza aquellos años . . . [hace] suponer un cambio en las preferencias poeticomusicales de entonces, en menoscabo de la canción y en beneficio del villancico. (3A, 35–36)

When I said that the expected number of identifiable songs among Castillo's 153 *canciones* should be between 20 and 50, I was aware that it was hardly a realistic target in terms of the actual numbers of extant songs. There are only 53 *canciones* in the Palacio songbook: probably no more than 80 or 90 *canciones* altogether survive complete with their music.[36] And these were almost certainly all composed, according to Stevenson (252; see also 207), 'before Encina became the dominating influence in Spanish secular music', that is, by 1500. In this climate, none of the younger poets writing *canciones* as Castillo went to press can have had much expectation of seeing their efforts set to music. Would it be going too far to see some connection between the decline of the *canción* in musical circles and the unusual proliferation of *canciones* in the major poetry collection of the time? Keith Whinnom's studies of the late fifteenth-century *canción* reveal a degree of formal, stylistic and conceptual refinement that makes it different in kind from anything that had gone before. These developments may have been accelerated or even precipitated by a change in status of the *canción* at precisely the same period. In this case, an enthusiasm for the *canción* in the literary circles frequented by Castillo may reflect a new lyric initiative in response to its recent release from the musical sphere. And, logically, the *canciones* section of the *Cancionero general* should be seen as celebrating a literary revival of the most popular short-lyric form of the fifteenth century.[37]

APPENDIX
CHECKLIST OF SONG TEXTS IN THE *CANCIONERO GENERAL*

Canciones
01. fol.125 (1955) *Justa fue mi perdicion* (Don Jorge?) MP4; SG1

Canciones glosadas
02. fol.20 (1051) *Oyga tu merced y crea* (anon) MP4; SG1; SV1
03. fol.95ᵛ (0669) *Donde estas que no te veo* (anon) SV1; MA1
04. fol.113 (0670) *Nunca fue pena mayor* (Duque dAlua) MP4 + *passim*
05. fol.178ᵛ (1095) *Yerra con poco saber* (Torrellas) EM2; MA1
06. fol.202 (1961) *Al dolor de mi cuydado* (anon) MP4; SG1; SV1
07. fol.206 (1960) *Siempre cresce mi seruiros* (anon) MP4; SV1
08. fol.211 (0812) *La que tengo no es prision* (Conde de Çifuentes) MP4

Romances
09. fol.131 (0811) *Pesame de vos el conde* (anon) MP4
10. fol.133 (0735) *Fonte frida fonte frida* (anon) MP4
11. fol.136 (0701) *Que por mayo era por mayo* (anon) MP4
12. fol.137 (0882) *Durandarte Durandarte* (anon) MP4
13. fol.139ᵛ (3698) *Mi libertad en sossiego* (Juan del Enzina) MP4
14. fol.139ᵛ (3706) *Tierra y cielos se quexauan* (anon) MP4

Villancicos in the ballad section
15. fol.132   (3848) *Alça la boz pregonero* (Lope de Sosa?) MP4
16. fol.134 (3992) *Todos duermen coraçon* (anon) MP4
17. fol.135ᵛ (4054) *Consolaos males esquiuos* (anon) MP4 'Alegraos . . .'
18. fol.138ᵛ (4011) *Que vida terna sin vos* (anon) MP4
19. fol.139ᵛ (3737) *Si amor pone las escalas* (Enzina?) MP4
20. fol.139ᵛ (3870) *Pues es muerto el rey del cielo* (anon) MP4

Villancicos
21. fol.146ᵛ (3794) *Mi peligrosa passion* (Juan de Stúñiga) MP4
22. fol.146ᵛ (0898) *Descuydad esse cuydado* (Tapia) MP4
23. fol.146ᵛ (3803) *Mas pierde de lo que piensa* (Altamira) MP4
24. fol.146ᵛ (3613) *No tienen vado mis males* (anon) MP4; EH1
25. fol.147 (0892) *Que mayor desauentura* (Altamira) MP4
26. fol.147ᵛ (4222) *Quanto mas lexos de ti* (Obispo de Taraçona) SG1
27. fol.148 (3468) *Encubros el mal que siento* (Soria) BC1
28. fol.148ᵛ (3583) *Que sentis coraçon mio* (Escriuá) EH1
29. fol.148ᵛ (0717) *Secaronme los pesares* (Garci Sanches) MP4; EH1
30. fol.148ᵛ (0711) *Lo que queda es lo seguro* (Garci Sanches) MP4; EH1
31. fol.149 (1998) *Andad passiones andad* (anon) MP4; SV1; SG1
32. fol.149 (3616) *Todo plazer me desplaze* (Badajoz el músico) EH1
33. fol.149ᵛ (3945) *Sospiros no me dexeys* (Badajoz el músico) MP4
34. fol.150 (3608) *Aunque no me pidays cuenta* (anon) EH1
ALSO
35. fol.208 (4034) *Señora despues que os vi* (Quirós) MP4

NOTES

1 References to the *Cancionero general* are based on *Cancionero general recopilado por Hernando del Castillo (Valencia, 1511)*, facs. ed. with introd. by Antonio Rodríguez-Moñino (Madrid: RAE, 1958). For the Palacio songbook I have used José Romeu Figueras (ed.), *La música en la corte de los Reyes Católicos*, IV, 1 and 2, *Cancionero musical de Palacio (siglos XV–XVI)*, 3, A and B (Barcelona: CSIC & Instituto Español de Musicología, 1947, 1951; 2nd ed., 1965). I also refer to *cancioneros* and lyrics by the sigla and identity numbers in Brian Dutton *et al.*, *Catálogo-índice de la poesía cancioneril del siglo XV* (Madison: HSMS, 1982).

2 These are provisional figures based on a concordance of songs in the literary *cancioneros* which I am preparing.

3 Evidence for this is put forward by David Fallows in an important article now in press, 'A Glimpse of the Lost Years: Spanish Polyphonic Song, 1450–1470'.

4 This is the view of Pierre Le Gentil, 'Les Genres à forme fixe et la musique', in *La Poésie lyrique espagnole et portugaise à la fin du Moyen Age*, II, *Les Formes* (Rennes: Plihon, 1952), 305–09.

5 *Cancionero musical de Palacio*, 3A, 35–36, 69.

6 *Arte de poesía castellana*, ed. Juan Carlos Temprano, *BRAE*, LIII (1973), 321–50, at 339. Encina differentiates only by length of *estribillo* between five categories of poem; Castillo's application of the terms 'canción' and 'villancico' forms the basis of modern critics' observations about number and length of stanzas.

7 For a musico-metrical distinction between the *canción* and the *villancico* see Robert Stevenson, *Spanish Music in the Age of Columbus* (The Hague: Martinus Nijhoff, 1960), 208–09.

8 See, for example, Stevenson's account (252) of the ballad in the Palacio songbook, and Encina's in *Arte de poesía castellana*, 339.

9 Romeu Figueras, 3A, 29, gives a concordance of 28 items. From his list I discount nos 315, 475, 529, which first occur in the 1520 edition of the *Cancionero general*, and add nos 1, 28, 42 (0670, 1051, 1955), which he omitted. The seven other 11CG songs are 0669 (MA1, SV1); 1095 (MA1, EM2); 4222 (SG1); 3468 (BC1); 3583, 3616, 3608 (EH1).

10 Some of these tunes are present in the polyphonic arrangements of the songbook composers according to Jack Sage, 'Early Spanish Ballad Music: Tradition or Metamorphosis?', in *Medieval Hispanic Studies Presented to Rita Hamilton* (London: Tamesis, 1976), 195–214, at 196–98.

11 Antonio Sánchez Romeralo, *El villancico: estudios sobre la lírica popular en los siglos XV y XVI* (Madrid: Gredos, 1969), 42–54, compares the *villancicos* in the Palacio songbook and the *Cancionero general*.

12 *Villancicos* in MP4 are: 3794, 0898, 3803, 3613, 0892, 0717, 0711, 1998, 3945; in other songbooks: 4222, 3468, 3583, 3616, 3608.

13 *Villancicos* in the ballad section are 3848, 3992, 4054, 4011, 3737, 3870, all of which are found in MP4.

14 Whinnom's figure of 155 *canciones* in this section ('Interpretación', 361) is inaccurate. The index of the *Cancionero general* (fol. 5) refers to 156 *canciones*. Three (not one) of these *canciones* are duplicated within this section: 0682 (fols 122ᵛ and 126); 6269 (fols 128 and 130); 6210 (fols 122ᵛ and 130ᵛ).

15 See Ian Macpherson, 'Secret Language in the *Cancioneros*: Some Courtly Codes', *BHS*, LXII (1985), 51–63. Throughout the present article I follow musicological practice in italicizing the first lines of songs that occur in contemporary songbooks; all other first lines are in roman type.

16 There are fifty different poets if we count the Núñezs as three different people (Diego Núñez, Nicolás Núñez and plain Núñez), and Biuero and Luys de Biuero as one.

17 For example, none of the poets of the manuscript period is represented by *canciones* in this section. 185 different poets are named in the *Cancionero general* according to Roberto de Souza, 'Desinencias verbales correspondientes a la persona *vos/vosotros* en el *Cancionero general* (Valencia, 1511)', *Fi*, X (1964 [1966]), 1–95, at 27.

18 See *Poesía*, 47–62, for Whinnom's appraisal of the intellectual challenge of the *mote* and the *letra de invención*.

19 Conspicuous among them is Castillo's patron, the Conde de Oliva, with four *canciones*. But there is also a strong contingent of older poets: Jorge Manrique, Cartagena and Diego de San Pedro.

20 For details of lyrics and quoting sources, see my doctoral thesis, 'Manuscript Love Poetry of the Spanish Fifteenth Century: Developing Standards and Continuing Traditions', Univ. of Cambridge (1986), 127–89 and 294–369.

21 Taking them in Table 1 sequence, 1961, 0125, 1959, 0779, 0669, 0861, 0781, 1965, 0678, 0152, 0670, 1956, 6639, 3489, 0862, 0681 are quoted by Pinar in 'Tome vuestra magestad' (6637), fols 183–85; 0863, 0663, 0439 occur in 'Recontar si mal senti' (0859), fol. 108, by Guevara; and 0119 and 1771 (among others in the table) are cited in Garci Sánchez de Badajoz's 'Caminando en las honduras' (0662), fols 120–21ᵛ. The odd one out, 'Amor yo nunca pense' (1802) is quoted in two *Resende* poems, 5211 and 5901.

22 Altogether seven of the 22 lyrics are also cited in pre-1470 sources: 1802, 0125, 0663, 0439 are quoted; 0863, 6639, 1771 are glossed.

23 These are poems 113–55 in *Cancionero de poesías varias: manuscrito no. 617 de la Biblioteca Real de Madrid*, ed. José J. Labrador, C. Ángel Zorita and Ralph A. DiFranco, Anejos del *AFE*, Textos, II (Madrid: El Crotalón, 1986 [1987]), 212–23. They correspond to nos 111–53 in the editors' preliminary description, *Cancionero de poesías varias, Biblioteca de Palacio, Ms. No. 617 (siglos XV y XVI): estudio preliminar, numeración y relación de poemas, índices* (Cleveland: Cleveland State University; Denver: Univ. of Denver, 1984), 64–74. The editors give the original foliation with the modern in parentheses; I follow the modern. They do not reproduce the two general rubrics to which I refer.

24 The songs are 0812, 1952, 0125, 1953, 1954, 0678, 0669; 0812, 0125, 0678, 0669 are both quoted and glossed; 1952 is only quoted.

25 The thirteen songs are 1955 G, 0863 Q, 0151, 1771 Q G, 1956 Q, 1957, 1958, 0670 Q G, 1959 Q G, 1960 G, 1961 Q G, 1051 Q G, 0864 Q.

26 1965, 1971, 0152, 1973. This sequence of lyrics is closed by the rubric 'FIN' on fol. 155ᵛ, where a new series of short lyrics begins, this time provided with glosses, mostly by sixteenth-century authors. Again, many are identifiable as songs, including three of the *canciones* copied earlier in the MS: 1955, 0125, 0669.

27 Of these 41 *glosas de motes* 37 are unique to the collection; none is set to music or glossed. Only the first in the series (0911, by Cartagena) may have been quoted (in 6637, by Pinar).

28 Whinnom lists 25 glossed *canciones* ('Interpretación', 361), five of which he subtracts for various reasons. From his original number I subtract three: 0779, which is duplicated in a second gloss (fols 95ᵛ and 187); 6682 (fol. 195ᵛ), which is too long for a *canción* according to Whinnom's criteria (362n); and 6741 (fol. 215), which is not in fact glossed. This leaves 22. To these I add 0508 (fol. 17), which he classified differently, and four that he missed: 1051 (fol. 20), 0682 (fol. 71ᵛ), 0152 (fol. 80) and 0670 (fol. 112ᵛ).

29 The two that are not in MP4 are 0669 (SV1, MA1) and 1095 (EM2, MA1).

30 These are 6671 (fol. 193), by Geroni Vich, and 6679 (fol. 194), anonymous, glossed by Cardona; 6691 (fol. 198), by Jordi de Sant Jordi, and 6693 (fol. 198ᵛ), by Fenollar, glossed by Crespí; and 6698 (fol. 199ᵛ), both written and glossed by Francisco Fenollete.

31 See 'Manuscript Love Poetry', 154 and 185 n. 28.

32 Jineen Krogstad calculates that the number of lost tunes that can be deduced from rubrics before about 1520 corresponds to a loss in actual terms of about two-thirds of the well-known melodies of the time (*Catálogo-índice*, 281–82).

33 Fernando de Rojas, *La Celestina: Tragicomedia de Calisto y Melibea*, ed. Dorothy S. Severin (Madrid: Alianza, 1969), 139.

34 14CG and MN14, respectively. We could add four *canciones* that are common to 11CG and Palacio 617: 1975, 1120, 1818, 1968.

35 Two more songs from Table 1 were added to the *Cancionero general* in 1514: *Biue leda si podras* (0125) and *Harto de tanta porfia* (0678) figure in glosses by Luis de Castillo (fols 190ᵛ and 191ᵛ).

36 The Colombina songbook (SV1), the only other substantial source, contains about 40 *canciones*, including an overlap of 14 with Palacio. Carolyn R. Lee catalogues 682 songs in vol. II of her doctoral thesis, 'Spanish Polyphonic Song, c. 1460–1535', Univ. of London, 1981. Her list includes 104 *canciones* but up to 20 of these are foreign or religious items or varieties of *canción* not represented in 11CG (vol. I, 174–75).

37 While this article was at proof stage I received notice of two newly-discovered manuscript songbooks, both of Portuguese provenance and dated by Brian Dutton to c. 1520. The Lisbon songbook (LS1) contains a musical setting for a second *canción* in Castillo's *canciones* section, *En mi graue sufrimiento* (1818); the text of a third *canción*, 'No hallo a mis males culpa' (1975) occurs in the Paris songbook (PS1), but without a setting. Significantly, both these lyrics occur also in the *canciones* section of Palacio 617. Two further Palacio 617 *canciones* not previously attested with music (1964 and 1973) are found in PS1. The same songbook contains a setting for one more 11CG *villancico*, *Como se puede partir* (0848).

I am extremely grateful to Professor Dutton for supplying me with computer printouts of his transcriptions of these two manuscripts, details of which will be given in the second edition of the *Catálogo-índice* (in press).

Tabula in memoriam

Aberystwyth: University College, Hugh Owen Library

José M. Aguirre

Alicante: Universidad de Alicante, Departamento de Literatura Española

Andrew A. Anderson

Antwerpen: Universitaire Instelling, Bibliotheek

Samuel G. Armistead

Reinaldo Ayerbe and Elin L. Ayerbe

Lola Badia

Geoffrey R. Barrow

Bernard P. E. Bentley

Berlin: Institut für Romanische Philologie, Bibliothek

T. E. Biddington

Bielefeld: Universitätsbibliothek

Roger Boase

Bristol University Library

Marina Scordilis Brownlee

James F. Burke

Victoria A. Burrus

Canning House Library, London

Juan Cano-Ballesta

R. A. Cardwell

Guillermo Carnero

Antonio Carreño

Pedro M. Cátedra

Joseph F. Chorpenning

Carol A. Copenhagen

Ivy A. Corfis

D. W. Cruickshank

Trevor J. Dadson

Gareth A. Davies

Charles Davis

Henk de Vries

Alan Deyermond

Martin J. Duffell

Duisburg: Universitätsbibliothek

Peter N. Dunn

Brian Dutton

East Lansing, Michigan: Michigan State University Library

Edinburgh University Library

John Edwards

Daniel Eisenberg

John England

Exeter University Library

Fairfield, Connecticut: Fairfield University, Nyselius Library

Charles B. Faulhaber

Juan Fernández Jiménez

Jack Flint

R. M. Flores

Charles F. Fraker

Derek Gagen

Michel Garcia

Ángel M. García Gómez

Francisco García Sarriá

Elena Gascón-Vera

Philip O. Gericke

Michael Gerli

John Gledson

Nigel Glendinning

K. A. Goddard

Harriet Goldberg

Ana María Gómez Bravo

Cristina González

Martín González Salustiano

John Gornall

Helen F. Grant

James Ray Green

George D. Greenia
Greensboro, North Carolina: University
    of North Carolina, Jackson Library
Greenville, South Carolina: Furman
    University Library
Clive Griffin
Nigel Griffin
Groningen: Bibliotheek der
    Rijksuniversiteit
Guelph: University of Guelph
Maria Guterres
Joseph J. Gwara
G. B. Gybbon-Monypenny

Raymond B. Hale
S. P. Hammond
Derek Harris
Thomas R. Hart
L. P. Harvey
Robert L. Hathaway
Albert G. Hauf
A. Anthony Heathcote
Helsinki University Library
Maurice Hemingway
Ann Henderson
R. Hitchcock
David Hook
William F. Hunter

B. W. Ife
Víctor Infantes
Lynn E. Ingamells
Iowa City: Iowa University Libraries

John A. Jones

Lloyd Kasten
Ron Keightley
Dominic Keown
Kingston, Ontario: Douglas Library,
    Queen's University
King's College Library, London
Carol Bingham Kirby
Kathleen V. Kish
Tess Knighton
Edgar C. Knowlton Jr
A. David Kossoff

Rafael Lapesa
Leeds University, Brotherton Library
Sue Lewis
Liverpool University, Sydney Jones
    Library
Gladys Lizabe de Savastano
Derek W. Lomax
C. A. Longhurst
Louvain-la-Neuve: U.C.L. Collège
    Erasme, Bibliothèque de la Faculté de
    Philosophie et Lettres
Jennifer Lowe

Robert A. MacDonald
Angus MacKay
Melveena McKendrick
Ann L. Mackenzie
David Mackenzie
Ian Macpherson
Frank McQuade
Magdalen College Library, Oxford
C. A. Marsden
Esther M. Martinez
Guadalupe Martínez Lacalle
Elizabeth Matthews
Ian Michael
John S. Miletich
Louise Mirrer
Modern and Mediaeval Languages
    Faculty Library, Cambridge
Alberto Montaner Frutos
Thomas Montgomery
Carlos Mota
Münster: Romanisches Seminar der
    Universität

Eric Naylor
Newcastle upon Tyne University Library
New London, Connecticut: Connecticut
    College Library
New Orleans, Louisiana: Tulane
    University Library
Nottingham University Library

Marilyn A. Olsen
Omaha, Nebraska: Creighton University
    Alumni Library

Germán Orduna
Terence O'Reilly
Oslo: Universitetsbiblioteket

Carmen Parrilla García
A. A. Parker
Margaret Parker
D. G. Pattison
Pavia: Università degli Studia di Pavia,
   Dipartimento di Lingue e Letterature
   Straniere Moderne
Ralph Penny
Philadelphia, Pennsylvania: La Salle
   University Library
Frank Pierce
C. J. Pountain

Queen Mary College Library, London
Queen's College Library, Oxford
Queen's University of Belfast Library

Jerry R. Rank
K. B. Reffell
Geoffrey Ribbans
Francisco Rico
E. C. Riley
Gladys M. Rivera-La Scala
Georgina Sabat and Elias Rivers
Regula Rohland de Langbehn
Rochester, Michigan: Oakland
   University
Daniel Rogers
Nicholas G. Round
J. M. Ruano de la Haza
P. E. Russell
Peter Rycraft

St Andrews University Library
Salford University Library
Nicasio Salvador Miguel
Asunción Salvador-Rabaza Ramos
Santa Cruz, California: University of
   California Library
Martha E. Schaffer
Dayle Seidenspinner-Núñez
Karl-Ludwig Selig
Dennis P. Seniff
Dorothy Sherman Severin

Harvey L. Sharrer
Alison Sinclair
A. E. Sloman
Colin Smith
Joseph T. Snow
South Hadley, Massachusetts: Williston
   Memorial Library
Spokane, Washington: Gonzaga
   University, Crosby Library
Geoffrey Stagg
Alan Joseph Stegmayer
Harlan Sturm

Robert B. Tate
Taylor Institution Library, Oxford
Arthur Terry
Colin Thompson
Jane Yvonne Tillier
Toronto: Toronto University Library
Trinity and All Saints' College Library,
   Leeds
Alan S. Trueblood
R. W. Truman

Isabel Uría Maqua
Utrecht: College Engels,
   Letterenbibliotheek

Mercedes Vaquero
J. E. Varey
David J. Viera
Vitoria/Gasteiz: Facultad de Filología y
   Geografía e Historia, Biblioteca

Roger M. Walker
J. K. Walsh
D. Gareth Walters
Bruce W. Wardropper
Washington, D.C.: Catholic University
   of America
Barbara F. Weissberger
Westfield College Library, London
Jane Whetnall
Lynn Williams
Clive Willis
Margaret Wilson
Worcester, Massachusetts: Holy Cross
   College, Dinand Library
Wuppertal: Universitätsbibliothek